Das Europäische Normungssystem aus der Perspektive der Neuen Institutionenökonomik

SCHRIFTEN ZUR WIRTSCHAFTSTHEORIE UND WIRTSCHAFTSPOLITIK

Herausgegeben von
Rolf Hasse, Jörn Kruse, Wolf Schäfer, Thomas Straubhaar
und Klaus W. Zimmermann

Band 36

PETER LANG

Frankfurt am Main · Berlin · Bern · Bruxelles · New York · Oxford · Wien

Axel Czaya

Das Europäische Normungssystem aus der Perspektive der Neuen Institutionenökonomik

PETER LANG
Internationaler Verlag der Wissenschaften

Bibliografische Information der Deutschen Nationalbibliothek
Die Deutsche Nationalbibliothek verzeichnet diese Publikation
in der Deutschen Nationalbibliografie; detaillierte bibliografische
Daten sind im Internet über <http://www.d-nb.de> abrufbar.

Zugl.: Hamburg, Univ. der Bundeswehr, Diss., 2007

Gedruckt mit Unterstützung der
Helmut-Schmidt-Universität Hamburg.

Gedruckt auf alterungsbeständigem,
säurefreiem Papier.

D 705
ISSN 1433-1519
ISBN 978-3-631-57481-2

© Peter Lang GmbH
Internationaler Verlag der Wissenschaften
Frankfurt am Main 2008
Alle Rechte vorbehalten.

Printed in Germany 1 2 3 4 5   7

www.peterlang.de

Vorwort

Gute Dinge brauchen Weile, aber die allein reicht wohl nicht aus, um ein gut Ding zu werden; es sind vor allem die Menschen des privaten und wissenschaftlichen Umfeldes, die maßgeblich zum Gelingen dieser Arbeit beigetragen haben. So gilt mein Dank an erster Stelle Herrn Professor Dr. Klaus-W. Zimmermann und Herrn Professor Dr.-Ing. Wilfried Hesser für die ausgezeichnete Betreuung und die Begutachtung dieser Arbeit, sowie den Mitgliedern des Prüfungsausschusses, Frau Professor Barbara Dluhosch und Herrn Professor Jürgen Hartmann. Herrn Professor Dr.-Ing. Wilfried Hesser danke ich außerdem dafür, mir die Gelegenheit gegeben zu haben, diese Arbeit an der Professur für Normenwesen und Maschinenzeichnen abzufassen. Hierbei konnte ich einen Einblick in die Sicht- und Denkweise der Ingenieure gewinnen, der sich nicht unerheblich auf die Ausrichtung der Arbeit ausgewirkt hat.

Mein Dank gilt weiterhin den Kollegen und Kolleginnen Lars-Peter Hoops, Bengt-O. Klemp, Matthias Reuter, Nicole Riemer, Michael Schneider, Torsten Hahn, Andrea Schneider, Wenke Siedersleben, Patrick Stegemann, Tobias Thomas, Doreen Trost und Herrn Professor Dr. Wilfried Roetzel für die Unterstützung und manche inhaltliche Inspiration, vor allem aber für die schöne Zeit an der Helmut Schmidt Universität. Zudem danke ich Henk de Vries von der Erasmus Universität Rotterdam für die anregenden fachlichen Diskussionen und die stets sehr unterhaltsamen Treffen in Hamburg und Delft.

Hamburg, im September 2007
Axel Czaya

Inhaltsverzeichnis

7

1 Einführung

1.1 Fragestellung

Im Anhang I der "Entschließung des Rates vom 7. Mai 1985 über eine neue Konzeption auf dem Gebiet der technischen Harmonisierung und der Normung" heißt es: "Der Rat ist der Auffassung, dass die Normung einen wichtigen Beitrag zum freien Verkehr mit Industriewaren darstellt; darüber hinaus trägt sie mit der Schaffung eines allen Unternehmen gemeinsamen technischen Umfeldes zur industriellen Wettbewerbsfähigkeit insbesondere auf dem Gebiet der neuen Technologien sowohl auf dem Gemeinschaftsmarkt als auch auf den Außenmärkten bei."

Die geistigen Väter dieser Worte schreiben der Normung augenscheinlich eine Reihe bemerkenswerter ökonomischer Eigenschaften zu. So hält man die Normung für geeignet, den Abbau von Handelshemmnissen zu befördern („freier Verkehr mit Industriewaren") und einheitliche Rahmenbedingungen für den (fairen) Wettbewerb sowohl auf europäischer wie auch auf internationaler Ebene zu schaffen. Darüber hinaus deutet die Bezugnahme auf die innovationsträchtigen Märkte der Hochtechnologie darauf hin, dass die Normung entgegen der üblichen Intuition, sie würde Innovationen tendenziell eher behindern, Voraussetzung für Innovationen bzw. deren Marktgängigkeit sein kann. Über den eigentlichen Wortlaut des obigen Statements hinaus liegt für den Kenner europäischer Verhältnisse zudem die Vermutung nahe, dass die Vertreter der EU die Normung aufgrund ihrer technisch-ökonomischen Eigenschaften als ein probates wirtschafts- bzw. gesellschaftspolitisches Steuerungsinstrument einstufen.

Tatsächlich sind diese Auslegungen des obigen Statements des Europäischen Rates nicht abwegig. Zunächst ist die Normung, oder allgemeiner: die Standardisierung[1], tatsächlich integrales Merkmal insbesondere der modernen Industrie bzw. Informationsgesellschaft und zweifelsohne auch wohlfahrtsrelevant. Standards konditionieren maßgeblich individuelle wie auch kollektive Handlungsmöglichkeiten und Handlungsmuster auf praktisch allen gesellschaftlichen Ebenen. Standards spielen, obwohl sie ihrem Wesen nach statisch sind, bei technologisch induzierten gesellschaftlichen Umwälzungen stets eine wichtige Rolle. Die Standardisierung ist beispielsweise integrales Merkmal der industriellen Revolution, aber auch der „Computerrevolution", die Ende des letzten Jahrhun-

---

1 Mit ‚Standardisierung' sei an dieser Stelle für die kurzfristige Verwendung der Vorgang der technischen Vereinheitlichung bezeichnet. Die Normung zeichnet sich durch spezifische institutionelle Merkmale aus und stellt einen Sonderfall der Standardisierung dar. Alle Aussagen, die im Folgenden über die Standardisierung gemacht werden, gelten insofern auch für die Normung. Auf die Begriffe Normung und Standardisierung (bzw. Norm und Standard) und deren Unterschiede wird später näher eingegangen werden.

11

derts einsetzte. Ohne Standards existierten beispielsweise kein Internet und keine mobile Kommunikation. In diesem Zusammenhang manifestiert sich ausdrücklich der Einfluss, den Standards auf die soziale Interaktion, insbesondere auf der Ebene der Kommunikation haben können. International akzeptierte Standards sind unabdingbare Voraussetzungen für die Einrichtung des ‚globalen Dorfes' bzw. die ‚Globalisierung' als solche.

Dem kritischen Leser klingen die bisherigen Aussagen zur Normung bzw. Standardisierung möglicherweise jedoch ein wenig apologetisch, stellen sie doch in erster Linie auf die „schönen Seiten" der Normung ab. Tatsächlich kann eine „schlechte" bzw. „falsche" Standardisierung, wie auch immer sich diese im Einzelfall konkretisieren mag, oder ggf. auch eine „strategisch-opportunistische" Instrumentalisierung der Standardisierung zu einer Wohlfahrtsverschlechterung führen[2]. Dies hieße unter Bezugnahme auf das Statement des Europäischen Rates zu Beginn dieses Abschnitts also beispielsweise, dass eine unzulängliche Standardisierung Handelshemmnisse aufbaut, uneinheitliche Marktverhältnisse herstellt bzw. konserviert, die Realisierung bzw. Markteinführung von Innovationen be- bzw. verhindert, oder ganze technische Entwicklungspfade verblockt.

Die Standardisierung und die entsprechenden Ergebnisse, also Standards, sind folglich von nicht unwesentlicher gesellschaftlicher Relevanz. Vor dem Hintergrund, dass die Standardisierung u.a. strukturbildend und handlungskonditionierend wirkt, ist es insofern nicht verwunderlich, dass auch die zweite Mutmaßung über die Haltung europäischer Instanzen zur Normung zutrifft: Die europäische Normung ist tatsächlich ein erklärtes wirtschafts- bzw. industriepolitisches Steuerungsinstrument der Europäischen Union. Oder ein wenig despektierlich formuliert: Die Normung ist zu wichtig, dass die EU angesichts ihres wirtschafts- bzw. gesellschaftspolitischen Steuerungs- und Gestaltungsanspruchs darauf verzichten könnte, sich ihrer anzunehmen.

Die Verhältnisse in der europäischen Normung gestalten sich kurz gefasst folgendermaßen: Europäische Normen konditionieren in der bereits zuvor angedeuteten Manier individuelle wie auch kollektive „Handlungsräume" innerhalb der EU. Europäische Normen sind auf dem Hoheitsgebiet der EU gleichsam allgegenwärtig. Wer sich dort dem Einfluss europäischer Normen entziehen will, wird sich

---

2 Wie sich eine „gute" bzw. „schlechte" Standardisierung oder auch eine „strategisch-opportunistische" Instrumentalisierung der Standardisierung grundsätzlich gestaltet, wird später erörtert werden. Was eine „gute" oder „schlechte" Standardisierung ist, hängt zudem auch von der zugrundegelegten Ethik bzw. den zugrundegelegten Wohlfahrtskalkül ab. Was Akteur X als „gute" Standardisierung betrachtet, muss Akteur Y keineswegs als gute Standardisierung gelten.

wohl oder übel unbekleidet in der Wildnis in einem Erdloch verkriechen müssen[3]. „Trademark" der europäischen Normung ist das „CE-Kennzeichen" (CE: Communauté Européenne, Europäische Gemeinschaft), das eine ganze Reihe von Produkten, wie z.b. elektrische Apparate, ziert und die Konformität mit europäischen Normen und europäischen Richtlinien anzeigt. Europäische Normen werden erstellt und herausgegeben von Europäischen Normungsorganisationen (ENOs), insbesondere dem ‚Comité Européen de Normalisation' (CEN), dem ‚Comité Européen de Normalisation Électrotechnique' (CENELEC) und dem ‚European Telecommunication Standards Institute' (ETSI). Diese Organisationen konstituieren im Wesentlichen das, was im Rahmen dieser Arbeit als Europäisches Normungssystem (ENS) bezeichnet wird.

Normungsorganisationen (NOs), seien es nun europäische wie beispielsweise CENELEC, nationale Normungsorganisationen (NNOs) wie das ‚Deutsche Institut für Normung' (DIN) oder internationale Normungsorganisationen, wie die ‚International Organization for Standardization' (ISO) zeichnen sich unabhängig von ihrem Tätigkeitsfeld und ihrer geografischen Domäne durch verhältnismäßig ähnliche institutionelle Merkmale aus. Zu diesen „Grundprinzipien der Normung" gehören beispielsweise die Freiwilligkeit der Teilnahme, die Abwesenheit von Zugangsbeschränkungen (sowie dem Zwang, an Normungsprojekten teilnehmen zu müssen) und die Transparenz des eigentlichen Normungsprozesses. Entscheidungsmechanismus der Wahl ist das Konsensprinzip, die Anwendung von Normen ist zudem prinzipiell freiwillig. Ebenso ist die Normung seit ihrer Entstehung im Zuge der industriellen Revolution – jedenfalls in rechtsstaatlich-pluralistisch verfassten, bürgerlichen Gesellschaften – weitgehend eine Form privater Selbstorganisation. Das DIN ist beispielsweise ein eingetragener Verein.

Der Normungsprozess, den Normungsorganisationen zur Verfügung stellen, ist allerdings keineswegs das einzige institutionelle Arrangement, mittels dessen die technische Vereinheitlichung vorgenommen werden kann. Im Rahmen dieser Arbeit werden im Wesentlichen unterschieden:

- Die staatliche Festlegung von Standards.
- Die anerkannte Normung. „Anerkannt" heißt hierbei, dass eine normensetzende Organisation (und demzufolge auch die Normen, die sie produziert) von staatlicher Seite oder anderen Organen mit der entsprechenden Autorität mit einer besonderen Legitimität ausgestattet ist.
- Die Standardisierung in Konsortien.
- Die de facto Standardisierung in der Marktsphäre.
- Spontane Ordnung, ad hoc Standardisierung.

---

3 Und selbst dorthin gelangen elektromagnetische Wellen, deren Merkmale auf Europäischen Normen beruhen.

Es existieren folglich auch andere Formen der technischen Vereinheitlichung, die gemeinhin als Mechanismen der Standardisierung bezeichnet werden und zuweilen untereinander in einem institutionellen Wettbewerb stehen. Insbesondere können steuerungspolitische Maßnahmen der EU im Bereich der Normung dazu führen, dass solche Akteure, die hierdurch ihre Interessen beeinträchtigt sehen, auf andere Standardisierungsmechanismen zurückgreifen als die, welche das ENS zur Verfügung stellt. Die Reaktion bestimmter Akteure auf eine etwaige Veränderung des europäischen Normungsregimes ist ein Untersuchungsgegenstand dieser Arbeit.

Selbstverständlich war und ist das Verhältnis von Normungsorganisationen zum Staat oder, wie im Fall europäischer Normungsorganisationen, zu staatsähnlichen supranationalen Gebilden mit gouvernementalen Befugnissen stets speziell. Grundsätzlich ist es in erster Linie der Staat (im weitesten Sinne), der die Rahmenbedingungen für die Normungsorganisationen und Normungsaktivitäten setzt. Sowohl in der Gegenwart wie auch in der historischen Rückschau kann hierbei das gesamte Spektrum von völligem Laissez-faire bis zur totalen staatlichen Kontrolle beobachtet werden.

Die EU übt insbesondere in Gestalt der Kommission, die gleichsam die Schnittstelle zwischen dem ENS und den Organen der EU bildet, vermittels ihrer Richtlinienkompetenz Einfluss auf die europäische Normung aus. Das gegenwärtig vorherrschende Regime wird „New Approach" genannt und weist unter anderem die folgenden Merkmale auf: Europäische Instanzen legen insbesondere in den als besonders schützenswert betrachteten Bereichen Gesundheit, Sicherheit und Umwelt grundsätzliche Anforderungen von allgemeiner Natur, die „Essential Requirements", fest. Diese Essential Requirements spannen den regulierten Bereich auf und werden in Europäischen Normen konkretisiert. Produkte und Dienstleistungen, die innerhalb der EU angeboten werden sollen und in den regulierten Bereich fallen, müssen den entsprechenden Essential Requirements, nicht aber notwendigerweise den korrespondierenden Europäischen Normen, genügen. Die Anwendung Europäischer Normen ist prinzipiell freiwillig. Um es zu wiederholen, da es auf den ersten Blick ein wenig widersprüchlich anmutet: Man kann auf Europäische Normen zurückgreifen, um den europäischen Richtlinien zu entsprechen, muss es aber nicht. Wer auf die Anwendung Europäischer Normen verzichtet, muss indes die Konformität seines Produktes bzw. seiner Dienstleistung mit den europäischen Richtlinien anderweitig, beispielsweise durch Prüfungen oder Tests, nachweisen. Die Konformität mit den entsprechenden Richtlinien wird vermittels des bereits erwähnten CE-Kennzeichens angezeigt.

Der Terminus „New Approach" legt indes die Vermutung nahe, dass auch so etwas wie ein „Old Approach" existiert. In der Tat besteht in der Europäischen Normung eine historische Dimension, die Aufschluss über den Politikstil der EU gibt. Mit dem Begriff des „Old Approach" wird das Normungsregime bezeichnet, das dem New Approach vorweg ging. Plakativ ausgedrückt versuchten die Organe der EU im Rahmen des Old Approach, die europäische Normung weitgehend selbstständig durchzuführen, also ansatzweise auch die technisch-inhaltliche Arbeit zu übernehmen. Dies erwies sich allerdings als nicht praktikabel, so dass notgedrungen ein anderer Ansatz, der New Approach, installiert werden musste. Verglichen mit dem alten Regime zeichnet sich der „New Approach" durch einen geringeren Regulierungsgrad aus und zeitigt – gemessen an den Steuerungszielen der EU – sehr viel bessere Ergebnisse[4].

Die Europäische Normung ist allerdings kein Kammerspiel, an dem nur die Europäische Union und das Europäische Normungssystem als Protagonisten teilnehmen würden. Die Normung auf der nationalen und der internationalen Ebene ist historisch betrachtet älter als die Normung auf der regionalen Ebene, der üblicherweise auch die europäische Normung zugeordnet wird. So entstanden die ersten nationalen und internationalen Normungsorganisationen bereits zu Beginn des letzten Jahrhunderts, während CEN und CENELEC hingegen erst nach dem 2. Weltkrieg gegründet wurden. Europäische Normungsorganisationen sind insofern nicht nur in EU-Strukturen eingebettet, sondern stehen auch in einem Zusammenhang mit nationalen und internationalen Normungsorganisationen und darüber hinaus im Spannungsfeld nationaler bzw. internationaler politischer Interessen.

Bisher hat in diesem Abschnitt eine Art forcierter Einführung in die Normung (bzw. Standardisierung) im Allgemeinen und die europäische Normung im Besonderen stattgefunden, die in erster Linie darauf abzielt, dem Leser die Signifikanz der Thematik zu veranschaulichen und eine minimale Wissensbasis aufzubauen. Wenn nun die europäische Normung dermaßen relevant ist wie bisher behauptet, dann erstaunt es möglicherweise, dass die europäische Normung im Bewusstsein des gemeinen EU-Bürgers wie auch in der öffentlichen politischen Diskussion eine eher untergeordnete Rolle spielt. Hierfür gibt es eine Reihe von Gründen:

-   Die Normung zeichnet sich grundsätzlich durch einen „diskreten Charme" aus. Die Erstellung von Normen ist bis heute weitgehend Angelegenheit der angewandten Naturwissenschaften und vollzieht sich häufig nicht nur von den Vertretern anderer wissenschaftlicher Disziplinen, sondern auch von der Öffentlichkeit eher unbeobachtet. Die Normung entfaltet ihre Wirkung mehr oder weniger im Hintergrund und steht eher selten im Licht der Öffentlichkeit.

---

4   Das Zitat zu Beginn dieses Abschnitts stammt nebenbei bemerkt aus der Entschließung, mittels derer der New Approach in Kraft gesetzt wurde.

-   Der „Nutzen der Normung" ist oftmals nicht unmittelbar greifbar und kann gegebenenfalls nur schwer oder gar nicht in Geldeinheiten ausgedrückt oder bestimmten Akteuren unmittelbar zugeordnet werden. Der Nutzen der Normung manifestiert sich häufig erst dann gleichsam „per Negation", wenn sich also durch Nichtexistenz entsprechender Normen die korrespondierenden Nachteile mehr oder minder drastisch entfalten[5].

Es kann also festgehalten werden, dass im Hinblick auf die Normung im Allgemeinen und die europäische Normung im Besonderen bei unterschiedlichen Akteuren „Bewusstseinsdefizite" existieren. In der öffentlichen Wahrnehmung und der öffentlichen Diskussion dominieren vielmehr andere Politikfelder der EU wie beispielsweise die Frage der europäischen Verfassung, die europäische Wirtschaftspolitik, die Agrarpolitik, die gemeinsame Außen- und Sicherheitspolitik, die Erweiterung der EU oder die Reform der europäischen Institutionen.

Bewusstseinsdefizite im Hinblick auf den Stellenwert der (europäischen) Normung weisen allerdings nicht nur der „gemeine" EU-Bürger bzw. die Öffentlichkeit, sondern auch einige Vertreter der akademischen Gemeinde auf, welche die (Institutionen der) EU zum Untersuchungsgegenstand erkoren haben. Im Diskurs der Sozial-, Politik- und Rechtswissenschaften über die EU, der zum Teil durchaus öffentlichkeitswirksam ausgetragen wird, dominieren weitgehend dieselben Themen, die bereits im vorhergehenden Absatz angeführt wurden. Die europäische Normung spielt hierbei oftmals keine oder eine nur untergeordnete Rolle. Auch bei der Thematisierung der Integration des europäischen Binnenmarktes wird tendenziell eher auf die juristische Dimension, also die entsprechende europäische Gesetzgebung und Rechtsprechung, denn auf die europäische Normung abgehoben, obwohl diese durchaus hierzu einen möglicherweise nicht unwesentlichen Beitrag leistet. Weiterhin existieren Veröffentlichungen zur EU, die – obwohl sie einem gewissen Vollständigkeitsanspruch transportieren – dennoch die europäische Normung nicht oder bestenfalls nur am Rande würdigen[6]. Hier bestehen mutmaßlich ebenfalls gewisse „Bewusstseinsdefizite" in Teilen der akademischen Gemeinde, welche unter Umständen die Gefahr falscher Schlussfolgerungen in sich bergen, falls tatsächlich kausale Zusammenhänge zwischen dem eigentlichen Untersuchungsobjekt und der (europäischen) Normung existieren.

---

5   Das klassische Beispiel ist der Stecker des deutschen Föns, der im englischen Hotel nicht in die Steckdose passt.

6   Vgl. beispielsweise Weidenfeld (2004). Hier wird umfassend in diverse Aspekte bzw. Politiken der Europäischen Union eingeführt, während die europäische Normung völlig unberücksichtigt bleibt.

Aus der mangelnden Aufmerksamkeit, die der europäischen Normung in der Öffentlichkeit wie auch in Teilen der akademischen Gemeinde zuteil wird, sollte man also nicht schlussfolgern, die Normung sei irrelevant oder von anderen Politikfeldern entkoppelt. Im Laufe dieser Arbeit soll hingegen veranschaulicht werden, dass die Normung teils direkt, teils indirekt durchaus in andere Politikfelder hineinspielt. Der Stellenwert der Standardisierung im Allgemeinen wie auch der europäische Normung im Besonderen kann unter anderem auch daran abgelesen werden, dass beide sich als Untersuchungsgegenstand unterschiedlicher Disziplinen fest etabliert haben. Diese Disziplinen decken das gesamte Spektrum von den Sozial- über die Rechtswissenschaften bis zu den angewandten Naturwissenschaften ab. Darüber hinaus kann man tendenziell die folgende Aussage treffen: Je „sozialwissenschaftlicher" der Ansatz, desto abstrakter, desto weiter ist er von den praktischen Implikationen und der praktischen Umsetzung der Normung entfernt. Die akademische Auseinandersetzung mit der Standardisierung soll hier allerdings nicht weiter im Detail erörtert werden; dies geschieht später an anderer Stelle. Es kam vielmehr darauf an, dem Leser erstens die Bewusstseinsdimension in der Standardisierung zu veranschaulichen, die im Rahmen dieser Arbeit gleichsam leitmotivischen Charakter hat, und zweitens den Weg für einige Bemerkungen zur Methodik zu ebenen.

Bei der Untersuchung der EU greifen Soziologen, Ökonomen, Politologen und zum Teil auch Rechtswissenschaftler häufig auf die Methodik des Institutionalismus zurück. Von maßgeblichen Interesse über die Grenzen unterschiedlicher Disziplinen hinweg sind genau genommen die Institutionen der EU, also gleichsam das System an teils impliziten, teils expliziten Regeln, welche die Interaktion innerhalb des europäischen Apparates koordinieren und selbstverständlich der institutionelle Rahmen, der hierdurch für die Akteure innerhalb der Domäne der EU aufgespannt wird. Methodik, Untersuchungsobjekte, Anliegen wie auch Erklärungsziele sind insofern im Hinblick auf die EU über disziplinäre Grenzen hinweg durchaus ähnlich. Man kann darüber hinaus dem Umstand, dass es mitunter schwer fällt, die Provenienz eines Autors, der die EU zum Untersuchungsobjekt erkoren hat, zu identifizieren, entnehmen, dass in diesem Zusammenhang so etwas wie eine „methodische Konvergenz" über Fachgrenzen hinaus eingesetzt hat.

Ein institutioneller Ansatz bietet sich allerdings nicht nur im Zusammenhang mit der EU, sondern auch im Zusammenhang mit der Standardisierung an. Der Normung wohnt wie schon angedeutet ein regel- bzw. strukturbildendes Moment inne. Die Normung setzt Rahmenbedingungen und ist insofern ihrem Wesen nach zweifelsohne „institutionell". Der institutionelle Ansatz bietet sich folglich sowohl bei der Untersuchung der EU wie auch bei Untersuchung der Standardisierung bzw. Normung an. Und so fällt angesichts der bisherigen Ausführungen der Schritt nicht sonderlich schwer, bei der Untersuchung der Normungspolitik der EU („Normung + EU") ebenfalls einen institutionellen Ansatz zu wählen. Genau dies geschieht im Rahmen dieser Arbeit.

Der Vorteil einer institutionellen Herangehensweise liegt unter anderem darin, dass die im Prinzip disparaten Teilobjekte der Untersuchung, die EU, das ENS und die Normung im allgemeinen, innerhalb eines methodischen Rahmens integrieren und behandeln zu können: EU, ENS und die Normung sind allesamt regel- und strukturbildend, also im weiteren Sinne Institutionen und in dieser Hinsicht äquivalent. Weiterhin ist ein institutioneller Ansatz geeignet, unterschiedliche Mechanismen der Standardisierung, die – wie bereits angedeutet – möglicherweise in einem Konkurrenzverhältnis stehen, innerhalb eines methodischen Rahmens zu behandeln. Die institutionelle Herangehensweise integriert insofern alle für das Anliegen dieser Arbeit relevanten Faktoren. Im dritten Kapitel dieser Arbeit wird ein institutionell ausgerichtetes Modell bzw. Denkschema vorgestellt, das die integrierte Betrachtung der im Rahmen dieser Arbeit relevanten Teilobjekte Normung, ENS und EU ermöglicht.

Es existiert allerdings noch ein weiterer Grund, warum im Rahmen dieser Arbeit auf einen institutionellen Ansatz zurückgegriffen wird: Der Autor hat, obgleich seines Zeichens Volkswirt, an der Professur für Normenwesen und Maschinenzeichnen am Fachbereich Maschinenbau der Universität der Bundeswehr Hamburg geraume Zeit in einem interdisziplinären Kontext mit Ingenieuren zusammengearbeitet und dort eine Reihe interessanter Erfahrungen gesammelt, sowohl was den „state of mind" der Vertreter der angewandten Naturwissenschaften anbetrifft, als auch im Hinblick auf die eigentliche Normungsarbeit bzw. deren institutionelle Ausgestaltung. Insofern war es Herausforderung, ein Modell bzw. ein Denkschema zu entwickeln respektive zu adaptieren, das geeignet ist, diese Erfahrungen, die in der disziplinären „Diaspora" gemacht wurden, in die Arbeit zu integrieren. So weisen beispielsweise Betriebswirte und Volkswirte einerseits und Ingenieure andererseits tatsächlich in gewisser Hinsicht Auffassungs- und Bewusstseinsunterschiede, ebenso wie unterschiedliche „Prägungen" auf, die sich in einer unterschiedlichen Wahrnehmung und Behandlung der Standardisierung niederschlagen. Diese Unterschiede können dermaßen schwerwiegend sein, dass zwischen Wirtschaftswissenschaftlern und angewandten Naturwissenschaftlern „Inkompatibilitäten", um bereits auf die Terminologie der Standardisierung zurückzugreifen, auftreten, die zu Verständigungsschwierigkeiten und gegebenenfalls auch zu Fehlentwicklungen – sowohl im interdisziplinären Diskurs wie auch in der Praxis der Standardisierung – führen können.

1.2 Zielsetzung der Arbeit

Mit dieser Arbeit wird im Wesentlichen das Anliegen verfolgt, die institutionellen Merkmale des ENS zu analysieren, zu beurteilen und ggf. Vorschläge hinsichtlich der institutionellen Ausgestaltung des ENS zu entwickeln. Hierbei ist beispielsweise von Interesse, wie sich unterschiedliche Formen der institutionellen Ausgestaltung des Europäischen Normungssystems auf die Verhaltensweisen der Akteure der Normung auswirken. Das Hauptaugenmerk liegt dabei auf der politischen Einflussnahme der EU. Hier lauteten die Fragen, wie die Normungspolitik der EU grundsätzlich zu beurteilen ist, und wie unterschiedliche politische Initiativen sich auf das ENS und die privaten Akteure auswirken. Die europäische Normungspolitik ist allerdings nur dann vollständig zu erfassen, wenn auch die spezifischen Merkmale und Eigenschaften von Normen hinreichend gewürdigt werden. Es sind gerade die Attribute von Normen, welche die europäischen Instanzen dazu veranlassen, die Normung wirtschafts- bzw. industriepolitisch zu instrumentalisieren. Die Auseinandersetzung mit den allgemeinen Attributen der Normung bietet zudem die Gelegenheit, dem Leser eine Reihe von Einsichten über die Normung und deren institutionellen Ausgestaltung zu vermitteln, die – jedenfalls nach dem Kenntnisstand des Autors – in dieser Art bisher noch nicht artikuliert wurden.

Zu den weiteren Nebeneffekten dieser Arbeit zählt, dass man gleichsam „per Induktion" vom Speziellen (der Normungspolitik der EU) auf das Allgemeine (der Politik der EU als solche) schließen kann. Die gesamte Integrationsdebatte, die beispielsweise zum Zeitpunkt der Abfassung dieser Zeilen geführt wird, kann aus der Perspektive der Standardisierung bzw. der europäischen Normung interpretiert und beurteilt werden. Es wird sich beispielsweise zeigen, dass die Europäische Normung einen ausgesprochen stabilisierenden Faktor in der EU darstellt. Viele Beobachter, welche die Rolle der europäischen Normung nicht oder nur unzureichend würdigen, unterschätzen in ihrem Urteil im Allgemeinen die Stabilität bzw. den gegebenen Grad der Integration der EU. Dies gilt insbesondere vor dem Hintergrund der diversen, teils tief greifenden politischen Krisen, die den europäischen Integrationsprozess begleiten.

Ein weiterer Faktor ist die interdisziplinäre Ausrichtung dieser Arbeit, auch wenn grundsätzlich der behutsame Umgang mit dem Begriff ‚Interdisziplinarität' angeraten ist. Häufig genug hat dieser Begriff den Charakter eines Schlag- bzw. Modewortes, ohne dass ihm in der Praxis tatsächlich Genüge getan würde. So scheitert die interdisziplinäre Zusammenarbeit oftmals an interdisziplinären Inkompatibilitäten, wie beispielsweise einem uneinheitlichem wissenschaftlichen Code oder unüberbrückbaren methodischen Unterschieden. Zuweilen wird Interdisziplinarität a priori postuliert, obwohl das Untersuchungsobjekt dies nicht hergibt. Indem allerdings die Erfahrungen, die der Autor im ingenieurwissenschaftlichen Kontext gesammelt hat, in diese Arbeit eingehen, ist das Prädikat ‚interdisziplinär' zumindest im Ansatz gerechtfertigt. Ferner leistet diese Arbeit möglicherweise dahingehend einen Beitrag, dass etwaige interdisziplinäre Inkompatibilitäten auf der Kommunikationsebene bezüglich der Standardisierung zwischen den Wirtschaftswissenschaften einerseits und den Ingenieurwissenschaften andererseits zumindest gemildert werden.

Diese Arbeit befasst sich also letzten Endes mit einem verhältnismäßig speziellen Politikfeld der EU. Dies birgt in Anbetracht der volatilen Zeiten und der weitreichenden Veränderungen, die sich für die Bürger der EU, die Mitgliedstaaten der EU und selbstverständlich die Organe der EU in absehbarer Zeit abzeichnen, gewisse Risiken. Beispielsweise könnte der Inhalt dieser Arbeit bereits im Moment der Veröffentlichung überholt oder wichtige Voraussetzungen für die Argumentationsweise hinfällig geworden sein. Schlimmstenfalls könnte zwischenzeitlich die gesamte EU in einen krisenhaften Zustand gerutscht oder gänzlich aus den Fugen geraten sein. Insofern bietet es sich bei der Auseinandersetzung mit den Institutionen der EU gegenwärtig eigentlich eher an, auf Formate mit „kurzer Halbwertszeit" zurückzugreifen. In diesem Zusammenhang gereicht es dem Autor allerdings zum Vorteil, dass die europäische Normung gegenwärtig einigermaßen stabile Bahnen beschreibt, von den Entwicklungen in anderen europäischen Politikfeldern also weitgehend verschont bleibt. Als ähnlich vorteilhaft erweist diesbezüglich sich die eher geringe Aufmerksamkeit, welche die europäische Normung in der Öffentlichkeit erfährt. Hier stehen die Chancen gut, dass die institutionellen Voraussetzungen für das Anliegen dieser Arbeit hinreichend lange Bestand haben.

1.3 Zur Abgrenzung der Arbeit

Zur besseren Einordnung des Anliegens sei kurz darauf hingewiesen, welche thematischen Bereiche in dieser Arbeit nicht oder nur am Rande behandelt werden. So finden insbesondere die (europäische) Zertifizierung und Akkreditierung nur dann Erwähnung, wenn es im Zusammenhang mit dem ENS unmittelbar notwendig ist. Zur Begründung dieser Abgrenzung sei das Verhältnis zwischen Normung einerseits und Zertifizierung bzw. Akkreditierung andererseits kurz erläutert: Sobald Normen existieren und angewendet werden, ist auch die Überprüfung und Bestätigung erforderlich, dass diesen Normen in der Praxis tatsächlich auch entsprochen wird. Diese Konformitätsprüfung nehmen üblicherweise zertifizierende Stellen („Zertifizierer") vor, die über die entsprechende Expertise verfügen. Indes müssen Zertifizierer ebenfalls bestimmten Maßstäben, um nicht zu sagen: Normen, entsprechen. Die Überprüfung auf Konformität und die Autorisierung der zertifizierenden Stellen wird als Akkreditierung bezeichnet.

Akkreditierung kann folglich als Zertifizierung der Zertifizierer interpretiert werden.

Das europäische Regime der Zertifizierung und Akkreditierung wird vor allem deswegen nicht eingehend thematisiert, weil es sich hierbei um ein ausgesprochen komplexes System handelt, das den Rahmen dieser Arbeit sprengen würde. Dies stellt aber kein schwerwiegendes Problem dar, da die Welt der Normung und die Welt der Zertifizierung und Akkreditierung unabhängig voneinander behandelt werden können, ohne dass dies im Hinblick auf das Normungssystem zu schwerwiegenden Erkenntniseinbußen führen würde. Dies liegt vor allem darin begründet, dass die Normung die Voraussetzung für die Zertifizierung und Akkreditierung bildet, während das System der Zertifizierung und Akkreditierung kausal nur unwesentlich auf das System der Normung rückkoppelt. Tatsächlich sind Beiträge, die beide Welten gleichzeitig thematisieren, ausgesprochen selten. Üblicherweise wird entweder die Normung oder die Zertifizierung und Akkreditierung behandelt. Dennoch sei darauf hingewiesen, dass eine konsistente Normungspolitik, z.B. eines Staates oder der EU, ohne einen entsprechenden Ansatz der Zertifizierung und Akkreditierung unvollständig wäre.

Noch eine weitere Bemerkung zur Einordnung: Diese Arbeit setzt sich mit der (europäischen) Normung auseinander, ohne dass hierbei ein bestimmter Normungsbereich bevorzugt werden würde. Dies sei vor allen Dingen deswegen angemerkt, weil gerade in der ökonomischen Literatur der Standardisierung im Bereich der Information & Communication Technologies (ICT) besondere Aufmerksamkeit geschenkt wird. Dies ist durchaus verständlich, da sich gerade in diesem Bereich spektakuläre Entwicklungen mit enormen sozioökonomischen „Impact" vollziehen, die auch die Aufmerksamkeit der Ökonomen auf sich ziehen. In dieser Arbeit geht es aber um die institutionellen Merkmale des gesamten ENS, also durchaus auch um die Normung im ICT-Bereich, aber nicht nur bzw. nicht in erster Linie.

1.4 Gliederung der Arbeit

Diese Arbeit ist folgendermaßen gegliedert: Im zweiten Kapitel wird auf den Neuen Institutionalismus im Allgemeinen und die Neue Institutionenökonomik im Besonderen eingegangen. Hierbei kommt es im Wesentlichen darauf an, den aktuellen Stand des Neuen Institutionalismus zu skizzieren und mögliche zukünftige Tendenzen zu erörtern. Von Interesse sind unter anderem Bestrebungen, vermehrt psychologische, soziologische und kognitive Elemente in institutionalistische Ansätzen zu integrieren. Eine erschöpfende Auseinandersetzung mit dem Neuen Institutionalismus kann in dem gegebenen Rahmen allerdings nicht stattfinden. Hierzu sei auf die einschlägige Literatur verwiesen, z.B. Erlei/

Leschke/Sauerland (1999) oder Richter/Furubotn (2003). Vielmehr dient das zweite Kapitel dazu, den Weg für das Denkschema zu ebnen, das im dritten Kapitel entworfen wird. Außerdem wird im zweiten Kapitel die so genannte Europäische Integrationstheorie erörtert. Hierbei handelt es sich um einen Sammelbegriff für ein Bündel von Theorien unterschiedlicher Herkunft, die versuchen, unterschiedliche Aspekte der europäischen Integration zu erklären. Hierzu zählen unter anderem auch mehrere institutionalistische Ansätze.

Im dritten Kapitel dieser Arbeit wird das Denkschema erörtert, das im Zuge der Auseinandersetzung mit dem Untersuchungsobjekt entwickelt wurde. Die Kernbegriffe hierbei lauten Handlungsraum, Handlungsrestriktion und Handlungsebene. Akteure verfügen über Handlungsräume, die unterschiedlichen Restriktionen unterliegen. Dies sind allerdings nicht nur „harte" Restriktionen wie z.B. Ressourcenrestriktionen, sondern auch „weiche" Restriktionen, beispielsweise psychosozialen oder kognitiven Ursprungs. Durch die Einführung geeigneter Handlungsebenen und der Definition von Beziehungen zwischen diesen Ebenen ist es alsdann möglich, eine ganze Reihe unterschiedlicher gesellschaftlicher Phänomene zu erklären. Insbesondere können die teils disparaten Untersuchungsteilobjekte ENS, EU und die Standardisierung als solche innerhalb eines Denkschemas integriert werden. Die Aussagekraft des Denkschemas wird anhand einer Reihe von Beispielen veranschaulicht. Darüber hinaus werden einige ökonomische Begriffe in Handlungsräumen rekonstruiert und Wohlfahrtsmaße über Handlungsräume definiert.

Das vierte Kapitel dieser Arbeit widmet sich der Standardisierung und den Eigenschaften von Standards. Nach der Klärung einiger relevanter Begriffe und einer Einführung in die Materie anhand eines besonders instruktiven Beispiels werden zunächst unterschiedliche Mechanismen der Standardisierung, also institutionelle Arrangements der Erstellung von Standards, in chronologischer Reihenfolge behandelt. Im Zuge der Auseinandersetzung mit diesen Mechanismen werden sukzessive auch die Akteure der Standardisierung eingeführt. In Abschnitt 4.4 wird auf die Nützlichkeit der Normung eingegangen. Insbesondere wird diese in Handlungsräumen und Handlungsebenen ausgedrückt und so auf ein allgemeingültiges Grundprinzip zurückgeführt. Außerdem werden unterschiedliche prototypische Standardisierungssituationen erörtert, die mit unterschiedlichen Mechanismen der Standardisierung korrespondieren. Der Rest des vierten Kapitels widmet sich verschiedenen Aspekten der Standardisierung, die für die folgenden Kapitel relevant sind oder in der Literatur kaum bzw. aus anderen Perspektiven untersucht werden als der, die in dieser Arbeit entwickelt wird.

Im fünften Kapitel dieser Arbeit werden die wichtigsten institutionellen Merkmale der EU geschildert. Dies ist vor allem deswegen notwendig, weil es wichtig ist zu verstehen, wie die Normung in das Spektrum der EU-Politiken eingebunden ist und in den darauf folgenden Kapiteln darauf immer wieder Bezug genommen wird. Die Auseinandersetzung mit den institutionellen Merkmalen der EU vollzieht sich in Form eines kurzen historischen Abrisses der europäischen Integration, der Darstellung der wichtigsten Organe der EU und deren Beziehungen untereinander. Wichtigster Akteur der EU im Hinblick auf die Normung ist die Europäische Kommission, die nicht nur die Schnittstelle zum ENS bildet, sondern Kraft ihrer Richtlinienkompetenz auch maßgeblich die Normungspolitik der EU gestaltet und die Rahmenbedingungen für das ENS setzt. Außerdem wird der Vollständigkeit halber kurz auf die wichtigsten aktuellen „Policy Issues" eingegangen, die gegenwärtig die Agenda der EU bestimmen und zum Abschluss des fünften Kapitels die rechtlichen Rahmenbedingungen der Normungspolitik der EU erörtert.

Im sechsten Kapitel wird auf das ENS eingegangen. Dabei wird die Struktur des fünften Kapitels weitgehend reproduziert: Zunächst erfolgt ein historischer Abriss der Entwicklung des ENS, der bereits die wichtigsten normungspolitischen Initiativen der EU, insbesondere den „Old Approach" und den „New Approach" in der europäischen Normung, umfasst. Daraufhin werden die wichtigsten institutionellen Merkmale des ENS erörtert und das Verhältnis zwischen dem ENS und internationalen Normungsstrukturen geschildert. Besonderes Augenmerk liegt weiterhin auf den Unterschieden zwischen dem ENS und dem Standardisierungssystem der USA. Hierbei zeigt sich, dass sich die unterschiedlichen „Standardisierungskulturen" in signifikanten transatlantischen Meinungsverschiedenheiten über die Ausgestaltung der internationalen Normung niederschlagen. Nach diesem Exkurs in die Gefilde der internationale Normung werden einige weitere normungspolitische Initiativen der EU erörtert, die nach Einführung des New Approach vorgeschlagen bzw. initiiert wurden. Das sechste Kapitel schließt mit der Betrachtung einiger aktueller Tendenzen in der europäischen Normung.

Nachdem in den vorhergehenden Kapiteln die notwendige Wissensbasis aufgebaut wurde, kann im siebenten Kapitel dieser Arbeit eine Beurteilung des europäischen Normungsansatzes vorgenommen werden. Wenn man berücksichtigt, dass die EU von ihrem gestalterischen Anspruch nicht abrücken wird, fällt das Urteil über die europäische Normungspolitik durchaus positiv aus. Insbesondere der New Approach ist unter dieser Voraussetzung minimal invasiv und lässt den privaten Akteuren einen hinreichenden Spielraum, den eigenen Interessen in der Normung nachzugehen. Der New Approach wird von Seiten der EU weitgehend als Erfolg betrachtet, dessen Verwendung als regulatives Instrument auch in anderen Politikfeldern als der Normung diskutiert wird. Selbstverständlich existieren im normungspolitischen Ansatz der EU einige Probleme und Widersprüche, die im siebenten Kapitel ebenfalls zur Sprache kommen. Die eigentliche zukünftige Herausforderung in der Normung – und dies ist eine wesentliche Einsicht im Rahmen dieser Arbeit – liegt angesichts der steigenden Komplexität gerade in den fundamentalen struktur- und system-konstituierenden Bereichen darin, die zusehends anspruchsvolle Normungsarbeit bewältigen und das notwendige Wissen einfließen zu lassen. Angesichts dieser Herausforderung sind die Fragen der politischen bzw. strategischen Instrument-alisierung der Normung von nachrangiger Bedeutung. Außerdem wird ein Einfluss der Normung auf die politische Integration Europas diskutiert, der im Allgemeinen kaum wahrgenommen wird. Hier greift die bereits angesprochene Bewusstseinsrestriktion bezüglich der Normung, von der auch die politischen Akteure nicht frei sind.

Das achte Kapitel dieser Arbeit setzt sich aus abschließenden Bemerkungen zusammen. Hierbei werden einige grundlegende Aspekte erörtert und weiterführ-ende Forschungsthemen diskutiert, die sich im Laufe der Abfassung dieser Arbeit abgezeichnet haben. Außerdem wird im achten Kapitel auf die Probleme eingegangen, die sich bei der Abfassung dieser Arbeit stellten. Dies könnte insbe-sondere solche Leser interessieren, die ähnliche Schriftstücke wie dieses erstellen.

2 Der aktuelle Stand des Neuen Institutionalismus

2.1 Die Neue Institutionenökonomik und artverwandte Ansätze

Die institutionalistische Sichtweise hat in der letzten Zeit nicht nur in der Ökonomie, sondern auch in anderen Sozialwissenschaften eine Renaissance erlebt und erfreut sich gegenwärtig großer Popularität. Einen nicht unwesentlichen Beitrag hierzu hat die ökonomische Spielart des Neuen Institutionalismus, die Neue Institutionenökonomik geleistet.

Der Begriff der Neuen Institutionenökonomik ist ein Sammelbegriff für eine Reihe unterschiedlicher Disziplinen. Je nach Autor werden unterschiedliche Teildisziplinen der Neuen Institutionenökonomik zugerechnet. Richter/Furubotn (2003, S.39ff.) unterscheiden beispielsweise:

- Transaktionskostenökonomik,
- Property-Rights-Ansatz,
- Ökonomische Vertragstheorie,
- „New Economic History" und die historisch-instititionelle Analyse,
- Neue Politische Ökonomie bzw. die Verfassungsökonomik.

Zuweilen werden diese Ansätze unter neuen Oberbegriffen zusammengefasst und/oder weitere Teildisziplinen eingeführt. Richter (1994) zählt beispielsweise die ökonomische Analyse des Rechts, aber auch die Neue Österreichische Schule zur Neuen Institutionenökonomik. Was der Neuen Institutionenökonomik letztlich zugerechnet wird, hängt nicht unwesentlich von den Neigungen des jeweiligen Autors bzw. seinem Anliegen und seinen Erklärungszielen ab.

Ebenso wie ein harter Kern von Teildisziplinen existiert, die unter dem Oberbegriff der Neuen Institutionenökonomik subsumiert werden, so existiert auch ein harter Kern von grundlegenden Annahmen, welche diesen Ansätzen weitgehend gemein sind. Hierzu zählen beispielsweise der methodologische Individualismus, das Konzept der intendierten Rationalität, oder auch die Berücksichtigung opportunistischen Verhaltens (Richter/Furubotn, 2003, S.2ff.)[7].

---

7   Wie bereits angedeutet, wird an dieser Stelle auf eine eingehende Auseinandersetzung mit den obigen Teildisziplinen und den entsprechenden grundlegenden Annahmen verzichtet, da dies den Rahmen dieser Arbeit sprengen würde. Hierzu sei erneut auf die einschlägige Literatur verwiesen. Abgesehen davon werden eine Reihe der für die Neue Institutionenökonomik charakteristischen Begriffe und Konzepte im nächsten Abschnitt eingeführt und gegebenenfalls näher erörtert.

Wie dem Leser vermutlich geläufig ist, spielen Institutionen[8] eine wichtige sozio-ökonomische Rolle. „Institutions matter" lautet gleichsam der Leitspruch der Neuen Institutionenökonomik (North, 1991, 1994), der nicht zuletzt auf die Tendenz des neoklassischen Mainstreams abzielt, von institutionellen Rahmenbedingungen zu abstrahieren. Institutionen strukturieren beispielsweise die menschliche Interaktion, verringern die Unsicherheit respektive stabilisieren bzw. verstetigen die wechselseitigen Erwartungen über die Handlungsweisen der beteiligten Akteure in einem gegebenen sozialen Kontext, reduzieren die wahrgenommene Komplexität der Umwelt, verringern Transaktionskosten und dergleichen mehr. Institutionen können formal festgelegt, von einer Autorität bewusst ins Leben gerufen oder auch das Resultat expliziter bzw. impliziter Vereinbarungen sein. Institutionen manifestieren sich indes nicht nur formal, sondern existieren unter Umständen auf der informellen Ebene. Zuweilen entstehen Institutionen spontan oder bilden sich evolutorisch, ohne dass die relevanten Akteure hierbei bewusst oder zielgerichtet gehandelt hätten.

Die Neue Institutionenökonomik zieht ihre Existenzberechtigung im Wesentlichen aus den Erklärungsdefiziten der Neoklassik, also den so genannten Mainstream Economics (Hülsmann, 1999; und aus einer eher wissenschaftshistorischen Perspektive Mongin, 1997). Die Kritik am neoklassischen Mainstream setzt beispielsweise an der Figur der ,homo oeconomicus' an. Diese Figur ist ein Artefakt, dem die Eignung dafür abgeht, menschliches Entscheidungsverhalten angemessen abzubilden. Insbesondere sind Menschen nicht dazu in der Lage, alle entscheidungsrelevanten Alternativen wahrzunehmen, alle möglichen Konsequenzen über alle relevanten Entscheidungsalternativen abzuschätzen und eine vollständige und konsistente Bewertung aller möglichen Ergebnisse vorzunehmen. Der vollständig informierte und mit einer unerschöpflichen Rechenkapazität ausgestattete homo oeconomicus, der in der neoklassischen Theorie genau genommen ein eher steriles Dasein fristet, wird in der Neuen Institutionenökonomik durch den begrenzt rationalen Eigennutzenmaximierer ("resourceful, evaluative, maximizing man", REMM) ersetzt (Hodgson, 1989, S.51f.). Die Einführung dieser Figur impliziert neben der Abkehr von der Annahme der vollständigen Rationalität zugunsten der Annahme der intendierten Rationalität im Sinne von Simon (1957) auch die Abkehr von der Zweckrationalität zugunsten einer Verfahrensrationalität. Die Akteure wenden den Annahmen der Neuen Institutionenökonomik zufolge spezifische Entschei-

---

8 Eine Institution ist gemäß Erlei/Leschke/Sauerland (1999, S.23) „eine Regel oder ein Regelsystem, ein Vertrag oder ein Vertragssystem (jeweils inklusive ihrer Durchsetzungsmechanismen), durch den oder die das Verhalten von Individuen kanalisiert wird". North fasst eine Institution folgendermaßen auf (North, 1990, S.4): „Institutions are the constraints that human beings impose upon themselves to structure human interaction. They consist of formal rules and informal standards of behaviour and of their enforcement characteristics."

dungshilfen an, mit denen Informationsdefiziten bzw. Defiziten in der Informationsverarbeitung begegnet werden soll. Zu diesen Entscheidungshilfen zählen unter anderem Heuristiken, Ideologien, Erfahrungs- und Glaubensgrundsätze.

Die Kritik am homo oeconomicus stammt zum Teil auch aus dem Lager der Kognitionswissenschaften (Kiwit/Munnert/Streit, 2000). Der menschliche Geist neigt weniger zur *Deduktion*, also zu logischen Schlussfolgerungen unter wohldefinierten Voraussetzungen, als vielmehr zur *Induktion* (Arthur, 1996). Die Stärke des menschlichen Geistes liegt im Allgemeinen darin, kognitive Muster zu bilden, miteinander zu vergleichen und diese ggf. zur Entscheidungsfindung heranzuziehen. Hierbei wird wie bereits angedeutet auf Routinen, (Daumen-) Regeln bzw. Heuristiken zurückgegriffen. Der Anspruch an das Zielerreichungsniveau lautet nicht, das Optimum, den „Blisspunkt" zu finden und auszuwählen; das Individuum begnügt sich vielmehr mit zufrieden stellenden Ergebnissen (Prinzip des „saticficing").

Die Kritik am neoklassischen Mainstream geht allerdings weit über die Figur des homo oeconomicus hinaus. Die Sonderstellung unter den Sozialwissenschaften bezieht die Neoklassik ihren Anhängern zufolge aus der stringenten mathematischen, gleichsam naturwissenschaftlichen Methode. Während sich also die gemeinen „Sozialwissenschaften" als „vulgär", unscharf oder auch unwissenschaftlich darstellen, wird der Neoklassik das Adelsprädikat der „reinen Wissenschaft" zuteil, das sie auf eine Ebene mit den Naturwissenschaften stellt. Arrow (1994, S.2) wendet diesbezüglich ein, dass selbst in den reinen, vordergründig von allen sozialen Kategorien bereinigten ökonomischen Modellen die soziale Dimension implizit sehr wohl eine fundamentale Rolle spielt. Die Neoklassik ist insofern keineswegs frei vom Ruch des Sozialen.

Ulrich beklagt aus einer wirtschaftsethischen Perspektive, dass die erfolgreiche „Theoretisierung" der modernen Ökonomie, also der Aufstieg zu einer „reinen", selbstsuffizienten Wissenschaft, durch die „Herauslösung der ökonomischen Rationalitätsmaßstäbe aus den praktischen Kriterien des guten Lebens der Menschen" erkauft worden sei (Ulrich, 1986, S.11). Die auf ökonomischen Denkschemata beruhende Rationalisierungsdynamik unterminiere Ulrich zufolge systematisch jene soziokulturellen Grundlagen, die für ihre Existenz bzw. ihren Erfolg unabdingbar ist. Die „ökonomische Vernunft" gehe gleichsam an ihrem eigenen Erfolg zugrunde. Ferner degeneriere das herkömmliche ökonomische Rationalitätsprinzip zu einem Scheuklappenprinzip, das eher der Abschirmung von den „vordinglichen lebenspraktischen Herausforderungen" dient als zu deren Bewältigung (Ulrich, 1986, S.12). Ulrich setzt darüber hinaus bei den ethischen Wurzeln der Neoklassik, insbesondere dem Utilitarismus Bentham'scher Prägung („the greatest happiness for the greatest number") an, der für den mathematischen Ansatz in der Neoklassik Voraussetzung ist.

Soweit zur Kritik an der Neoklassik, die an dieser Stelle nicht in aller Ausführlichkeit wiedergegeben werden soll. Es kam in erster Linie darauf an zu veranschaulichen, dass die Neoklassik über gewisse Defizite verfügt, die für die Existenz der Neuen Institutionenökonomik von Bedeutung sind. Es sei aus der Perspektive des Autors am Rande noch auf die folgenden Aspekte hingewiesen: Die Neoklassik ist keineswegs nur die reine Wissenschaft, die sie ihrem Anspruch nach zu sein trachtet, sondern durchaus auch Weltanschauung und insofern durchaus ideologiebehaftet. Für die Anhänger der Neoklassik ist der Markt das vornehmste Koordinationsinstrument sozialer Interaktion. Der Markt bildet insofern die Referenz, an der sich andere soziale Koordinationsmechanismen messen lassen müssen. Die neoklassische Wirtschaftspolitik ist daher ausgesprochen marktorientiert und zielt im Allgemeinen darauf ab, die Marktkräfte ungehindert zur Entfaltung zu bringen. Diese Politik ist allerdings zuweilen wenn nicht gescheitert, so doch zumindest oftmals nicht so verlaufen wie erhofft[9]. Autoren wie Stieglitz (2002) sprechen im Zusammenhang mit einer weitgehenden Marktorientierung bzw. einem unerschütterlichen Marktglauben in der Wirtschaftspolitik auch von einem „Marktfundamentalismus"[10].

Um es zu wiederholen: Die Defizite der Neoklassik sind Ursache für die Existenz der Neuen Institutionenökonomik. Maßgeblich ist allerdings nun, dass in der Neuen Institutionenökonomik zwei unterschiedliche Strömungen existieren:

- Die erste Strömung steht der Neoklassik nicht etwa nur wohlwollend gegenüber, sondern sieht die Neue Institutionenökonomik gar als Bestandteil, als Fortentwicklung der Neoklassik an. Die Vertreter dieser Strömung legen die Neue Institutionenökonomik als notwendige Erweiterung der Neoklassik aus, welche dazu dient, die Defizite der Neoklassik zu kompensieren und die fundamentalen neoklassischen Paradigmen aufrechterhalten zu können. Zu dieser Strömung zählen auch „reine" neoklassische Ansätze, die ihr methodisches Instrumentarium auf soziale Phänomene jenseits des Marktes bzw. der Ökonomie anwenden. Wenn man beispielsweise die einschlägigen Lehrbücher zur Neuen Institutionenökonomik zum Maßstab macht, so setzt sich diese Strömung dem Anschein nach als Mainstream in der Neuen Institutionenökonomik durch.
- Die Vertreter der zweiten Strömung vertreten hingegen die Auffassung, dass die Neue Institutionenökonomik mit einem Paradigmenwechsel einhergeht und insofern von der Neoklassik und deren Methoden weitgehend

---

9 Man denke an die Markteinführung in Russland zu Beginn der 90er Jahre des letzten Jahrhunderts.

10 Im Rahmen dieser Arbeit wird veranschaulicht, dass in vielen Situationen nicht der Marktmechanismus, sondern vielmehr kooperative Formen der Standardisierung besser geeignet sind, Standards von angemessener Qualität zu generieren (vgl. z.B. Abschnitt 4.4.3).

entkoppelt ist. Die Neue Institutionenökonomik konstituiert insofern eine neue, eigene ökonomische Disziplin. So ist beispielsweise die Anwendung der neoklassischen Methodik nicht mehr gerechtfertigt.

Weiterhin impliziert der Begriff „*Neue* Institutionenökonomik" über die Abgrenzung zum neoklassischen Mainstream hinaus die Abgrenzung von einer wie auch immer gearteten „Alten Institutionenökonomik". Hierbei handelt es sich im wesentlichen um die „American Institutionalist School", die ihre Blüte von ca. 1900 bis 1930 erlebte, nicht unwesentlich durch die Deutsche Historische Schule beeinflusst war und durch Autoren wie beispielsweise Thorstein Veblen, John Commons oder Wesley Mitchell repräsentiert wird. Die Vertreter dieses Institutionalismus betonten die Abhängigkeit ökonomischer Gesetzmäßigkeiten von historischen, gesellschaftlichen und institutionellen Rahmenbedingungen. Durch den Siegeszug des Marginalismus und die Ankunft des Keynesianismus büßten die alten Institutionalisten ihren Einfluss allerdings fast gänzlich ein. Einer der letzten aktiven Vertreter, der den Amerikanischen Institutionalisten zugerechnet wird, war John K. Galbraith. Die alte Institutionenökonomik und insbesondere die neoklassisch orientierte Neue Institutionenökonomik stehen teilweise im krassen Gegensatz zueinander. Während die Vertreter der Neuen Institutionenökonomik Institutionen auf der Grundlage des Individuums rekonstruieren bzw. erklären, betonen Autoren wie Veblen den Einfluss, der von Institutionen auf das Verhalten von Individuen ausgeht. Als sich die Neue Institutionenökonomik als eigenständige ökonomische Teildisziplin etabliert hatte, war allerdings der Einfluss der alten Institutionalisten bereits weitgehend geschwunden.

Zu den jüngsten Tendenzen im Bereich des Institutionalismus gehört die Hinwendung zur den Gebieten der Soziologie, Psychologie und den Kognitionswissenschaften. Angesichts der bereits angedeuteten Diskrepanzen zwischen den grundlegenden Verhaltenshypothesen, die in der neoklassischen Theorie dominieren, und dem Verhalten, das in der Realität und in Experimenten beobachtet werden kann, haben sich auch einige Vertreter der Neuen Institutionenökonomik vermehrt der Soziologie, Psychologie und den Kognitionswissenschaften zugewandt, um neue Erklärungsansätze für ökonomisch relevantes Handeln zu erschließen (siehe z.B. Ortmann/Gegerenzer, 2000; Nee, 1998; Greif, 1998; oder Handlbauer, 2000). Allerdings sei vermerkt, dass der Rekurs auf die soziologische, psychologische bzw. kognitive Ebene namhaften Ökonomen durchaus nicht fremd war und ist. Sowohl Schumpeter wie auch Marshall hielten beispielsweise die menschliche Vorstellungskraft für einen wesentlichen Faktor der gesellschaftlichen Entwicklung (Arrow, 1994, S.2).

2.2 Der Neue Institutionalismus in den Politikwissenschaften

Zu Beginn dieses Abschnitts wurde bereits angedeutet, dass die institutionelle Sichtweise nicht nur in der Ökonomie, sondern auch in anderen sozialwissenschaftlichen Disziplinen wie z.b. der Politologie vermehrt Anklang findet. In der Tat bietet sich ein institutioneller Ansatz bei politologischen Fragestellungen, die ja letzten Endes auf die Gestaltung von Institutionen abzielen, nicht nur im Allgemeinen, sondern insbesondere bei der Analyse der EU an, die in einem Ausmaß institutionalisiert ist wie kaum eine andere Organisation. Unter dem Dach der Politologie firmieren neben dem ökonomischen Neuen Institutionalismus indes eine Reihe weiterer „Institutionalismen". Häufig werden die folgenden drei Spielarten unterschieden (Hall/Taylor, 1996; Pollack, 2005).

- Rational Choice Institutionalismus
- Soziologischer Institutionalismus
- Historischer Institutionalismus

Der Rational Choice Institutionalismus und der soziologische Institutionalismus stehen hierbei durchaus in einem Rivalitätsverhältnis, das sich in Auseinandersetzungen um die Frage manifestiert, welcher Ansatz die höhere Validität aufweist, also der aussagkräftigere ist. Ähnlich wie bei ihren Vorstößen in andere nichtökonomische Gefilde, wie z.b. den Rechtswissenschaften, agieren die Vertreter des Rational Choice Ansatzes verhältnismäßig aggressiv dabei, ihren Alleinherrschaftsanspruch gegenüber anderen institutionellen Ansätzen (und anderen nichtinstitutionellen Theorien) zu behaupten. Dies ist zweifelsohne in Einklang mit der weit verbreiteten Auffassung, die Ökonomie sei zumindest in Teilbereichen eine imperialistische Disziplin (Radnitzky/Bernholz, 1987). Namhafte Ökonomen wie beispielsweise Gary S. Becker haben in der Tat den hegemonialen Anspruch ihrer Disziplin gegenüber anderen Sozial- und Geisteswissenschaften postuliert und durch die entsprechenden „Offensiven" in andere gesellschaftliche Bereiche jenseits der ökonomischen Sphäre untermauert[11].

Pollack (2005, S.139) vertritt die Auffassung, der Historische Institutionalismus sei aufgrund seiner an der temporalen Dimension orientierten Betrachtungsweise von Institutionen dazu geeignet, die beiden rivalisierenden Lager des Rational Choice Institutionalismus und des soziologischen Institutionalismus unter einem Dach zu vereinen respektive zu versöhnen. In der Tat erlebt man gerade als

---

11 "The economic approach is not restricted to material goods and wants or to markets with monetary transactions, and conceptually does not distinguish between major and minor decisions or between "emotional" or other decisions. Indeed...the economic approach provides a framework applicable to all human behavior – to all types of decision and to persons from all walks of life (Becker, 1981, S.9)." Samuelson bezeichnete die Ökonomie als die „queen of the social sciences" (Samuelson, 1980, S.4).

Student der Standardisierung eine Überraschung, wenn man sich mit dem gegenwärtigen Stand des Historischen Institutionalismus (im Bereich der Politologie) auseinandersetzt. Viele der Termini und Konzepte, die beispielsweise Pierson (2000) in einem politologischen Kontext einführt, sind von ökonomischer Herkunft und im Zusammenhang mit Netzwerkeffekten und der de facto Standardisierung geläufig (David/Greenstein, 1990). Die Argumentationsweise lautet kurz gefasst (Pollack, 2005, S139ff.), dass Pfadabhängigkeiten („path dependecies"), „Lock-in Effekte" und steigende Skalenerträge, z.B. aufgrund von Netzwerkeffekten, existieren, die dazu führen, dass die Akteure sich auf bestimmte institutionelle Arrangements kaprizieren, obwohl diese offensichtliche Defizite aufweisen und/oder bessere Arrangements denkbar wären. Ursächlich hierfür ist, dass, sobald ein bestimmter institutioneller Pfad eingeschlagen wurde, ein fundamentaler Regimewechsel nicht mehr oder nur zu sehr hohen Kosten möglich wäre. Die Akteure befinden sich in einer Lock-in Situation. So ist beispielsweise die Persistenz ineffizienter institutioneller Arrangements erklärlich. Dem Timing und der Abfolge von Handlungen und Ereignissen kommt folglich ein besonderer Stellenwert zu, da bestimmte Handlungsweisen ab einem bestimmten Punkt der institutionellen Entwicklung nicht mehr reversibel sind. Die Argumentationsweise, die Pierson (2000) auf die Genese und Entwicklung von (politischen) Institutionen anwendet, verläuft völlig analog für den Fall der de facto Standardisierung, wie in Abschnitt 4.3.5 dieser Arbeit erörtert wird.

2.3 Die Europäische Integrationstheorie

Das Teilgebiet der Politologie, dass sich der Entwicklung der EU widmet, wird gemeinhin Europäischen Integrationstheorie („European Integration Theory") genannt (Wiener/Dietz, 2005, S.1ff.). Dieser Begriff bezeichnet nicht etwa ein spezifisches theoretisches Gebäude, sondern umfasst ein ganzes Bündel an Theorien, die sich aus unterschiedlichen Perspektiven mit der EU und der europäischen Integration auseinandersetzen. Hierzu zählen nicht nur die bereits erörterten drei Institutionalismen, sondern eine Reihe weiterer Ansätze aus diversen sozialwissenschaftlichen Bereichen, von denen im Folgenden die für das Anliegen der Arbeit wichtigsten kurz skizziert werden.

Eine der klassischen Theorien zur europäischen Integration ist der Neofunktionalismus. Dieser Theorie zufolge weisen unterschiedliche Politikfelder untereinander funktionale Zusammenhänge auf. Wenn nun mehrere Staaten supranationale Institutionen in Leben rufen, um ihr Handeln auf bestimmten politischen Ebenen zu koordinieren, so hat dies vermittels besagter Zusammenhänge funktionale, und früher oder später auch politische „spill-over Effekte" zur Folge, die einen Integrationsschub auf anderen politischen Ebenen nach sich ziehen. Dieser Integrationsschub geht der Theorie gemäß auch von der Kooperation auf eher nachrangigen Politikfeldern, den so genannten „low politics", wie beispielsweise der wirtschaftlichen Zusammenarbeit, aus. Die supranationalen Institutionen bzw. Organisationen, die zum Zwecke der Integration bestimmter Politikfelder ins Leben gerufen werden, gelten dabei als eigenständige und durchaus einflussreiche Akteure, die maßgebliche politische Impulse setzen können.

Der Neofunktionalismus ist ein Ableger des Funktionalismus. Der Unterschied zwischen Neofunktionalismus und Funktionalismus besteht im Wesentlichen darin, dass ersterer auf die europäische und letzterer unmittelbar auf die internationale Ebene abstellt. Der Neofunktionalismus ist zudem ein liberalistischer Gegenentwurf zum politischen Realismus, demzufolge das System internationaler Staaten anarchisch ist und nicht durch supranationale Ordnungsstrukturen kontrolliert werden kann. Die beste Form der Existenzsicherung ist es demgemäß für einen individuellen Staat, wirtschaftlich und vor allem militärisch mächtiger zu sein als andere Staaten. Seine Blüte erlebte der Neofunktionalismus während der ersten erfolgreichen Schritte zur europäischen Integration. Die ersten Rückschläge im Integrationsprozess in den 60ern und die Stagnation in der 70ern Jahren des letzten Jahrhunderts begünstigten indes andere Integrationstheorien, wie beispielsweise den Intergouvernementalismus.

Die Theorie des Intergouvernementalismus wird dem Neofunktionalismus häufig gegenübergestellt und besagt, dass supranationale Institutionen nur insoweit existieren und nur solche Merkmale aufweisen, wie es individuellen staatlichen Interessen entspricht (Wiener/Diez, 2005, S.8ff.). Die Staaten bestimmen Art, Ausmaß und Geschwindigkeit des Integrationsprozesses. Supranationale Institutionen verfügen über keinen eigenen gestalterischen Spielraum und bilden insofern nicht mehr als ein Instrument, mittels dessen individuelle Staaten ihre Beziehungen untereinander gestalten. Indes ging das Ausmaß der europäischen Integration, die sich im Laufe der 1980er Jahre erneut beschleunigte, über das hinaus, was mit der reinen Lehre des Intergouvernementalismus vereinbar gewesen wäre. Neofunktionalismus und Intergouvernementalismus gelten als klassische Ansätze in der Europäischen Integrationstheorie, die zwar Erklärungsdefizite aufweisen, aber zuweilen ein Comeback in modifizierter Form, beispielsweise als „Neo-Neofunktionalismus" (Schmitter, 2005) oder als „Liberaler Intergouvernementalismus" (Moravcsik, 1998) erleben.

Seit einiger Zeit finden so genannte „Governance-Ansätze" vermehrt Beachtung. Ausgangsthese des Multi-Level-Governance-Ansatzes ist beispielsweise, dass neben den EU-Organen und den Mitgliedstaaten weitere Akteure die Szene betreten, die bei der europäischen Integration eine Rolle spielen (Hooghe/Marks, 2001, Jachtenfuchs/Kohler-Koch, 2005). Diesen Akteuren werden auf teils formellem, teils informellem Wege, teils intendiert, teils nichtintendiert Gestaltungsmöglichkeiten zuteil, die integrationsrelevant sind. Hierbei vollzieht sich eine vertikale wie auch horizontale Redistribution der Macht. Eine vertikale Redistribution der Macht ergab sich beispielsweise dadurch, dass die Regionen in Europa ein gebührendes Mitspracherecht auf europäischer Ebene einforderten. Der Einfluss der Regionen findet mittlerweile seinen Ausdruck in einer ausgewachsenen Regionalpolitik der EU, in der das Subsidiaritätsprinzip von zentraler Bedeutung ist. Die horizontale Redistribution der Macht bedeutet, dass die EU und ihre Mitgliedstaaten Gestaltungsspielraum an Nicht-EU- bzw. nicht-staatliche Organe und Organisationen abtreten. Später wird gezeigt werden, dass die Normungspolitik der EU in dieses Schema passt, da die EU tatsächlich in gewissem Maße politischen Gestaltungsspielraum an die europäischen Normungsorganisationen abtritt.

Der Network-Governance-Ansatz betont im Vergleich zum Multi-Level-Governance-Ansatz die Beziehung der politischen Akteure untereinander, deren formelle wie auch informelle Vernetzung. Hierbei liegt das Augenmerk indes weniger auf den spezifischen Merkmalen der Akteure und deren hierarchische Machtstruktur, sondern eher auf den Beziehungsstrukturen zwischen den Akteuren (Kohler-Koch, 2004; Peterson, 2005). Network-Governance-Ansatz und Multi-Level-Governance-Ansatz sind im Prinzip institutionell ausgerichtet und setzen gleichsam auf der Mesoebene, also auf einer mittleren Ebene zwischen Mikro- und Makroebene an. In Abschnitt 5.6 dieser Arbeit wird das Verhältnis zwischen der eigenen Modellbildung und den beiden hier vorgestellten Governance-Ansätzen kurz erörtert werden.

Neben den bisher geschilderten Ansätzen existiert eine Reihe weiterer Integrationstheorien von sozialwissenschaftlicher bzw. sozialphilosophischer Herkunft, die hier allerdings nur am Rande erwähnt werden sollen. Hierzu zählen beispielsweise konstruktivistische Ansätze, die auf Berger und Luckmann (1980) zurückgehen (Risse, 2005, S160f.), diskursorientierte Ansätze, die sich auf französische „Poststrukturalisten" wie Foucault oder Derrida (Wæver, 2005), aber auch auf die Diskurstheorie von Habermas berufen (Risse, 2005, S164f.), sowie gender-orientierte bzw. feministische Ansätze (Hoskyns, 2005). Auf eine eingehende Betrachtung dieser Ansätze soll indes an dieser Stelle verzichtet werden, da dies die Einführung eines umfangreichen Begriffsapparates erforderlich machte, ohne dass dies im Hinblick auf das eigentlich Anliegen dieser Arbeit zu einem merklichen Erkenntnisgewinn führen würde. Außerdem betritt man mit diesen zum Teil subjektivistisch ausgerichteten Ansätzen einen Bereich der Unschärfe, die sich beispielsweise darin äußert, dass bestimmte Ansätze grundsätzlich schwer zu fassen sind und deren Einordnung Probleme bereitet (Risse, 2005, S.160). Foucault hat beispielsweise nicht etwa eine geschlossene Theorie unterbreitet, sondern seine Ansichten im Laufe der Zeit mehrfach geändert, und bleibt selbst bei Kernbegriffen seines Denkens wie z.B. ‚Macht' und ‚Diskurs' zum Teil vage (Kreisky, 2002). Ein weiteres Charakteristikum der Europäischen

Integrationstheorie ist zudem offenbar, dass es einen steten Nachschub an mehr oder minder aussagekräftigen neuen Theorien aus unterschiedlichen Disziplinen gibt, und alte Theorien in modifizierter Form reüssieren, wie bereits im Falle des Neofunktionalismus und des Intergouvernementalismus angedeutet. Hier fällt es zuweilen auch „alten Hasen" schwer, die Übersicht zu bewahren (Schmitter, 2005, S.46f.).

Bemerkenswert ist weiterhin, dass praktisch alle der bisher vorgestellten Integrationstheorien mehr oder minder ausgeprägte normative Momente aufweisen oder sogar mit einer ausgewachsenen politischen Agenda einhergehen. Das politische Programm des Neofunktionalismus lautete nach dem 2. Weltkrieg beispielsweise, die Konflikte zwischen den Nationalstaaten, die sich schlimmstenfalls in kriegerischen Akten entluden, durch den Aufbau geeigneter supranationaler Institutionen dauerhaft zu überwinden. Ein namhafter politischer Neofunktionalist war beispielsweise Jean Monnet, der maßgeblich zur Gründung der EWG beitrug. Der Föderalismus ist weniger ein theoretisches Gebäude, sondern in erster Linie ein politisches Programm, das in seiner konsequentesten Ausprägung darauf abzielt, die EU mit staatlichen Machtbefugnissen auszustatten, während die Mitgliedstaaten ihre Souveränität weitgehend abtreten (Burgess, 2005). Der Terminus ‚Intergouvernementalismus' bezeichnet nicht nur die bereits erörterte Theorie, sondern auch das entsprechende politische Programm, das dem des Föderalismus diametral entgegengesetzt ist: Die Mitgliedstaaten der EU bewahren ihre vollständige Souveränität und Identität, während den Organen der EU keine Machtbefugnisse zufallen. Die EU sollte nach Auffassung der politischen Intergouvernementalisten insofern nicht mehr sein als ein loser Staatenbund, in dem die Mitgliedstaaten stets das letzte Wort haben.

Im Rahmen dieser Arbeit dienen politologische Beiträge in erster Linie als Informationsquelle, sowohl im Hinblick auf die europäische Normung wie auch die institutionellen Merkmale der Organe der EU. Im Laufe der nächsten Kapitel wird sich zeigen, dass Berührungspunkte unterschiedlichen Integrationstheorien und dem Ansatz des Autors existieren. Unter Berücksichtigung der europäischen Normungspolitik tendiert der Autor beispielsweise eher in das Lager der Neofunktionalisten als das der Intergouvernementalisten. So ist europäische Normungspolitik bei eingehender Betrachtung ein kaum zu widerlegendes Indiz dafür, dass europäische Institutionen sehr wohl gestaltend in die Lebensverhältnisse der EU-Bürger eingreifen und dabei selbstverständlich auch die Souveränität der Mitgliedstaaten einschränken. Außerdem leistet die europäische Normung einen gleichsam subversiven Beitrag zur europäischen Integration. Weiterhin korrespondiert die europäische Normungspolitik insofern mit dem Multi-Level-Governance-Ansatz, als dass die EU politischen Gestaltungsspielraum an die europäischen Normungsorganisationen abtritt.

3 Ein Modell

In diesem Kapitel wird ein Modell bzw. Denkschema entwickelt, mittels dessen die hier gegebenen, mehr oder weniger disparaten Untersuchungsobjekte Standardisierung, Europäische Union und Europäisches Normungssystem innerhalb eines einheitlichen theoretischen Rahmens behandelt werden können. Abschnitt 3.1 umfasst die Kernelemente des Modells. Dies sind die relevanten Akteure und deren Handlungsmöglichkeiten, die „Handlungsräume" aufspannen. Diese Handlungsräume unterliegen harten und weichen Restriktionen, und werden zu analytischen Zwecken in Handlungsebenen zerlegt, zwischen denen, so die Annahme, bestimmte Beziehungen bestehen. Weiterhin bilden die Akteure Präferenzen nicht nur über individuelle Handlungsalternativen, sondern auch über Teilmengen von Handlungsalternativen. Gegeben ihre Restriktionen und Präferenzen werden nun die Akteure aktiv und modifizieren dabei ihre Handlungsräume und die anderer Akteure. Diese Modifikation ist von besonderem Interesse und äußert sich als Expansion respektive Kontraktion von Handlungsräumen bzw. Handlungsebenen bestimmter Akteure. In Abschnitt 3.2 werden eine Reihe geläufiger sozialtheoretischer und ökonomischer Grundbegriffe in Handlungsräumen interpretiert. Hierbei handelt es sich im Wesentlichen um die Begriffe Macht, Zwang, Institution und Transaktionskosten. Außerdem wird die Figur des sozialen Planers eingeführt und diskutiert. Abschnitt 3.3 beschließt dieses Kapitel mit einer eingehenden Diskussion des hier vorgestellten Denkschemas und einem Vergleich mit anderen ökonomischen respektive sozialwissenschaftlichen Ansätzen.

3.1 Die Modellelemente

3.1.1 Die relevanten Akteure

Gegeben sei eine Menge von Akteuren $N = \{1,...,n\}$ mit $i \in N$ als typischem Vertreter. Wer im Einzelnen als relevanter Akteur betrachtet wird, hängt vom Kontext ab. Als relevante Akteure können beispielsweise die Unternehmen einer Branche, die Teilnehmer eines Normungsprojektes, Anwender von Standards, Konsumenten oder auch die Gesamtheit aller Gesellschaftsmitglieder auftreten. Die Akteure können Koalitionen $C \subseteq N$ bilden. Koalitionen zeichnen sich durch ein koordiniertes Verhalten ihrer Mitglieder aus.

3.1.2 Handlungsräume

Die Akteure $i \in N$ verfügen über unterschiedliche Handlungsalternativen h_i, die einen „Handlungsraum" H_i bilden. Handlungsalternativen bzw. Handlungsräume hängen von der Zeit ab: $h_i = h_{it}$ bzw. $H_i = H_{it}$, $t = 0,1,2,...,T$. Dies bedeutet, dass sich im Laufe der Zeit der Handlungsraum eines Akteurs verändert, also expandiert (neue Handlungsalternativen kommen hinzu), kontrahiert (Handlungs-alternativen gehen verloren), oder beides gleichzeitig. Der Übersichtlichkeit halber wird der Zeitindex t allerdings nur dann notiert, wenn er unmittelbar relevant ist. Das kartesische Produkt H_t der Handlungsräume der Akteure bezeichnet alle möglichen Kombinationen von Handlungsalternativen zu einem gegebenen Zeitpunkt t[12]:

$$H_t = H_{1t} \times ... \times H_{it} \times ... \times H_{nt}.$$

Hierbei bedeutet $h_t = \left(h_{1t}, h_{2t}, ..., h_{it}, ..., h_{nt} \right) \in H_t$ eine Kombination von Handlungs-alternativen der Akteure zum Zeitpunkt t. Von Interesse ist im Folgenden, wie Handlungsräume sich durch bestimmte Handlungsweisen oder Zustands-änderungen, auf die in Kürze eingegangen werden wird, ändern. ‚Ändern' bedeutet wie schon gesagt die Kontraktion oder Expansion von Handlungsräumen (oder beides gleichzeitig). Zur Untersuchung der Änderung von Handlungs-räumen ist es zweckmäßig, Handlungsebenen einzuführen.

3.1.3 Handlungsebenen

Ein integraler Bestandteil des hier vorgestellten Denkschemas sind Handlungs-ebenen. Handlungsebenen sind Teilmengen von Handlungsräumen: $H_{ij} \subset H_i$, $j \in \{1,...,J\}$. Ein System von J Handlungsebenen ist vollständig, wenn deren Vereinigung auf H_i führt:

$$H_i = \bigcup_{j=1}^{J} H_{ij}.$$

Die Handlungsebenen sind unabhängig oder disjunkt, wenn die Schnittmengen aller unterschiedlichen Handlungsebenen leer sind:

$$H_{il} \cap H_{ik} = \varnothing, \ \forall l,k \in \{1,...,J\}, \ l \neq k.$$

Die Handlungsebenen, die im Rahmen dieser Arbeit betrachtet werden, sind stets unabhängig, aber nicht notwendigerweise vollständig, d.h., es werden im Allge-meinen nur solche Teilebenen behandelt, die in einem gegebenen Kontext auch relevant sind. Die Definition von Handlungsebenen kann grundsätzlich nach allen erdenklichen technischen oder sozioökonomischen Kriterien vorgenommen werden, ist aber stets so geartet, dass Relationen bzw. (funktionale) Zusammen-hänge zwischen Handlungsebenen definiert werden können. Von Interesse sind im Folgenden Aussagen darüber, wie bestimmte Handlungsebenen sich verändern, also expandieren bzw. kontrahieren, wenn sich andere Handlungsebenen ver-

---

12 Der Leser beachte die relative Nähe zur Spieltheorie. Es bedarf hier nur noch der Einführung von Auszahlungen für die Akteure, um Spiele in strategischer oder extensiver Form darstellen zu können.

ändern. Hierbei sind Handlungsebenen stets so definiert, dass man eine eindeutige Aussage treffen kann: entweder expandiert eine Handlungsebene oder sie kontrahiert, aber nicht beides gleichzeitig.

Die Expansion bzw. Kontraktion einer Handlungsebene geht mit einer Erhöhung bzw. Senkung der Anzahl von Handlungsmöglichkeiten, also der entsprechenden Änderung der Kardinalzahl einer Handlungsebene, $\#\left(H_{ij}\right)$, einher, und ist insofern quantifizierbar. Die Änderung der Anzahl von Handlungsmöglichkeiten wird später in Abschnitt 3.1.7 zur Konstruktion eines einfachen Wohlfahrtsmaßes herangezogen werden. Unter Zuhilfenahme logischer Operatoren (Negation ($\neg$), Und-Verknüpfung ($\wedge$), Oder-Verknüpfung ($\vee$), Implikation ($\Rightarrow$), Äquivalenz ($\Leftrightarrow$)) können nun beliebig komplexe Zusammenhänge über beliebig komplexe Strukturen von Handlungsebenen definieren und Aussagen beispielsweise der folgenden Art machen: „Aus der Kontraktion der Handlungsebene j des Akteurs i folgt die Expansion seiner k-ten Handlungsebene." Oder: „Aus der Kontraktion von Handlungsebene j des Akteurs i folgt die Kontraktion der k-ten Handlungsebene des Akteurs l."

Der erste Zusammenhang („Aus der Kontraktion der Handlungsebene j des Akteurs i folgt die Expansion seiner k-ten Handlungsebene.") wird bei der Erklärung des Nutzens der Standardisierung in Abschnitt 4.4 gute Dienste leisten. Die letzte Aussage hingegen zeigt, dass derartige Beziehungsstrukturen selbstverständlich auch zwischen den Handlungsräumen und Handlungsebenen unterschiedlicher Akteure definiert werden können. Zuweilen ist im Folgenden auch von Handlungsteilräumen anstelle von Handlungsebenen die Rede. Dies ist dann der Fall, wenn die Beziehungen zwischen Teilmengen von Handlungsräumen eher nichthierarchischen Charakter aufweisen. Das Denken in Handlungsebenen wird sich im Folgenden als ein flexibles Instrument erweisen, mittels dessen eine Reihe von Phänomenen erklärt werden können, die beispielsweise widersprüchlich anmuten und/oder mit anderen Ansätzen nur schwer erfasst werden können.

3.1.4 Zustände und Zustandsänderungen

Die Handlungsräume der Akteure hängen zu einem Zeitpunkt t von einem Zustand $z_t \in Z_t$ ab: $H_t = H_t(z_t)$. Z_t bezeichnet hierbei den Zustandsraum, also die Menge aller möglichen Zustände zum Zeitpunkt t. Unterschiedliche Umweltzustände $z, z' \in Z$ induzieren im Allgemeinen unterschiedliche Handlungsräume $H(z)$ bzw. $H'(z')$ [13]. Zustandsänderungen, also beispielsweise der Übergang von z nach z', können sich auf zweierlei Weise vollziehen: Einerseits durch exogene Einflüsse, andererseits durch Handlungsweisen bestimmter Akteure. Von Inter-

---

13 Der Zeitindex t wird hier erneut der Bequemlichkeit halber unterdrückt.

esse sind grundsätzlich solche Zustandsänderungen, die eine Modifikation von Handlungsräumen nach sich ziehen. In Abschnitt 4.4 werden einige typische „Situationen der Standardisierung" erörtert, die sich dadurch auszeichnen, dass die Einführung eines Standards eine Zustandsänderung herbeiführt, welche die Interessen der relevanten Akteure unterschiedlich beeinflusst und entsprechende Verhaltensweise hervorruft.

3.1.5 Restriktionen auf Handlungsräumen

Ein gegebener Zustand manifestiert sich als eine Struktur von Restriktionen auf den Handlungsräumen der relevanten Akteure. Eine Restriktion zerlegt den Handlungsraum H_i eines Akteurs i in inkludierte und exkludierte, also realisierbare und nicht realisierbare Handlungsalternativen. $H_i^r \subset H_i$ bezeichne die inkludierten, und $\bar{H}_i^r := H_i \setminus H_i^r$ die exkludierten Handlungsalternativen. Der Index r steht hierbei für „restringiert", also für eingeschränkt. Im Allgemeinen ist der Handlungsraum eines Akteurs mehrfach restringiert. Insofern ist es zweckmäßig, unterschiedliche Restriktionen zu unterscheiden: $r \in \{1, ..., R\}$. Der effektive Handlungsraum H_i^e eines Akteurs i ist dann die Schnittmenge aller restringierten Handlungsräume:

$$H_i^e = \bigcap_{r=1}^{R} H_i^r \ .$$

Die Menge aller ausgeschlossenen Handlungsräume eines Akteurs i wird durch die Vereinigung aller exkludierten Handlungsalternativen gebildet:

$$\bar{H}_i = \bigcup_{r=1}^{R} \bar{H}_i^r \quad (\text{bzw.} \ \bar{H}_i = H_i \setminus H_i^e).$$

Die Menge der effektiven Handlungsräume über alle Akteure kann wie schon zu Beginn des Kapitels 3 als kartesisches Produkt notiert werden:

$$H^e = H_1^e \times ... \times H_n^e \ .$$

Im Prinzip werden nun, nachdem Restriktionen eingeführt worden sind, nur noch effektive Handlungsräume betrachtet, da kein Akteur wirklich frei von Restriktionen ist. Dennoch wird aus Gründen der einfacheren Notation weiterhin H anstelle von H^e verwendet. Wenn also im Folgenden von Handlungsräumen die Rede ist, so sind damit grundsätzlich effektive Handlungsräume gemeint, es sei denn, es wird ausdrücklich etwas anderes behauptet. Da Restriktionen in dieser Arbeit eine wichtige Rolle spielen, wird im Folgenden auf die unterschiedlichen Arten von Restriktionen näher eingegangen werden. Hierzu ist es zweckmäßig, zwei Klassen von Restriktionen zu unterscheiden, nämlich harte Restriktionen und weiche Restriktionen.

3.1.5.1 Harte Restriktionen

Harte Restriktionen zeichnen sich prinzipiell dadurch aus, dass sie entweder uneingeschränkt Geltung haben und/oder entsprechend „harte" Sanktionsmechanismen greifen, falls sie durch einen Akteur verletzt werden sollten. Es lassen sich folgende Arten von harten Restriktionen unterscheiden:

Naturgesetze
Naturgesetze gelten prinzipiell immer und überall. Noch ist es einem Individuum weitgehend unmöglich, sich Kraft seiner eigenen Gedanken von einem Ort zu einem anderen Ort zu versetzen oder spontan unter der Decke zu schweben, also die Schwerkraft der Erde zu überwinden. Der Versuch, den Naturgesetzen zu trotzen, ist im Allgemeinen aussichtslos und wird häufig auch ausgesprochen hart sanktioniert.

„Harte" institutionelle Rahmenbedingungen
Harte institutionelle Rahmenbedingungen umfassen beispielsweise Verfassungen, Gesetze, Verhaltenskodices, Tabus, Schweigegebote der Mafia („Omerta") und ähnliches. Harte institutionelle Rahmenbedingungen sind häufig kodifiziert, also beispielsweise schriftlich niedergelegt. Dies gilt auch für die korrespondierenden Sanktionsmechanismen, die im Falle der Verletzung besagter Rahmenbedingungen greifen. Dies gilt nicht für Gesellschaften, die auf die mündliche Überlieferung zurückgreifen. Ebenso wenig dürfte die „Omerta" schriftlich niedergelegt sein. In Abschnitt 3.2.1 wird im Zuge der Rekonstruktion einiger sozioökonomischer Grundbegriffe in Handlungsräumen nochmals auf Institutionen eingegangen werden.

Ressourcenausstattung
Akteure sind mit Ressourcen ausgestattet. Diese Ressourcenausstattung manifestiert sich als Restriktion auf den Handlungsräumen der Akteure. Es sei die Ressourcenausstattung eines Akteurs in einer Variablen $a_i \in [0, a_{max}]$ „verdichtet", die sich im weitesten Sinne als das sachlich-monetäre Vermögen eines Akteurs interpretieren lässt. Dann soll gelten, dass der Handlungsraum H_i oder bestimmte Handlungsebenen in a_i expandieren: $a_i' \geq a_i \Rightarrow H_i(a_i) \subseteq H_i(a_i')$. Ist $a_i = a_{max}$, so ist auch H_i – gegeben etwaige andere Restriktionen – maximal. Ist hingegen $a_i = 0$, so sind, da jeder Akteur auf eine minimale Ressourcenausstattung angewiesen ist, selbst elementare Existenzvoraussetzungen des Akteurs i nicht erfüllt; er fällt der Nichtexistenz anheim: $a_i = 0 \Rightarrow H_i = \varnothing$. Im Laufe der Arbeit wird es in einigen Fällen einfacher sein, auf die Ressourcenausstattung als globalen Parameter abzuheben, als auf einzelne (harte) Restriktionen einzugehen oder die gesamte Struktur der Restriktionen zu erörtern.

3.1.5.2 Weiche Restriktionen

Neben harten Restriktionen existieren auch eine Reihe weiterer, „weicher" Restriktionen auf Handlungsräumen, die im Folgenden eine bedeutsame Rolle spielen werden. Bei diesen weichen Restriktionen handelt es sich insbesondere um Informationsrestriktionen, Bewusstseinsrestriktionen bzw. kognitive Restriktionen, die Sozialisation von Akteuren, und moralische bzw. ethische Restriktionen auf Handlungsräumen.

Informationsrestriktionen

Der Begriff der Information ist in allen erdenklichen Disziplinen, d.h. sowohl in den „Soft Sciences" wie auch den Naturwissenschaften, von fundamentaler Bedeutung (Lyre, H., 2002; Stiglitz, 2000). In der Physik steht der Begriff der Information mittlerweile mindestens auf einer Stufe mit dem Begriff der Energie. Im Rahmen dieser Arbeit wird Information als eine Folge von Signalen aufgefasst, die von einem Beobachter wahrgenommen und interpretiert werden kann. *Wahre Information*, bzw. Information, aus der wahre Aussagen abgeleitet werden können, sei als *Wissen* bezeichnet[14].

Was macht alsdann die besondere Qualität von Informationen im Rahmen des hier entworfenen Modells aus? „Zufließende" Information modifiziert zunächst den Handlungsraum eines Akteurs (Handlungsalternativen werden durch neue Information exkludiert bzw. inkludiert). Ein zufließendes „Quantum" $k \in I$ neuer Information modifiziert den Handlungsraum eines Akteurs; $H_i(I_i)$ geht in $H_i'(I_i \cup k)$ über. Hierbei repräsentiert I die Menge aller verfügbaren Informationen, I_i die Information, die dem Akteur i zur Verfügung steht. Die obige Schreibweise impliziert einen funktionalen Zusammenhang zwischen verfügbarer Information und dem entsprechenden Handlungsraum. Außerdem ist es denkbar, dass zufließende Informationen auch die Präferenzen bestimmter Akteure – nicht etwa nur über bestimmte Handlungsalternativen, sondern auch über bestimmte Bündel von Handlungsalternativen – modifiziert. Ebenso ist es denkbar, dass durch zufließende Informationen der Handlungsraum eines Akteurs unverändert bleibt und sich nur dessen Präferenzen über diesen Handlungsraum verändern (siehe Abschnitt 3.1.7). Selbstverständlich ist es auch möglich, dass weder Handlungsraum noch Präferenzen durch zufließende Informationen verändert werden. Es wird sich später zeigen, dass Information der entscheidende Produktionsfaktor in der Normenerstellung, und zwar das hierzu unabdingbare Wissen und Informationen über die Interessen bezüglich der Ausgestaltung einer Norm. Information ist eine strategische Variable, die gegebenenfalls auch im Normungsprozess dementsprechend gehandhabt wird. Eine Norm, also das

---

14 Hierbei handelt es sich ähnlich wie bei der Definition des Begriffs der Standardisierung in Abschnitt 4.1 um eine ad hoc Definition, die keinen Anspruch auf Vollständigkeit oder absolute Wahrheit erhebt, sondern in erster Linie operabel sein soll.

Ergebnis eines Normungsprozesses, ist wiederum nichts anderes als ein Dokument, also ein Informationsträger, der Informationen über die im Zuge des Normungsprozesses erzielte Übereinkunft transportiert.

Bewusstseinsrestriktionen und kognitive Restriktionen

Kognitive Restriktionen ergeben sich aus dem menschlichen Defizit, Sinneseindrücke, also Informationen über den Zustand der Außenwelt, aber auch über den eigenen Zustand und das eigene Verhältnis zur Außenwelt, vollständig verarbeiten, vollständig richtig interpretieren, verlustfrei speichern und Wesentliches von Unwesentlichem trennen zu können. Die kognitive Restriktion erzeugt Bewusstseinsrestriktionen: was man nicht wahrnimmt, kann einem nicht bewusst sein. Kognitive Restriktion und Bewusstseinsrestriktion konditionieren:

1. Die Wahrnehmung der Handlungsräume und Attribute anderer Akteure.
2. Die Wahrnehmung des eigenen Handlungsraumes und der eigenen Attribute.
3. Die Wahrnehmung des Zustands z, in dem sich ein Akteur befindet (bzw. andere Akteure befinden).

Aus eigener mittelbarer oder unmittelbarer Erfahrung weiß der Leser, dass zuweilen eine Diskrepanz zwischen Wahrnehmung und Wirklichkeit existieren kann. Der (möglicherweise etwas subtil anmutende) Unterschied zwischen kognitiver Restriktion und Bewusstseinsrestriktion liegt beispielsweise darin, dass ein Akteur, dem im Hinblick auf eine spezifische Entscheidungssituation alle relevante Information zur Verfügung steht, aufgrund seiner Bewusstseinsrestriktion nicht dazu in der Lage ist, diese Information vollständig zu verarbeiten. Beispielsweise nehmen die Gesellschaftsmitglieder die Existenz unterschiedlicher Normen wahr, verkennen aber dennoch systematisch die kausalen Zusammenhänge bzw. den fundamentalen gesellschaftlichen Stellenwert der Normung. Weiterhin beruht das strategisch-opportunistische Potential des Umgangs mit Informationen auf den kognitiven Schwächen bzw. den Bewusstseinsrestriktionen der entsprechenden Akteure.

Sozialisationsbedingte Restriktionen

Hierbei handelt es sich um Verhaltensmuster, die ein Akteur im Verlaufe seines Daseins durch soziale Interaktion adaptiert (erlernt) hat und in spezifischen Situationen mehr oder weniger unbewusst abruft. Die im Zusammenhang mit dem Konzept der intendierten Rationalität (Simon, 1957) häufig erörterten Routinen, Daumenregeln und Heuristiken, die zur Bewältigung komplexer Entscheidungssituationen bzw. zur Vereinfachung komplexer Umweltzustände eingesetzt werden, residieren zumindest teilweise in der Domäne der Sozialisation. Von Relevanz ist im Rahmen dieser Arbeit neben sozioökonomischen Verhaltensmustern auch der Zusammenhang zur technischen Sphäre. Wie bereits angedeutet konditionieren technische Normen (zuweilen unbewusst) individuelle und kollektive Handlungsräume in erheblichem Ausmaß. Die Sozialisation eines Individuums hat zweifelsohne auch Auswirkungen auf dessen Wahrnehmung und Bewusstsein.

Ethisch-moralische Restriktionen

Ein Akteur hegt im Allgemeinen bestimmte ethisch fundierte, normative Vorstellungen über die Gestalt des eigenen Handlungsraums und dem anderer Akteure. Grundsätzlich sollte die Ethik die höchste handlungs- bzw. handlungsraumkonditionierende Instanz unter den weichen Restriktionen darstellen. Indes treten gerade auf dieser Ebene häufig Inkonsistenzen auf. Hierzu ein Beispiel unter Anwendung des bisher entwickelten Begriffsapparates: Häufig begegnet man einer „moralischen Asymmetrie in Handlungsräumen":

$$H_i^{E_l}(z) \subset H_l^{E_l}(z); \quad l \neq i; \quad i,l \in N \text{ und } \forall z \in Z.$$

Der Ausdruck $H_i^{E_l}(z)$ bezeichnet hierbei die ethischen Vorstellungen des Akteurs l über den Handlungsraum, der dem Akteur i in Situation z zufallen sollte. Die „Ethik" des Individuums l, die hier zum Ausdruck kommt, lautet, dass ihm in jeder Situation $z \in Z$ stets ein größerer Handlungsraum zukommt als jedem anderen Individuum i in der gleichen Situation. Oder etwas differenzierter unter zu Hilfenahme von Handlungsebenen ausgedrückt: Akteur i erfährt auf den mit Zwangsmomenten behafteten Handlungsebenen eine Kontraktion, während Akteur l auf den Ebenen der Annehmlichkeiten und der Selbstentfaltung eine Expansion erfährt. Akteur l sieht sich gegenüber anderen Akteuren insofern mit „Sonderprivilegien" ausgestattet. Die menschliche Neigung, sich selber Privilegien einzuräumen, äußert sich häufig auch darin, dass ein Akteur l auf solche Handlungsalternativen zurückgreift, die durch $H_l^{E_l}$ eigentlich ethisch exkludiert sind: $h_l \in \bar{H}_l^{E_l}$. Im Extremfall räumt ein Akteur sich sämtliche Rechte ein, während die Pflichten, die sich in Kontraktionen von Handlungsräumen, als Zwangsmoment manifestieren, vollständig anderen Akteuren zufallen.

Psycho-emotionalen Dysfunktionen und Persönlichkeitsstörungen lassen sich ebenfalls als Restriktionen auf Handlungsräumen interpretieren[15]. Psycho-emotionale Dysfunktionen werden hier kurzerhand den Bewusstseinsrestriktionen und kognitiven Restriktionen zugeordnet und werden im Laufe der Arbeit sporadisch immer wieder aufgegriffen, auch wenn die Standardisierung in erster Linie eine Sache der Vernunft ist.

---

15 Die Neigung, sich selber Sonderprivilegien zuzubilligen, ist beispielsweise charakteristisch für hysterische Persönlichkeiten, die laut F. Riemann „im Extrazug durchs Leben reisen." (Zitiert nach: Frank, W., 1985, S.331).

Die selbstinduzierte Restriktion des eigenen Handlungsraums aufgrund der Anerkennung bestimmter ethischer Grundprinzipien und der Verzicht auf die Verwendung „harter" Handlungsalternativen zur Modifikation der Handlungs-räume anderer Akteure wird üblicherweise als zivilisiertes Verhalten identifiziert. Allerdings kann man im Allgemeinen davon ausgehen, dass es sich bei effektiven Handlungsräumen, die im Wesentlichen ethisch determiniert sind, um labile Gleichgewichte handelt[16]. Das heißt, dass für bestimmte Gesellschaftsmitglieder ein Anreiz, der im allgemeinen auf der Ebene des individuellen Nutzens ange-siedelt sein dürfte, existiert, auf Handlungsalternativen aus dem ethisch exklu-dierten Handlungsraum zurückzugreifen.

3.1.5.3 Bemerkungen zu den Restriktionen

Zunächst ist es im Interesse eines besseren Verständnis des Denkschemas geboten, nochmals auf die Unterschiede zwischen Restriktionen und Handlungs-ebenen hinzuweisen, wurden doch beide als Teilmengen von Handlungsräumen definiert. Restriktionen existieren und partitionieren Handlungsräume in exklu-dierte und inkludierte Handlungsalternativen. Eine Handlungsalternative ist insofern entweder exkludiert oder inkludiert, aber nicht beides gleichzeitig. Handlungsebenen sind hingegen abstrakt und können vom Betrachter je nach Anliegen, Untersuchungsobjekt oder Erklärungsziel über Handlungsräume definiert werden. Handlungsebenen können sich durchaus auch überlappen. Handlungsebenen und deren Beziehungsstrukturen stellen im Rahmen des hier entwickelten Denkschemas ein analytisches Instrument dar, mithilfe dessen eine ganze Reihe von Phänomenen – unter anderem die Morphologie bzw. die Ve-ränderung von Handlungsrestriktionen – erklärt werden können.

Bekanntermaßen ist die Existenz von Restriktionen, insbesondere Ressourcen-knappheiten, ein für die ökonomische Disziplin existenzstiftendes Merkmal menschlichen Daseins (Schumann, 1992, S6ff.). Restriktionen auf den Güter- bzw. Faktorräumen der Wirtschaftssubjekte sind beispielsweise in der mikro-ökonomischen Modellbildung von zentraler Bedeutung. Existierten keine erschöpflichen Ressourcen (also im Umkehrschluss nur unerschöpfliche Ressourcen), so wären zumindest die materiellen Voraussetzungen dafür geschaffen, dass jedes Wirtschaftssubjekt ein Leben in überbordenden Luxus führen könnte[17]. Die Preise, die sich auf (unverzerrten) Märkten für bestimmte

---

16 Siehe das Beispiel des Gefangenendilemmas (Friedman, 1986, S.66).
17 Die gesellschaftliche Herausforderung liegt in diesem Falle in der nicht einmal notwendiger-weise effizienten Transformation der Ressourcen in Güter, welche die (materiellen) Bedürf-nisse der Gesellschaftsmitglieder hinreichend befriedigt. Das Beispiel Russlands, aber auch einiger afrikanischer Staaten zeigt allerdings, dass die Schaffung materiellen Wohlstandes trotz guter Voraussetzungen auf der Ressourcenebene keineswegs eine Selbstverständlichkeit dar-stellt. Die Untersuchung der für diese Umstände verantwortlichen sozioökonomischern Faktor-en ist typischerweise eine Domäne der Institutionenökonomik, vgl. z.B. Olson, 2000.

Güter herausbilden, spiegeln unter anderem die Knappheit der zu ihrer Produktion eingesetzten Inputs wider. Ohne Knappheiten wäre insbesondere die Frage der Allokationseffizienz obsolet.

Während in der mikroökonomischen Modellbildung in erster Linie das „feasible set", also weniger die Restriktionen, sondern vielmehr die von ihnen zugelassene Menge an Güter- bzw. Faktorkombinationen von Belang sind, interessieren im Rahmen dieses Modells auch die Struktur wie auch die Qualität der Restriktionen. Für die Figur des sozialen Planers, auf den in Abschnitt 3.2.5 näher eingegangen wird, ist es durchaus relevant, welche Handlungsalternativen bei welchen Akteuren wie oft durch welche Restriktionen exkludiert werden. Ist beispielsweise eine Handlungsalternative, welche ein sozialer Planer einem Akteur zugänglich machen will, durch mehrere Restriktion ausgeschlossen, also mehrfach exkludiert, muss auch der entsprechende Mehraufwand betrieben werden, um diese Handlungsalternative in den effektiven Handlungsraum zu überführen. Unterliegt Akteur i beispielsweise hinsichtlich $\overline{h}_i \in \overline{H}_i$ sowohl einer Ressourcen- wie auch einer Bewusstseinsrestriktion, so bedarf es einerseits einer hinreichenden Verbesserung der Ressourcenausstattung und andererseits einer hinreichenden „Bewusstseinsbildung", um $\overline{h}_i$ in den effektiven Handlungsraum zu überführen. Die Beseitigung nur einer Restriktion ist hierfür nicht hinreichend. Umgekehrt reicht die Existenz nur einer Restriktion aus, um ein Element aus dem effektiven Handlungsraum in den exkludierten Handlungsraum zu überführen.

Außerdem ist von Belang, in welcher Reihenfolge Restriktionen aufgehoben werden. Die Wahl der Reihenfolge entscheidet mitunter über Erfolg oder Misserfolg einer wirtschafts- bzw. gesellschaftspolitischen Maßnahme. Ein Beispiel ist das Problem des Liberalitätsschocks: Man betrachte ein repressives System, also eine Gesellschaftsordnung, die in erster Linie auf die harten Restriktionen zum Zwecke der Verhaltenssteuerung zurückgreift. Fallen diese harten Restriktionen schlagartig weg, so stehen die Akteure vor dem Problem, auf der Ebene der weichen Restriktionen einen Modus der gesellschaftlichen Koexistenz rekonstruieren zu müssen. Hier eröffnen sich für das Individuum allerdings unvermittelt enorme (wahrgenommene) Freiheitsgrade. Der plötzlich zur Verfügung stehenden Handlungsraum wird ausgeschöpft, auch wenn dies sozial inadäquates Verhalten impliziert, eine „Alles ist erlaubt" Mentalität bricht sich Bahn. Das Phänomen des Liberalitätsschocks konnte man beispielsweise in Osteuropa nach dem Zusammenbruch der Sowjetunion in unterschiedlichen Ausprägungen oder auch nach dem Sturz Saddam Husseins im Irak beobachten. Nebenbei sei bemerkt, dass sich die ganze „weiche" Betriebswirtschaftslehre, also z.B. die soziologisch bzw. psychologisch ausgerichtete Organisationstheorie, im Prinzip mit der Gestaltung der weichen Handlungsrestriktionen im Hinblick auf die Erreichung der Unternehmensziele auseinandersetzt (Staehle, 1991).

3.1.6 Folgen von Handlungen, die leere Menge, das neutrale Element und das inverse Element

Gegeben ihre Handlungsräume, den Restriktionen auf diesen Handlungsräumen, und ihre Präferenzen (vgl. den folgenden Abschnitt), werden die Akteure nun aktiv, d.h., es kommt zu einer Abfolge von Handlungen (vgl. Abschnitt 3.2):

$$\left(h_0, h_1, ..., h_t, ..., h_T\right) \in H_{0T}, \ h_t \in H_t, \text{ und}$$
$$H_{0T} = H_0 \times ... \times H_t \times ... \times H_T.$$

H_{0T} bedeutet hierbei die Menge aller möglichen Handlungskombinationen, die im Zeitraum von $t = 0$ bis $t = T$ auftreten können. Am Ende dieser Folge von Handlungen stellt sich ein Zustand $z_T\left(h_1, h_2, ..., h_t, ..., h_T\right) \in Z_T$ und ein entsprechend konditionierter Handlungsraum $H_T\left(z_T\right)$ ein. Bemerkenswert sind weiterhin der leere Handlungsraum und zwei spezifische Elemente von Handlungsräumen, das „neutrale Element", und das „inverse Element". Ein leerer Handlungsraum $H_i = \varnothing$ ist äquivalent mit der Nicht-Existenz des Akteurs i, da er über keine Handlungsalternativen verfügt. Gleichermaßen können bestimmte Handlungsebenen „leer" sein: $H_{ij} = \varnothing$, $j \in \{1, ..., J\}$. Der Spruch von J.M. Keynes, *"In the long run we are all dead"*, kann mit den hier entwickelten Mitteln folgendermaßen ausgedrückt werden: $\lim_{t \to \infty} H_{it} = \varnothing$, für alle $i \in N$ und alle $t \in T$. Spieltheoretisch betrachtet handelt es sich hier um eine Abfolge von Spielen in strategischer Form, von one-shot-games über den Zeitraum $t = 0, 1, ..., T$. Am Ende dieser Folge von Spielen stehen aber zunächst keine Auszahlungen für die Spieler, sondern eine Zustandsänderung, respektive modifizierte Handlungsräume der Akteure.

H_i enthält stets ein neutrales Element h_i^0. h_i^0 zu ergreifen bewirkt keine Zustandsänderung, insbesondere keine Modifikation von Handlungsräumen, und bedeutet insofern, „nichts zu tun". Wenn alle Akteure nichts tun, passiert folglich auch nichts, weder eine Änderung des Zustands, noch eine Modifikation von Handlungsräumen. Ein Element $h_i^{-1} \in H_i$ heißt „inverses Element" von $h_i \in H_i$, wenn gilt:

$$z_2\left(h_{i1}, h_{i2}^{-1}\right) = z_0$$

Die Schreibweise $z_t\left(h_{it}\right)$ besagt, dass zum Zeitpunkt t nur Akteur i aktiv und die anderen Akteure $j \neq i$ inaktiv sind, also h_j^0 „ausüben". Die sequentielle Ausführung von h_i und h_i^{-1} hat das gleiche Ergebnis, als hätte Akteur i nichts unternommen, als sei nichts passiert. Ein Beispiel: Akteur i streckt den linken Arm aus und zieht ihn wieder ein. Das Ergebnis ist der gleiche Zustand als wie zuvor. Hier muss man indes die Betrachtungsebene berücksichtigen: Handlungstheoretisch wurde zweifelsohne der Ausgangszustand wiederhergestellt. Vom physikalischen Standpunkt aus gibt es hingegen sehr wohl eine Zustandsänderung, da der Akteur bei beiden Bewegungen Energie verbraucht hat. Der Leser beachte, dass h_i durchaus das Inverse zu h_i^{-1} ist; allerdings ist in diesem Falle der Ausgangszustand ein anderer. Im obigen Beispiel wäre der entsprechende Ausgangszustand ein ausgestreckter Arm des Akteurs i. Nicht zu jedem h_i existiert auch ein inverses Element, d.h., die Konsequenzen solcher Handlungen können nicht mehr rückgängig gemacht werden, sind also irreversibel.

3.1.7 Präferenzen über Handlungsräume, Nutzen und Wohlfahrtsmaße

Wie der Leser festgestellt hat, ging es in diesem Kapitel bisher in erster Linie um Mengen von Handlungsalternativen, den so genannten „Handlungsräumen", und weniger um die Wahl optimaler oder gleichgewichtiger Handlungsweisen. Diese Linie wird durch die Überlegung fortgeführt, die Akteure würden Präferenzen nicht etwa nur über individuelle Handlungsalternativen, sondern vielmehr *über unterschiedliche Mengen von Handlungsalternativen* bilden. Für die Zwecke des Autors ist zunächst die einfache Hypothese maßgeblich, dass die Akteure grundsätzlich eine Expansion ihres Handlungsraumes begrüßen, dass also für zwei Handlungsräume H_i und H_i' gilt: $H_i' \subset H_i \Rightarrow H_i' \prec_i H_i$. Das Symbol $\prec_i$ besagt hierbei, dass Akteur i Handlungsraum H_i gegenüber H_i' strikt vorzieht[18].

Die Einführung von Präferenzen über Handlungsräume stellt eine merkliche Abweichung von der in der Mikroökonomie üblichen Herangehensweise dar (vgl. z.B. Mas-Colell; Whinston; Green, 1995, S.6ff.) und kann folgendermaßen motiviert werden:

- In bestimmten Situationen wird tatsächlich über unterschiedliche Handlungsräume entschieden (und nicht über einzelne Handlungsalternativen). Ein Unternehmensgründer steht beispielsweise vor der Wahl der Rechtsform seines Unternehmens. Unterschiedliche Rechtsformen implizieren unterschiedliche Rechte und Pflichten, gehen also mit unterschiedlich konditionierten Handlungsräumen einher. Ein Unternehmensgründer steht insofern vor der Herausforderung, Präferenzen über unterschiedliche konditionierte Handlungsräume bilden zu müssen.
- Die Tätigkeiten des beispielsweise wirtschaftspolitisch motivierten „Institutional Designs" bzw. „Social Engineerings" erweisen sich als nichts anderes als die Konditionierung von Handlungsräumen. Ein „sozialer

---

18 Es muss indes keineswegs immer der Fall sein, dass die Expansion eines Handlungsraumes immer begrüßt wird. Schwartz (2004) veranschaulicht beispielsweise, dass ein Übermaß von Wahlmöglichkeiten auch mit Nutzeneinbußen einhergehen kann. Ein weiteres Beispiel: Der Masochist zieht aus einer teils massiven Einschränkung seines Handlungsraumes unmittelbar ein Wohlbefinden.

Planer" handelt dabei, wie man hoffen darf, mindestens implizit auf der Grundlage von Präferenzen über Handlungsräume.

- Ebenso werden bei der komparativen Analyse von Institutionen nicht nur unterschiedliche Regelsysteme, sondern implizit auch die korrespondierenden Handlungsräume und Anreizstrukturen verglichen. Regelsysteme spannen Handlungsräume auf. Der Vergleich von Institutionen läuft zwangsläufig auf Aussagen hinaus wie: „Institution A ist besser als Institution B", was prinzipiell äquivalent ist mit der Aussage „Handlungsraum A ist besser als Handlungsraum B."
- Präferenzen über Handlungsräume können Ausdruck unvollständiger Rationalität sein. Akteure vergleichen beispielsweise dann Bündel von Handlungsalternativen, wenn der Vergleich einzelner Handlungsalternativen nicht möglich, also restringiert ist oder sich als zu aufwendig erweist. Der Vergleich von Handlungsräumen dient in diesem Falle der Verringerung der Komplexität und manifestiert sich beispielsweise als Heuristik oder Daumenregel.
- Nicht zuletzt konditionieren Standards und Normen die Handlungsräume der relevanten Akteure. Wenn man also wie in Abschnitt 4.4 Aussagen über die Nützlichkeit von Normen treffen will, sollte man über einen Maßstab verfügen, der den Vergleich unterschiedlich konditionierter Handlungsräume ermöglicht.

Natürlich bilden Akteure auch über individuelle Handlungsalternativen (bzw. Folgen von Handlungsalternativen) Präferenzen, die, wann immer notwendig, in gewohnter Weise mittels einer Nutzenfunktion $u_i(h_i)$ repräsentiert werden. An die Nutzenfunktion werden keine besonderen Ansprüche gestellt, außer dass $u_i(h_i) > u_i(h_i')$ gelte, falls Akteur i h_i strikt gegenüber h_i' bevorzugt. Der Nutzenaspekt wird im nächsten Abschnitt nochmals aufgegriffen und im Kontext des Zwangs erörtert.

Die folgenden Ausführungen dienen der Konstruktion eines einfachen Wohlfahrtsmaßstabes, der für den Rest der Arbeit nützliche Dienste leisten wird. Zunächst sei vorausgesetzt, dass sich die Handlungsräume der Akteure aus einer endlichen Anzahl von Handlungsalternativen zusammensetzen. Kernelement des Maßstabes sind dann die in Abschnitt 3.1.3 eingeführten Handlungsebenen H_{ij} und die korrespondierenden Kardinalzahlen $\#(H_{ij})$, die je nach Handlungsebene mit unterschiedlichen Gewichten $a_j > 0$, $j = \{1,...,J\}$ multipliziert werden. Diese Gewichte bringen die Wertigkeit der jeweiligen Handlungsebenen zum Ausdruck. Die so gewichteten Kardinalzahlen werden dann über alle n Akteure und alle J Handlungsebenen addiert. Diese Berechnung wird nun für alle Handlungsprofile $(H_1,...,H_n) \in \Omega$ vorgenommen, wobei Ω die Menge aller möglichen realisierbaren Profile von Handlungsräumen bezeichnet. Das Wohlfahrtskalkül lautet dann, ein $(H_1, ..., H_n) \in \Omega$ zu identifizieren, welches die folgende Doppelsumme maximiert:

$$W = \sum_{i \in N} \sum_{j=1}^{J} a_j \, \#\!\left(H_{ij}\right)$$

Wie bereits erwähnt werden unterschiedliche Handlungsebenen vermittels des Faktors a_j unterschiedlich gewichtet. Beispielsweise werden die Akteure die Wohlfahrtsverluste einer Kontraktion auf einer verhältnismäßig schwach gewichteten Handlungsebene gerne in Kauf nehmen, wenn dies zur Expansion einer verhältnismäßig hoch gewichteten Handlungsebene und den entsprechenden Wohlfahrtsgewinnen führt. Die Restriktionen, die Nebenbedingungen, unter denen das Wohlfahrtskalkül vorgenommen werden, „stecken" zum Teil bereits in Ω und können eine vielschichtige Struktur annehmen. Außerdem unterliegt der soziale Planer, der das obige Wohlfahrtskalkül vornimmt, gewissen, möglicherweise selbst gesetzten ethischen Restriktionen, z.B. der Art, dass die physische Unversehrtheit der Akteure oder eine bestimmte Machtstruktur, z.B. die Gewaltenteilung, gewährleistet sein muss. Ebenso könnte das obige Wohlfahrtskalkül nur für bestimmte Handlungsebenen, z.B. die Ebene der Selbstverwirklichung oder die Handlungsebene des Gütertauschs, vorgenommen werden. Ein Problem besteht bei diesem Wohlfahrtskalkül in der beschwerlichen, wenn nicht oftmals gar unlösbaren Aufgabe, die zur Verfügung stehenden Handlungsalternativen zu ermitteln bzw. auszuzählen – und das für alle möglichen Profile von Handlungsräumen. Dies ist allerdings oftmals nicht notwendig, da beim Vergleich zweier Handlungsprofile vielfach eine Kleiner-Gleich- bzw. Größer-Gleich-Abschätzung vorgenommen werden kann, die ein lästiges Auszählen unnötig macht. Praktisch gestaltet sich die Wohlfahrtsbetrachtung beispielsweise folgendermaßen:

-   Es werden ein Ausgangsprofil $H \in \Omega$ und ein modifizierte Profil $\tilde{H} \in \Omega$ von Handlungsräumen miteinander verglichen (komparative Analyse).
-   Hierzu werden Handlungsebenen und Relationen zwischen diesen Handlungsebenen definiert, mittels derer die Modifikation des Ausgangsprofils und die entsprechenden kausalen Zusammenhänge erfasst werden können. Auch wenn man, wie in Abschnitt 3.1.3 angedeutet, beliebig komplexe Systeme von Handlungsebenen und Beziehungsstrukturen konstruieren kann, werden im Folgenden dennoch stets nur einige wenige Handlungsebenen und Relationen betrachtet, wie beispielsweise „Handlungsebene j expandiert dann, wenn Handlungsebene 1 kontrahiert". Es wird also so gut wie nie eine ganze Struktur von Handlungsebenen rekonstruiert, sondern nur die unmittelbar relevanten Ebenen betrachtet, also gleichsam eine Partialanalyse betrieben.
-   Daraufhin werden Überlegungen bezüglich der Gewichte der Handlungsebenen (oder auch einzelner Handlungsalternativen) angestellt.

- Die Veränderungen auf den Handlungsebenen, die sich aus dem Übergang von H nach $\tilde{H}$ ergeben, werden qualitativ wie auch quantitativ so gut wie möglich erfasst, gewichtet, und auf dieser Grundlage Aussagen über die Auswirkungen auf die Interessen bestimmter Akteure bzw. die Wohlfahrtswirkungen der Modifikation getroffen.

Hierbei wird in Kauf genommen, dass ein Unschärfebereich existiert, in dem man nicht abschließend beurteilen kann, ob ein Übergang von H nach $\tilde{H}$ tatsächlich eine Wohlfahrtsverbesserung erbringt oder auch nicht. Hier wird im Prinzip die Forderung nach Vollständigkeit, also der Vergleichbarkeit zweier beliebiger Profile H und $\tilde{H}$ aufgegeben. Dies ist indes nicht sonderlich schwerwiegend, da die meisten Situationen, die im Folgenden betrachtet werden, durchaus in den Bereich fallen, in dem man mit guter Gewissheit Aussagen über die Wohlfahrtswirkungen der Modifikation von Handlungsräumen machen kann.

3.2 Die Interpretation einiger Grundbegriffe in Handlungsräumen

Im Prinzip ist mit dem vorhergehenden Abschnitt die Darstellung des Modells in seiner Grundform abgeschlossen. In diesem Abschnitt werden nun einige weitere Begriffe in Handlungsräumen interpretiert, die im Laufe der Arbeit Verwendung finden bzw. in der (Neuen) Institutionenökonomik von zentralem Stellenwert sind. Hierbei handelt es sich insbesondere um die Begriffe der Institution und den der Transaktionskosten. Weiterhin wird unter Zuhilfenahme des hier entwickelten Modellrahmens die Vorteilhaftigkeit der gesellschaftlichen Kooperation anhand des Beispiels des Hobbes'schen Leviathans veranschaulicht. Dies geschieht bereits im Hinblick auf die kooperativ ausgerichteten, konsensorientierten Methoden der Standardisierung bzw. Normung, die in Kapitel 4 behandelt werden. Zum Abschluss dieses Abschnitts wird die Figur des sozialen Planers, die bereits einige Male erwähnt wurde, näher behandelt.

3.2.1 Macht und Zwang

In diesem Abschnitt werden die Begriffe Macht und Zwang erörtert und in Handlungsräumen interpretiert. Insbesondere der Aspekt des Zwanges spielt in der Standardisierung eine merkliche Rolle und wird hier daher eingehender behandelt. Als Macht sei die Fähigkeit eines Akteurs bezeichnet, den Handlungsraum anderer Akteure unmittelbar und unilateral zu modifizieren[19]. $M_{i \to i} \subset M_i$ bezeichne die Menge der Handlungsalternativen des Akteurs i, die mit einer

---

19 Zum Vergleich führe sich der Leser Max Webers Definition von Macht vor Augen: Macht bedeutet jede Chance, innerhalb einer sozialen Beziehung den eigenen Willen auch gegen Widerstreben durchzusetzen, gleichviel, worauf diese Chance beruht. (Weber, 1980, S. 28).

Ausübung von Macht gegenüber Akteur l einhergehen. Dann lässt sich die Machtausübung des Akteurs i gegenüber dem Akteur l folgendermaßen notieren: $H_l(m_i) = \tilde{H}_l$, $m_i \in M_{i \to l}$. Ist $\tilde{H}_l \subset H_l$, so übt Akteur i auf Akteur l Zwang aus (vgl. Kirsch, 1997, S.46ff.). Die Ausübung von Macht kann indes auch mit der Erweiterung von Handlungsräumen einhergehen ($H_l \subset \tilde{H}_l$)[20]. Selbstverständlich sind Mischformen denkbar, d.h., durch die Machtausübung des Akteurs i werden Elemente des Handlungsraumes des Akteurs l exkludiert, aber auch neue Elemente inkludiert („Zuckerbrot und Peitsche"). Jede Gesellschaft zeichnet sich durch eine Machtdistribution aus. Die Gestaltung der gesellschaftlichen Ordnung ist im Wesentlichen eine Frage der Ausgestaltung der Handlungsebene der Macht.

Die Berücksichtigung der Ebene der Macht erlaubt unmittelbar eine Reihe von allgemeinen Schlussfolgerungen, ohne dass hierfür die Elemente aus M näher spezifiziert werden müssten. Im Folgenden seien zur Illustration eine Reihe unterschiedlicher Ethiken im Hinblick auf die Machtdistribution skizziert:

1. Egalitätsprinzip: $H_i = H_l$, $\forall i, l \in N$.
2. Das Egalitätsprinzip impliziert Machtsymmetrie: $M_i = M_l$, $\forall i, l \in N$. Man beachte, dass mit jedem $m_i \in M_{i \to l}$ ein konditionierter Handlungsraum des Akteurs l, $\tilde{H}_l(m_i)$, korrespondiert, und umgekehrt ($\tilde{H}_i(m_l)$, $m_l \in M_{l \to i}$).
3. „Keine Macht für Niemand." Dieses Ethos stellt eine Verschärfung des Prinzips der Machtsymmetrie bzw. Egalitätsprinzips dar und ist äquivalent mit $M_i = \varnothing$ für alle $i \in \{1,...,n\}$. Ein bemerkenswertes Beispiel: Die Akteure auf einem vollkommenen Markt sind bei vollständiger Konkurrenz insofern machtlos, als dass sie nicht dazu in der Lage sind, gestaltend auf die Höhe des Gleichgewichtspreises (und mittelbar auf die Handlungsräume der anderen Marktteilnehmer) einzuwirken. Insofern ist der Zustand bzw. die Institution des vollkommenen Marktes kompatibel mit dem obigen „Sponti-" bzw. „Anarcho-Ethos"[21].
4. *Konflikte* zwischen zwei Akteuren zeichnen sich im Prinzip dadurch aus, dass beide Parteien über Handlungsalternativen verfügen (und mindestens

---

20 Der König erhebt beispielsweise einen treuen Gefolgsmann in den Adelsstand und stattet ihn mit einem Lehen aus.

21 Hierzu eine Beobachtung aus der jüngeren deutschen Politik: Es ist ein offenes Geheimnis, dass viele grüne Politiker eher linker Provenienz sind und insofern der Institution des Marktes eigentlich eher skeptisch gegenüberstehen. Insofern überrascht es, dass grüne Politiker zuweilen ausgesprochen marktorientierte Politikideen unterbreiten, die teilweise sehr viel progressiver anmuten als das, was aus dem gewerkschaftsorientierten Lager der SPD hervorgebracht wird. Ein Erklärungsansatz hierfür lautet in obigen Sinne, dass grüne Politiker nach einer unvoreingenommenen Auseinandersetzung mit der Institution des (vollkommenen) Marktes festgestellt haben, dass dieser nicht nur ein brauchbares Steuerungsinstrument darstellt, sondern auch der Machtnivellierung bzw. der Machtaufhebung dienen kann.

ein Akteur auch eine solche Handlungsalternative ergreift), die, so gewählt, den Handlungsraum des jeweils anderen Akteurs einschränkt. Konflikte sind im Allgemeinen dann beendet, wenn ein Akteur i (der Unterlegene) keine Möglichkeit mehr hat, den Handlungsraum des anderen Akteurs j (des Überlegenen) zu modifizieren ($M_{i \to j} = \varnothing$).

Zwang kann sich sowohl auf der Ebene der harten wie auch weichen Restriktionen manifestieren und bedeutet für den Betroffen nicht nur die Kontraktion seines Handlungsraumes, sondern auch Handlungsweisen ergreifen zu müssen, die ihm eigentlich widerstreben, also Nutzeneinbußen bewirken. Das Zwangsmoment, das von Akteur i ausgeht, ist offenbar dann am größten, wenn der Handlungsraum des Akteurs l nur noch einige wenige Handlungsalternativen besitzt oder gar aus nur noch einem Element besteht: $H_l(m_i) = \{h\}$, $m_i \in M_{i \to l}$. Zwang ist insofern zweigesichtig: Einerseits legt Zwang Akteure darauf fest, bestimmte Handlungsweisen auszuführen; andererseits behindert bzw. verhindert Zwang die Ausübung anderer Handlungsalternativen, verweist diese Handlungsalternativen also in den exkludierten Raum.

Die Berücksichtigung von Zwangsmomenten kann dabei behilflich sein zu erklären, warum bestimmte Akteure bestimmte Handlungsalternativen ergreifen bzw. nicht ergreifen, obwohl dies eigentlich gegen das reine Nutzenkalkül spricht. Um diesen Zusammenhang zwischen Nutzen und Zwang zu veranschaulichen, ist es zweckmäßig, neben dem (intrinsischen) Nutzen $u_i(h_i)$ einer Handlungsalternative h_i eine „Zwangsfunktion" $c_i(h_i) \geq 0$ einzuführen. Ist $c_i(h_i) > 0$, so existiert ein Zwangsmoment; ist hingegen $c_i(h_i) = 0$, so ist Akteur i bezüglich der Wahl von h_i frei von Zwängen und nur der intrinsische Nutzen $u_i(h_i)$ ist für die Handlungswahl maßgeblich. Gilt nun für zwei Handlungsalternativen h_i und h_i' $u_i(h_i) > u_i(h_i')$, und existiert ein Zwangsmoment $c_i(h_i')$, das einen Grenzwert c_i' überschreitet, so ergreift Akteur i die Handlungsalternative h_i', obwohl Alternative h_i eigentlich den höheren Nutzen stiftet. Weiterhin existiert eine Obergrenze $\overline{c}_i$, für die gilt, dass h_i unabhängig davon, welchen Wert $u_i(h_i)$ annimmt, ergriffen werden muss, falls $\overline{c}_i \leq c_i(h_i)$. Hierbei ist zu berücksichtigen, dass sich das Zwangsmoment aus dem Restriktionenraum speist, also sowohl auf harten Restriktionen wie der Machtausübung anderer Akteure, als auch auf weichen Restriktionen wie z.B. psychosozialen Dispositionen beruhen kann. Insofern ist nicht immer offensichtlich, ob ein Zwangsmoment bei der Handlungswahl maßgeblich ist bzw. welchen Ursprungs und von welcher Intensität ein Zwangsmoment ist. Zwang muss nicht immer auf äußeren Einflüssen beruhen, sondern kann wie im Falle von Zwangshandlungen auch intrinsischer Natur sein. Mit dem Zwangsmoment $c_i(h_i')$ korrespondiert außerdem die Hemmung, andere Handlungsalternativen wie z.B. h_i ergreifen zu können, die bei einer reinen Nutzenbetrachtung eigentlich gegenüber der Handlungsalternative h_i' hätte bevorzugt werden müssen.

Beispielsweise stellen Transaktionskosten eine Form von Zwang dar, indem sie den ökonomischen Austausch erschweren, obwohl die potentiellen Transaktionspartner hieraus eigentlich einen positiven Nutzen ziehen würden (vgl. Abschnitt 3.2.3). Was als Zwang ausgelegt bzw. mit welcher Intensität ein Zwangsmoment empfunden wird, ist durchaus subjektiv. Manche Akteure empfinden bereits die kleinste Einschränkung ihrer Freiheit als Zwang von unzumutbarer Intensität. Eine Rolle spielt beispielsweise auch das Gerechtigkeitsverständnis eines Akteurs. Das klassische Beispiel für ein kompromissloses Gerechtigkeitsethos ist Heinrich von Kleists Romanfigur ‚Kohlhaas'. Weil ihm Ungerechtigkeit widerfährt, die er nicht hinreichend gesühnt sieht, und er sich insofern einem Zwangsmoment ausgesetzt sieht, wird Kohlhaas zum „Mordbrenner", der das Land mit Angst und Schrecken überzieht. In den Lehrbüchern der Psychiatrie gilt Kohlhaas als der Prototyp des Querulanten (Frank, 1985, S.323).

Nach dem, was bisher über den Zwang gesagt wurde, sollte eigentlich die widersprüchliche Situation ausgeschlossen sein, dass eine Handlungsalternative gleichzeitig restringiert ist *und* dem Zwang unterliegt, ergriffen werden zu müssen. Dies ist allerdings dann möglich, wenn bestimmte Handlungsebenen überlappen, also eine Handlungsalternative Element mehrerer Handlungsebenen ist. In dem Falle ist es denkbar, dass diese Handlungsalternative auf der einen Ebene in den exkludierten Bereich fällt und auf einer anderen Ebene einem Zwang unterliegt. Der Autor erinnert sich an den Fall eines japanischen Dieners, der um die kriminellen Machenschaften seines Herrn wusste. Die Loyalität zu seinem Herrn schloss eine Anzeige aus, während auf der Ebene der bürgerlichen Pflichten der Zwang zur Anzeige bestand. Der Diener entzog sich diesem Dilemma durch Selbstmord.

Üblicherweise versuchen Akteure, Zwängen auszuweichen. Dies soll anhand des in der Chemie geläufigen ‚Le Chatelierschen Prinzip' bzw. ‚Prinzip des kleinsten Zwangs' veranschaulicht werden, das sich auch in Handlungsräumen interpretieren lässt und später bei der Untersuchung der europäischen Normungspolitik Verwendung finden wird. Bei reversiblen chemischen Reaktionen findet keine vollständige Umwandlung der Ausgangsstoffe in die Endstoffe statt. Vielmehr stellt sich bei konstanten Rahmenbedingungen früher oder später ein chemisches Gleichgewicht in dem Sinne ein, dass sich die Konzentration der beteiligten Reaktanden im Zeitablauf nicht verändert. Eine Änderung der Rahmenbedingungen bedeutet beispielsweise eine Änderung der Temperatur, des Druckes oder der Konzentration einer oder mehrerer beteiligter Stoffe. Das Prinzip vom kleinsten Zwang besagt nun folgendes: Übt man auf ein Stoffgemisch, das sich im chemischen Gleichgewicht befindet, z.B. per Druckerhöhung einen äußeren Zwang aus, so weicht es diesem äußeren Zwang aus. Es wird die Reaktion begünstigt, die dem äußeren Zwang am besten entgegengewirkt, und es stellt sich ein neues Gleichgewicht mit neuen Gleichgewichtskonzentrationen ein.

In Handlungsräumen lässt sich das Prinzip vom kleinsten Zwang folgendermaßen formulieren: Wird auf einen Akteur bzw. eine Gruppe von Akteuren Zwang ausgeübt, so passen die Akteure ihre Handlungsweisen bzw. die Ausgestaltung ihrer Handlungsräume dermaßen an, dass hierdurch der Zwang minimiert wird. Offenbar ist das Prinzip des kleinsten Zwangs in Handlungsräumen mit dem ökonomischen Optimierungs-Paradigma durchaus vereinbar. Das Optimierungskalkül lautet, sich bestmöglich an das von außen induzierte Zwangsmoment anzupassen, also die hierdurch verursachten Nutzeneinbußen (Disutility) zu minimieren. Ein Beispiel aus der Tierwelt: Hunde und Katzen rollen sich zusammen, wenn ihnen kalt ist. Durch das Zusammenrollen nähern sie sich der Kugelform an, die oberflächenminimal ist und die Wärmeabstrahlung minimiert.

Was in diesem Abschnitt über den Zusammenhang von Zwang und Nutzen gesagt wurde, ist im Rahmen der Modellbildung durchaus bedeutsam. Die Restriktionen sind zunächst nur binär (*entweder* ist eine Handlungsalternative inkludiert, *oder* sie ist es nicht), und reichen insofern nicht aus zu erklären, warum bestimmte Handlungsalternativen des effektiven Handlungsraumes ergriffen werden und andere nicht. Hier liefert die Berücksichtigung von Zwangsmomenten neben der reinen Nutzenbetrachtung zusätzliche Erklärungsansätze. Bestimmte Handlungsalternativen werden ergriffen, weil sie einem Zwangsmoment unterliegen, während bestimmte Handlungsweisen nicht ergriffen werden, weil sie einem korrespondierenden hemmenden Moment unterliegen. Dies geschieht, obwohl in beiden Fällen das reine Nutzenkalkül dagegenspricht.

3.2.2 Institutionen in Handlungsräumen

In diesem Abschnitt soll nun näher auf Institutionen eingegangen werden, die naturgemäß in jedem institutionell ausgerichteten Ansatz von zentraler Bedeutung sind. Hierzu ist es zunächst zweckmäßig, sich eine typische Lehrbuchdefinition des Begriffes Institution vor Augen zu führen (Richter, 1994, S.2f.):

Eine Institution ist ein auf ein bestimmtes Zielbündel abgestelltes System von Normen einschließlich deren Garantieinstrumente, mit dem Zweck, das individuelle Verhalten in eine bestimmte Richtung zu steuern.

Diese Definition umfasst die folgenden Elemente: Es existiert ein System von (sozialen) Normen, welches das individuelle Verhalten so steuern soll, dass dadurch ein gegebenes Zielsystem bedient wird. Der Bestand dieser Normen wird durch entsprechende Garantieinstrumente sichergestellt. Bei den Normen, auf die in der obigen Definition abgestellt wird, handelt es sich in erster Linie um soziale

Normen und weniger um technische Normen[22]. Soziale Normen manifestieren sich als eine Struktur von Restriktionen, Zwängen, Hemmungen und Anreizen (vgl. Abschnitt 3.2.1), die in bestimmten Situationen $z \in Z$ bestimmte Verhaltensweisen hervorrufen oder unterdrücken soll. Ein Garantieinstrument ist ein Zwanginstrument, das zur Bewahrung der Integrität bzw. Stabilität des Handlungsraumes, der durch die korrespondierende Institution aufgespannt wird, dient. Dieses Zwanginstrument greift, falls Akteure solche Handlungsalternativen wählen, die durch die Institution eigentlich exkludiert sind oder die Stabilität der Institution gefährden.

Eine Institution ist also im Rahmen der gegebenen Modellbildung nichts anderes als die Schnittmenge unterschiedlich restringierter Handlungsräume derjenigen Akteure, die sich innerhalb des Geltungsbereiches dieser Restriktionen aufhalten, und eine Struktur von Zwängen und Anreizen auf diesen Handlungsräumen, die in bestimmten Situationen bestimmte Verhaltensweisen begünstigen bzw. unterdrücken sollen.

Institutionen beruhen nicht nur auf harten, sondern auch auf weichen Restriktionen und Zwangsinstrumenten. Grundsätzlich ist hierbei jede Komposition aus harten und weichen Restriktionen denkbar – inklusive beider Extreme, dass Institutionen entweder nur aus weichen oder nur aus harten Restriktionen gebildet werden. Im Allgemeinen stößt man jedoch auf Mischformen, bei denen zunächst die harten Restriktionen maßgeblich sind, die in formellen Regeln, gewissermaßen der „Verfassung" einer Institution, verbrieft sind. Üblicherweise bilden sich im Laufe der Zeit im Geltungsbereich der harten Restriktionen einer Institution aber auch informelle Regeln heraus; die mit weichen Restriktionen korrespondieren und durch die Interaktion der Akteure zustande kommen.

Grundsätzlich existieren Hierarchien von Institutionen, wobei jede Institution ihre eigene Domäne, ihren eigenen Geltungsbereich aufspannt[23]. Globale Institutionen gelten für alle Gesellschaftsmitglieder. Das Bürgerliche Recht gilt beispielsweise für alle Individuen, die sich auf dem Gebiet der Bundesrepublik Deutschland aufhalten. Derartige globale Institutionen erlauben den Gesellschaftsmitgliedern

---

22 Indes sei bereits an dieser Stelle darauf hingewiesen, dass das Verhältnis zwischen sozialen Normen und technischen Normen (bzw. Standards) durchaus vielschichtig und wechselseitig ist. Die technische Normung schränkt ihren Wirkungsbereich keineswegs nur auf die rein technische Ebene ein, sondern beeinflusst das Verhalten der Gesellschaftsmitglieder auf unterschiedlichen Ebenen zum Teil durchaus tiefgreifend. Andererseits haben soziale Normen einen Einfluss auf die Standardisierungskultur in einer Gesellschaft, also welche Methoden der Standardisierung vornehmlich eingesetzt werden und wie Akteure sich in Standardisierungsprozessen im Allgemeinen verhalten.

23 Bereits innerhalb einer Institution bestehen hierarchische Strukturen, indem die harten Restriktionen den weichen Restriktionen üblicherweise übergeordnet sind.

gegebenenfalls, „sekundäre Institutionen" zu bilden, innerhalb derer Koalitionen von Akteuren ihr gemeinsames Handeln koordinieren. Gemeinhin trifft zu, dass jede Koalition mit institutionellen Attributen ausgestattet ist, d.h., jeder Koalition ist ein institutionelles Profil zugeordnet. Der Umkehrschluss (jeder Institution ist genau eine Koalition zugeordnet) ist allerdings nicht zulässig, und insofern erklärt sich auch die hierarchische Struktur von Institutionen in einer Gesellschaft.

Institutionen sind dann „leer", wenn sich kein Akteur innerhalb ihres Geltungsbereiches aufhält. Dies ist dann der Fall, wenn es den Akteuren möglich ist, sich dem Geltungsbereich einer solchen Institution zu entziehen, und eine derartige Verhaltensweise als „nützlich" erachtet wird, die wahrgenommenen Vorteile einer solchen Handlung die wahrgenommenen Nachteile überwiegen[24]. Voraussetzung für ein solches Verhalten ist die Abwesenheit von Zwang und die Existenz anderer, substituierbarer Institutionen, die ähnliches leisten, ohne jedoch die Nachteile der zuvor beschriebenen Institution aufzuweisen (Kirsch, 1997, S.46ff.).

Eine Gesellschaft zeichnet sich also durch eine mehr oder minder komplexe (hierarchische) Struktur von Institutionen aus, die sich zudem permanent verändert. Insbesondere demokratisch-pluralistisch verfasste Gesellschaftsformen räumen ihren Mitgliedern weitreichende Möglichkeiten ein, selbst auf der institutionellen Ebene gestalterisch tätig zu werden, d.h., es existiert das z.B. per Rechtsordnung verbriefte Recht, sich und anderen Akteuren einen institutionellen Rahmen aufzuerlegen – allerdings nur insoweit, als dass hierdurch übergeordneten Institutionen nicht beeinträchtigt werden. Diesbezüglich sehen sich die gesellschaftlichen Akteure zwei Wahlproblemen gegenüber:

- Welche Alternative soll man aus einer Reihe von Institutionen wählen, die im Hinblick auf ihre Handlungsrestriktionen, Handlungsanreize oder das Steuerungsziel ähnlich, d.h. substituierbar sind? Hier darf man grundsätzlich vermuten, dass – gegeben die Abwesenheit etwaiger Zu- bzw. Austrittsbarrieren – sich Akteure unter Zuhilfenahme ihres (ggf. beschränkten) Entscheidungskalküls in den Geltungsbereich derjenigen Institution begeben werden, die gemäß des Prinzips des kleinsten Zwangs das geringste Zwangsmoment aufweist, und/oder eine Expansion bestimmter Handlungsebenen ermöglichen. Hier vollzieht sich gewissermaßen das „voting by feet" im Sinne Tiebouts (1956).

---

24 Der Leser führe sich beispielsweise eine Religion vor Augen, die dem Gläubigen im Diesseits tägliche Selbstkasteiung vorschreibt, und dennoch nichts anderes als ewige Pein im Jenseits verspricht. Da wendet man sich doch lieber einer Religion zu, die allerlei Annehmlichkeiten im Jenseits verspricht – vorausgesetzt, die Gläubigen genügen im Diesseits den entsprechenden Verhaltensnormen.

- Falls die zur Verfügung stehenden Alternativen nicht befriedigen oder keine geeignete Institution existiert, besteht im Rahmen des gegebenen gesellschaftlichen Handlungsraumes unter Umständen die Möglichkeit, selbständig Institutionen ins Leben zu rufen. Hier stellt sich die Frage nach den Merkmalen, der „Verfassung" dieser Institutionen, also der Struktur der Handlungsrestriktionen derjenigen Akteure, die sich innerhalb dieser Domäne aufhalten.

Demokratisch-pluralistisch verfasste Gesellschaftsformen zeichnen sich also durch einen institutionellen Pluralismus aus. Zu dessen Stärken zählt sicherlich seine Flexibilität. Die Akteure verfügen über einen weitreichenden Handlungsspielraum, auf gesellschaftliche Veränderungen, seien sie nun exogenen oder endogenen Ursprungs, durch die Bildung neuer institutioneller Arrangements angemessen reagieren zu können. Mit den Freiheitsgraden der Gesellschaftsmitglieder, eigenständig institutionelle Arrangements ins Leben rufen zu können, korrespondiert die Abwesenheit von Zwang. Dennoch verfügt jede Gesellschaft über einen „harten Kern" harter institutioneller Regeln bzw. Handlungsrestriktionen, die nicht zur Disposition stehen. Werden diese Regeln verletzt, so greifen harte Restriktionen bzw. Zwangsinstrumente wie z.b. das Strafrecht, das den Handlungsraum eines „Missetäters" im Extremfall auf einige wenige Handlungsalternativen einschränkt.

Was hier für Institutionen im Allgemeinen formuliert wurde, gilt im Besonderen auch für die Standardisierung, um dem nächsten Kapitel vorzugreifen. In der zeitgenössischen, demokratisch-pluralistisch verfassten und technisch hoch entwickelten Gesellschaft existieren so viele institutionelle Arrangements der Standardisierung wie niemals zuvor. Diese Institutionen ergänzen sich zum Teil, stehen mitunter aber – zumindest vordergründig – auch miteinander im Wettbewerb. Darüber hinaus besteht eine Korrespondenz zwischen den allgemeinen institutionellen Merkmalen einer Gesellschaft und den Merkmalen der entsprechenden Institutionen der Standardisierung. In totalitären Gesellschaften beispielsweise, in denen weitgehend auf Zwang zurückgegriffen wird, geht auch die Normung mit Zwang einher (siehe hierzu Abschnitt 4.6).

3.2.3 Transaktionskosten

Die „Entdeckung" bzw. „Postulierung" der Transaktionskosten ist für die Neue Institutionenökonomik zweifelsohne identitätsstiftend. Arrow (1969) definiert Transaktionskosten als „Betriebskosten des Wirtschaftssystems". Mit jeder Transaktion, also dem Austausch von Gütern und Leistungen, korrespondiert zumindest implizit ein vertragliches Arrangement[25]. Insofern kann man dem

---

25 Bekanntermaßen befasst sich die Ökonomie fast ausschließlich mit Situationen der sozio-

Begriff der Transaktionskosten auf der Vertragsebene nachgehen. In dieser Hinsicht werden gemeinhin die Kosten der Anbahnung von Verträgen, die Kosten des Abschlusses von Verträgen und die Kosten der Überwachung bzw. Durchsetzung von vertraglich vereinbarten Verpflichtungen unterschieden.

Transaktionskosten korrespondieren unmittelbar mit Handlungsräumen. Sind beispielsweise die Transaktionskosten im Hinblick auf eine bestimmte Transaktion prohibitiv hoch, so sind offenbar die korrespondierenden Handlungsalternativen (Vertragsschluss, Leistungsaustausch, Eigentumsübertragung und dergleichen mehr) nicht Bestandteil des effektiven Handlungsraumes mindestens eines potentiellen Transaktionspartners. Wann immer also die Rede von der Senkung der Transaktionskosten ist, so impliziert dies im Allgemeinen auch eine Erweiterung bzw. Modifikation von Handlungsräumen.

Die Frage nach der Existenz von Unternehmen, die Coase in seinem grundlegenden Artikel „Theory of the Firm" stellt (Coase, 1937), lässt sich beispielsweise unmittelbar in Handlungsräumen beantworten. Unternehmen existieren seinen Überlegungen zufolge aufgrund der Existenz von Transaktionskosten. Das heißt, es existieren Austauschbeziehungen, welche die Institution des Marktes nicht oder nur zu prohibitiv hohen Kosten zur Verfügung stellen kann. Dies veranlasst die Akteure dazu, auf andere Institutionen, andere Koordinationsmechanismen als die des Marktes zurückzugreifen, um diese Austauschbeziehungen zu ermöglichen. Diese Austauschbeziehungen werden durch Gründung eines Unternehmens „internalisiert". Die Interpretation dieser Überlegungen in Handlungsräumen gestaltet sich folgendermaßen: Die Institution des Marktes ist nicht dazu in der Lage, alle Austauschbeziehungen zur Verfügung zu stellen, die von den Akteuren als wünschenswert, also als bilaterale Nutzenverbesserung erachtet werden. Einige Transaktionen sind bei mindestens einem Transaktionspartner folglich exkludiert. Dies veranlasst die entsprechenden Akteure, auf andere institutionelle Arrangements als die des Marktes zurückzugreifen, welche die erwünschte Interaktion ermöglichen, also die entsprechenden Handlungsalternativen in den effektiven Handlungsraum überführen. Die Internalisierung der besagten Austauschbeziehung durch die Gründung eines Unternehmens erschließt einen Handlungsraum, der zuvor nicht existierte.

Der Begriff der Transaktionskosten, der in den einschlägigen Lehrbüchern niedergelegt ist, weist eine Reihe von Ambivalenzen auf. Einerseits lehnt er sich verhältnismäßig eng an den klassischen, in der Ökonomie und der Betriebswirtschaftslehre geläufigen Kostenbegriff an. Andererseits gilt die Quantifizierung

---

ökonomischen Interaktion, insonderheit dem Austausch von Gütern und Leistungen. Eine Gesellschaft, die sich ausschließlich aus autarken und selbstsuffizienten Selbstversorgern zusammensetzt, bietet für die ökonomische Theorie keinen Ansatzpunkt.

von Transaktionskosten im Allgemeinen als schwierig, wenn nicht in einigen Fällen gar als unmöglich. Transaktionskosten stellen, wenn man so will, die *dunkle Materie* ökonomischer Aktivitäten dar, deren „*Gravitation*" bzw. hemmendes Moment (vgl. Abschnitt 3.2.1) das Zustandekommen bestimmter Transaktionen verhindert, obwohl hierfür nach (neo-)klassischer Lesart eigentlich alle Voraussetzungen erfüllt sein müssten. Die besondere Qualität von Transaktionskosten zeigt sich auch darin, dass deren Integration in die Modellwelt des totalen Konkurrenzgleichgewichts zwar auf der technisch-formalen Ebene gelingt, diese hierdurch aber auf das Niveau herkömmlicher Kosten „degradiert" werden: die Besonderheiten von Transaktionskosten, die gerade den maßgeblichen Unterschied zu konventionellen Kosten ausmachen, werden folglich nivelliert (Richter/ Furubotn, 2003, S.77ff.).

Transaktionskosten bilden im Rahmen der hier gegebenen Modellbildung einen Sonderfall des in Abschnitt 3.2.1 eingeführten Zwangs, der unterschiedlichen Ursprungs sein, also beispielsweise auf harten technische Restriktionen, oder auch auf der Sozialisation der beteiligten Akteure beruhen kann. In Anlehnung an die dortigen Überlegungen ist sicherlich die Annahme plausibel, dass ein Akteur stets die Transaktionen bevorzugen wird, welche ceteris paribus mit einem geringeren Zwangsmoment, also geringeren Transaktionskosten einhergeht. Weiterhin existiert in Anlehnung an die in Abschnitt 3.2.1 angestellten Überlegungen so etwas wie ein *exzessives Transaktionsmoment*, also ein Zwangsmoment, sich auf bestimmte Transaktionen einzulassen, obwohl dies eigentlich dem Nutzenkalkül zuwiderläuft. Dies kann wiederum auf den zuvor erörterten Faktoren, also beispielsweise psychischen Dispositionen, Sozialisation und dergleichen mehr beruhen. Ein derartiges exzessives Transaktionsmoment manifestiert sich z.B. ausgesprochen drastisch dann, wenn eine „Bubble Economy" platzt. Bubbles treten auf, wenn bestimmte Assets, z.B. die Aktien der börsennotierten Unternehmen einer bestimmten Branche wie der „New Economy", aufgrund eines auf unrealistischen Wachstums- und Renditeerwartungen fußenden und sich zum Teil selbst verstärkenden Nachfragebooms massiv überbewertet werden. Je größer die Blase, desto größer deren inhärente Instabilität; bereits kleine endogene oder exogene Störungen reichen dann aus, um die Blase zum Platzen zu bringen, also die Übernachfrage nach den Assets in ein Überangebot zu verwandeln – inklusive eines drastischen Preisverfalls, einer allgemeinen Vermögensvernichtung und dem Bankrott diverser überschuldeter Akteure. Merkmal vieler Bubbles ist, dass gerade in der Boomphase das kritische Urteilsvermögen vieler Akteure eingeschränkt ist (Bewusstseinsrestriktionen, übersteigerte Risikobereitschaft). Hierbei geht das Zwangsmoment im Prinzip von der Gier der entsprechenden Akteure aus, unbedingt das große Geld verdienen zu wollen und dementsprechend auf den Zug aufspringen zu müssen.

3.2.4 Die Vorteile kooperativen Handelns: der Hobbes'sche Leviathan

Die Interpretation der Coase'schen Theorie der Firma, die im vorhergehenden Abschnitt vorgenommen wurde, legt den Gedanken nahe, dass die Akteure dann ihre Handlungsweise koordinieren, wenn sie hierdurch eine Expansion ihrer Handlungsräume (auf bestimmten Handlungsebenen) herbeiführen können. Koordination heißt allerdings im Allgemeinen auch, dass auf bestimmten Ebenen der Handlungsraum der Kooperationspartner kontrahiert wird, um auf anderen Ebenen eine Expansion herbeizuführen. Ein ausgesprochen illustratives Beispiel hierfür ist der Übergang vom Naturzustand zum Hobbes'sche Leviathan.

Der Naturzustand, wie ihn Hobbes illustriert, zeichnet sich auf individueller Ebene durch weitreichende Freiheiten aus. Da sich der Mensch im allgemeinen allerdings weniger durch vornehme Charaktereigenschaften auszeichnet, sondern von Natur aus böse, habgierig und gewalttätig ist[26], werden die Freiheiten des Naturzustands in erster Linie dazu verwendet, Macht auszuüben, Konflikte auszutragen und insbesondere den eigenen Handlungsraum auf Kosten der Kontraktion des Handlungsraumes anderer zu expandieren. Die „dominante Strategie" jedes Akteurs ist es im Prinzip, den Handlungsraum etwaiger Kontrahenten „per Präventivschlag" soweit einzuschränken, dass diese Akteure keine Gefahr mehr darstellen können. Das Resultat ist ein Krieg „aller gegen alle", das Dasein im Naturzustand Hobbes zufolge letzten Endes"solitary, poor, nasty, brutish and short".

Da aber die Menschen sich durch ein Interesse am Überleben und gewisses Maß an Rationalität auszeichnen, setzt sich früher oder später die allgemeine Einsicht durch, dass man durch einen umfassenden Gewaltverzicht ein sehr viel angenehmeres Dasein führen könne. Die Gesellschaftsmitglieder verzichten darauf, bestimmte Handlungsweisen zu ergreifen, verweisen folglich bestimmte Handlungsweisen in den exkludierten Handlungsraum. Dies konstituiert allerdings nur ein labiles Gleichgewicht. Bereits kleine Störungen, also nur vereinzelte Abweichungen vom gleichgewichtigen Verhalten reichen aus, um einen Rücksturz in den Ausgangszustand herbeizuführen. Es bedarf folglich eines stabileren gesellschaftlichen Arrangements. Zu diesem Zwecke machen die Individuen von der (kollektiven) Handlungsmöglichkeit Gebrauch, in einem Akt der Abstraktion einen neuen, artifiziellen Akteur ins Leben zu rufen, an den Machtbefugnisse abgetreten werden. Die individuellen Gesellschaftsmitglieder schränken also bewusst ihren Handlungsraum im Interesse einer stabilen gesellschaftlichen Ordnung auf der Machtebene ein. Insbesondere wird dem neuen Akteur das Monopol zur alleinigen Gewaltausübung zugewiesen. Dieser artifizielle Akteur ist der so

---

26 Im Gegensatz zu Rousseau, dem zufolge der Mensch von Natur aus gut ist und durch die Gesellschaft bzw. Zivilisation verdorben wird.

genannte Leviathan, der im Prinzip mit dem Staat gleichgesetzt werden kann. Die Gesellschaftsmitglieder geben zwar Macht ab, eröffnen sich hierdurch aber neue Handlungsmöglichkeiten. Insbesondere können die Gesellschaftsmitglieder in Anbetracht der stabilen Verhältnisse nun produktiven und wohlfahrtsfördernden Aktivitäten nachgehen, die im Naturzustand nicht möglich waren.

3.2.5 Die Figur des sozialen Planers

Die Figur des sozialen Planers wurde bereits öfter erwähnt und kann als das „Aggregat" aller staatlichen bzw. übergeordneten Planungs- und Steuerungs- instanzen einer Gesellschaft interpretiert werden. Der Handlungsraum eines sozialen Planers besteht in unterschiedlich konditionierten Handlungsräumen der Gesellschaftsmitglieder. Die Wahl des sozialen Planers, so darf man unterstellen, beruht auf einem Wertesystem, einer Ethik oder auch einer spezifische Wohl- fahrtsauffassung, also auf bestimmten Vorstellungen, wie die Handlungsräume der Gesellschaftsmitglieder zu konditionieren seien. Allerdings unterliegt die Figur des sozialen Planers ebenso wie jeder beliebige andere Akteur auch bestimmten Handlungsrestriktionen. Gewisse gesellschaftliche Gestaltungs- optionen liegen demzufolge im exkludierten Bereich.

Grundsätzlich ist hilfreich, sich der eigenen gestalterischen Restriktionen bewusst zu sein (bzw. bewusst zu werden), wenn man Vorschläge über die Auslegung unterschiedlicher institutioneller Arrangements unterbreitet. Die Restriktionen, die greifen, wenn Ökonomen sich in die Lage des sozialen Planers versetzen, sind beispielsweise folgende: Heutzutage werden die meisten Ökonomen wohl kaum die Institution der Marktwirtschaft in Frage stellen, ganz gleich, welche Politik- empfehlungen sie in welchem Zusammenhang aussprechen. Ebenso darf erwartet werden, dass keine Politikempfehlungen unterbreitet werden, die mit der Ver- letzung elementarer Menschenrechte einhergehen. Der Handlungsspielraum von Regierungen wird bekanntermaßen durch die Verfassung konditioniert. Der Gestaltungsraum des sozialen Planers wird häufig auch maßgeblich durch Ressourcenrestriktionen, insbesondere die Staatsverschuldung und den kor- respondierenden Zins- bzw. Schuldendienst, dominiert.

Der Zusammenhang zwischen dem „institutional design" und der Gestaltung von Handlungsräumen ist dem Leser wohl evident. Der Gesetzgeber schreibt beispielsweise den Rechtssubjekten im Allgemeinen nicht dezidiert vor, wie sich diese in einer bestimmten Situation zu verhalten haben, sondern spezifiziert unzulässige Verhaltensweisen und die korrespondierenden Sanktionsmecha- nismen für den Fall, dass diese Handlungsweisen dennoch ergriffen werden. Wie Handlungsräume durch den entsprechenden sozialen Planer konditioniert werden, gibt bereits Aufschluss über fundamentale Merkmale einer Gesellschaft. Der Leser betrachte erneut die Gesetzgebung. In demokratischen, pluralistischen

Gesellschaftsordnungen gilt im Allgemeinen: Alles, was nicht ausdrücklich verboten ist, ist erlaubt. In totalitären bzw. repressiven Gesellschaftssystemen heißt es hingegen: Alles, was nicht ausdrücklich erlaubt ist, ist verboten. Die Gesetzgebung in totalitären Systemen rekonstruiert gleichsam den zulässigen Handlungsraum Element für Element. In demokratischen, pluralistischen Gesellschaftsordnungen hingegen existiert angesichts der Abwesenheit expliziter Verbote ein sehr viel größerer Spielraum für die Interaktion und Selbstorganisation der Rechtssubjekte.

Da der Autor dieser Zeilen als sozialer Planer auftritt und darüber hinaus auf das hier vorgestellte Modell zurückgreift und natürlich Restriktionen unterliegt, ist er gleichsam in seiner Modellbildung internalisiert, „residiert" also gewissermaßen in seiner Modellwelt.

3.3 Diskussion des Modells

Das hier vorgestellte Denkschema kann in die Klasse der so genannten Handlungstheorien einordnet werden, obgleich es sich hierbei genau genommen um eine „Handlungsraumtheorie" handelt. Vergleicht man den eigenen Ansatz mit anderen Handlungstheorien, wie z.B. der von Niechoj (2003), fallen durchaus Ähnlichkeiten auf. Niechoj (2003, S.68) erörtert beispielsweise Handlungsmöglichkeiten und Restriktionen, ebenso wie die Frage der Macht und des Zwangs, die in der Soziologie einen zentralen Stellenwert inne hat (Niechoj, 2003, S.74ff.; Coleman, 1995, S.81ff.). Niechoj führt weiterhin „schadhafte Präferenzen" ein (Niechoj, 2003, S.51) und diskutiert die Defizite des homo oeconomicus. Wie bereits in Abschnitt 2.1 dargelegt, wird die Abkehr vom homo oeconomicus in vielen Fällen mit teils vernichtender Kritik begleitet (Hodgson, 1989, S.51ff.; Niechoj, 2003, S.47ff.). In den Augen des Autors sind die ökonomische Theorie, ihre Annahmen und Modellbildung keineswegs per se „schlecht" oder böse, auch wenn in der eigenen Modellbildung einige integrale Annahmen der ökonomischen Theorie aufgehoben werden. Insofern stimmt der Autor nicht vorbehaltlos in den Kanon der Institutionalisten bzw. Sozialwissenschaftler nichtökonomischer Provenienz ein, die den homo oeconomicus und die Annahmen, die sich an diese Figur knüpfen, als unzulänglich beurteilen, und durch andere, im Allgemeinen weniger rationale Akteure bzw. die entsprechenden Annahmen ersetzen. Die Figur des homo oeconomicus bildet immerhin einen sozialwissenschaftlichen Referenzpunkt, dessen Berücksichtigung durchaus legitim, wenn in vielen Fällen nicht sogar geboten ist. Die Probleme treten – indes nicht nur in der Ökonomie, sondern in allen anderen Sozialwissenschaften auch – dann zutage, wenn man sich der Grenzen und Schwächen der eigenen Theorie nicht mehr bewusst ist und Aussagen trifft, für die die Voraussetzungen nicht gegeben sind. Wie dem auch sei: die ökonomische

Theorie liefert ein Instrument, bestimmte Probleme zu behandeln, und eröffnet eine spezifische Perspektive, über bestimmte Probleme und Fragen nachzudenken. Dies kann nicht nur anregend sein, sondern selbstverständlich auch zu neuen Einsichten verhelfen. Friedman (1986, S.65) äußert sich, wenngleich auf den speziellen Fall des Nash-Gleichgewichts bezogen, dennoch mit einer gewissen Allgemeingültigkeit über die Schwächen und Grenzen der ökonomischen Theorie: „In summary, the noncooperative equilibrium is not free from disadvantages, but, at the same time, it has appealing characteristics. In this, it is like most of what is best in economic theory; it is a useful and interesting tool that provides genuine, important insights but, at the same time, there is considerable scope to improve on or supplement it." Die Kernelemente der ökonomischen Modellbildung, wie beispielsweise die Annahme rationalen Verhaltens, haben außerdem den angenehmen Nebeneffekt, von einigen weniger erfreulichen Ausprägungen menschlichen Verhaltens, z.B. dem Irrationalismus oder psychischen Dysfunktionen, abstrahieren zu können. Ökonomen segeln insofern auf einem „Meer der Ruhe", einem „Mare Tranquillitatis", fernab der Fährnisse psychoemotionaler und soziologischer Abgründe, für die indes im Rahmen der hiesigen Modellbildung durchaus Platz ist.

Das in Abschnitt 3.1.6 eingeführte neutrale Element impliziert einen markanten Unterschied zur angloamerikanisch geprägten Neoklassik, die im Prinzip das proaktive Individuum voraussetzt, das mit Tatkraft seinen Interessen nachgeht und insbesondere darum bemüht ist, durch die Wahl der entsprechenden Handlungsweisen seine Nutzenposition zu verbessern respektive zu maximieren[27]. Der neoklassische homo oeconomicus sieht sich insofern keinen „Aktivitätshemmungen" ausgesetzt (vgl. Abschnitt 3.2.1). Dies schließt prinzipiell solche menschlichen Eigenschaften wie beispielsweise Antriebsschwäche, Apathie, einen Hang zur Inaktivität oder die bereits erwähnten psycho-emotionalen Dysfunktionen aus. Diese Charaktereigenschaften (bzw. Charakterinsuffizienzen) lassen sich allerdings im Rahmen des hier vorgestellten Modellschemas ohne weiteres als (weiche, psychische) Restriktionen auf individuelle Handlungsräume bzw. als Hemmung interpretieren. Beispielsweise beruhten die Schwierigkeiten bei der Einführung der Marktwirtschaft in Russland auf einer Diskrepanz zwischen den Verhaltensannahmen der politischen Ratgeber und den tatsächlichen Verhaltensdispositionen (Stiglitz, 2002). Zu Beginn der 1990er Jahre waren die wirtschaftpolitischen Ratgeber der russischen Regierung in erster Linie „Marktfundamentalisten" aus den Vereinigten Staaten, die zumindest implizit von einem spezifischen Menschenbild und spezifischen sozioökonomischen Verhaltens-

---

27 In der mikroökonomischen Produktionstheorie besteht für ein Unternehmen grundsätzlich die Möglichkeit der Inaktivität, also einen (kostenminimalen) Output von Null zu wählen. Dies ist allerdings angesichts der i.A. gegebenen Verhaltenshypothesen (Gewinnmaximierung) und der Ertrags- bzw. Kostenstruktur keine Alternative, die ein Unternehmen wählt.

dispositionen ausgingen, die in der Realität offenbar nicht gegeben waren. In der hier entwickelten Terminologie handelt es sich um Wahrnehmungsrestriktion seitens der Ratgeber im Hinblick auf die Existenz unterschiedlicher sozioökonomischer Verhaltensmuster.

Angesichts der weitreichenden harten und weichen Restriktionen, denen die Akteure im Rahmen des hier entwickelten Modells unterworfen sind, könnte beim Leser der Eindruck entstanden sein, dass ein tristes Menschenbild entworfen wird, in dem der Mensch geknechtet ist durch Restriktionen aller Art. Ganz so pessimistisch, wie es möglicherweise den Anschein hat, ist die Sichtweise des Autors dennoch nicht. Zunächst ist der Mensch zweifelsohne auf unterschiedlichen Ebenen restringiert. Allerdings gehen diese Restriktionen auch mit einer Handlungskonditionierung, Strukturbildung, Sinnstiftung und Systemkonstituierung einher. Außerdem gibt es häufig einen Trade-off auf unterschiedlichen Handlungsebenen: Die Kontraktion einer Handlungsebene geht einher mit der Expansion einer oder mehrerer anderer Handlungsebenen. Dies trifft auch und insbesondere für die Standardisierung zu, wie im nächsten Kapitel veranschaulicht wird. Der Basismechanismus der Standardisierung lautet in Handlungsräumen, dass die relevanten Akteure ihre Handlungsmöglichkeiten bewusst auf einer technischen Ebene einschränken, um auf anderen sozioökonomischen-technischen Ebenen Handlungsräume erweitern oder neue Handlungsebenen bzw. Freiheitsgrade erschließen zu können.

Das ausgeprägte soziologische bzw. psychologische Moment des hier entworfenen Ansatzes mag insbesondere vor dem Hintergrund verwundern, dass diese Arbeit thematisch nicht unwesentlich auch technisch ausgerichtet ist. Hierbei muss man allerdings berücksichtigen, dass die Standardisierung nicht nur technisch-naturwissenschaftlich fundiert ist, sondern auch soziale Interaktion bedeutet und je nach Kontext zum Teil beträchtliche gestalterische Freiheitsgrade aufweist. Wie diese Freiheitsgrade alsdann genutzt werden, hängt von diversen Faktoren ab. So können beispielsweise die Nutzenpositionen der relevanten Akteure in bester ökonomischer Tradition die Grundlage für die Ausgestaltung von Standards und Standardisierungsmechanismen bilden. Ebenso sehr können es die Restriktionen der relevanten Akteure bzw. Zwänge auf der harten oder weichen Ebene sein, die maßgeblichen Einfluss auf die Ausgestaltung von Standards und Standardisierungsmechanismen haben. Letzten Endes ist der Autor der Ansicht, dass durch den Rekurs auf Handlungsräume dennoch ein hinreichendes Maß an Stringenz und Übersichtlichkeit gewahrt bleibt bzw. ein Abgleiten in diffuse psychosoziale Gefilde vermieden wird. Später wird sich zeigen, dass die Berücksichtigung dessen, was im Rahmen dieser Arbeit als weiche Restriktionen bezeichnet wird, einen Beitrag zur Erklärung bestimmter Verhaltensweisen in der Standardisierung leisten kann.

Zum Abschluss dieses Abschnitts seien die Stärken und Schwächen des hier vorgestellten Ansatzes einander kurz gegenübergestellt: Zu den Vorzügen des hier vorgestellten Ansatzes zählen beispielsweise:

- Die Parametrisierung von Handlungsräumen, Zuständen und dergleichen mehr mit dem Zeitfaktor t ermöglicht die Berücksichtigung einer endogenen Dynamik wie auch exogener Einflüsse bzw. exogener „Störungen". Insofern ist auch eine historisch bzw. evolutionär ausgerichtete institutionelle Sichtweise, z.B. im Stile von North, im Rahmen des hier vorgestellten Denkschemas möglich.

- Das Modell ist in dem Sinne „skalierbar", dass die Menge N der relevanten Akteure flexibel in jeder denkbaren Größenordnung und für jede denkbare Zusammensetzung definiert werden kann. N kann beispielsweise aus Unternehmen bestehen, die an einem Normungsprojekt teilnehmen. In diesem Falle werden die Unternehmen jeweils als monolithische Einheit betrachtet, also gleichsam als „unternehmerischer Leviathan", der mit einem einheitlichen Zielsystem, einheitlichen Präferenzen und einem einheitlichen Handlungsraum ausgestattet ist. Ebenso ist es möglich, eines dieser Unternehmen herauszugreifen und N als die Mitglieder dieses Unternehmens oder auch dessen Abteilungen oder Divisionen zu definieren. Selbstverständlich ist bei dieser Betrachtungsweise die eben noch unterstellte monolithische Einheit des Unternehmens aufgehoben. N kann ganz nach Belieben zwei anonyme Vertragspartner, die Bewohner eines Landes oder auch die Weltbevölkerung umfassen.

- Mit der „Skalierbarkeit" des Denkschemas korrespondiert auch die Möglichkeit, den Betrachter in die Untersuchung einzubeziehen. Es sind nicht nur die betrachteten Akteure, sondern im Allgemeinen auch der Betrachter selbst, die Restriktionen unterliegen. Tautologisch ausgedrückt darf man im Allgemeinen von einem Ökonomen erwarten, dass er die Dinge sieht und angeht wie ein Ökonom und ein Rechtswissenschaftler sich wie ein Rechtswissenschaftler verhält. In der Tat ist es im Zusammenhang mit der Standardisierung durchaus geboten, auch Akteure aus der wissenschaftlichen Gemeinde in die Betrachtung einzubeziehen, also gleichsam zu endogenisieren. Denn zweifelsohne beeinflusst die wissenschaftliche Gemeinde andere relevante Akteure, modifiziert beispielsweise über Verhaltensempfehlungen deren Handlungsräume und Präferenzen. Die wissenschaftliche Gemeinde spielt in der Standardisierung insofern keineswegs „außer Konkurrenz".

- Neben der Skalierbarkeit des Modells können dank der Einführung logischer Verknüpfungen zwischen Handlungsebenen in Abschnitt 3.1.3 beliebig komplexe Strukturen und Zusammenhänge in Handlungsräumen rekonstruiert werden. Hier stellt es keine Schwierigkeit dar, beispielsweise Netzwerkstrukturen oder „Multi-Level-Governance Strukturen" in Handlungsräumen respektive in expandierenden und kontrahierenden Handlungsteilräumen zu rekonstruieren.

- Auf der Grundlage von Handlungsräumen, Handlungsebenen und Strukturen von Handlungsrestriktionen wurden einige sozioökonomische Grundbegriffe rekonstruiert. Insbesondere die Einführung von Handlungsebenen bzw. Handlungsteilräumen ermöglicht es, die Morphologie bestimmter Zusammenhänge zu erklären und auch vordergründige Widersprüche aufzulösen. Abgesehen davon ist man grundsätzlich nicht weit von den gewohnten Gefilden ökonomischer Modellbildung entfernt. Um dorthin zurückzukehren, bedarf es nur einiger weniger Verschärfungen der Annahmen, beispielsweise im Hinblick auf die Präferenzen oder die Eigenschaften von Handlungsräumen. Auch wenn beim Autor der Ehrgeiz vorherrscht, so viele Sachverhalte wie möglich in Handlungsräumen zu behandeln und zu erklären, sind die klassischen Kosten- und Nutzenbegriffe keineswegs tabu und werden dann eingesetzt, wenn dies die Analyse vereinfacht und/oder bessere Ergebnisse hervorbringt.
- Den Akteuren wird im Rahmen dieses Ansatzes keine (möglicherweise auf einem neoklassischen Nutzenkalkül beruhenden) Vorschriften darüber gemacht werden, welche Handlungsalternative in einer bestimmten Situation zu einem bestimmten Zeitpunkt auszuwählen sei. Vielmehr wird den Akteuren ein Handlungsspielraum eingeräumt; sie verfügen also über Freiheitsgrade. Dies ist im Prinzip gut verträglich mit dem Liberalitätsgedanken. Nebenbei bemerkt ist der homo oeconomicus in seinem Handeln kraft seines Nutzenkalküls weitgehend determiniert, also in gewisser Weise durchaus unfrei.
- Das Modell ist geeignet, die zunächst weitgehend disparaten Objekte wie die Europäische Union, das europäische Normungssystem und die Standardisierung als solche innerhalb eines methodischen Rahmen integrieren und untersuchen zu können.

Selbstverständlich weist die Modellbildung auch Schwächen auf. Hierzu zählen beispielsweise:

- Das mikroökonomische Kalkül ist weitgehend zusammengebrochen, d.h., man kann im engeren Sinne nichts (analytisch) ausrechnen wie beispielsweise Gleichgewichte oder Optima. Allerdings hat der Autor keinen Anhaltspunkt dafür, wie so etwas wie ein optimales Europäisches Normungssystem auszurechnen sei. Das Untersuchungsobjekt ist mutmaßlich zu komplex, als dass ein beispielsweise mikroökonomisches oder spieltheoretisches Kalkül zum Einsatz gebracht werden könnte, das immer noch hinreichend überschaubar und aussagekräftig wäre.
- Das Denken in Handlungsräumen ist insbesondere dann unzweckmäßig, wenn Handlungsräume nicht modifiziert werden, sich also nicht verändern

oder tatsächlich nur Handlungsalternativen respektive die Präferenzen über Handlungsalternativen von Interesse sind. In solchen Situationen leistet das klassische ökonomische Instrumentarium bessere Dienste als das hier vorgestellte Modell.

- Grundsätzlich ist die Vermutung nicht unplausibel, dass die Akteure üblicherweise einen größeren Handlungsraum einem kleineren Handlungsraum vorziehen. Dies ist vergleichbar mit dem Prinzip der Nichtsättigung in der mikroökonomischen Nutzentheorie. Allerdings sind die Dinge nicht so einfach, wie bereits mehrfach gezeigt wurde. Im Allgemeinen nehmen die Akteure im Zuge ihrer Interaktion gleichermaßen eine Expansion wie auch eine Kontraktion ihrer Handlungsräume auf unterschiedlichen Handlungsebenen hin. Zudem wurde angedeutet, dass ein expandierender Handlungsraum bzw. ein Überangebot an Handlungsmöglichkeiten auch Probleme mit sich bringen kann, z.b. in Form von Halt- und Orientierungslosigkeit (vgl. Schwartz, 2004).

- Ebenso wie ein größerer Handlungsraum nicht immer vorbehaltlos einem kleineren Handlungsraum vorgezogen werden kann, ist es nicht immer geboten, die Kontraktion eines Handlungsraumes abzulehnen. Hierzu muss im Prinzip nur die eben geführte Argumentation mit umgekehrten Vorzeichen rekapituliert werden. Die Kontraktion eines Handlungsraumes ist dann nützlich, wenn hierdurch beispielsweise die Komplexität vermindert und Entscheidungen vereinfacht werden.

Abschließend sei darauf hingewiesen, dass das die Eigenschaften des Modells keineswegs vollständig, sondern nur soweit erschlossen sind, wie es für das Anliegen dieser Arbeit notwendig ist. Beispielsweise lassen sich weitere Strukturen über Handlungsräume definieren, deren mathematischen Eigenschaften man dann untersuchen könnte. So wäre es beispielsweise von Interesse, ob sich, und wenn ja, unter welchen Voraussetzungen, konsistente Präferenzen über Handlungsräume aus Präferenzen über Handlungsalternativen ableiten lassen, und ob sich dementsprechende Nutzenfunktionen definieren lassen. Eine Möglichkeit wäre es beispielsweise, *ad hoc* Nutzenfunktionen über Handlungsräume auf der Basis der Wahrscheinlichkeitsaxiome von Kolmogoroff zu definieren und deren Eigenschaften zu untersuchen[28]. Diesen Fragen soll aber an dieser Stelle nicht weiter nachgegangen werden, da wie gesagt dem Autor die Anhaltspunkte dafür fehlen, ein wie auch immer geartetes „optimales ENS" ausrechnen zu können.

---

28 Dies könnte so aussehen, dass man die Wahrscheinlichkeiten in den Axiomen von Kolmogoroff kurzerhand durch Nutzengrößen ersetzt: Die Wahrscheinlichkeit $p(A)$, dass ein Ereignis $A \subset \Omega$ eintritt (Ω ist die Ergebnismenge), wird in den Nutzen $u(A)$ umgedeutet, der daraus resultiert, dass ein Akteur über die Handlungsmöglichkeiten $A \subset H$ verfügt. Dies würde dann für einen diskreten Handlungsraum auf die folgenden Ausdrücke hinauslaufen: Für alle $A \subset H$ gilt $0 \leq u(A) \leq 1$, $u(H) = 1$, und $u(A_1 \cup A_2 \cup ... \cup A_k) = \sum_{s=1}^{k} u(A_s)$, sofern die Teilmengen A_s paarweise disjunkt sind.

Weitgehend unabhängig vom Untersuchungsobjekt kann das hier entwickelte Denkschema in folgender Weise eingesetzt werden:

1. Es werden zunächst die relevanten Akteure identifiziert. Dies ist nicht immer ein triviales Unterfangen und kann zuweilen erhebliche Probleme bereiten. Nicht zuletzt unterliegt auch der Betrachter bestimmten Restriktionen. Die Unfähigkeit, die relevanten Akteure zu identifizieren, kann beispielsweise Ausdruck von Bewusstseinsrestriktionen sein.

2. Daraufhin werden die gegebene Situation bzw. Rahmenbedingungen, also die harten Restriktionen, die für die Akteure nicht bzw. nicht unmittelbar zur Disposition stehen, rekonstruiert.

3. Im nächsten Schritt erfolgt die Rekonstruktion der Attribute der relevanten Akteure. Dies umfasst zunächst die weichen Restriktionen. Harte und weiche Restriktionen spannen alsdann den effektiven Handlungsraum auf. Weiterhin werden der Grad der Rationalität und bestimmte Eigenschaften der Präferenzen rekonstruiert, die sich, wie bereits dargelegt auf Handlungsalternativen wie auch auf Handlungsräume beziehen können. Hierbei ist zu beachten, dass die Rekonstruktion der Struktur der Restriktionen auf den Handlungsräumen der Akteure bereits die Rekonstruktion der institutionellen Rahmenbedingungen impliziert.

4. Je nach Untersuchungsobjekt und Erklärungsziel werden alsdann geeignete Handlungsebenen und Beziehungen zwischen diesen definiert. Dies hat im Rahmen dieses Ansatzes zentralen Stellenwert. Wie gezeigt wurde, können durch die angemessene Definition von Handlungsebenen Phänomene erklärt werden, die sich durch die Anwendung der üblichen Ansätze ohne weiteres nicht erschließen.

5. So ausgestattet kann man sich in die Situation des sozialen Planers begeben, etwaige endogene Dynamiken in Handlungsräumen oder auch die Reaktion auf exogene Schocks untersuchen sowie unterschiedliche institutionelle Profile über die Handlungsräume der Akteure definieren und die entsprechenden Konsequenzen untersuchen. Was auf dieser Ebene greift, sind in erster Linie Ursache-Wirkungszusammenhänge. Wie indes die Ergebnisse der Ausgestaltung institutioneller Profile zu beurteilen sind, hängt von dem zugrunde gelegten Wohlfahrtskalkül ab. Auch wenn im Folgenden weitgehend auf das in Abschnitt 3.1.7 entwickelte Wohlfahrtskalkül zurückgegriffen wird, ist der Leser ist an dieser Stelle dennoch frei, seine eigene Wohlfahrtsethik einzusetzen.

4 Allgemeine Merkmale der Standardisierung

Dieses Kapitel dient dem Ziel, die Wissensbasis über die allgemeinen Wesensmerkmale der Standardisierung aufzubauen, die für das Anliegen dieser Arbeit vonnöten ist. Der Leser wird hierdurch in die Lage versetzt, Art, Umfang und Motivation der politischen Einflussnahme der EU auf das ENS teils unmittelbar beurteilen zu können. Es wird sich grundsätzlich zeigen, dass es die spezifischen Eigenschaften von Standardisierungsmechanismen und Standards sind, welche die relevanten Akteure zu bestimmten Verhaltensweisen, etwa politisch-strategischer, marktstrategischer oder auch opportunistischer Art, veranlassen. Die Attribute des ENS wie auch die Normen, die es hervorbringt, stellen dementsprechend die Variablen der EU dar, mittels derer sie ihren politischen Steuerungszielen nachgeht, also die Handlungsräume der betroffenen Akteure konditioniert.

Dieses Kapitel steht zudem teilweise autonom und kann insofern auch bis zu einem gewissen Grade als kontextunabhängige „Einführung in die Standardisierung aus einer institutionellen Perspektive" aufgefasst werden. Erstaunlicherweise existieren nach dem Kenntnisstand des Autors trotz des ausgeprägten institutionellen Charakters der Standardisierung nur wenige Arbeiten, die sich dieser Thematik eingehend aus einer institutionalistischen Perspektive angenommen hätten. Eine Ausnahme bilden beispielsweise Schmidt und Werle (1998). Hingegen ist in der Literatur unterschiedlicher Disziplinen der gelegentliche Verweis in die Sphäre der Institutionenökonomik üblich (Beispiel: „Standards senken Transaktionskosten."), ohne dass hierbei allerdings die gesamte institutionelle Dimension der Standardisierung berücksichtigt würde. Daher ist mit diesem Kapitel auch das Anliegen verbunden, die Standardisierung in ihren unterschiedlichen Facetten konsequenter aus der Perspektive des Institutionalismus zu untersuchen, als dies bisher geschehen ist. Außerdem bietet dieses Kapitel Gelegenheit, eine Reihe von Aspekten der Standardisierung zu behandeln, die in der gängigen Literatur kaum oder nur am Rande gewürdigt werden. Hierbei wird das in Kapitel 3 entwickelte Denkschema nützliche Dienste leisten. Allerdings kann in diesem Abschnitt nicht jeder erdenkliche Aspekt der Standardisierung Berücksichtigung finden. Hier wird in erster Linie auf solche Themen abgestellt, die besondere Aussagekraft haben, im Hinblick auf die weiteren Ausführungen relevant sind, und/oder in der Literatur eher geringe Aufmerksamkeit finden.

Kapitel vier gliedert sich folgendermaßen: Zunächst findet eine Einführung in die Materie anhand eines Beispiels statt, das bereits eine Reihe wichtiger Aspekte der Standardisierung erfasst. Hierbei handelt es um die Zusammenhänge zwischen Zeit, Raum und Standardisierung. Nach dieser Einführung werden einige grundlegende Begriffe konkretisiert und abgegrenzt, die für das Verständnis der folgenden Ausführungen hilfreich sind. Hieran schließt sich die Erörterung unterschiedlicher Mechanismen der Standardisierung, jedoch nicht ohne zuvor auf den Mechanismusbegriff als solchen eingegangen zu sein. Je nach Rahmenbedingungen stehen den relevanten Akteuren derartige Mechanismen, also institutionelle Arrangements zur Verfügung, mittels derer unter Einsatz entsprechender Inputs Standards erstellt werden. Die Erörterung dieser Mechanismen kann weitgehend chronologisch erfolgen. Dies ermöglicht es beispielsweise, die Ursachen für bestimmte „Regimewechsel" in der Standardisierung bzw. die Genese neuer institutioneller Arrangements der Standardisierung zu erörtern und einige spezifische, weitgehend zeitunabhängige „Gesetzmäßigkeiten", die Standardisierungsmechanismen auszeichnen, zu identifizieren. Im Laufe der Erörterung der Mechanismen der Standardisierung werden sukzessive auch die Akteure der Standardisierung eingeführt und charakterisiert.

In Abschnitt 4.4 ist es alsdann an der Zeit, das zusammenzufassen, was bis dahin über die Nützlichkeit der Standardisierung gesagt wurde und um weitere Aspekte zu ergänzen, die bisher noch keine Erwähnung fanden. In Abschnitt 4.4.2 wird die Nützlichkeit der Standardisierung in Handlungsräumen rekonstruiert, was ein Kernelement dieser Arbeit darstellt. In Abschnitt 4.4.3 werden prototypische Standardisierungssituationen und Verhaltensweisen, die in solchen Situationen auftreten, erörtert. In Abschnitt 4.4.3.5 werden in Abhängigkeit von dem gesellschaftlichen Kontext unterschiedliche (Häufigkeits-) Verteilungen von Standardisierungssituationen erörtert und anhand eines Beispiels illustriert, welche Probleme auftreten können, wenn Standardisierungssituationen nicht richtig erkannt werden bzw. nicht situationsadäquat standardisiert wird. Dieses Beispiel bildet außerdem den Auftakt zum Vergleich des US-amerikanischen Standardisierungssystems und des ENS, der im sechsten Kapitel fortgesetzt wird.

Die Abschnitte 4.5 bis 4.11 bilden einen Fächer unterschiedlicher Aspekte der Standardisierung, die für die folgenden Ausführungen relevant sind oder in der Literatur kaum bzw. aus anderen Perspektiven als der hier eingenommenen untersucht werden. In Abschnitt 4.5 wird beispielsweise auf das Konsensprinzip in der Normung eingegangen, dessen Herkunft und Stellenwert von Theoretikern wie auch Praktikern der Normung kaum hinterfragt wird. Weiterhin werden einige ökonomische Aspekte betrachtet, z.B. die ordnungspolitische Relevanz der Normung, der Zusammenhang zwischen der Normung und der Schumpeter'schen Denkweise, oder auch der Zusammenhang zwischen Unternehmensethik und Standardisierungsverhalten. Das vierte Kapitel schließt mit einigen Bemerkungen über die Standardisierung im militärischen Bereich.

4.1 Begriffe und Definitionen

Bisher wurden die Begriffe ‚Standard', ‚Standardisierung', bzw. ‚Norm' und ‚Normung' verhältnismäßig zwanglos auf der Basis einer ad hoc Definition, die in der Einführung vorgenommen wurde, verwendet, ohne dass besondere Erklärungsprobleme bzw. – so zumindest die Hoffnung des Autors – besondere Verständnisschwierigkeiten aufgetreten wären. Für die folgenden Ausführungen ist es jedoch an dieser Stelle zweckmäßig, diese Begriffe ein wenig präziser zu fassen bzw. voneinander abzugrenzen.

Standardisierung:
Als Standardisierung sei im Rahmen dieser Arbeit der Prozess der Vereinheitlichung bestimmter Merkmale und bestimmter Merkmalsausprägungen eines bestimmten Objekts bezeichnet.

Zum Verständnis dieser Definition bedarf es der Unterscheidung der Begriffe ‚Objekt', ‚Merkmal', und ‚Merkmalsausprägung'. Hierzu ein Beispiel: Das Objekt sei beispielsweise eine Schraube. Merkmale einer Schraube sind z.b. Durchmesser und Länge des Gewindes. Merkmalsausprägungen sind alsdann Konkretisierungen bzw. Realisierungen dieser Merkmale, also ein bestimmter Durchmesser, z.B. 10 mm, oder eine bestimmte Länge des Gewindes, beispielsweise 70 mm. Der Begriff ‚Objekt' wird weiterhin sehr allgemein gefasst. Ein Objekt kann sowohl materiell oder immateriell, abstrakt oder konkret sein.

Standard:
Ein Standard ist alsdann das Resultat eines Standardisierungsprozesses.

Diese Definition von Standards erweist sich mehr oder weniger als Schlussfolgerung aus der Definition des Begriffes der Standarisierung und bedarf insofern keiner näheren Erläuterung.

Normung:
Die Normung ist eine spezielle Form der Standardisierung, die sich unter bestimmten institutionellen Rahmenbedingungen vollzieht.

Diese spezifischen institutionellen Rahmenbedingungen wurden bereits in der Einführung ansatzweise erwähnt. So findet die Normung unter der Ägide bestimmter Organisation, eben so genannter Normungsorganisationen wie beispielsweise dem Deutschen Institut für Normung (DIN) statt. Diese Normungsorganisationen verfügen über eine besondere Legitimität, z.B. durch staatliche Anerkennung, und zeichnen sich durch ähnliche institutionelle bzw. organisationale Merkmale aus wie beispielsweise Konsensorientierung, Transparenz des Normungsprozesses oder die Freiwilligkeit der Teilnahme an Normungsprojekten.

Normen:

Normen sind spezielle Standards, die von Normungsorganisationen nach bestimmten Prinzipien erstellt und veröffentlicht werden und sich gegenüber anderen Standards durch eine größere Legitimität auszeichnen.

Auffällig an der Definitionen der Standardisierung ist zunächst, dass weitgehend davon abstrahiert wird, *wie* sich diese vollzieht und *wer* hieran beteiligt ist. Der Grund hierfür lautet, dass unterschiedliche, teils entpersonalisierte „Mechanismen" der Standardisierung existieren, an denen unterschiedliche „Akteure" in unterschiedlicher Weise beteiligt sind. Die Normung ist einer dieser Mechanismen der Standardisierung, die in Abschnitt 4.3 näher erörtert werden.

Grundsätzlich ist zu berücksichtigen, dass es keineswegs ein einfaches Unterfangen darstellt, den Begriff der Standardisierung zu definieren. Trotz diverser Bemühungen existiert mutmaßlich wohl keine Definition des Begriffes der Standardisierung, die einen absoluten Wahrheitsanspruch bzw. Vollständigkeitsanspruch für sich geltend machen könnte. Dies gilt selbst für den enger gefassten Begriff der Normung, von dem man eigentlich erwarten würde, dass ihn gerade Normungsorganisationen klar und unmissverständlich definiert haben. Tatsächlich existiert eine derartige Definition, die in der Norm DIN EN 45020, die ihrem Wesen nach selbstreferentiell ist und als „Mutter aller Normen" bezeichnet werden kann, niedergelegt ist. Laut DIN EN 45020 : 1993 wird der Begriff ‚Normung' folgendermaßen definiert:

"Tätigkeit zur Erstellung von Festlegungen für die allgemeine und wiederkehrende Anwendung, die auf aktuelle und absehbare Probleme Bezug haben und die Erzielung eines optimalen Ordnungsgrades in einem gegebenen Zusammenhang anstreben."

Auf einen eingehenden Vergleich der hier aufgeführten Definitionen des Begriffes der Normung sei hier verzichtet, auch wenn die Unterschiede offensichtlich sind. Die im Rahmen dieser Arbeit verwendeten Definitionen sind verhältnismäßig „schlank" und in erster Linie dahingehend ausgelegt, operabel zu sein und vor allen Dingen nicht mehr Fragen aufzuwerfen als zu beantworten. Der Preis, der hierfür bezahlt wird, besteht offenbar darin, dass kaum sämtliche Wesensmerkmale der entsprechenden Begriffe erfasst werden.

Wie bereits angedeutet bietet auch die Definition der Normung, die in der DIN EN 45020 niedergelegt ist, Anlass für Kritik. Insbesondere genügt sie nicht den Forderungen nach Konsistenz bzw. Vollständigkeit, die man üblicherweise an „gute" Definitionen stellt (de Vries, 1999, Kap. 8). Dies gilt umso mehr, wenn man das System von Definitionen berücksichtigt, in das die obige Definition eingebunden ist. Das dort niedergelegte System von Definitionen ist weder vollständig noch widerspruchsfrei. Weiterhin wird in der DIN EN 45020 nicht zwischen den Begriffen ‚Standardisierung' und ‚Normung' unterschieden. Das DIN riet in Bezug auf den deutschsprachigen wissenschaftlichen Kontext noch vor einiger Zeit von der Verwendung der Begriffe ‚Standardisierung' bzw. ‚Standard' ab, da diese der Umgangssprache entstammen[29]. Mittlerweile hat allerdings auch der Begriff des Standards in den Sprachgebrauch des DIN Einzug gehalten (DIN, 2004).

Die Begriffe Norm bzw. Normung sind ihrem Ursprung nach ausgesprochen deutsch bzw. kontinentaleuropäisch. Im englischen Sprachgebrauch ist „standardization" der Begriff der Wahl für gleichsam alle Gelegenheiten. Dem Begriff ‚Normung' kommt im englischen Sprachgebrauch die Phrase „acknowledged standardization", also „anerkannte Standardisierung", weitgehend am nächsten. Es sei hier angemerkt, dass die etymologischen Unterschiede in den Begrifflichkeiten durchaus auch mit Unterschieden im Standardisierungsverständnis bzw. mit Unterschieden in den „Standardisierungskulturen" einhergehen. Der Leser, der sich näher mit den hier erörterten Problemen der Begriffsbestimmung auseinandersetzen will, sei auf de Vries (1999, Kap. 8) verwiesen, der sich eingehend diesen Fragen widmet und seinerseits eine fundierte Definition des Begriffes der Standardisierung vorlegt[30].

Ein weiterer bedeutsamer Begriff ist der des (Europäischen) Normungssystems (oder allgemeiner: Standardisierungssystems). Das Normungssystem (Standardisierungssystem) einer Gesellschaft setzt sich zusammen aus den normungsrelevanten (standardisierungsrelevanten) gesellschaftlichen Akteuren (den Elementen des Systems) und den Beziehungsstrukturen (Relationen) sowohl zwischen den Akteuren wie auch zwischen den Akteuren und der Systemumwelt. Normungssysteme (Standardisierungssysteme) stehen in vielfältiger Beziehung zur Systemumwelt. Insbesondere fließen ihnen Ressourcen zu, ohne die sie nicht effektiv funktionieren bzw. existieren könnten. Der Output eines Normungssystems (Standardisierungssystems), also die Transformation der zugeflossenen Ressourcen, besteht im Wesentlichen aus Normen (Standards) bzw. normativen Dokumenten. Im Folgenden wird insbesondere im europäischen Kontext weitgehend der Begriff des Normungssystems verwendet. An dieser Stelle sei noch auf den Unterschied zwischen *Normungssystem* und *Normensystem* hingewiesen.

---

29 Dieser Ratschlag erging Ende der 1990er Jahre an den Autor wie auch andere Mitarbeiter der Professur für Normenwesen und Maschinenzeichnen im Rahmen einer Kooperation mit dem DIN.

30 „Standardization is the activity of establishing and recording a limited set of solutions to actual or potentials matching problems, directed at benefits for the party or parties involved, balancing their needs and intending and expecting that these solutions will be repeatedly or continuously used, during a certain period, by a substantial number of the parties for whom they are meant" (de Vries, 1999, S.161).

Unter einem Normensystem wird der Katalog, das Repositorium an Normen verstanden, das eine Normungsorganisation bzw. ein Normungssystem hervorbringt.

Die im Rahmen dieser Arbeit eingeführten Definitionen sind nicht etwa nur im Interesse einer erhöhten Operabilität „schlank", sondern bis zu einem gewissen Garde durchaus auch unscharf bzw. „fuzzy", um das englischsprachige Äquivalent zu verwenden. Dies mag insbesondere vor dem Hintergrund irritieren, dass die Forderung nach konsistenten und vollständigen Definitionen in erster Linie aus der wissenschaftlichen Gemeinde kommt, die im Allgemeinen auf einen klar strukturierten, vollständigen und widerspruchsfreien Begriffsapparat angewiesen ist, um ihrer Tätigkeit nachgehen zu können. Dies gilt umso mehr, wenn man berücksichtigt, dass es sich bei der Standardisierung ihrem Wesen nach um eine unmissverständliche Festschreibung eines bestimmten Zustands über einen bestimmten Zeitraum handelt. Hierbei sind allerdings mehrere Faktoren zu berücksichtigen: Zunächst ist es durchaus möglich, in praxi einer Aktivität mit gutem Erfolg nachgehen zu können, ohne diese präzise definiert zu haben. Nur weil Normungsorganisationen ihre Hauptbetätigung möglicherweise nicht vollständig und konsistent definiert haben, kann man hieraus nicht automatisch schlussfolgern, sie würden „schlecht" oder „falsch" normen. Ein weiteres Beispiel aus dem Alltag: Individuen treffen tagtäglich unzählige Entscheidungen, zugegebenermaßen mit unterschiedlichem Erfolg. Wenn man aber diese Individuen dazu veranlasst zu definieren, was eine Entscheidung ihrem Wesen nach ist, dürften die meisten Zeitgenossen in Erklärungsnotstand geraten. Das zweite Problem sind die Kosten des Aufbaus eines Systems von Definitionen.

Das folgende Beispiel soll veranschaulichen, dass eine gewisse Unschärfe bei der Bildung von Definitionen nicht etwa nur nützlich, sondern zuweilen sogar unabdingbar ist. Der Autor hatte die Gelegenheit, dem Meinungsaustausch einer Expertenrunde zum Thema Modularisierung beizuwohnen. Dem illustren Kreise wurde eine Definition des Begriffes ‚Modularisierung' vorgelegt, in den, wie der Autor wusste, sehr viel Denkarbeit investiert worden war. Der Expertenkreis begab sich an die kritische Erörterung der Definition, die vordergründig eigentlich einen sehr passablen Eindruck machte, deckte nach und nach Schwachstellen auf und „dekomponierte" sie letzten Endes. In dem Maße, wie die vorliegende Definition seziert wurde, intensivierte sich gleichsam automatisch die Diskussion über eine bessere Definition. Irgendwann wurde man allerdings dessen gewahr, dass mittlerweile sehr viel Zeit vergangen war, ohne sich bisher mit dem eigentlichen Thema auseinandergesetzt zu haben. Stattdessen hielt man sich im Vorfeld mit Definitionsfragen auf, die in dem gegebenen Rahmen aller Voraussicht nach sowieso nicht abschließend hätten geklärt werden können. Es passierte nun (bis zu einem gewissen Grade notgedrungen) folgendes: Die Diskussion um die Definition des Begriffes der Modularisierung wurde kurzerhand abgebrochen. Man wendete sich also dem eigentlichen Thema zu, ohne dass man sich über ein einheitliches Verständnis des Begriffes der Modularisierung geeinigt hätte[31]. Dies hatte erstaunlicherweise keinen „Communication Breakdown" zur Folge, im Gegenteil: Der Meinungsaustausch funktionierte reibungslos unter eifriger Verwendung des Begriffes der Modularisierung, der nun allerdings nicht scharf abgegrenzt, sondern „fuzzy", also unscharf war. Jeder Teilnehmer hatte seine eigene Vorstellung von der Modularisierung und assoziierte demzufolge etwas anderes, wenn er den Begriff der Modularisierung verwendete, und dennoch funktionierte die Kommunikation. Ursächlich hierfür war trotz aller abweichenden Auffassungen ein harter Kern übereinstimmender Vorstellungen, der die Kommunikation ermöglichte.

Aus diesem Beispiel lässt sich schlussfolgern, dass ein unscharfer Begriffsapparat mitunter Voraussetzung für eine konstruktive Auseinandersetzung mit der eigentlichen Materie ist. Ein vollständiges und konsistentes System von Definitionen aufzustellen, ist, in investierter Zeit und Denkarbeit ausgedrückt, kostspielig. Außerdem ist es je nach Untersuchungsobjekt keineswegs selbstverständlich, dass ein vollständiges und konsistentes System von Definitionen mit absolutem Wahrheitsanspruch überhaupt existiert. Wenn man also die Kommunikation von einem vollständigen und konsistenten System von Definitionen abhängig macht, wird dann keine Kommunikation zustande kommen, wenn ein solches System nicht existiert. Der Autor lässt also bewusst eine gewisse „Fuzziness" bei der Definition der Begriffe ‚Standard' und ‚Standardisierung' zu. Auch wenn der Umgang mit einigen Begriffen im Rahmen dieser Arbeit ein wenig „leger" bzw. „loose" ist, möge der Leser berücksichtigen, dass alle Aussagen, die über Normen gemacht werden, auch für Standards gelten. Dies liegt darin begründet, dass Normen einen Spezialfall von Standards darstellen. Abgesehen davon gibt es selbstverständlich Situationen, in denen es nicht nur möglich, sondern durchaus geboten ist, den Begriffsapparat klar zu definieren und abzugrenzen. Sofern notwendig, werden weitere Begriffe ad hoc eingeführt bzw. die bisher eingeführten Begriffe konkretisiert.

Weiterhin muss ein temporaler Aspekt bei der Begriffsbildung berücksichtigt werden. Die Begriffe ‚Standard' und ‚Norm' wurden im Laufe des vorletzten Jahrhunderts geprägt und sind insofern verhältnismäßig modern. Die Vereinheitlichung auf der technischen Ebene wurde aber bereits lange zuvor betrieben. Der Einfachheit halber sei im Rahmen dieser Untersuchung der Begriff Standard auch für vorindustrielle Formen der technischen Vereinheitlichung verwendet.

---

31 Ein derartiger einheitlicher Begriff wäre selbstverständlich nicht anderes als ein Standard.

4.2 Raum, Zeit und Standardisierung

Wer sich mit Freunden zu einem bestimmten Zeitpunkt beispielsweise zu dem Zweck verabredet, sich im Kino einen Film anzusehen, geht mindestens implizit davon aus, dass alle Beteiligten aufgrund des Rückgriffs auf ein einheitliches Zeitmaß den selben Zeitpunkt für ein Treffen zumindest anpeilen. Falls ein verabredetes Treffen nicht zustande kommt, wird es wohl kaum mit einer solchen Aussage begründet werden wie: „Ich hatte einen anderen Tag für das Treffen vermerkt, da ich mich grundsätzlich am Julianischen Kalender orientiere." Oder: „Da ich mich bezüglich der Zeitmessung am Mondtag und nicht am Erdentag orientiere, war ich offenbar nicht zur gleichen Zeit am gleichen Ort wie der Rest der Partie."

Diese Aussagen muten zweifelsohne deswegen so bizarr an, weil es heutzutage zu den fundamentalen Determinanten menschlichen Daseins gehört, auf ein einheitliches Zeitmaß zurückzugreifen. Dennoch kann man dem obigen Beispiel entnehmen, dass ein einheitliches Zeitmaß für eine effektive Koordination bzw. Synchronisation menschlicher zeitkritischer Interaktion offenbar eine wichtige wenn nicht gar unabdingbare Voraussetzung darstellt[32]. Dies gilt selbstverständlich auch für die Koordinierung sozioökonomisch relevanter Interaktion bzw. ökonomisch relevanter Aktivitäten. Die Relevanz eines einheitlichen Zeitmaßes für die moderne Gesellschaft sei mit einigen Beispielen veranschaulicht (Lombardi, 2002, S3f.):

- Der Verkehrsfluss einer Großstadt hängt maßgeblich von der Taktung der städtischen Ampelanlagen ab. Ebenso ist eine einheitliche Taktung Voraussetzung für die reibungslose Koordination des internationalen Flugverkehrs.
- Moderne Produktionsprozesse zeichnen sich dadurch aus, dass sie temporal immer differenzierter ausgestaltet werden, z.B. „Just In Time Produktion".
- Das Gelingen eines Rendezvous zwischen einem Space Shuttle und der International Space Station hängt fundamental von einem einheitlichen Zeitmaß ab.
- In den Naturwissenschaften bedarf es eines einheitlichen Zeitmaßes, um zeitabhängige Experimente und deren Ergebnisse reproduzieren bzw. verifizieren zu können[33].

---

32 Ein einheitliches Zeitmaß ist allerdings nur eine notwendige, nicht aber eine hinreichende Bedingung für Pünktlichkeit. Ob ein Akteur tatsächlich pünktlich ist, hängt abgesehen von höheren Umständen von seinem „Pünktlichkeitsethos" bzw. der „Pünktlichkeitskultur" ab, die ihn geprägt hat. Der Leser weiß aus eigener Erfahrung, dass diesbezüglich teils massive Unterschiede existieren.
33 Im Allgemeinen erfordert jedes zeitabhängige praktische Optimierungsproblem ein einheit-

- In vielen Fällen ist neben der Einheitlichkeit die Präzision der Zeitmessung von höchster Bedeutung: Bei der Satellitennavigation kommt es
beispielsweise auf eine Präzision im Bereich einer milliardstel Sekunde an.
Die Ampelanlage in Los Angeles, um auf das erste Beispiel zurückzu-
kommen, wird per Atomuhr getaktet. Die internationalen Finanzmärkte
sind angesichts einer enorm beschleunigten Abwicklung von Transaktionen zusehends auf eine präzise Taktung angewiesen.

Die Zweckmäßigkeit der Existenz eines einheitlichen Zeitmaßes leuchtet soweit
unmittelbar ein. Das gleiche gilt selbstverständlich auch für andere naturwissenschaftliche Basiseinheiten, wie beispielsweise das Kilogramm oder das
Meter. Zur Veranschaulichung sei erneut Bezug genommen auf das Beispiel des
gemeinsamen Kinobesuchs. Hierzu bedarf es im Allgemeinen keiner expliziten
Übereinkunft über ein gemeinsames (räumliches) Koordinatensystem zur Posi-
tionsbestimmung. Gerade in einer Großstadt ist es verhältnismäßig einfach,
anhand von markanten „Wegpunkten" zum Zielort zu gelangen. Anders gestaltet
sich jedoch die Lage, wenn es sich um ein Rendezvous auf hoher See oder, wie im
dritten Beispiel, gar um ein Rendezvous im Weltraum handelt, also keine räum-
lichen Bezugspunkte zur Verfügung stehen, anhand derer man wenigstens
„ungefähr" den Weg zum Zielort festmachen könnte. Unter diesen Umständen ist
ein gemeinsames räumliches Bezugssystem unabdingbar für die Koordination der
Aufenthaltsorte von Akteuren und Objekten.

Wer von der Nützlichkeit der Einheitlichkeit von Bezugssystemen nicht recht
überzeugt ist, möge sich anhand des folgenden Beispiels vor Augen führen,
welche Missgeschicke möglich sind, wenn unterschiedliche Systeme von Einheiten koexistieren. Im September 1999 ging die Sonde Mars Climate Orbiter in
der Atmosphäre des Mars verloren, weil sie auf eine zu niedrige Umlaufbahn
einschwenkte. Die Untersuchung, die darauf folgte, förderte als Ursache zu Tage,
dass in den Kontrollzentren in Denver und Pasadena Programme verwendet
wurden, in unterschiedlichen Maßeinheiten rechneten. Ein Team arbeitete auf der
Grundlage von Metern und Kilogramm, das andere hingegen auf der Grundlage
von Foot und Pound. So ergingen Steuerimpulse mit unterschiedlichen Maßeinheiten an die Sonde, was letzten Endes zum Absturz führte.

Die folgenden Überlegungen veranschaulichen, dass in dem hier gegebenen
Zusammenhang neben der Einheitlichkeit auch eine Reihe anderer Faktoren von
Bedeutung sind. Zunächst existiert offenbar eine Bewusstseinsdimension: Trotz
des fundamentalen Stellenwerts eines einheitlichen Zeitmaßes wird sich der Leser
nach eingehender Selbstüberprüfung vermutlich eingestehen, dies bisher weitgehend als Gegebenheit, als Selbstverständlichkeit aufgefasst, also kaum bewusst

---

liches Zeitmaß. Die beiden ersten Beispiele sind zeitabhängige Optimierungsprobleme.

reflektiert zu haben. Dies deutet unmittelbar auf die bereits angedeutete Bewusstseinsproblematik respektive Bewusstseinsrestriktion im Hinblick auf die technisch-naturwissenschaftlichen Vereinheitlichung, also die Standardisierung, hin.

Weiterhin veranschaulichen die obigen Beispiele, dass sich naturwissenschaftliche Einheiten über die Einheitlichkeit hinaus durch weitere wichtige Merkmale auszeichnen. Im Hinblick auf das Zeitmaß (und selbstverständlich auch im Hinblick auf die anderen physikalischen Basiseinheiten) ist dies beispielsweise dessen *Präzision*. Das grundsätzliche Bestreben der Physiker ist es hierbei, Basiseinheiten auf der Grundlage von physikalischen Fundamentalkonstanten zu definieren, also von Größen, die präzise, allgemeingültig und invariant gegenüber Veränderungen der Rahmenbedingungen sind. Die allgemeine Präferenz hierbei lautet grundsätzlich: Je präziser, desto besser. Je präziser also ein einheitliches Zeitmaß, desto präziser können die Interaktion bestimmter Akteure, Prozesse oder auch technischer Systeme koordiniert werden. In vielen wissenschaftlichen Bereichen hängen neue wissenschaftliche Erkenntnisse maßgeblich von der Präzision der Messung ab. Es werden also, um auf den im dritten Kapitel entwickelten Begriffsapparat zurückzugreifen, durch die Einführung eines neuen, präziseren Zeitmaßes Handlungsmöglichkeiten erschlossen, die zuvor nicht existierten, also folglich die Handlungsräume derjenigen Akteure auf bestimmten Ebenen expandiert, die gemeinsam das neue Zeitmaß adaptieren.

Beachtenswert ist weiterhin die historische Dimension. Die Menschheit hat sich bereits sehr früh auf die Suche nach einheitlichen Maßstäben begeben. Dies beruhte zweifelsohne auf der Einsicht, dass Einheitlichkeit und Präzision in der Messung einen gewissen Nutzen aufweisen bzw. einen gesellschaftlichen Wert darstellen. Hierbei wurden im Allgemeinen nahe liegende und für das menschliche Dasein oftmals konstitutive physikalische Phänomene verwendet. Zur Messung der Zeit dienten beispielsweise solche periodischen Phänomene wie der Sonnenstand, der Tag-Nacht-Zyklus oder auch der Jahreszyklus der Sonne, die allerdings nach dem heutigen Stand der Technik ausgesprochen unpräzise sind. Im Hinblick auf die ökonomische Entwicklung bildeten einheitliche Längen- und Volumenmaße bereits sehr früh unabdingbare Voraussetzungen für den Warenaustausch bzw. die Existenz von Märkten.

Ausgesprochen instruktiv ist das Beispiel des „Système International d'Unités" (SI), also das internationale System physikalischer Einheiten, das in seiner heutigen Form das Resultat einer langen historischen Entwicklung ist, die 1799 mit der Einführung des metrischen Systems durch die Hinterlegung des Urmeters und des Urkilogramms in den Archives de la République in Paris ihren Anfang nahm (BIPM, 2006, S.95ff.)[34]. Einheitliche Maßstäbe und wissenschaftliche Erkenntnisse standen im Laufe dieser Entwicklung in einer Wechselbeziehung: Einerseits bildeten die einheitlichen Maßstäbe die unabdingbare Voraussetzung für das Aufblühen der Experimentalphysik und den damit verbundenen Erkenntnisgewinn. Andererseits führten der wissenschaftliche Erkenntnisgewinn wie auch praktische Erwägungen dazu, dass das System von Einheiten mehrfach modifiziert bzw. um neue Einheiten ergänzt wurde. Wissenschaftlicher Erkenntnisgewinn und vereinheitlichte Maßstäbe stehen also in einer konstruktiven Wechselbeziehung.

Von Interesse ist aus einer institutionellen Perspektive, wie sich das metrische System, der Vorläufer des SI, auf der internationalen Ebene etablierte. Dessen Einführung wurde 1875 in der Convention du Mètre durch 17 Staaten vertraglich vereinbart. Bei dieser Gelegenheit riefen die Vertragspartner auch Gremien, wie beispielsweise das Bureau International des Poids et Mesures (BIPM) oder auch die Conférence Générale des Poids et Mesures (CGPM) ins Leben, denen solche Aufgaben wie die Grundlagenforschung, die Pflege bzw. das „Management" internationaler Maße inklusive der entsprechenden Befugnisse überantwortet wurde. Die Unterzeichnerstaaten traten insofern durchaus ein gewisses Maß an nationaler Souveränität ab. Nach heutigen Maßstäben handelt es sich hierbei um eine ausgesprochen fortschrittliche Form der internationalen Kooperation, die insbesondere vor dem Hintergrund erstaunt, dass zur damaligen Zeit der Nationalismus und demzufolge die nationalen Antagonismen zum Teil sehr ausgeprägt waren und durchaus auch kriegerisch ausgetragen wurden.

Gegenwärtig haben 51 Staaten die Convention du Mètre unterschrieben und de facto ist das SI weltweit etabliert, auch wenn es teilweise mit traditionellen Systemen von Einheiten koexistiert. Die institutionellen Strukturen, die 1875 geschaffen wurden, haben – bis auf einige marginale Veränderungen abgesehen – bis heute weitgehend Bestand. Das SI setzt sich im wesentlichen aus den sieben *SI-Basiseinheiten* Meter, Kilogramm, Sekunde, Ampere (elektrische Stromstärke), Kelvin (thermodynamische Temperatur), Mol (Stoffmenge), und Candela (Lichtstärke) zusammen, aus denen so genannte *Abgeleitete Einheiten* (z.B. Newton oder Ohm) gebildet werden können, ohne dass man hierzu Umrechnungsfaktoren einsetzen müsste. Das SI ist insofern kohärent, also gewissermaßen „schlank", widerspruchsfrei und vollständig. Dennoch ist man keineswegs am

---

34 In seiner ursprünglichen Form umfasste das metrische System nicht nur das Kilogramm und das Meter, sondern erstreckte sich auch auf andere Bereiche. So unternahmen die Republikaner beispielsweise den Versuch, eine Zehntage-Woche einzuführen, allerdings ohne dauerhaften Erfolg. Hier liegt offenbar so etwas vor wie „Overstandardization", also die Standardisierung, die über das optimale Maß hinausgeht.

Ende der Entwicklung angelangt, wie beispielsweise Mills et al. (2006) veranschaulichen.

Das hier entwickelte Beispiel einheitlicher physikalischer Maßstäbe ermöglicht bereits eine Reihe von Einsichten und Schlussfolgerungen über die allgemeinen Wesensmerkmale der Standarisierung:

- Einheitliche Maßstäbe eröffnen neue Möglichkeiten der Interaktion und erzeugen insofern auf bestimmten Handlungsebenen neue Handlungsmöglichkeiten, expandieren also Handlungsräume auf diesen Ebenen. Die oben erörterten Formen der Vereinheitlichung gehen zweifelsohne mit einem individuellen bzw. gesellschaftlichen Nutzen einher – sei dieser nun in Handlungsräumen oder auch in anderen Größen gemessen.
- Ein Wesensmerkmal der Vereinheitlichung im Sinne des obigen Beispiels ist weiterhin offenbar, dass ein potentieller Anwender einen immer größeren Anreiz hat, das vereinheitlichte System zu übernehmen, je mehr Anwender dies bereits getan haben. Wenn alle anderen Akteure, also Staaten, das SI verwenden, hat man (als einzig verbliebener Staat) zweifelsohne einen großen Anreiz, dies auch zu tun. Dies wird gemeinhin als Netzwerkeffekt bezeichnet. Auf Netzwerkeffekte wird in Abschnitt 4.3.5 näher eingegangen.
- Hat man ein zur Definition einer physikalischen Einheit geeignetes physikalisches Phänomen identifiziert, dann ist es oftmals beliebig, wie sich auf dieser Grundlage die normierte Einheit konkretisiert. Das Meter ist beispielsweise definiert als die Länge der Strecke, die das Licht im Vakuum während der Dauer von 299792458^{-1} Sekunden durchläuft. Man hätte ein Meter aber genauso gut als die Strecke definieren können, die das Licht im Vakuum während der Dauer von 300000000^{-1} Sekunden durchläuft. Im Prinzip sind alle denkbaren Alternativen a priori äquivalent. Entscheidend ist in einer solchen Situation offenbar, dass ein einheitliches Maß existiert und weniger, wie sich dieses konkretisiert.
- Ein System wie das SI fällt kaum wie Manna vom Himmel, sondern ist das Resultat der Interaktion bestimmter Akteure. Die Einführung des SI beruhte auf einem Vertrag, also einem Konsens, dem Verhandlungen vorausgegangen sind, und dem Aufbau korrespondierender institutioneller Rahmenbedingungen. Wie im Falle der Convention du Mètre existieren in der Standardisierung generell spezifische institutionelle Arrangements, oder etwas technischer formuliert, Mechanismen, mittels derer Standards erzeugt werden.
- So wie die Vereinheitlichung von Bezugssystemen einen Nutzen erzeugt, so existieren mutmaßlich auch Kosten der Vereinheitlichung, wenngleich diese bisher nicht unmittelbar zur Sprache gebracht worden sind. In der Tat existieren im Hinblick auf das obige Beispiel Kosten der Umstellung,

die sich abgesehen von den unmittelbaren Kosten beispielsweise als Lern-kosten, Fehler in der Umstellungsphase, oder auch als ein wahr-genommener Identitätsverlust konkretisieren. Ein Beispiel für den letzten „Kostenfaktor" ist die endgültige umfassende Einführung des metrischen Systems am 01.01.2000 auf den britischen Inseln im Rahmen der technischen Harmonisierung innerhalb der EU. Dort wurde die Aufhebung des „Inch & Pound"-Systems („Imperial Units") durchaus als ein Verlust der eigenen Identität wahrgenommen (BBC News, 2001).

- Ein System wie das SI zeichnet sich über die Einheitlichkeit hinaus zu-sätzlich durch eine Reihe anderer Attribute aus. Präzision auf der Höhe des technisch Machbaren war ein wichtiger Faktor, der sich von der Vereinheitlichung zunächst als unabhängig darstellt. Weiterhin wird bei der Vereinheitlichung eine kohärente bzw. schlanke aber nichtsdesto-weniger vollständige Struktur angestrebt, die mit möglichst geringen Kosten der Anwendung einhergeht.

Der Rekurs auf Zeit und Raum dient allerdings nicht nur der effektiven Einführung in die Standardisierung, sondern kommt auch didaktischen Zwecken zugute.

- Die physikalischen Gesetzmäßigkeiten fallen in die Klasse der im dritten Kapitel dieser Arbeit eingeführten harten Restriktionen, die das mensch-liche Dasein bzw. Handeln maßgeblich konditionieren. Insofern war es im Hinblick auf das Denkschema, das im dritten Kapitel entwickelt wurde, nahe liegend, als erstes auf dieser fundamentalen Ebene anzusetzen. Einheitliche physikalische Maßstäbe konstituieren alsdann eine Struktur über die physikalischen Restriktionen, mittels derer ein Erkenntnisgewinn und insofern auch eine Rekonstruktion der „inneren Weltsicht" ermöglicht wird.
- Die grundlegenden Überlegungen bezüglich der Zeit sind nicht nur im Hinblick auf das Untersuchungsobjekt, sondern auch im Hinblick auf die Arbeit selbst bzw. ihren Aufbau von Vorteil. Die Konkretisierung des Begriffs der Zeit (und des Begriffs des Raumes) ist insbesondere hinsichtlich der im Folgenden angewendeten chronologischen Vorgehens-weise bei der Behandlung von Standardisierungsmechanismen hilfreich. Gewissermaßen wird hierdurch nicht nur das fundamentale Koordinaten-system für die untersuchten Akteure, sondern auch für die Arbeit selbst rekonstruiert. Eine Bewusstwerdung auf dieser Ebene kann grundsätzlich nicht schaden, wird doch die Existenz der Zeit bzw. eines einheitlichen Zeitmaßstabs in Wissenschaft und Praxis im Allgemeinen als Selbst-verständlichkeit vorausgesetzt.
- Zu guter letzt fügt sich der Rekurs auf einheitliche Maßstäbe für Zeit und Raum harmonisch in die chronologische Vorgehensweise ein. Die Suche

nach einheitlichen, reproduzierbaren und im Zeitlauf invarianten Zeit- und Längenmaßen bildet die älteste Form der Standardisierung; Zeit- und Längenmaße sind folglich die ältesten Standards.

4.3 Mechanismen der Standardisierung

Es wurde bereits mehrfach angedeutet, dass Standards das Resultat bestimmter institutioneller Arrangements sind, die stilisierend häufig auch als Standardisierungsmechanismen bezeichnet werden. Der Begriff des Standardisierungsmechanismus wird in der Literatur häufig benutzt, ohne diesen genauer zu hinterfragen. Dabei ist es aber durchaus zweckmäßig, zunächst auf den allgemeinen Mechanismusbegriff abzuheben, da dies bereits zu ersten Erkenntnissen über die Eigenschaften von Standardisierungsmechanismen führt.

Was kann man sich unter einem Mechanismus vorstellen? Im Rahmen dieser Ausführungen sei ein Mechanismus aufgefasst als eine zu einem Zeitpunkt t_0 initiierten Abfolge von Ereignissen, die in einem kausalen Zusammenhang stehen, und die – gegeben einen Ausgangszustand z_{t_0} – unter Einsatz bestimmter Inputs x eine Zustandsänderung Δz_{t_1} erzeugen. In Anlehnung an die mikroökonomische Produktionstheorie lässt sich ein Mechanismus auch als Technologie interpretieren, welche den möglichen Input-Kombinationen die entsprechenden Outputs zuordnet (vgl. z.B. Mas-Colell/Whinston/Green, 1995, S.127ff.). Wenn man von der Folge von Ereignissen zunächst einmal abstrahiert, kann man einen funktionalen Zusammenhang M zwischen den Inputs x und Ausgangszuständen z_{t_0} einerseits und den Zustandsänderungen Δz_{t_1} andererseits unterstellen:

$$\Delta z_{t_1} = M\left(x, z_{t_0}\right),\ t_1 \geq t_0 \text{ und } z_{t_0} \in Z_{t_0} \text{ bzw. } \Delta z_{t_1} \in \Delta Z_{t_1}.$$

ΔZ_{t_1} bezeichnet die Menge der Zustandsänderungen Δz_{t_1}, die – gegeben den Ausgangszustand z_{t_0} – durch alle möglichen Kombinationen von x erzeugt werden können. Im Allgemeinen bringen unterschiedliche Ausgangszustände und Inputs x unterschiedliche Zustandsänderungen hervor. Mit dem Begriff des Mechanismus wird gemeinhin ein "starrer deterministischer Apparat" assoziiert, der bestimmten Eingangsgrößen präzise bestimmte Ausgangsgrößen zuordnet. In dem hier gegebenen Zusammenhang muss der Begriff des Mechanismus allerdings keineswegs so „mechanistisch-deterministisch" aufgefasst werden, wie er aufgrund seiner naturwissenschaftlich-technisch Herkunft anmutet:

- In der Statistik ist der Begriff des Zufallsmechanismus geläufig. Die Ergebnisse von Mechanismen können insofern also durchaus nicht-deterministisch, also Realisationen von Zufallsvariablen sein.

- Darüber hinaus erfreut sich der Mechanismusbegriff auch in den Sozialwissenschaften großer Beliebtheit. So gehört der Begriff des „sozialen
  Mechanismus" in der Soziologie beispielsweise zur terminologischen
  Grundausstattung. Dies gilt insbesondere für solche soziologischen Ansätze, die sich methodisch an die Naturwissenschaften anlehnen. Auch hier
  besteht im Allgemeinen kein starrer deterministischer Zusammenhang
  zwischen Ausgangszustand, den beteiligten Akteuren, erlerntem sozialem
  Verhalten und dergleichen mehr einerseits und dem Ergebnis der sozialen
  Interaktion andererseits.
- In der Ökonomie, die zweifelsohne zu den Sozialwissenschaften zählt,
  wird der Begriff des Mechanismus ausgesprochen häufig verwandt. So
  stößt man in der einschlägigen Literatur auf solche Begriffe wie
  ‚Marktmechanismus', ‚Wechselkursmechanismus' oder auch
  ‚Abstimmungsmechanismus'. Diese großzügige Verwendung des Begriffs
  des Mechanismus deutet auf die relative Nähe der Ökonomie zu den
  Naturwissenschaften hin.

Im Falle von Standardisierungsmechanismen beläuft sich der Input neben
Ressourcen wie beispielsweise Geld oder Zeit vor allen Dingen auf Informationen. Hier können im Prinzip zwei Klassen von Informationen unterschieden
werden:

- Wissen: Hierbei handelt es sich wie bereits dargelegt um „wahre
  Information", die für den erfolgreichen Verlauf eines Standardisierungsprozesses unabdingbar ist.
- Informationen über Präferenzen: Die an einem Standardisierungsprozess
  beteiligten Akteure haben Präferenzen bezüglich der Ausgestaltung des zu
  erarbeitenden Standards und werden, sofern dazu die Möglichkeit besteht,
  versuchen, ihren Präferenzen Geltung zu verschaffen.

Träger dieser Information sind die an einem Standardisierungsmechanismus –
oder genauer gesagt: einem Standardisierungsprozess, also der Realisierung eines
Standardisierungsmechanismus – beteiligten Akteure[35]. Deren Handlungsräume
sind durch den Ausgangszustand z_0 (es sein nun $t_0 = 0$), insbesondere die
institutionellen Rahmenbedingungen, die durch den Standardisierungsmechanismus gesetzt werden, konditioniert. Gegeben diese Rahmenbedingungen kommt es
nun zu einer Abfolge von Handlungsweisen $(h_0, h_1, ..., h_t, ..., h_T) \in H_{0T}$, wobei die

---

35 Es ist durchaus hilfreich, die Begriffe Standardisierungsprozess und Standardisierungsmechanismus voneinander abzugrenzen. Ein Standardisierungsprozess ist eine Realisierung,
ein konkreter Ablauf eines Standardisierungsmechanismus. Häufig finden diese Begriffe in der
Literatur gleichzeitig Verwendung, ohne dass dabei eine saubere Abgrenzung vorgenommen
worden wäre.

$h_t = (h_{1_t},...,h_{m_t}) \in H_t(z_0)$ (vgl. die Abschnitte 3.1.2 und 3.1.6) auf die Einspeisung von Inputs, also die Offenbarung und den Austausch von Information abzielen. Die Schreibweise $H_t(z_0)$ besagt, dass die institutionellen Rahmenbedingungen (z_0) über die ganze Dauer des Prozesses Geltung haben. Am Ende dieses Informationsaustausches steht eine Zustandsänderung in Form eines Standards $s \in S$:

$$s = SM\left((h_0, h_1,...,h_t,...,h_T), z_0\right),$$
$$h_t \in H_t(z_0), \ (h_0, h_1,...,h_t,...,h_T) \in H_{0T}, \ s \in S.$$

SM steht hierbei für Standardisierungsmechanismus, während *S* der Menge der Zustandsänderungen ΔZ_{t_i} entspricht, die – gegeben den Ausgangszustand z_0 – durch die Handlungsweisen der beteiligten Akteure erzeugt werden können. Da Standardisierungsmechanismen grundsätzlich scheitern können, enthält *S* stets das Element s_0, das da heißt „kein Standard". Welche inhaltliche Ausgestaltung ein Standard letztlich nimmt, hängt nicht nur von den institutionellen Rahmenbedingungen, sondern auch von den beteiligten Akteuren, deren Präferenzen über die unterschiedlichen Ausprägungen eines Standards, und natürlich den Restriktionen, Zwängen und Hemmungen ab, denen sie unterliegen (vgl. Abschnitt 3.2.1).

Die Standardisierungsmechanismen, die in den folgenden Abschnitten erörtert werden, haben eine Reihe von Eigenschaften gemein:

- Obwohl die Standardisierung prinzipiell eine technisch-naturwissen-schaftliche Angelegenheit darstellt, bedeuten Standardisierungsprozesse im Wesentlichen menschliches Handeln bzw. menschliche Interaktion. Insofern sind Standardisierungsmechanismen in der Domäne der sozialen Mechanismen angesiedelt.
- Standardisierungsmechanismen zeichnen sich durch Zugangskriterien aus, die bestimmen, welcher Akteur in welcher Form und mit welchen Rechten ausgestattet an Standardisierungsprozessen teilnehmen kann bzw. muss, falls der Zwang zur Teilnahme existiert, oder wer von der Teilnahme aus-geschlossen ist.
- Den Input zu Standardisierungsmechanismen bilden in erster Linie Informationen über die Präferenzen der Akteure und sachdienliches Wissen. Standardisierungsmechanismen zeichnen sich weiterhin durch Selektions-bzw. Entscheidungsmechanismen, also Technologien im produktions-theoretischen Sinne aus, mittels derer ein Standard erstellt bzw. dessen Attribute selektiert werden.
- Das Ergebnis eines Standardisierungsprozesses ist im Allgemeinen nicht-deterministisch. Welche Form ein Standard letzten Endes annimmt, ist zu Beginn eines Standardisierungsprozesses grundsätzlich unsicher. Insofern

Standardisierungsprozesse auch scheitern können, ist „kein Standard" immer ein mögliches Ergebnis eines Standardisierungsprozesses.

- Die Standards, die aus Standardisierungsprozessen hervorgehen, stellen eine Zustandsänderung dar, welche die Handlungsräume unterschiedlicher Akteure modifiziert und sich insofern auf die Nutzenpositionen der relevanten Akteure auswirkt. Daher besteht bei den relevanten Akteuren ein Anreiz, die Ausgestaltung von Standards in ihrem Interesse zu beeinflussen, sich gegebenenfalls also auch „strategisch" oder „opportunistisch" zu verhalten.

Im Folgenden sollen eine Reihe prototypischer Standardisierungsmechanismen vorgestellt und näher erörtert. Die Abschnitte 4.3.1 bis 4.3.5 lehnen sich dabei eng an Hesser/Czaya/ Riemer (2006, S.107ff.) an.

4.3.1 Die staatliche Festlegung von Standards

Die Festlegung von Standards durch den Staat bzw. entsprechend befugte staatliche Instanzen ist der älteste (institutionalisierte) Mechanismus der Standardisierung. Merkmal praktisch aller frühen Hochkulturen war die Existenz von Standards und Institutionen der Standardisierung, die gemeinhin in den Staatsapparat integriert waren. Bei den Standards, die staatlicherseits herausgebracht wurden, handelte es sich z.b. um Maßeinheiten, Gewichtseinheiten und häufig auch um Vorschriften im Bauwesen. Im kaiserlichen China hatte man beispielsweise verhältnismäßig früh den Radstand und die Achslängen von Fuhrwerken und hiermit korrespondierend die Breite der Strassen und die Abmessungen der Stadttore im gesamten Reichsgebiet vereinheitlicht (Reihlen, 1991, S.527f.). Der Bau der Pyramiden war beispielsweise durch technische Vorschriften weitgehend reglementiert. Ohne dieses Regelwerk, in dem z.B. die Kantenlängen der für den Pyramidenbau verwendeten Quader, aber auch Arbeitsprozesse festgelegt waren, wäre der Bau der Pyramiden praktisch unmöglich gewesen.

Die Existenz von Standards bzw. standardsetzenden Instanzen korrespondiert offenbar mit gesellschaftlichen Mindestvoraussetzungen, wie beispielsweise einem hinreichenden technisch-naturwissenschaftlichen Wissen und dem Wissen (oder zumindest einer Intuition), welche sozioökonomischen Effekte durch die Standardisierung erzielt werden können. Zudem bedarf es hinreichender institutioneller bzw. struktureller Voraussetzungen wie beispielsweise eines hoch entwickelten Beamtenapparates im kaiserlichen China, mittels derer das relevante Wissen in die entsprechenden technischen Vorschriften bzw. Standards umgesetzt werden kann. Die Existenz von Standards, deren Eigenschaften und die Existenz standardsetzender Instanzen können insofern bis zu einem gewissen Grade als

Indikator der gesellschaftlichen Entwicklung interpretiert werden. Dies wird in Abschnitt 4.6 vertieft.

Das obige Beispiel der Standardisierung im kaiserlichen China gibt, um dem nächsten Abschnitt der Anschaulichkeit halber vorzugreifen, bereits einige Hinweise auf die sozioökonomischen Effekte, die Standards zeitigen können. Zunächst werden durch die oben beschriebenen Maßnahmen sowohl die Transportkosten, die Transportrisiken wie auch die Transportzeit von Gütern gesenkt. Dies kann als Preissenkung an die Kunden weitergereicht werden. Indem auch solche Regionen beliefert werden können, die zuvor nur schwer oder gar nicht zugänglich waren, erhöht sich die „Reichweite" der Güter. In der Produktion von Fuhrwerken erschließen sich durch die Möglichkeit, vereinheitlichte „Wiederholteile" einsetzen zu können, Skaleneffekte. Offenbar profitiert jeder der eben angesprochenen Akteure von der Standardisierungsmaßnahme, die ein augenscheinlich wohlwollender Staat im Interesse seiner Untertanen ergriffen hat. Die staatlichen Absichten sind aber keineswegs immer so vornehm, wie es das obige Beispiel nahe legt. Die besagten Maßnahmen dienen auf der wirtschaftspolitischen Ebene zunächst der Integration eines Wirtschaftsraumes. Darüber hinaus existiert aber auch die Dimension der Macht: Der Staat festigt durch die Integration des Wirtschaftsraumes seine Machtsphäre.

Die Phase der deutschen Kleinstaaterei veranschaulicht allerdings, dass auch „Nicht-Standardisierung" eine strategische Option des Machterhalts bzw. der Abschöpfung von Renten darstellen kann (Spruyt, 2001). Zur Fragmentierung Deutschlands trug maßgeblich der Umstand bei, dass selbst kleinste Fürstentümer nicht nur ihre eigenen Münzprivilegien, sondern auch eigene Maß- und Gewichtseinheiten hielten[36]. Kaufleute, die grenzüberschreitenden Handel betrieben, mussten erhebliche Zeiteinbußen in Kauf nehmen und Zölle nicht nur selbst für verhältnismäßig kurze Wege zahlen, sondern hierfür auch noch ein unhandliches Portfolio unterschiedlicher Währungen halten. Münzprivilegien, Maß- und Gewichtseinheiten, Insignien fürstlicher Macht und Unabhängigkeit, aber auch wichtige fürstliche Einkommensquellen, schränkten die Mobilität von Waren innerhalb Deutschlands insofern erheblich ein und beeinträchtigten die wirtschaftliche Entwicklung. Dieses Regime konnte über Jahrhunderte aufrechterhalten werden, da sowohl den Kaufleuten wie auch den einfachen Untertanen schlicht die Machtinstrumente fehlten, Veränderungen herbeizuführen. Erst Napoleon erzwang eine Änderung: Nach der Besetzung Deutschlands durch napoleonische Truppen wurden innerhalb des Besatzungsgebietes das Zollsystem und die damit einhergehenden fürstlichen Privilegien kurzerhand abgeschafft. Nach der Besatzungszeit hatte man in Preußen die Vorteile eines integrierten Wirtschaftsraumes ohne interne Zollschranken, mit einheitlicher Währung und

---

36 Vielfach wurden sogar innerhalb eines Hoheitsgebietes Zölle erhoben.

einheitlichen Maß- und Gewichtseinheiten, insbesondere in Form des bereits zuvor erörterten metrischen Systems, erkannt und betrieb maßgeblich die Gründung des Deutschen Zollvereins, also die Schaffung eines integrierten Wirtschaftsraumes in Deutschland.

Im Folgenden seien einige Bemerkungen diesbezüglich gemacht, wie sich die oben erörterten Attribute von Standardisierungsmechanismen im Falle der staatlichen Festlegung konkretisieren:

- Gemeinhin ist es der Staat selbst, respektive eine ihn repräsentierende Instanz, der die Vorteilhaftigkeit einer Standardisierungsmaßnahme identifiziert und einen entsprechenden Standardisierungsprozess initiiert. Maßgeblich hierfür sind bestimmte gesellschaftliche Steuerungsziele, die ihrerseits auf ethischen Grundsätzen beruhen. Aufgrund seiner weitreichenden Befugnisse vermag der Staat im Prinzip alle Akteure innerhalb seines Machtbereiches heranzuziehen, die für die Durchführung einer Standardisierungsmaßnahme vonnöten sind. Der Staat ergreift häufig auch dann die Initiative, wenn für die privaten Akteure kein Anreiz besteht, eine Standardisierungsmaßnahme zu initiieren. Dies ist insbesondere dann der Fall, wenn die Akteure nicht dazu in der Lage sind, den Nutzen, den eine derartige Maßnahme generiert, für sich zu vereinnahmen, der Standard folglich den ausgeprägten Charakter eines Öffentlichen Gutes aufweist (Kindleberger, 1983). Der Staat vermag unter diesen Umständen, selber zu standardisieren, Zwang auf die privaten Akteure auszuüben oder diese zu subventionieren.
- Der Staat handelt bei der Festlegung von Standards gleichsam diktatorisch, d.h., in den Entscheidungsprozess bzw. Selektionsmechanismus gehen nur die staatlichen Präferenzen ein. Das bedeutet allerdings nicht, dass der Staat Standards dermaßen gestaltet, dass einzig und allein seine Interessen bedient werden, auch wenn dies häufig genug der Fall ist. Gegebenenfalls berücksichtigt der Staat auch die Präferenzen anderer Akteure, deren Interessen durch die Standardisierungsmaßnahme berührt werden, und tritt gleichsam als „wohlwollender Diktator" auf.
- Die vollständige staatliche Kontrolle der Standardisierungsaktivitäten korrespondiert im Allgemeinen mit der hierarchischen Koordinierung der Handlungsweisen der relevanten Akteure. Dies impliziert, dass die staatlich gesetzten Standards weitgehend den Status von Gesetzen oder Verordnungen haben, deren Anwendung verbindlich ist. Die staatliche Festlegung von Standards ist außerdem weitgehend deterministisch, also frei von Zufallsmomenten.

In der Realität stößt man auf die unterschiedlichsten Formen der staatlichen Einflussnahme auf die Standardisierungsaktivitäten (Falke/Schepel, 2000). Die

Extrema hierbei lauten vollständige staatliche Kontrolle einerseits und vollständiges Laissez-faire, also die vollständige Abwesenheit staatlicher Einflussnahme auf die Standardisierungsaktivitäten der privaten Akteure andererseits. Die Zwischenzustände sind hierbei ausgesprochen vielfältig. So kann der Staat beispielsweise unterschiedliche Teilfunktionen der Standardisierung vereinnahmen bzw. kontrollieren und die Ausübung anderer Teilfunktionen den privaten Akteuren überlassen. Ein vollständiges Laissez-faire tritt in der Realität allerdings praktisch gar nicht auf. Wie bereits angedeutet, können Art und Ausmaß der staatlichen Einflussnahme als Indikator für die allgemeinen gesellschaftlichen Verhältnisse herangezogen werden (vgl. Abschnitt 4.6). In einem totalitären Gesellschaftssystem wird die Standardisierung beispielsweise sehr wahrscheinlich vollständig in den Staatsapparat integriert sein und ein Kontroll-, wenn nicht gar ein Zwangsinstrument darstellen. In einem liberalen Gesellschaftssystem, welches die Privatautonomie seiner Mitglieder besonders hoch gewichtet, wird hingegen der staatliche Einfluss auf die Standardisierungsaktivitäten der privaten Akteure eher gering sein. Weitere Aspekte der staatlichen Einflussnahme auf die Normung erörtert der Autor an anderer Stelle (Czaya, 1998, Kapitel 5).

4.3.2 Die unternehmensinterne Standardisierung

In der vorindustriellen Zeit war die staatliche Festlegung von Standards der dominierende Standardisierungsmechanismus, auch wenn es vereinzelt Ausnahmen gab. So kann man beispielsweise die Hansekogge durchaus als Standardschiff der Hanse bezeichnen, die bekanntermaßen ein Bund norddeutscher Kaufleute war. Der Standard wurde hierbei durch die einheitlichen Konstruktionsmerkmale der Hansekoggen konstituiert[37]. Wenn also Standardisierungsmechanismen jenseits der staatlichen Strukturen existieren sollen, bedarf es hierzu eines entsprechenden Handlungsspielraumes der nichtstaatlichen Akteure, solche Strukturen etablieren zu können. Dies impliziert folglich, dass der Staat, sei es freiwillig oder unfreiwillig, seinen Einfluss auf nichtstaatliche Akteure verringert. Der Quantensprung vollzog sich während der industriellen Revolution, die von einer Reihe fundamentaler Umwälzungen begleitet wurde (Ludwig, 1979, Kapitel 1).

In der Vorphase der Industrialisierung kam es zu Veränderungen auf der gesellschaftlichen Ebene, die unter anderem mit einer nachhaltigen Redistribution der Macht einhergingen. Im Laufe des 19. Jahrhunderts betrat ein selbstbewusstes Bürgertum die gesellschaftliche Bühne, das gegenüber den etablierten Kräften wie z.B. dem Adel und dem Klerus den gebührenden Einfluss einforderte. Zu Beginn des 19. Jahrhunderts setzte ebenso der Siegeszug der naturwissenschaftlichen Methode ein, die als Produkt- und Verfahrensinnovation Eingang in die gesellschaftliche Realität findet. Die für die technisch-industriellen Umwälzungen maß-

---

37 In Abschnitt 4.11 wird ebenfalls auf die Standardisierung im Schiffbau eingegangen.

geblichen Repräsentanten des Bürgertums waren einerseits Unternehmer und andererseits Vertreter der angewandten Naturwissenschaften[38], insbesondere Ingenieure. Diese Vertreter des Bürgertums konnten die industrielle Revolution zunächst nur deswegen initiieren, weil ihnen durch die Erosion der Machtbasis anderer, ehemals einflussreicher Akteure der entsprechende Handlungsspielraum zufiel (Expansion des Handlungsraumes). Eine neue gesellschaftliche Schicht definiert sich im Prinzip in erster Linie über neue Handlungsalternativen, Handlungsteilräume bzw. Freiheitsgrade. Insbesondere verfügte das Bürgertum über eine weitgehende Privatautonomie, also über weitreichende Möglichkeiten zur (vertraglich fundierten) Ausgestaltung ihrer wirtschaftlichen Beziehungen[39]. Die Privatautonomie ermöglichte es Unternehmern und Ingenieuren, den Produktionsprozess nach ihren Vorstellungen zu gestalten und insbesondere die Instrumente der technischen Vereinheitlichung zum Einsatz zu bringen. Dies vollzog sich zunächst innerhalb der Unternehmen bzw. Betriebe. Sehr bald allerdings wurde den Ingenieuren der volkswirtschaftliche Nutzen einer technischen Vereinheitlichung über die Unternehmensgrenzen hinaus bewusst. Die unternehmensübergreifende technische Vereinheitlichung erwies sich in vielen Fällen als ein von Partikularinteressen entkoppeltes Koordinationsproblem, das in Vereinen und Verbänden gemeinschaftlich und kooperativ, also durchaus unter Berücksichtigung demokratischer Grundprinzipien behandelt wurde. Insofern bot sich insbesondere den Ingenieuren die Möglichkeit, strukturbildend auf der gesellschaftlichen Ebene aktiv zu werden und – jedenfalls dem eigenen Selbstverständnis nach – einen Beitrag zum Gemeinwohl zu leisten. Die technische Vereinheitlichung war innerhalb dieser Rahmenbedingungen nicht wie bisher das Resultat einer unmittelbaren Machtausübung durch die Obrigkeit, sondern vollzog sich vielmehr subtil, zuweilen unbeobachtet von anderen gesellschaftlichen Teilgruppen, mittels der Strukturbildung auf der technisch-systemischen bzw. ökonomischen Ebene. Die Grundsätze der verbandlichen Zusammenarbeit im Bereich der unternehmensübergreifenden technischen Vereinheitlichung während der Industrialisierung (Konsensorientierung, Offenheit, Empfehlungscharakter der „Normalien", Berücksichtigung des Gemeinwohls) kennzeichnen bis heute den Normungsprozess in anerkannten Normungsorganisationen (vgl. den folgenden Abschnitt).

Grundsätzlich interagierten die eben erwähnten Faktoren während der industriellen Revolution ausgesprochen komplex. Sie sind gleichermaßen Resultat wie auch Voraussetzung der Existenz des modernen Unternehmens, also des Ortes, an dem die industrielle Revolution seinen Ausgang nahm. Das Unternehmen modernen Zuschnitts ist auch Geburtsort der modernen Standardisierung. Hier

---

38 Sehr häufig waren sie beides in einem.
39 Der verarmten Landbevölkerung und dem Industrieproletariat fiel im Zuge der Industrialisierung hingegen kaum ein derartig umfassender Handlungsspielraum zu.

erkannte man sehr bald das Rationalisierungspotential, also die mögliche Zeit- und Kostenersparnis, das der Vereinheitlichung von Bauteilen, Produkten und Prozessen innewohnt. Den Höhepunkt dieser an der Rationalisierung orientierten Standardisierung im Unternehmen bildete der ,Taylorismus', der Anfang des 20. Jahrhunderts seine Blüte erlebte (Taylor, 1947). An dieser Stelle sollten die Schattenseiten der Standardisierung nicht unerwähnt bleiben wie beispielsweise die Knechtung des Industrieproletariats, das durch die rigorose Arbeitsteilung und Standardisierung von seiner Arbeit weitgehend entfremdet wurde. ,Modern Times' von Charlie Chaplin veranschaulicht dies auf unterhaltsame Art.

Typische Merkmale der unternehmensinternen Standarisierung sind:

- Das Potential der Standardisierung wurde oftmals in der Praxis der Leistungserstellung von den involvierten Ingenieuren identifiziert, die häufig auch noch mit der Person des Unternehmers identisch waren.
- Wie die Standardisierung innerhalb eines Unternehmens koordiniert wird, hängt von solchen Faktoren wie der Branche, der Organisationsstruktur und der Unternehmenskultur bzw. der Unternehmensphilosophie ab. Während der industriellen Revolution dominierte in den Unternehmen zweifelsohne das Koordinationsinstrument der Hierarchie. Über die Umsetzung von Standardisierungsmaßnahmen wurde gemeinhin auf höchster Ebene entschieden.

Die Standardisierung im Unternehmen zum Zwecke der Rationalisierung ist in vielen Branchen, wie z.B. der Automobilindustrie, ein „ewigjunger" Klassiker. Hierbei vermag ein Unternehmen auf eigene, selbst entwickelte Standards zurückzugreifen, Standards zu „importieren" oder eine Kombination aus beidem zu verwenden.

4.3.3 Die Normung durch anerkannte Normungsorganisationen

Im Zuge der industriellen Revolution stellte die unternehmensinterne Standardisierung zunächst ein Rationalisierungsinstrument dar, das einem Unternehmen bei einem effektiven Einsatz einen Wettbewerbsvorteil gegenüber den Konkurrenten verschaffen konnte. Insofern bestand bei den Unternehmen, die ausgiebig Gebrauch von Instrumenten der unternehmensinternen Standarisierung machten, keine sonderliche Veranlassung, ihren Standardisierungsansatz öffentlich zu machen oder gewisse Merkmale ihres Ansatzes über alle Unternehmen einer Branche zu vereinheitlichen. Im Laufe der industriellen Praxis zeichnete sich allerdings aus mehreren Gründen die Nützlichkeit, wenn nicht gar die Notwendigkeit einer Standarisierung über die Unternehmensgrenzen hinaus ab:

- Die Industrialisierung verlief bekanntermaßen nicht ohne Friktionen. Die Einführung neuer Produktionstechnologien ging mit vielen schweren Unfällen, z.b. explodierenden Dampfkesseln, einher. Hier manifestierte sich sehr bald der Bedarf an allgemeinen technischen Vorschriften, die in den kritischen Bereichen eine erhöhte Betriebs- bzw. Arbeitssicherheit gewährleisteten. Dies ließ sich allerdings schwerlich per Gesetz verordnen; vielmehr bedurfte es der technischen Expertise der Ingenieure und eines geeigneten Koordinationsmechanismus, der eine derartige technische Vorschrift hervorbringt. Die Sicherheitsfragen im Bereich der Dampf-kessel waren beispielsweise maßgeblich für die Gründung der Techni-schen Überwachungsvereine (Bolenz, 1987, S.32ff.).

- Die fortschreitende technische und ökonomische Integration zeichnete sich durch einen erhöhten horizontalen und vertikalen Leistungsaustausch, also die Bildung neuer Schnittstellen und erhöhte Transferraten von Leistungen und Informationen zwischen Unternehmen derselben, aber auch unterschiedlicher Branchen aus. Der hieraus erwachsende Bedarf an einer erhöhten Interoperabilität zwischen unterschiedlichen gesellschaftlichen Teilsystemen implizierte den vergrößerten Bedarf an unternehmens-übergreifenden Standards.

- Ein dritter maßgeblicher Faktor bei der konsequenten Institutionalisierung der unternehmensübergreifenden Standardisierung waren militärische Bedürfnisse. So gab z.B. die Beschaffungspolitik des "War Office" in England oder auch die konsequente Ausrichtung des industriellen Kom-plexes des Deutschen Reiches auf die Kriegsziele während des 1. Weltkrieges, einen wesentlichen Anstoß zur Gründung nationaler Normungsorganisationen (McWilliam, 1999; Wölker, 1992).

Die Vertreter der angewandten Naturwissenschaften organisierten sich wie bereits angedeutet verhältnismäßig früh in Vereinen und Verbänden, die nicht nur die Standesinteressen vertraten, sondern in ihren Satzungen häufig auch die Berück-sichtigung des Gemeinwohls verbrieften. Diese Vereine und Verbände abstra-hierten zum Teil von den reinen Unternehmensinteressen und unternahmen verhältnismäßig früh die ersten Schritte zur unternehmensübergreifenden Stan-dardisierung. So war der 1854 gegründete Verein Deutscher Ingenieure e.V. (VDI) maßgeblich an der Einführung des bereits mehrfach erwähnten metrischen Systems im Deutschen Reich beteiligt.

Die meisten nationalen Normungsorganisationen bzw. deren Vorläufer wurden zu Beginn des 20. Jahrhunderts gegründet. Diese Organisationen boten (und bieten) den so genannten „interessierten Kreisen" ein Forum, technische Normen mit nationalem Geltungsbereich zu erstellen. Im Zuge der fortschreitenden weltweiten technischen bzw. ökonomischen Integration manifestierte sich ebenfalls der Bedarf an internationalen Normen. Diesem Umstand wurde kurz nach dem

1. Weltkrieg durch die Gründung der internationalen Normungsorganisationen Rechnung getragen. Hierbei ist im Hinblick auf das ENS von Interesse, dass man nicht etwa einen Zwischenschritt über die regionale Normung vollzog, sondern umgehend internationale Strukturen etablierte. Die europäischen Normungsorganisationen CEN, CENELEC und ETSI wurden erst nach dem 2. Weltkrieg im Zuge des Aufbaus der Europäischen Gemeinschaft gegründet. Das Europäische Normungssystem entspricht einer sowohl auf nationaler, regionaler wie auch internationaler Ebene weit verbreiteten Dreiteilung der Aufgabengebiete in die Bereiche Telekommunikation, Elektrotechnik sowie den residualen Bereich, der alles umfasst, was weder in den Bereich Telekommunikation, noch in den Bereich Elektrotechnik fällt.

Erstaunlicherweise verfügen Normungsorganisationen unabhängig von ihren Arbeitsfeldern und geografischen Domänen über ähnliche institutionelle Merkmale. „Anerkannte" Normungsorganisationen zeichnen sich dadurch aus, dass sie von staatlicher Seite in besonderer Weise legitimiert bzw. mit einem Sonderstatus ausgestattet sind, beispielsweise einen Alleinvertretungsanspruch ihres Landes in internationalen Normungsorganisationen. Normungsorganisationen sind häufig privatwirtschaftlich organisiert, stellen also Formen der Selbstorganisationen privater Akteure dar. Das DIN ist beispielsweise ein eingetragener Verein nach deutschem Vereinsrecht. Normungsorganisationen finanzieren ihre Tätigkeiten gemeinhin über Mitgliedsbeiträge, die Veräußerung von Normen oder durch Dienstleistungen, die im Zusammenhang mit der Normung stehen. Die Normung als solche orientiert sich an bestimmten Grundsätzen, die als Grundprinzipien der konsensorientierten Normung bezeichnet werden. An dieser Stelle seien exemplarisch die Grundsätze der Normungsarbeit des Deutschen Instituts für Normung e.V. (DIN) angeführt (DIN, 2001, S.85ff.):

- *Freiwilligkeit*: Niemand wird gezwungen, an einem Normungsprojekt teilzunehmen. Ebenso ist die Anwendung von Normen grundsätzlich freiwillig.
- *Öffentlichkeit*: Alle Normungsprojekte und Normenentwürfe werden öffentlich bekannt gemacht und sind offen für Kritik auch von denjenigen Akteuren, die nicht unmittelbar an der Erstellung einer Norm mitgearbeitet haben.
- *Beteiligung aller interessierten Kreise*: Jeder Akteur, der ein Interesse an einem Normungsprojekt hat, hat auch das Recht, daran teilzunehmen.
- *Einheitlichkeit und Widerspruchsfreiheit*: Die Normungsarbeit zielt auf ein einheitliches und konsistentes Normenwerk ab.
- *Anwendung des Konsensprinzips in Normungsverfahren*: Das Konsensprinzip ist der dominierende Entscheidungsmechanismus.
- *Ausrichtung am Stand der Technik*. Es soll der letzte Stand der Wissenschaft und Technik in Normen inkorporiert werden. Dies artikuliert den

Anspruch an die Information, die in den Normungsprozess eingespeist werden soll.

- *Ausrichtung an den wirtschaftlichen Gegebenheiten*: Hierbei wird der Grundgedanke der Effizienz artikuliert, d.h., die Normung soll einen wirtschaftlichen Nutzen abwerfen, z.B. in Form der Rationalisierung in der Produktion oder durch die Senkung von Transaktionskosten. Gleichermaßen erlegt man sich eine gewisse Normungsdisziplin auf: Normung soll nicht zum Selbstzweck degenerieren bzw. über das optimale Maß hinausgehen.

- *Ausrichtung am allgemeinen Nutzen*: Das Allgemeininteresse wird über das Partikularinteresse erhoben.

- *Internationalität*: Eine Normungsorganisation einer bestimmten geografischen Domäne erkennt das Primat der nächsthöheren Ebenen an. Höchster Rang kommt insofern der internationalen Normung zu.

So oder ähnlich kann man es in den Satzungen und Statuten vieler anderer nationaler, regionaler und internationaler Normungsorganisationen nachlesen. Tatsächlich bilden diese Grundprinzipien der Normung so etwas wie einen Referenzzustand, anhand dessen man andere Formen der Standardisierung einordnen kann. Die Standardisierung in Konsortien zeichnet sich beispielsweise dadurch aus, dass sie sich zwar grundsätzlich an den Prinzipien der konsensbasierten Standardisierung orientiert, gegebenenfalls jedoch auf die eine oder andere Weise auch von diesen Prinzipien abweicht. Dies wird im nächsten Abschnitt aufgegriffen.

Die Ähnlichkeiten zwischen nationalen, regionalen und internationalen Normungsorganisationen äußern sich nicht nur in ähnlichen Grundprinzipien der Normung, sondern auch in einer ähnlichen institutionellen Ausgestaltung des Normungsprozesses. Der Prozess der Normenerstellung weist in vielen Fällen die folgende stilisierte vierstufige Form auf, die sich an den Normungsprozess des DIN anlehnt (DIN, 2001, S.323ff.; Hesser/Czaya/ Riemer, 2006, S.116f.): In der Antragsphase wird ein Normenantrag, der üblicherweise von allen erdenklichen Akteuren gestellt werden kann, von einem Gremium („Normungsausschuss") dahingehend geprüft, ob ein Normungsbedarf besteht, die relevanten Akteure bereit zur Mitarbeit sind, usw. Wurde dieser Antrag gebilligt, so tritt das Normungsvorhaben in die Komiteephase ein. Ein Technisches Komitee, das sich aus Experten und Vertretern der interessierten Kreise zusammensetzt, erarbeitet eine Norm-Vorlage. Hier ist der Konsens das dominierende Entscheidungsprinzip, dem, wann immer möglich, entsprochen werden soll. Abweichungen vom Konsensprinzip, also beispielsweise der Einsatz qualifizierter Mehrheitsregeln, sind Ultima Ratio für den Fall, dass ein Konsens trotz aller Anstrengungen nicht erzielt werden kann. Genügt die Norm-Vorlage bestimmten formalen Kriterien, so tritt diese in die Verabschiedungsphase ein. Hier steht die Norm-Vorlage zunächst der interessierten Öffentlichkeit zur Einsichtnahme und für Kritik und Verbesserungsvorschläge zur Verfügung. Nachdem diese Einlassungen berücksichtigt und eingearbeitet wurden, kann die Norm im Prinzip in die vierte Phase eintreten und veröffentlicht werden. In den regionalen und internationalen Normungsorganisationen wie beispielsweise CEN wird auf der Stufe der Verabschiedung von den Mitgliedern zusätzlich noch über die Annahme des Normenentwurfs abgestimmt. Hierbei finden im Allgemeinen gewichtete Abstimmungsverfahren Verwendung.

Auffällig an den Grundprinzipien der konsensorientierten Normung und dem stilisierten Normungsprozess ist die weitreichende Abwesenheit von Zwang bzw. das ausgeprägte Maß an Freiwilligkeit, vor allen Dingen, wenn man die staatliche Festlegung von Standards als Maßstab heranzieht. Insbesondere implizieren die Grundprinzipien der Normung zumindest formal eine weitgehende Machtsymmetrie unter den Teilnehmern im Normungsprozess. Die staatliche Einflussnahme auf die Normung nimmt die unterschiedlichsten Formen an. So tritt der Staat oftmals als „Primus inter pares", also gewissermaßen als „gleichberechtigter Interessent mit Sonderprivilegien" auf. In Deutschland ist das Verhältnis zwischen dem DIN und dem Staat in dem Vertrag von 1975 geregelt.

Bisher war stets von den „Akteuren der Standarisierung" die Rede, ohne zu konkretisieren, um welche gesellschaftlichen Teilgruppen es sich hierbei im Einzelnen handelt. Dies kann an dieser Stelle nachgeholt werden, da im Rahmen der Normung erstmals auch alle relevanten Akteure die Standardisierungsbühne betreten. Die Akteure der Normung sind folglich auch die Akteure der Standardisierung (Hesser/Czaya/Riemer, 2006, S.121):

- Unternehmen aller Größen aus allen erdenklichen Branchen.
- Konsumenten, Anwender und Arbeitnehmer, die unmittelbar durch die Normung bzw. Standardisierung betroffen sind und ein spezifisches Interesse an unterschiedlichen Aspekten der Standardisierung haben. Für diese Interessengruppen ist in der Standardisierung beispielsweise der Sicherheitsaspekt von tragender Bedeutung. Konsumenten und Anwender haben überdies ein ausgeprägtes Interesse an ergonomischen Produkten und insofern auch an der Berücksichtung von Kriterien der Usability und Ergonomie in der Standardisierung.
- Verbände und Interessenvertreter von Unternehmen, Verbrauchern und Arbeitgebern, also beispielsweise Gewerkschaften, Industrie- oder Handelskammern. Bestimmte Unternehmen, individuelle Verbraucher, Anwender oder Arbeitnehmer werden im Allgemeinen nicht dazu in der Lage oder Willens sein, ihre Interessessen unmittelbar in Standardisierungsprojekten zu vertreten. Dies übernehmen besagte Vereine und Verbände, die sich aktiv an Standardisierungsprojekten beteiligen und einen Einfluss im Interesse ihrer Klientel ausüben.

- Die „Scientific Community", also beispielsweise Universitäten oder For-
  schungsinstitute, die in erster Linie einen wissenschaftlichen Input liefert.
- Organisationen, die im Bereich der Akkreditierung und Zertifizierung tätig
  sind. Standards bilden das Fundament für die Akkreditierung und
  Zertifizierung. Insofern besteht bei den Akteuren, die in diesen Bereichen
  tätig sind, ein ausgeprägtes Interesse an „akkreditierungs-" bzw. „zertifi-
  zierungsfreundlichen" Standards – oder zumindest daran, so früh wie
  möglich darüber informiert zu sein, wie der Inhalt von Standards spezifiziert wird.
- Nationale, regionale und internationale Standardisierungsorganisationen,
  die den obigen Interessengruppen Ressourcen und institutionelle Rahmenbedingungen zur Verfügung stellen, innerhalb derer Standardisierungs-
  projekte durchgeführt werden können.
- Staatliche und supranationale Organe mit hoheitlichen Befugnissen, wie
  z.B. die EU, die in unterschiedlicher Weise Einfluss auf die Standardisierung innerhalb ihrer Hoheitsgebiete ausüben.

4.3.4 Die Standardisierung in Konsortien

Seit Beginn des 20. Jahrhunderts bildet die anerkannte Normung im Prinzip den
dominierenden Mechanismus in der technischen Vereinheitlichung. Gegen Ende
des 20. Jahrhunderts gingen jedoch insbesondere Unternehmen aus dem Bereich
der Information & Communication Technologies (ICT-Bereich) dazu über, ihren
Standardisierungsaktivitäten jenseits der etablierten Normungsorganisationen in
so genannten Konsortien nachzugehen. Dies hatte unter anderem den folgenden
Grund: Der formale Normungsprozess galt als zu langsam und umständlich, um
angesichts der dynamischen Entwicklung in den Bereichen der Hochtechnologie
Schritt halten und geeignete Normen in einer angemessenen Zeit zur Verfügung
stellen zu können. Hier sahen sich die Unternehmen prinzipiell dazu in der Lage,
in eigener Regie, also ohne den Umweg über die formale Normung und ohne die
Einflussnahme anderer Akteure, Standards besser und schneller erstellen zu
können (Cargill, 1999).

Konsortien werden von Unternehmen einer bestimmten Branche oftmals *ad hoc*
gegründet, um einem Standardisierungsbedarf zu begegnen, der sich kurzfristig
manifestiert. Demzufolge sind Konsortien häufig hochgradig spezialisiert und
lösen sich, nachdem Standards erfolgreich erarbeitet wurden, oftmals kurzerhand
wieder auf. Andere Konsortien, wie beispielsweise die Organization for the
Advancement of Structured Information Standards (OASIS)[40], richten sich wiederum dauerhaft ein und erreichen einen Status, der dem anerkannter Normungs-

---

40 Organization for the Advancement of Structured Information Standards (OASIS). http://www.
oasis-open.org, 04.02.2007.

organisationen nicht unähnlich ist. Konsortien orientieren sich bei der Erstellung ihrer Standards üblicherweise an den Grundprinzipien der Normung, insbesondere dem Konsensprinzip, sind aber grundsätzlich frei, beliebig davon abzuweichen, wenn dies im Interesse einer schnellen Erstellung von Standards sein sollte. Insofern weisen Konsortien eine größere instutionelle Vielfalt auf als Normungsorganisationen. Konsortien zeichnen sich aufgrund ihrer hochgradigen Spezialisierung oftmals durch eine mindestens implizite Zugangsbeschränkung aus. Abgesehen davon haben Privatpersonen üblicherweise kein Recht auf Mitgliedschaft, sondern nur Rechtspersonen wie z.B. Unternehmen. Oftmals ist die Zusammensetzung eines Konsortiums (bzw. eines Standardisierungsprojektes innerhalb eines Konsortiums) tendenziell homogener, als es beispielsweise in einem vergleichbaren Normungsprojekt der Fall wäre. Konsortien gründen sich auch (und vielleicht sogar in erster Linie) dann, wenn mit den Standards, die sie entwickeln, bestimmte Marktchancen einhergehen. So sind es häufig Konsortien, welche die berüchtigten „Standards Wars" führen, auf die im nächsten Abschnitt näher eingegangen wird. So weist gegenwärtig die Auseinandersetzung um das DVD-Format der nächsten Generation alle Merkmale eines klassischen Standards Wars auf. Hier sind es die Toshiba und Sony, die ihre jeweiligen Konsortien anführen und versuchen, ihre Standards (HD DVD bzw. Blu-ray) durchzusetzen (Flaherty, 2004; CNET.com, 2007).

Wie gesagt dienen Konsortien oftmals dem Zweck, eher kurzfristige und teils hochspezifische Bedarfe an und/oder ein bestimmtes Marktpotential mit Standards zu erschließen. Nachdem sich seit Ende der 1980er Jahre die Anzahl der Konsortien gerade im ICT-Bereich sprunghaft erhöht hat, besteht durch die weitgehende Dezentralisierung und die Unabhängigkeit der Konsortien mittlerweile ein Koordinierungsproblem, da die Entwicklung gleichsam auf der Makroebene nicht steuerbar ist und zum Teil chaotisch verläuft. Diesbezüglich sind die Zusammenhänge zum Teil ausgesprochen komplex und sollen hier nicht näher erörtert werden. Siehe hierzu beispielsweise Cargill (2002), Egyedi (2001a, 2001b), Hawkins (1999), oder Kuhlmann (2004), der zusätzlich auf die Open Source- bzw. Open Standards-Dimension eingeht, die in Abschnitt 4.3.7 behandelt wird.

Das Verhältnis zwischen „klassischen" Normungsorganisationen und Konsortien ist ambivalent. Zum Teil betrachten Standards Bodies Konsortien als Konkurrenz, da einige Konsortien mittlerweile einen beachtlichen Einfluss ausüben und Konsortialstandards zum Teil weitreichende Akzeptanz erfahren. Diese mindestens latente Konkurrenzsituation kommt beispielsweise dadurch zum Ausdruck, dass Normungsorganisationen seit längerem Standardisierungsprozesse und entsprechende Veröffentlichungsformen („deliverables") anbieten, die denen von Konsortien ähneln. Teilweise gibt es aber auch Kooperationen auf unterschiedlichen Ebenen. Zuweilen bilden die Arbeitsergebnisse von Konsortien den Input für Normungsprojekte in anerkannten Normungsorganisationen und werden dort weiterverarbeitet oder zu „ordentlichen" Standards befördert. So gehen die Arbeitsergebnisse der European Computer Manufacturers Association (ECMA) in Normungsprozesse auf europäischer Ebene ein. Zudem beteiligen sich Normungsorganisationen selbst an der Arbeit in Konsortien. Der „Preis", den Konsortien für einen beschleunigten Standardisierungsprozess zahlen, liegt im Allgemeinen darin, dass der Output, die „Konsortialstandards", nicht den gleichen Status bzw. die gleiche Legitimität wie Normen aufweisen.

Ob zum Zwecke der Erstellung eines Standards auf den Mechanismus des Konsortiums oder die anerkannte Normung zurückgegriffen wird, hängt auch von den gegebenen Standardisierungsstrukturen und der „Standardisierungskultur" ab. Hierbei ist es nicht abwegig, Konsortien tendenziell im Kulturkreis der USA und die klassische Normung im Kulturkreis Europas zu verorten[41]. Ein wenig stilisierend kann man behaupten, dass es in den USA übliche Praxis ist, die Privatinitiative zu ergreifen und eigenständig ein Konsortium zu gründen, wenn man in einem bestimmten Bereich ein Standardisierungsbedarf identifiziert hat. In Europa tritt man hingegen an eine anerkannte Normungsorganisation heran, um einen Normungsantrag einzureichen. In Europa greift man also eher auf existierende Organisationen und Strukturen zurück, während man in den USA eine eigene Organisation ins Leben ruft. Hier deuten sich bereits Unterschiede zwischen dem europäischen Normungssystem und dem US-amerikanischen Standardisierungssystem an, die im Laufe der Arbeit noch vertieft werden.

4.3.5   De facto Standardisierung in der Marktsphäre

Im Zusammenhang mit Konsortien wurde bereits der Einfluss erwähnt, den die Institution des Marktes gegen Ende des 20. Jahrhunderts auf die Ausgestaltung von Standardisierungsmechanismen auszuüben begann. Hierdurch vollzog sich eine gewisse Umkehrung des bis dahin vorherrschenden kausalen Zusammenhangs zwischen Standardisierung und Markt: Seit der industriellen Revolution konditionierten Standards üblicherweise die Merkmale von Märkten bzw. das Verhalten der Marktteilnehmer. Im Zuge der ICT-Revolution, die sich in den 80er Jahren des letzten Jahrhunderts beispielsweise durch den Siegeszug des Personal Computers äußerte, war es nunmehr auch die Institution des Marktes, die Standards hervorbrachte. Das bewusste und zielgerichtete Handeln in Standardisierungsprozessen, das sowohl Konsortien, die anerkannte Normung wie auch die staatliche Festlegung von Standards auszeichnet, wurde nun in einigen Bereichen durch die „unsichtbare Hand" des Marktes, also die Interaktion von Anbietern und Nachfragern unter Anwesenheit bestimmter Marktspezifika, ergänzt.

---

41 Dies wird durch die positive Korrelation zwischen Konsortien und ihren vornehmlichen Arbeitsfeldern, die Informations- und Kommunikationstechnologie bekräftigt. Hier fanden viele, wenn nicht die meisten bahnbrechenden Entwicklungen in den USA statt.

Die Umwälzungen im ICT-Bereich und der Mikroelektronik veranlassten Autoren wie Farrell, Saloner, Katz und Shapiro, den zugrunde liegenden Mechanismen ökonomisch zu analysieren. Die Beiträge, die diese Autoren Mitte der 1980er Jahre hierzu veröffentlichten (z.B. Farrell/Saloner, 1985, 1986; Katz/Shapiro, 1985, 1986) gelten im Hinblick auf die Standardisierung in der Marktsphäre mittlerweile als fundamental. Dies bezieht sich nicht nur auf die Modellbildung und die Ergebnisse, sondern auch den Begriffsapparat, der hierbei von den Autoren aufgebaut wurde. Im Folgenden werden einige der Kernelemente dieser Beiträge, die mittlerweile nicht nur in der ökonomischen Theorie „Common Knowledge" darstellen, sondern auch in anderen Sozialwissenschaften Eingang gefunden haben, kurz skizziert. Gute Einführungen in die ökonomische Analyse der Standardisierung liefern beispielsweise David/ Greenstein (1990), Shapiro/ Varian (1999) oder Blind (2004).

Das Auftreten des Marktes als Standardisierungsmechanismus beruht auf spezifischen Markteigenschaften, die dafür verantwortlich sind, dass bestimmte Produkte bzw. deren Merkmale eine dominante Marktposition einnehmen. Diese Marktattribute werden gemeinhin *Netzwerkeffekte* und die entsprechenden Produkte, respektive deren Merkmale, *de facto Standards* genannt. Netzwerkeffekte liegen dann vor, wenn der Nutzen eines Nachfragers aus dem Erwerb eines Gutes nicht nur von dessen intrinsischem Wert („stand alone value"), sondern auch von der Zahl (und/oder dem Gewicht) derjenigen Nachfrager abhängt, die sich bereits für den Erwerb dieses Gutes entschieden haben. Diese Nutzeninterdependenz beruht beispielsweise darauf, dass die Nachfrager, die dem gleichen Produkt, derselben Technologie den Vorzug geben, aufgrund bestimmter kausaler und systemisch-struktureller Zusammenhänge leichter interagieren, d.h. leichter kommunizieren, Verhaltensweisen koordinieren, oder auch Transaktionen vornehmen können. Die Anwender, die auf dieselbe Technologie zurückgreifen, sind also im weitesten Sinne kompatibel und vernetzt.

Das klassische Beispiel für ein Gut (respektive eine Technologie), das Netzwerkeffekte aufweist, ist das Telefon. Der individuelle Nutzen eines Anwenders steigt mit der Zahl der Anwender, die ebenfalls auf das Telefon zurückgreifen, da er grundsätzlich mit mehr Teilnehmern kommunizieren kann. Das Telefon ist heutzutage allgegenwärtig und kaum jemand würde auf die Idee kommen, für die Kommunikation auf größere Distanzen eine Technologie wie beispielsweise Rauchzeichen zu verwenden. Die klassischen Beispiele für de facto Standards, die sich erfolgreich über Netzwerkeffekte auf dem Markt durchgesetzt haben, sind beispielsweise Microsoft Windows im Bereich der PC Betriebssysteme und der VHS Videostandard. Diese und andere Fälle sind in der Literatur zur Standardisierung bestens dokumentiert; siehe beispielsweise Grindley (1995) oder Hess (1993).

Märkte, die Netzwerkeffekte aufweisen, zeichnen sich durch eine Tendenz zur Konzentration, zur Monopolbildung aus. Unternehmen konkurrieren folglich ausgesprochen hart darum, ihre Technologien als de facto Standard durchzusetzen, da dies eine dominante Marktposition mit den entsprechenden Gewinnen verspricht. Die Unternehmen zielen hierbei darauf ab, eine „kritische Masse" an Kunden aufzubauen. Ist diese kritische Masse einmal erreicht, haben neue Kunden aufgrund der Netzwerkeffekte keinen Anreiz, andere Technologien auszuwählen. Die kritische Masse bildet gleichsam ein „Gravitationszentrum", dem sich neue Kunden nicht entziehen können. Wer eine kritische Masse aufzubauen vermag, dominiert folglich den gesamten Markt.

Das Ergebnis eines solchen „Kampfs um den Standard" (Hess, 1993) ist allerdings keineswegs sicher. Aufgrund der Netzwerkeffekte existieren „Pfadabhängigkeiten", die mitunter dazu führen, dass sich eine inferiore Technologie als de facto Standard durchsetzt (Arthur, 1989). Dieses Ergebnis tritt beispielsweise dann ein, wenn die ersten Kunden zufälligerweise die inferiore Technologie wählen und hierdurch eine kritische Masse bilden. Man redet in diesem Falle auch von einem „Lock-in" (in eine inferiore Technologie), in den der Markt gegebenenfalls per „exzessive Beschleunigung" („excess momentum") hineingeraten ist. Ein Lock-in in eine bestimmte Technologie beruht auch darauf, dass der Wechsel zu einer anderen Technologie mit prohibitiv hohen Kosten („Switching Costs") einhergeht (Klemperer, 1987): Interessanterweise beobachtet man zuweilen nicht nur eine exzessive Beschleunigung, sondern auch eine „exzessive Hemmung" („excess inertia"): Die potentiellen Kunden verfallen in einen passiven Zustand und warten ab, welche Technologie sich als de facto Standard durchsetzt. Der Markt entwickelt sich folglich nicht oder nur ausgesprochen langsam. In diesem Falle gibt es keinen Kunden, der bereit wäre, den „Bandwagon" ins Rollen zu bringen.

Zu den Marktstrategien, die Unternehmen einsetzen, um ihre Technologien zu de facto Standards zu befördern, gehören beispielsweise eine aggressive Preispolitik, die zuweilen in einen massiven Preiskrieg ausartet, eine großzügige Lizenzpolitik, die auf eine größere Marktdurchdringung der eigenen Technologie abzielt, Allianzen mit anderen einflussreichen Unternehmen oder auch Produktankündigungen, die den Kunden von einem voreiligen Entscheid für die Technologie des Konkurrenten abhalten sollen. Zuweilen wird der Kampf um den Standard auch jenseits des Marktes, z.B. in der Form des Rechtsstreits, geführt.

Ohne Zweifel haben die hier skizzierten ökonomischen Beiträge nicht unwesentlich Anteil daran, dass sich das Denken in Netzwerkkategorien in allen Sozialwissenschaften gegenwärtig größter Beliebtheit erfreut. In der Tat können die Modelle, die auf Netzwerkeffekten basieren, nicht etwa nur bestimmte Marktphänomene, sondern auch eine ganze Reihe anderer sozialer Phänomene gefällig erklären. So wurde bereits im zweiten Kapitel auf Pierson (2000) hingewiesen, der die hier geschilderten Modelle und Begriffe zur Erklärung der Entstehung und Durchsetzung von Institutionen, aber auch des Beharrungsvermögens offensichtlich inferiorer institutioneller Arrangements verwendet. Autoren wie Farrell oder Shapiro haben mit ihren Veröffentlichungen nicht nur in der wissenschaftlichen Gemeinde für Aufsehen gesorgt, sondern auch aktiv Einfluss auf die Wirtschaftspolitik genommen. Farrell war beispielsweise ökonomischer Berater der Federal Communications Commission (FCC), während Shapiro das US-Justizministerium in Antitrust-Fragen beraten hat.

Die hier skizzierten Modelle veranschaulichen ausgezeichnet die Schlagkraft der ökonomischen Theorie: Auf der Grundlage eines klar strukturierten, schlanken und operablen Begriffsapparates werden vermittels durchaus eleganter und nicht übermäßig komplexer mathematischer Modelle eine Reihe aussagekräftiger Ergebnisse generiert, die bestimmte Sachverhalte gut erklären, andere Disziplinen inspirieren, und einen signifikanten Einfluss auf das strategische Verhalten von Unternehmen und die Wirtschaftspolitik ausüben. Ein Nachteil der Popularität dieser Modelle besteht möglicherweise darin, dass das Hauptaugenmerk vieler Akteure mittlerweile auf die de facto Standardisierung am Markt gerichtet ist, und andere Formen der Standardisierung vernachlässigt oder gar vollständig ignoriert werden. Dieser Fokus auf den Markt ist im Prinzip eine Bewusstseinsrestriktion, die unter Umständen zu einem „Mismatch" zwischen Situation und gewähltem Standardisierungsmechanismus führen kann. Dies wird in Abschnitt 4.4.3 vertieft.

4.3.6 Spontane Ordnung, ad hoc Standardisierung

Mit dem Begriff der spontanen Ordnung wird das Phänomen bezeichnet, dass sich unvermittelt Strukturen bilden, ohne dass hierfür ein ersichtlicher Grund zu existieren scheint. Phänomene der spontanen Ordnung treten beispielsweise im Bereich des Magnetismus respektive der Quantenmechanik auf. Im Bereich der Soziologie bzw. der Ökonomie war es Friedrich von Hayek, der den Begriff der spontanen Ordnung für bestimmte Phänomene eingeführt hat. Eine Reihe sozioökonomischer Strukturen entstehen Hayek zufolge ohne bewusstes Zutun eines Schöpfers oder einer Planungsinstanz. („Fundamental institutions in society owe their existence to no identifiable creator. They are the results of human action but not of human design." (von Hayek, 1952, S.39)) Im Falle der Standardisierung bedeutet dies, dass sich unvermittelt Strukturen bilden, die Standards hervorbringen. Hayek betrachtet insbesondere den Markt als das Resultat der spontanen Ordnung. Insofern wurde bereits im vorhergehenden Abschnitt ein Mechanismus der (ad hoc) Standardisierung vorgestellt, nämlich Märkte, die Netzwerkeffekte aufweisen.

4.3.7 Die Open Standards Bewegung

Seit einiger Zeit wird in der Standardisierungsgemeinde und insbesondere in Bereich der ICT-Standardisierung diskutiert, was unter dem Begriff „Open Standard" zu verstehen und welcher Standardisierungsansatz damit verknüpft sei (Krechmer, 2006). Das Problem ist hierbei zweifelsohne, dass annährend so viele Definitionen des Begriffes Open Standard existieren wie Akteure, die sich mit dieser Thematik auseinandersetzen (siehe z.b. Cover Pages, 2006). So hegen beispielsweise die anerkannten Normungsorganisationen ähnliche, aber nicht immer identische Vorstellungen von der Bedeutung des Begriffs ‚Offenheit', die sich ungefähr um das in Abschnitt 4.3.3 eingeführten Grundprinzip der Öffentlichkeit ranken. Dies fordert, dass alle interessierten Kreise Zugang zum (konsensbasierten) Normungsprozess haben, der Normungsprozess transparent ist, und die interessierte Öffentlichkeit Gelegenheit bekommt, Kommentare und Verbesserungsvorschläge über einen Normenentwurf abzugeben. Indes kann man den Begriff der Openness, der Offenheit, sehr viel weiter fassen, als es mit dem Begriff der Öffentlichkeit verknüpft ist. Krechmer (2006, S.47f.) unterscheidet nicht weniger als zehn Kriterien, die erfüllt sein müssen, um einen Standard mit Fug und Recht als offen bezeichnen zu können. Ohne diese Kriterien im Einzelnen zu benennen, ist hieraus im Prinzip ersichtlich, worauf die Vielzahl unterschiedlicher Definitionen des Begriffes Open Standard beruht: es existieren diverse Kriterien, von denen unterschiedliche Akteure jeweils nur eine Teilmenge einsetzen, um ihre Vorstellungen vom Begriff der Openness zu definieren. Außerdem wird insbesondere im IT-Bereich der Terminus Open Standard um die beiden Schlagworte „Open Source" und „Open Architecture" ergänzt (Krechmer, 2006, S.44f.). Gemeinsam bezeichnen diese drei Schlagworte ein Konzept, das auf maximale Verfügbarkeit von relevanter Information in der Standardisierung, der korrespondierenden Softwareentwicklung und der korrespondierenden Systemarchitekturen abzielt.

Nach Auffassung des Autors ist die Diskussion um die Definition eines offenen Standards weitgehend überflüssig. Im Grunde genommen wird hier das Modularisierungsbeispiel aus Abschnitt 4.1 reproduziert, allerdings in verschärfter Form. Hätte man es hier bei einer begrifflichen Fuzziness belassen, würde die gesamte Diskussion gar nicht existieren, ohne dass man dies als Defizit empfunden hätte. Keine der gegenwärtigen Aktivitäten im Bereich der Standardisierung wäre hierdurch in irgendeiner Form beeinträchtigt gewesen. Zuweilen hat es den Anschein, als würde diese Diskussion von einigen Akteuren künstlich am Leben erhalten, um sich profilieren zu können. Wie später in Abschnitt 7.3 gezeigt wird, begeben sich sogar Vertreter der EU dadurch in ein unsicheres Fahrwasser und kompromitieren das ENS, dass sie auf den Terminus des Open Standards zurückgreifen, ohne zu präzisieren, was damit gemeint ist.

Der Exkurs in die Diskussion um den Begriff des Open Standards war indes notwendig, um den korrespondierenden Standardisierungsmechanismus charakterisieren zu können. Hier stellt sich der Autor kurzerhand auf den folgenden Standpunkt: Mit dem Open Standard Ansatz in seiner konsequentesten Ausprägung korrespondiert ein so weit wie möglich dezentralisierter, nichthierarchischer und nur minimal institutionalisierter Standardisierungsmechanismus, bei dem weitgehend auf moderne elektronische Kommunikationsmittel zurückgegriffen wird, der jedem Interessenten unter gleichen Bedingungen am besten „free of charge" zugänglich ist, jederzeit Zugriff auf alle relevanten Informationen gewährt, und unabhängig von Partikularinteressen, insbesondere wirtschaftlichen Interessen ist. Der Leser berücksichtige, dass diese Definition eine Eigenkreation ist, die keinen Anspruch auf Vollständigkeit oder absolute Wahrheit erhebt. Es kommt hierbei allerdings nicht auf die Begrifflichkeiten an, sondern vielmehr auf die Merkmale dieses Mechanismus (bzw. dieser Klasse von Mechanismen). Bemerkenswert sind vor allen Dingen die weitreichende Dezentralisierung, die vollständige Verfügbarkeit aller relevanten Informationen und die komplette Abwesenheit wirtschaftlicher Interessen.

4.3.8 Hybride Systeme: Die Koexistenz unterschiedlicher Institutionen technischer Vereinheitlichung

Grundsätzlich ist mit dem vorhergehenden Abschnitt die Darstellung der gegenwärtig existierenden Standardisierungsmechanismen abgeschlossen. Allerdings ist es denkbar, dass im Zuge der gesellschaftlichen Entwicklung neue Standardisierungsmechanismen entstehen, die sich gegenwärtig noch dem Vorstellungsvermögen selbst der Experten entziehen. Der Blick in die Vergangenheit besagt, dass in Korrespondenz mit dem gesellschaftlichen Entwicklungsstand bzw. dessen Änderung oftmals auch neue Formen der Standardisierung entstanden, die zuvor ohne weiteres kaum antizipiert werden konnten. Folglich sollte man auch in Zukunft damit rechnen, dass im Zuge der gesellschaftlichen Entwicklung neue Formen der Standardisierung, neue Standardisierungsmechanismen entstehen. Tatsächlich ist es Merkmal einer pluralistischen Gesellschaft, dass die unterschiedlichsten Formen der Standardisierung koexistieren und sich darüber hinaus auch hybride Strukturen etablieren, die institutionelle Merkmale unterschiedlicher „reiner" Standardisierungsmechanismen kombinieren. Von einem evolutorischen Standpunkt aus betrachtet darf man mutmaßen, dass diese Hybriden existieren, weil sie gleichsam beste Antworten auf bestimmte Probleme und Herausforderungen in der Standardisierung darstellen.

4.4 Der Nutzen der Normung

Im Laufe dieser Arbeit wurde bereits einiges über die Nützlichkeit der Normung (respektive der Standardisierung) ausgesagt. In der Einleitung wurde beispielsweise auf die fundamentale Bedeutung der Normung in der Industrie- bzw. Informationsgesellschaft hingewiesen. Gleichermaßen kam in der Einleitung zum Ausdruck, dass sich die Normung ob ihres strukturbildenden und handlungs-konditionierenden (bzw. handlungsraumkonditionierenden) Potentials auch als politisches Steuerungsinstrument anbietet. Der Abschnitt über den Zusammen-hang zwischen Standardisierung, Raum und Zeit hat außerdem veranschaulicht, welche Bedeutung einheitliche Maßstäbe bei der Koordination bzw. Synchronisa-tion menschlichen Handelns, dem wissenschaftlichen Erkenntnisgewinn bzw. der „kollektiven Rekonstruktion der Wirklichkeit" haben. Ebenso hat sich in der Ein-leitung bzw. der Schilderung der Mechanismen der Standardisierung abge-zeichnet, dass je nach Ausgestaltung der Normung unterschiedlichen Akteuren ein Nutzen in unterschiedlichem Ausmaß bzw. unterschiedlicher Qualität gestiftet wird. Selbstverständlich ist es hierbei je nach Art und Intensität der Standardisierung denkbar, dass die Nutzenpositionen bestimmter Akteure auch negativ beeinflusst werden.

Dieser Abschnitt dient nun dem Zweck, die bisher gemachten Aussagen über die Nützlichkeit der Normung zusammenzufassen, zu strukturieren und zu ergänzen. Hierzu werden im folgenden Abschnitt die technisch-systemischen und ökono-mischen Effekte der Standardisierung nochmals in kompakter Form aufgelistet. Kann man dergleichen noch verhältnismäßig häufig in ähnlicher Form in der Literatur finden, wird im übernächsten Abschnitt der Versuch unternommen, unter Anwendung des im dritten Kapitel entwickelten Modells den Nutzen der Standardisierung in Handlungsräumen bzw. Handlungsteilräumen zu rekonstru-ieren. Hierbei werden unterschiedliche Aussagen über die Nützlichkeit der Standardisierung auf ein Grundprinzip zurückgeführt, das mit einer Reihe von Beispielen untermauert wird. Weiterhin werden bestimmte „Situationen der Stan-dardisierung" betrachtet, die sich durch die folgenden Merkmale auszeichnen: Es existiert (wie bereits im dritten Kapitel) eine Menge relevanter Akteure, die – gegeben ihre jeweiligen Interessen – aus unterschiedlichen Standards und unter-schiedlichen Standardisierungsmechanismen auswählen. Es zeigt sich, dass in bestimmten Situationen bestimmte Mechanismen der Standardisierung gleichsam die beste Wahl für die relevanten Akteure darstellen. So korrespondieren beispielsweise „Win-win Situationen", in der alle Akteure von der Standardi-sierung profitieren, in natürlicher Weise mit dem Konsensprinzip. Bei der Gelegenheit werden auch einige Bemerkungen über das strategische Verhalten in Normungsprozessen gemacht, und anhand eines Beispiels veranschaulicht, welche Schwierigkeiten auftreten können, wenn Standardisierungssituationen nicht richtig identifiziert werden bzw. auf situationsinadäquate Standardisierungs-mechanismen zurückgegriffen wird. In Abschnitt 4.4.4 werden mögliche Ten-denzen in der Standardisierung erörtert. Hierbei wird auf das Instrumentarium zurückgegriffen, dass zu Beginn von Abschnitt 4.3 entwickelt wurde.

4.4.1 Technisch-systemische und ökonomische Effekte der Standardisierung

Es ist grundsätzlich zweckmäßig, technisch-systemische und ökonomische Effekte der Standardisierung zu unterscheiden, also bereits unterschiedliche Ebenen einzuführen, auf denen die Standardisierung ihre Wirkung entfaltet. Zu den technisch-systemischen Effekten zählen beispielsweise (Hesser/Czaya/ Riemer, 2006, S.133):

- System- bzw. Strukturkonstitution, Herstellung der Kompatibilität bzw. Interoperabilität technischer Systeme. Strukturkonstitution kann beispielsweise Marktkonstituierung oder auch die Eröffnung von Innovationspotentialen bedeuten.
- Speicherung von zeitinvariantem Wissen und „First Best Solutions"; Speicherung und Dokumentation routinisierbarer Tätigkeiten. Durch den Rekurs auf die entsprechenden Standards kann es vermieden werden, „das Rad neu erfinden zu müssen".
- Bereitstellung von Klassifikationsschemata und strukturbildenden Grundprinzipien, die in unterschiedlichen Situationen eingesetzt werden können.
- Vielfaltreduktion, Verringerung der Komplexität.
- Festlegung von Qualitätsniveaus.
- Festlegung von Sicherheitsniveaus.
- Verringerung der Unsicherheit.

Diese technisch-systemischen Effekte der Standardisierung haben Konsequenzen auf der ökonomischen Ebene. So lauten die ökonomischen Effekte der Standardisierung unter anderem:

- Senkung von Interaktionskosten, also beispielsweise Transaktionskosten, Kommunikationskosten oder auch Koordinationskosten.
- Rationalisierung, also kostengünstigere bzw. schnellere Leistungserstellung.
- Verringerung externer Effekte.
- Lenkung von Ressourcen in produktive bzw. kreative Verwendungen durch die Entlastung von lästigen Routinetätigkeiten.
- Marktkonstitution, Markterschließung, Konditionierung von Markteigenschaften, Gewinn- und Umsatzerhöhung.

Der Leser möge berücksichtigen, dass hier in erster Linie die schönen Seiten der Standardisierung zur Geltung kommen. Selbstverständlich kann durch eine falsche oder unzureichende Standardisierung bzw. deren strategische Instrumentalisierung das genaue Gegenteil erreicht werden, also beispielsweise eine System-

bzw. Strukturdesintegration, unzulängliche Qualitäts- und Schutzniveaus, das Auslassen von Marktchancen und dergleichen mehr.

4.4.2 Die Nützlichkeit der Normung in Handlungsräumen

Wie bereits dargelegt, sind die ökonomischen und systemisch-technischen Effekte der Standardisierung ausgesprochen vielgestaltig. Diese Effekte entfalten sich in unterschiedlichen Situationen und unterschiedlichen gesellschaftlichen Bereichen und können je nach Ausgestaltung eines Standards die Interessen unterschiedlicher Akteure in unterschiedlichem Ausmaß beeinflussen. Die Frage lautet nun, ob es möglich ist, diese auf den ersten Blick so unterschiedlichen Effekte auf ein Grundprinzip (oder auf wenigstens einige wenige Grundprinzipien) zurückzuführen. Dies wäre nicht nur hilfreich, um das eigentliche Wesen der Standardisierung besser erschließen, sondern gegebenenfalls auch den gängigen Begriffsapparat und die gängigen Kategorien von Standards besser strukturieren zu können. In diesem Abschnitt soll nun der Versuch unternommen werden, das Wesen der Standardisierung mithilfe des in Kapitel 3 entwickelten Denkschemas näher zu erschließen.

Die Nützlichkeit der Normung lässt sich in Handlungsräumen und Handlungsebenen folgendermaßen erklären: Ein Standard s spezifiziert in seinem Geltungsbereich, auf einer bestimmten technisch-systemischen Ebene e bestimmte Verhaltensweisen. Die Akteure, die diesen Standard s einführen, anwenden und sich demgemäß verhalten, erfahren auf der Handlungsebene e folglich eine Kontraktion ihres Handlungsraumes:

$$H_{ie}(s) \subset H_{ie}(s_0), \ i \in A, \ A \subseteq N.$$

A ist hierbei die Menge der Akteure, die den Standard s anwenden, und s_0 bedeutet, dass kein Standard s eingeführt wurde (vgl. Abschnitt 4.3). Dies kann indes kaum die Nützlichkeit der Standardisierung erklären, wurde doch bisher davon ausgegangen, dass die Kontraktion von Handlungsräumen von den betroffenen Akteuren im Allgemeinen eher negativ beurteilt wird. Der entscheidende Punkt ist nun, dass durch die Anwendung des Standards s und die korrespondierende Kontraktion der Handlungsebene e andere Handlungsebenen expandiert werden, d.h. es existieren eine oder mehrere Handlungsebenen $l \neq e$, $l \in \{1, ..., J\}$, für die gilt:

$$H_{ql}(s_0) \subset H_{ql}(s), \ q \in B, \ B \subseteq N.$$

Die Expansion von Handlungsräumen vollzieht sich auf drei verschiedene Arten: Zunächst impliziert die Verwendung von $q \in B$ im letzten Ausdruck anstelle von $i \in A$, dass die Akteure, die standardisieren, nicht automatisch auch Nutznießer der Expansion der Handlungsräume sind, sondern gegebenenfalls auch andere

Akteure („Spill-over Effekte"). Es ist also denkbar, dass $A \subset B$, $B \subset A$, oder $A = B$ gilt. Die Mengen A, B und $A \cap B$ sagen also etwas über das Ausmaß der Externalitäten, der Externen Effekte, die mit einem Standardisierungsvorhaben einhergehen, aus. Außerdem werden nicht nur existierende Handlungsebenen expandiert, sondern neue Handlungsebenen ins Leben gerufen. Dies ist beispielsweise dann der Fall, wenn durch geeignete Standards ein neuer Markt erschlossen wird.

Mittels des Denkens in Handlungsebenen können nun die Effekte der Standardisierung sehr viel differenzierter analysiert und vordergründige Widersprüche aufgelöst werden, die bei einer eindimensionalen Betrachtung der Standardisierung auftreten. Was beispielsweise unmittelbar zusammenbricht, ist die Behauptung, die Standardisierung schaffe eine uniforme Gesellschaft, einen Einheitsmenschen und einen Mangel an Vielfalt. Eine intelligente Standardisierung vorausgesetzt ist genau das Gegenteil der Fall. Geeignete Standards erzeugen auf unterschiedlichen Ebenen eine Vielfalt neuer Handlungsmöglichkeiten. Im besten Falle steht einer Kontraktion bestimmter Handlungsebenen, die von den Akteuren kaum als Nachteil empfunden wird, eine explosionsartige Expansion der Handlungsmöglichkeiten auf anderen, sehr viel höher bewerteten Ebenen gegenüber. Der unvoreingenommene Blick auf die gegenwärtigen Verhältnisse besagt beispielsweise, dass zwar so viele Standards, gleichzeitig aber auch vielfältige Handlungsmöglichkeiten wie nie zuvor existieren. Die folgende Aussage Eugen Wüsters veranschaulicht gut den hier dargelegten Basismechanismus der Standardisierung: "Standardization is intended to free mankind from routine work, a misuse of intellectual capacity" (CEN, 1995, S.34).

Da im vorhergehenden Absatz von „intelligenter Standardisierung" die Rede war, ist es zweckmäßig zu veranschaulichen, was der Autor unter diesem Terminus versteht. Intelligente Standardisierung bedeutet zunächst, ein bestimmtes Standardisierungsziel zu minimalen sozialen Kosten zu erreichen. Die sozialen Kosten bestehen in erster Linie in dem Zwangsmoment, in der Kontraktion der Handlungsräume bestimmter Akteure, die von der Einführung eines Standards ausgehen. Insofern ist in der Regel ein performance-based Ansatz einem präskriptiven Ansatz in der Standardisierung vorzuziehen, da ersterer nur bestimmte Attribute eines Objektes, aber keine konkreten Details festlegt. Dies lässt den Anwendern im Allgemeinen mehr Freiheitsgrade offen, als es bei einem präskriptiven Standard der Fall ist. Weiterhin bedeutet intelligente Standardisierung, situationsadäquat zu standardisieren, die relevanten Akteure und deren Interessen zu identifizieren, eine angemessene Form der Standardisierung zu wählen und sich bei der Erstellung eines Standards der technischen wie auch sozioökonomischen Konsequenzen bewusst zu sein, die mit dessen Einführung einhergehen. Im nächsten Abschnitt werden einige prototypische Situationen der Standardisierung aufgegriffen und erörtert.

Wer nun das hier dargelegte Nützlichkeitsschema in Handlungsräumen auf die unterschiedlichen techisch-systemischen und ökonomischen Effekte der Standardisierung, die im vorhergehenden Abschnitt geschildert worden waren, anwendet, wird feststellen, dass sich das Schema durch eine gewisse Allgemeingültigkeit auszeichnet. Der Nutzen, der mit der Standardisierung einhergeht, lässt sich in praktisch allen Fällen durch die Definition geeigneter Handlungsebenen und deren Expansion bzw. Kontraktion gefällig erklären. Gleiches gilt für die „Disutility", die aus einer unzureichenden Standardisierung resultiert. Im Prinzip wird hier nochmals die Modellbildung im dritten Kapitel motiviert. Hätte man z.b. von vornherein auf eine nutzenorientierte Betrachtung abgestellt, würden sich die Zusammenhänge zwischen Standardisierung und Handlungsräumen bzw. Handlungsebenen nicht in dem Ausmaße erschlossen. Im Folgenden wird der Zusammenhang zwischen Standardisierung und der Modifikation von Handlungteilräumen anhand vierer markanter Beispiele illustriert.

Das erste Beispiel führt zurück in die Anfangsgründe der Industrialisierung (Krechmer, 2000): Den Konstruktionsbüros von Industriebetrieben war (und ist) das so genannte „Änderungswesen" angegliedert, dessen Aufgabe darin bestand, existierende Konstruktionszeichnungen an die Veränderung bestimmter Konstruktionselemente anzupassen. Dies geschah aufwendig von Hand. Hierbei ist es offensichtlich nahe liegend, die Eigenschaften häufig verwendeter Konstruktionsteile („Wiederholteile") dauerhaft festzulegen, um so den Aufwand für die Pflege des existierenden Bestandes an Konstruktionszeichnungen zu verringern. Man stelle sich vor, welchen Aufwand es für das Änderungswesen bedeutete, die Eigenschaften z.B. von Schrauben, die in annähernd allen Konstruktionszeichnungen Verwendung finden, in regelmäßigen Abständen ändern zu müssen: Eine permanente Überarbeitung des gesamten Bestandes wäre die Folge. Die Erweiterung des Handlungsraumes durch die Normung bestimmter Konstruktionsteile besteht nun offenbar darin, auf eine mühselige und kostspielige Routine verzichten und unternehmenseigene Ressourcen in produktivere Verwendungen leiten zu können. In der Konstruktion müssen bestimmte „Wiederholteile" nicht immer wieder neu entworfen, das Rad folglich nicht immer wieder neu erfunden werden. Dieses Beispiel lässt bereits die Zweckmäßigkeit dessen erahnen, gegebenenfalls auch die Merkmale von Konstruktionsteilen über Unternehmensgrenzen hinweg zu vereinheitlichen. Dies ist dann der Fall, wenn in der horizontalen Wertschöpfungskette die Interoperabilität zwischen zwei Unternehmen durch die Austauschbarkeit respektive Kompatibilität von Konstruktionszeichnungen verbessert werden soll.

Innerbetriebliche Standards, um weiterhin im Bereich der Rationalisierung zu verweilen, dienen der Reduzierung der Teilevielfalt bzw. der Verringerung der Komplexität (Schuh/ Schwenk, 2001). Das Problem der Komplexität manifestiert sich im Prinzip als Restriktion auf der kognitiven Ebene der Unternehmensmitglieder, die nicht mehr dazu in der Lage sind, ein komplexes Produktionsprogramm zu handhaben. Dabei übersteigen die Handlungsmöglichkeiten das, was von den Unternehmensmitgliedern kognitiv verarbeitet werden kann. Dies wiederum hat Friktionen im Leistungserstellungsprozess zur Folge. Die Verringerung der Komplexität in Form der Verringerung der Anzahl unterschiedlicher Bauteile und Produkte hat nun folgende Konsequenzen: Auf der technischen Ebene wird zunächst der Handlungsraum eines Unternehmens verkleinert. Es lassen sich nun beispielsweise weniger Produktvarianten herstellen als zuvor. Andererseits werden die kognitiven Restriktionen der Unternehmensmitglieder dadurch gemildert, dass das Produktionsprogramm und die verwendeten Inputs nun überschaubar und besser gehandhabt werden können. Das Unternehmen kann außerdem die Vorteile der industriellen Massenproduktion ausnutzen, da der Produktionsapparat auf weniger Produkte bzw. die Verarbeitung weniger Bau- und Einzelteile ausgerichtet werden kann. Die hierdurch sinkenden Stückkosten eröffnen dem Unternehmen weiterhin einen größeren Preissetzungsspielraum. Für die Kunden des Unternehmens hingegen bedeutet die Einschränkung der Produktpalette auch eine Einschränkung des Handlungsraumes: sie haben eine kleinere Auswahl. Gleichzeitig kann aber diese Einschränkung von untergeordneter Bedeutung oder gar nützlich sein, wenn die verbleibende Produktpalette weiterhin dazu geeignet ist, die wesentlichen Bedürfnisse der Kunden zu befriedigen bzw. die Kunden angesichts einer unüberschaubaren Produktpalette selber kognitiv überfordert sind.

Oftmals sind adäquate Normen Voraussetzung dafür, dass neue Technologien und Innovationen Marktgängigkeit erlangen oder gar neue Märkte erschließen. Ein Beispiel hierfür sind Hochleistungskeramiken (Advanced Technical Ceramics, CEN/CENELEC/ETSI, 1999, S.6). Hochleistungskeramiken verfügen über eine Reihe außergewöhnlicher Eigenschaften, wie z.B. extreme Härte oder Temperaturbeständigkeit, die prinzipiell eine ganze Bandbreite von Anwendungsmöglichkeiten eröffnen. Als hinderlich für die praktische Anwendung und Marktgängigkeit erwies sich jedoch, dass gleichsam ein Übermaß an Möglichkeiten bzw. Freiheitsgraden existiert, Hochleistungskeramiken herzustellen. Uneinheitliche Zusammensetzungen der Ausgangsstoffe und uneinheitliche Produktionsverfahren resultierten in Keramiken mit uneinheitlichen, unberechenbaren Materialeigenschaften, die einer praktische Anwendung in großem Maßstab abträglich waren. Diesen Schwierigkeiten konnte man durch die Einführung einer einheitlichen Terminologie, eines einheitlichen Klassifikationsschemas und einheitlicher Testmethoden, kurzum: durch adäquate Normung, z.B. in Form der Reihe EN 1007: 2002, begegnen.

Technische Kompatibilitätsstandards (Schnittstellen, Übertragungsprotokolle usw.) bilden das Fundament von Kommunikationsnetzen wie beispielsweise dem Internet. Die Kompatibilitätsstandards, die zur Anwendung kommen, bedeuten eine Auswahl aus der Menge aller möglichen technischen Lösungen. Die Auswahl eines Kompatibilitätsstandards (oder einer Familie, einer „Suite" von Kompatibilitätsstandards) impliziert grundsätzlich die Einschränkung von Handlungsräumen: es werden genau diese Standards angewendet und keine anderen. Dieser Kontraktion steht aber eine Expansion der Handlungsräume der relevanten Akteure auf einer anderen Ebene gegenüber. Das Internet ist hierfür ein gutes Beispiel. Auf der Basis der entsprechenden Kompatibilitätsstandards zur Kommunikation innerhalb von Netzen schafft das Internet für seine Teilnehmer auf der Anwendungsebene ganz neue Handlungsmöglichkeiten. Hier erschließt sich beispielsweise das Potential für neue (Dienst-) Leistungen, also die Schaffung neuer Märkte, die allesamt ihre spezifischen Eigenschaften (z.B. Teilnehmer, Marktvolumen, Wachstumsdynamik usw.) aufweisen. Im Falle des Internets ist evident, wie durch eine geeignete Standardisierung eine geradezu explosionsartige Expansion anderer Handlungsteilräume auf der Anwendungs- bzw. Kommunikationsebene herbeigeführt werden kann.

4.4.3 Standardisierungssituationen

Im Folgenden werden eine Reihe unterschiedlicher Standardisierungssituationen erörtert. Dies ist nicht nur grundsätzlich zweckmäßig, wie sich dem Leser zeigen wird, sondern dient auch der Vorbereitung einiger Argumentationsweisen am Ende dieser Arbeit. Eine Standardisierungssituation zeichnet sich durch die folgenden Elemente aus: Zu einem Zeitpunkt t_0 und gegeben einen Ausgangszustand z_{t_0} stehen den relevanten Akteuren $i \in N$ eine Reihe unterschiedlicher Standardisierungsmechanismen SM_l, $l = 1, ..., L$, zur Verfügung, die je nach Input unterschiedliche Standards $s_l \in S_l$ hervorbringen können. Wie zu Beginn des Abschnitts 4.3 dargelegt, kommt es im Rahmen eines Standardisierungsmechanismus SM_l zu einer Abfolge von Handlungsweisen $\left(h_1^l, ..., h_i^l, ..., h_{T_l}^l \right) \in H_{1T_l}$ der Akteure $i \in N_l$, $N_l \subseteq N$, die auf SM_l zurückgreifen, um einen Standard $s_l \in S_l$ zu erstellen (vgl. die Abschnitte 3.1.6 und 4.3): $s_l = SM_l \left(\left(h_1^l, ..., h_i^l, ..., h_{T_l}^l \right), z_{t_0} \right)$. Hierbei ist $h_i^l = \left(h_{i1}^l, ..., h_{n_i t}^l \right)$ und bedeutet im Wesentlichen die Einspeisung von Information in den Standardisierungsprozess SM_l (vgl. die Einführung in Abschnitt 4.3). Unterschiedliche Standards $s_l \in S_l$, $l = 1, ..., L$, die vermittels unterschiedlicher zur Verfügung stehender Standardisierungsmechanismen erzeugt werden, wirken sich auf die Nutzenpositionen der relevanten Akteure aus: $u_i = u_i \left(s_l \right)$, $s_l \in S_l$, $l = 1, ..., L$.

Das Programm der Akteure lautet nun, sich zunächst Klarheit darüber zu verschaffen, welchen Nutzen die Standards den Akteuren stiften, die mittels unterschiedlicher Standardisierungsmechanismen hervorgebracht werden können, dementsprechend einen Standardisierungsmechanismus auszuwählen (dies entspricht einem $h_{i0} \in H_{i0}$; H_{i0} setzt sich aus den Standardisierungsmechanismen zusammen, die zum Zeitpunkt $t = 0$ zur Verfügung stehen), und im Standardisierungsprozess unter Berücksichtigung der Interessen bzw. Verhaltensweisen der anderen Akteure auf die Erstellung eines Standards hinzuwirken, der den eigenen Interessen am besten entspricht. Im Folgenden werden nun eine Reihe typischer Standardisierungssituationen und Verhaltensweisen geschildert, die in solchen Situationen häufig auftreten.

4.4.3.1 Win-win Situationen

In Win-win Situationen stiftet es grundsätzlich allen relevanten Akteuren einen positiven Nutzen, einen Standard ins Leben zurufen. Es existieren unterschiedliche Varianten von Win-win Situationen:

- First-Best-Solutions. Unter den möglichen Varianten eines Standards existieren ein Standard bzw. einige alternative Standards, die z.B. im wirtschaftlichen oder auch naturwissenschaftlich-technischen Sinne eine optimale Lösung, eine First-Best-Solution darstellen. Hier bedarf es der Expertise der relevanten Akteure, diese optimalen Lösungen zu identifizieren.
- „Koordinationsstandards". Alle Varianten eines Standards sind gleichwertig. Es kommt nur darauf an, dass alle Akteure sich auf einen Standard einigen. Hier bedarf es in erster Linie einer Abstimmung der relevanten Akteure, denselben Standard aus der Menge der zur Verfügung stehenden Alternativen auszuwählen.

In beiden Fällen sind geeignete Koordinationsmechanismen erforderlich, die den Austausch der relevanten Informationen unter den Akteuren zulassen. Hier bieten sich beispielsweise die klassische, konsensorientierte Normung wie auch konsensorientierte Konsortien an, die allen relevanten Akteuren den Zutritt zum Standardisierungsprozess und den entsprechenden Informationsaustausch gewährleisten. In der Tat handeln die Akteure im Falle von Win-win Situationen weitgehend konsensual, da die Nützlichkeit eines Standards allenthalben anerkannt wird, in erster Linie inhaltliche Arbeit geleistet werden muss, und keine Interessensgegensätze existieren. Es besteht insofern eine Korrespondenz zwischen Win-win Situationen einerseits und dem Konsensprinzip andererseits. Normungsorganisationen verweisen häufig auf Win-win in der Normung und die Vorteile, die durch eine Teilnahme an Normungsprozessen erwachsen (CEN/CENELEC/ETSI, 1999).

Win-win Situationen treten in der Standardisierung häufig dann ein, wenn die Gruppe der relevanten Akteure homogen ist, diese also über gleichgerichtete

Präferenzen, ähnliche "sets of beliefs" und Ansichten verfügen, und einen ähnlichen professionellen Hintergrund aufweisen. Das Konsensprinzip ist unter den folgenden Voraussetzungen der Standardisierungsmechanismus der Wahl:

- Die Teilnahme/der Input aller relevanten Akteure ist Voraussetzung für die erfolgreiche Erstellung eines hinreichenden bzw. optimalen Standards.
- Der Standard hat eine lange, ggf. infinite Lebensdauer und die Zeit, die für dessen Entwicklung aufgewendet wird, ist relativ zu seiner aktiven Zeit von nachrangiger Bedeutung.
- Die Teilnahme aller relevanten Akteure am Standardisierungsprozess gewährleistet ex post einen hohen Grad der Legitimität und eine weitreichende Nutzung des Standards durch die relevanten Akteure. Letzteres gewährleistet die Ausschöpfung etwaiger Netzwerkeffekte.

Ein latentes Konfliktpotential zeichnet sich in Win-win Situationen bereits dann ab, wenn nicht absolute Nutzenpositionen, sondern relative Nutzenpositionen maßgeblich sind: zwar profitieren alle Akteure von der Einführung eines Standards, aber gegebenenfalls in unterschiedlichem Ausmaß. Beispielsweise tragen unterschiedliche Akteure Anpassungskosten in unterschiedlicher Höhe oder nehmen eine ungünstige Verschiebung ihrer (relativen) Wettbewerbspositionen wahr. In diesen Fällen könnten bereits die ersten Vorbehalte gegenüber der Einführung eines Standards existieren.

4.4.3.2 Abweichungen von Win-win Situationen

Idealtypische Win-win-Situationen sind in der Praxis der Standardisierung eher selten anzutreffen. Ursächlich hierfür ist, dass unterschiedliche Varianten eines Standards sich unterschiedlich auf die Interessen der Akteure auswirken. Ob und wie sich nun die Entwicklung eines Standards vollzieht, hängt maßgeblich von der Art und den Ausmaßen dieser Interessenunterschiede, dem Einfluss bestimmter Akteure, den Varianten, die ein Standard annehmen kann, und den zur Verfügung stehenden Standardisierungsmechanismen ab. Grundsätzlich gilt, dass, je größer diese Interessenunterschiede und je größer die Zahl der Kontrahenten in einer Standardisierungssituation ist, desto größer ist auch das Konfliktpotential.

Marginale Interessenunterschiede (einige wenige Akteure haben geringfügige Vorbehalte gegen einen Standard bzw. bestimmte Varianten eines Standards) können noch kompensiert werden, ohne dass hierdurch das Konsensprinzip, dass sich in Win-win Situationen als natürlicher Entscheidungsmechanismus angeboten hatte, beeinträchtigt werden würde. In derartigen Situationen reichen noch Instrumente wie Überredungskunst, Verhandlungsgeschick, Gruppendruck oder auch „Package Deals" bzw. „Side-Payments" aus, um unwillige Akteure zur Zustimmung zu bewegen. Außerdem können die Akteure im Einzelfall durchaus bereit sein, einen Standard gegen ihre Interessen zu verabschieden, wenn sie sich davon auf lange Sicht Vorteile versprechen. So kann beispielsweise die implizite Übereinkunft bestehen, dass andere Akteure, sollten sie sich in einer ähnlichen Situation befinden, ebenfalls den Standard verabschieden, obwohl es eigentlich gegen ihre Interessen ist. Hiervon können langfristig alle Akteure nicht zuletzt dadurch profitieren, dass die Integrität konsensbasierter Standardisierungsprozesse gewahrt bleibt, also beispielsweise Win-win Situationen weiterhin komfortabel ausgeschöpft werden können (siehe auch Abschnitt 4.10). In solchen Situationen ist auch log-rolling bzw. vote-trading, also die wechselseitige Unterstützung mit Stimmen in unterschiedlichen Situationen, denkbar.

Indes können die Interessengegensätze in Standardisierungsprozessen so groß sein, dass die oben geschilderten, vergleichsweise „weichen" Instrumente konsensbasierter Arrangements nicht mehr ausreichen, die unterschiedlichen Positionen in Einklang zu bringen. Hier besteht die Gefahr, dass ein konsensbasierter Standardisierungsprozess durch einige wenige Akteure, die erhebliche Vorbehalte gegen einen Standard bzw. bestimmte Formen der Ausgestaltung eines Standards haben, und/oder über besondere Verhandlungsmacht, z.B. in Form von Bottleneck-Technologien, die für die erfolgreiche Erstellung des Standards unabdingbar sind, verfügen, zum Stillstand gebracht wird. In solchen Situationen ist das Abrücken vom Konsensprinzip zugunsten mehrheitsbasierter Entscheidungsregeln erforderlich, um die Chancen für die erfolgreiche Erstellung eines Standards zu wahren. Dies ist allerdings ein schwerwiegender Schritt, weil hierdurch Akteure ausgegrenzt werden, die andere Ansichten über die Ausgestaltung eines Standards haben. Außerdem muss bereits mit nichtkooperativem, „strategisch-opportunistischem" Verhalten der entsprechenden Akteure gerechnet werden. Dies kann sich beispielsweise darin äußern, dass bestimmte institutionelle Schwächen von Standardisierungsprozessen in obstruktiver Absicht ausgenutzt, wichtige Informationen zurückgehalten, und andere Teilnehmer unter Druck gesetzt werden. So kommt es z.B. in dem Sinne zu widersprüchlichen Verhaltensweisen, dass bestimmte Akteure in mehrstufigen Entscheidungsprozessen auf der ersten Stufe einen Standard bejahen, auf der zweiten Stufe hingegen mit ‚Nein' votieren (Schmidt/Werle, 1997, S.181). Denkbar ist ebenfalls, dass bestimmte Akteure die Mitarbeit an einem Standardisierungsprozess kurzerhand aufkündigen und gegebenenfalls auf andere Mechanismen der Standardisierung zurückgreifen. Insofern ist die Wahl des Standardisierungsmechanismus eine strategische Variable.

Sind die Interessen wichtiger Akteure einander entgegengesetzt, so kann sich ein offener Konflikt in der Bildung konkurrierender Koalitionen und der Parallelisierung der Entwicklung von Standards äußern. In den bereits erwähnten „Standard Wars" versuchen unterschiedliche Koalitionen, die beispielsweise als Konsortien firmieren, ihre Technologien über den Marktwettbewerb als de facto

Standard durchzusetzen. Häufig spielen in solchen Situationen Netzwerkeffekte eine Rolle. Derartige Konflikte müssen allerdings nicht zwangläufig auf der Marktebene ausgetragen werden. So ist es beispielsweise denkbar, dass eine Koalition ein Konsortium gründet, während eine andere Koalition ein Standardisierungsprojekt in einer anerkannten Normungsorganisation anstößt. Das erste Konsortium zielt darauf ab, einen Standard möglichst schnell zu entwickeln und zu verbreiten, während das zweite Konsortium einen Standard mit größerer Legitimität anstrebt. Standardisierungskonflikte treten nicht nur in Verhandlungssituationen auf oder werden per Marktwettbewerb ausgefochten, sondern manifestieren sich beispielsweise auch als Rechtstreit. Eine besondere Form nichtkooperativen, also konfliktären Standardisierungsverhaltens besteht darin, Unternehmen zu erwerben, die Schlüsseltechnologien halten, die für die Durchsetzung eigener proprietärer Standards geeignet sind. Dieses Verhalten, bei dem genau genommen keine Kooperation mehr mit anderen Akteuren existiert, ist charakteristisch für Microsoft, das nicht gerade für einen kooperativen Ansatz in der Standardisierung oder einen Hang zum „knowledge-sharing" bekannt ist.

4.4.3.3   *Oligarchische Standardisierung*

Eine oligarchische Standardisierungssituation liegt dann vor, wenn nur einige wenige, besonders einflussreiche Akteure über die Ausgestaltung eines Standards entscheiden. Derartige Akteure verfügen üblicherweise über exklusives technologisches Wissen und politische oder ökonomische Macht, die durchaus dazu eingesetzt werden kann, die Interessen anderer Akteure zu unterdrücken. Ob und wie derartige „Oligarchen" ihren exklusiven Interessen in der Standardisierung nachgehen können, hängt maßgeblich von den institutionellen bzw. gesellschaftlichen Rahmenbedingungen und insbesondere dem staatlichen Einfluss ab. Der Staat kann sich mit den Oligarchen gemein machen, oligarchische Akteure fördern, oder diese in ihre Schranken verweisen, z.B. per Wettbewerbsrecht oder dadurch, dass allen Interessengruppen ein angemessener Einfluss in Standardisierungsprozessen gewährt wird.

Im Allgemeinen ist davon auszugehen, dass die Oligarchen mit den Standards, die sie entwickeln, in erster Linie ihre eigenen Interessen bedienen. Indes sind auch Situationen denkbar, in denen es durchaus angemessen, wenn nicht optimal ist, von der Teilnahme an Standardisierungsprozessen abzusehen bzw. die Erstellung von Standards einigen wenigen Akteuren zu überlassen. Dies ist beispielsweise unter den folgenden Umständen der Fall:

-    Die eigenen Interessen werden hinreichend von anderen Teilnehmern vertreten.

- Man kann weder einen substantiellen inhaltlichen Beitrag leisten, noch würde eine Teilnahme einen Einfluss auf das Ergebnis haben. In diesem Falle würde eine Teilnahme nur die Entscheidungskosten erhöhen.
- Im Falle der bereits erwähnten Koordinationsstandards sind alle möglichen Standards gleichwertig. Maßgeblich ist, dass alle Akteure sich an den verabschiedeten Standard halten.
- Die Oligarchen handeln verantwortlich im Interesse der anderen Akteure.

4.4.3.4 Monopolistische Standardisierung

Im Extremfall der monopolistischen Standardisierung entscheidet nur ein einziger Akteur unabhängig davon, welche Akteure in welcher Weise hiervon betroffen sind, über die Ausgestaltung eines Standards. Dies kann beispielsweise ein mächtiges Unternehmen wie z.B. Microsoft sein, das ein Monopol an einem de facto Standard hält und mehr oder minder alle korrespondierenden Standards, Schnittstellen und Spezifikationen kontrolliert, oder selbstverständlich der Staat, der alle Standardisierungsaktivitäten vereinnahmt oder steuernd eingreift. Dies wird dann der Fall sein, wenn die privaten Akteure nicht in der Lage oder Unwillens sind, im öffentlichen Interesse bzw. entsprechend der staatlichen Steuerungsziele, beispielsweise aufgrund von Anreizproblemen bzw. externer Effekte, zu handeln. Unternehmen haben z.B. dann keinen besonderen Anreiz zu standardisieren, wenn der Nutzen aus dieser Maßnahme vollständig anderen Akteuren, z.B. den Anwendern oder Konsumenten, zugute kommt. Selbstverständlich ist das Ausmaß des staatlichen Einflusses auf die Standardisierung eine Frage der gesellschaftlichen Ordnung. Sobald keine privaten Akteure wie beispielsweise private Unternehmen existieren, die in eigener Regie Standards entwerfen könnten, bildet der Staat den einzigen institutionellen Locus, an dem Standards erstellt werden können. Dies gilt beispielsweise für die vorindustrielle Phase, in der die Standardisierung vielfach Angelegenheit staatlicher Organe war, und selbstverständlich auch für totalitäre Systeme, welche die Standardisierung vollständig in den Staatsapparat integrieren, um vollständige Kontrolle zu erhalten.

4.4.3.5 Verteilungen von Standardisierungssituationen

Konstitutiv für die bisher erörterten Standardisierungssituationen waren die relevanten Akteure, deren Handlungsmöglichkeiten, die zur Verfügung stehenden Standardisierungsmechanismen, deren institutionelle Merkmale, die unterschiedlichen Varianten, in denen ein Standard erstellt werden kann, und die Nutzenprofile der Akteure über diese Varianten. Die Standardisierungsmechanismen wurden hierbei weitgehend mit ihren charakteristischen Entscheidungsmechanismen gleichgesetzt. Auffällig war in den letzten Abschnitten, dass die Zahl der Akteure, die über die Ausgestaltung eines Standards entschieden, im Verhältnis zu N „schrumpfte". Konnten im Falle von Win-win Situationen prinzipiell alle $i \in N$ an der Entscheidung teilnehmen, bestimmte im Extremfall der monopolistischen Standardisierung nur noch ein einziger Akteur über einen Standard – unabhängig davon, welche Akteure hierdurch in welcher Form betroffen waren. Weiterhin existiert ein intermediärer Bereich, gewissermaßen der „Wilde Westen der Standardisierung", in dem die Interessen unterschiedlicher Akteure divergieren und Konflikte in unterschiedlicher Form, z.B. als „Standard Wars", ausgetragen werden. Hierbei ist keineswegs sicher, ob sich ein Standard durchsetzen würde, und wenn ja, welcher Standard – bzw. welche Standards, falls ein Endzustand erreicht werden sollte, in dem mehrere Varianten koexistieren. Im Falle der oligarchischen Standardisierung war die Zahl derjenigen Akteure, die über die Ausgestaltung eines Standards entschieden, ausgesprochen klein im Verhältnis zu N.

Grundsätzlich kann davon ausgegangen werden, dass, gegeben einen bestimmten Zeitpunkt und einen bestimmten gesellschaftlichen, technischen bzw. ökonomischen Entwicklungsstand, eine bestimmte Anzahl von Standardisierungssituationen existiert, die über die unterschiedlichen Klassen wie Win-win Situationen, Abweichungen von Win-win Situationen, Wilder Westen der Standardisierung, oligarchische Standardisierung und monopolistische Standardisierung verteilt sind. Diese Verteilung von Standardisierungssituationen bildet ein nützliches analytisches Instrument. Während der Industrialisierung manifestierten sich beispielsweise Win-win Situationen in erheblichem Ausmaß, was sich in der Gründung nationaler und internationaler Normungsorganisationen niederschlug. In der vorindustriellen Zeit dominierte hingegen die monopolistische, und teilweise auch oligarchische Standardisierung. Seit ca. 30 Jahren fallen viele Standardisierungssituationen in den intermediären Bereich (Abweichungen von Win-win Situationen, Wilder Westen der Standardisierung), der folglich an Verteilungsmasse dazu gewinnt. Dies hängt mit neuen Formen der Standardisierung (Konsortien, de facto Standardisierung in der Marktsphäre) zusammen, die den klassischen Normungsorganisationen Konkurrenz machen. Außerdem ist dies Ausdruck einer stärkeren Orientierung der Akteure an wirtschaftlichen und weniger an technisch-systemischen Maßstäben. Was auf der technisch-systemischen Ebene noch eine Win-win Situation gewesen wäre, kann auf wirtschaftlicher Ebene bereits weitgehend konfliktbehaftet sein. Auf dieser Ebene treten die Interessengegensätze sehr viel drastischer zutage und äußern sich in einem verschärften Wettbewerb bzw. einer weitgehend strategischen Instrumentalisierung der Standardisierung bzw. der zur Verfügung stehenden Standardisierungsmechanismen[42]. Ein weiterer Faktor besteht in der allgemeinen Tendenz,

---

42 Hier leistet erneut das Denken in Handlungsräumen bzw. Handlungsebenen nützliche Dienste. Die zunehmende Orientierung an wirtschaftlichen Aspekten geht mit einer weitreichenden Modifikation der Handlungsräume der Akteure einher. So kontrahieren die Handlungsebenen, die mit kooperativen Verhalten und der Ausrichtung am Gemeinwohl korrespondieren. Im

die durchaus mit dem verschärften Wettbewerb korreliert ist, Standards immer schneller zur Verfügung stellen zu müssen. Dies macht es zuweilen im Interesse einer rechtzeitigen Standardisierung erforderlich, einige relevante Akteure von der Teilnahme an Standardisierungsprozessen auszuschließen.

Die Verteilung von Standardisierungssituationen hat weiterhin eine Reihe von steuerungspolitischen Implikationen. So kann der Staat durch die entsprechende Gestaltung der Handlungsräume der relevanten Akteure spezifische Standardisierungsmechanismen begünstigen bzw. einschränken und auf diesem Wege beeinflussen, welche Standards in welchem Kontext entwickelt werden. Grundsätzlich ist es sicherlich zweckmäßig, die Entwicklung bestimmter Standards innerhalb eines geeigneten, wenn nicht gar optimalen Kontexts, also im Rahmen des bestgeeigneten Standarisierungsmechanismus mit der bestmöglichen Zusammensetzung der Teilnehmer, vorzunehmen. Zweckmäßig ist es weiterhin sicherlich, die Nachfrage nach Standards mit dem Angebot an Ressourcen zu deren Entwicklung in Einklang zu bringen. Wenn also beispielsweise ein Schub an Winwin Situationen absehbar ist, so könnten der Staat oder auch andere einflussreiche Stakeholder den Normungsorganisationen die notwendigen Ressourcen zur Verfügung stellen, um die Entwicklung der entsprechenden Standards unter den geeigneten Rahmenbedingungen zu ermöglichen.

Schädlich ist es sicherlich, wenn die Entwicklung eines Standards gewissermaßen in die falschen Hände gerät bzw. in einem falschen Kontext vorgenommen wird. Es wäre beispielsweise eine unzulängliche Zuordnung, wenn die Entwicklung von Win-win Standards, die am besten unter dem Dach klassischer Normungsorganisationen bzw. konsensorientierter Konsortien vorgenommen werden sollten, im konfliktären, intermediären Bereich verortet werden würde, um dort etwa per Marktmechanismus durchgesetzt zu werden. Hier bestünde die Gefahr eines kostspieligen Wettbewerbs und der Fragmentierung bzw. unzureichenden Standardisierung, also der dauerhaften Nichtausschöpfung von Netzwerkeffekten, der unzureichenden Berücksichtigung des öffentlichen Interesses, z.B. von Sicherheitsaspekten, oder der dauerhaften Gefährdung der Integrität von Systemen bzw. Infrastrukturen. Gleichermaßen wäre es nicht angemessen, einen von vornherein konfliktbehafteten Standard in einer Normungsorganisation gemäß den Prinzipien der konsensorientierten Normung entwickeln zu wollen. Hier würden die Kontrahenten alle Möglichkeiten bzw. Schwächen des konsensorientierten Normungsprozesses nutzen, um ihre Interessen durchzusetzen bzw. den Interessen der gegnerischen Partei zu schaden. Diese Strategien sind letzten Endes destruktiv,

---

Gegenzug wird ein ganzes Bündel konflikt- und marktorientierter, d.h. strategischer Handlungsalternativen in den effektiven Handlungsraum aufgenommen. Was vor kurzem noch beispielsweise qua Tradition oder Unternehmensethik unzulässig war, ist nun im wirtschaftlichen Interesse legitim.

führen zu keinen oder zu einem unzulänglichen Ergebnis, kosten die Zeit und das Geld insbesondere der Teilnehmer, die sich in bester Absicht engagieren, und beschädigen letzten Endes die institutionelle Integrität der konsensbasierten Normung. Ein Standard und seine Entwicklungsumgebung sollten also miteinander harmonieren, einander „matchen".

Wie kann es zu einer solchen falschen Zuordnung von Standards und ihrer Entwicklungsumgebung kommen? Dies ist in erster Linie eine Frage des Bewusstseins respektive der Bewusstseinsrestriktionen der relevanten Akteure. Man betrachte beispielsweise einen Staat, der eine ausgesprochen markt- bzw. wettbewerbsorientierte Wirtschaftspolitik verfolgt. Das Bewusstseinsproblem liegt darin, dass allem, was nicht unmittelbar marktrelevant ist, nur geringe Aufmerksamkeit zuteil wird. Hier besteht die Gefahr, dass die Entwicklung solcher Standards vernachlässigt oder in den kompetetiven intermediären Bereich verlagert wird, die besser in der konsensualen Standardisierung oder beim Staat selbst verortet gewesen wären. Dies ist besonders im Falle von fundamentalen struktur- und systemkonstituierenden Standards problematisch, welche die grundlegenden Merkmale technischer und/oder sozioökonomischer Systeme und Infrastrukturen festlegen. Wenn diesbezüglich keine adäquaten Standards existieren, die nur unter den entsprechenden Rahmenbedingungen in angemessener Qualität entwickelt werden können, dann besteht die Gefahr der Fragmentierung oder struktureller bzw. systemischer Zusammenbrüche von zum Teil katastrophalen Ausmaßen[43]. Die Steuerungsaufgabe des Staates besteht offenbar darin, die Rahmenbedingungen dafür zu schaffen, dass das gesamte gesellschaftliche Standardisierungspotential erschlossen werden kann, also alle wohlfahrtsfördernden Standards auch entwickelt werden, und zwar unter den adäquaten Rahmenbedingungen. Der Staat kanalisiert mit seiner Standardisierungspolitik die Entwicklung von Standards, wobei Ziel sein sollte, die zu entwickelnden Standards den optimalen Entwicklungsumgebungen zuzuordnen.

Insofern greift es zu kurz, wenn der Staat nur eine Standardisierungspolitik, also beispielsweise eine liberale, wettbewerbsorientierte Politik oder eine eher strukturkonservative Politik verfolgt, welche die anerkannte Normung begünstigt. Vielmehr sollten stets alle Möglichkeiten, alle Formen der Standardisierung offen gehalten werden, um die optimale Übereinstimmung eines Standards und seiner Entwicklungsumgebung erzielen zu können. Es kommt im Prinzip darauf an, auf jede Standardisierungssituation die richtige Antwort zu haben, und dies bedeutet erneut nichts anderes als die Konditionierung der Handlungsräume der relevanten Akteure, wobei die Standardisierungspolitik des Staates im Prinzip eine Mehrebenen-Politik darstellt – respektive darstellen sollte.

---

43 In Abschnitt 6.5 wird diese Argumentationsweise anhand der Ursachen für die massiven Stromausfälle im Nordosten der USA und in Teilen Kanadas im August 2003 veranschaulicht.

Auch wenn der Fall des Staates hier ausführlich erörtert wurde, spielen die Bewusstseinsrestriktionen bezüglich der Standardisierung auch bei allen anderen Akteuren eine maßgebliche Rolle. Beispielsweise werden Entscheidungsträger in Unternehmen, die am kurzfristigen Erfolg ausgerichtet sind, kaum Ressourcen für ein langfristig orientiertes Normungsprojekt aufwenden, auch wenn dies eigentlich einen positiven Nutzen zeitigen würde. In Unternehmen ist es grundsätzlich ein Problem, Entscheidungsträger von nichttechnischer Provenienz von dem Stellenwert der Standardisierung zu überzeugen. Wer auf Wettbewerb geeicht ist, verkennt möglicherweise Standardisierungssituationen, in denen Kooperation das beste Ergebnis zeitigen würde. Wer hingegen auf konsensorientierte Normung geeicht ist, verkennt, dass einige Standards dermaßen konfliktbehaftet sind, dass ein Konsens unter den Kontrahenten nicht möglich ist und die institutionelle Integrität der konsensbasierten Normung durch ein solches Projekt eher beschädigt wird. Dem gemeinen Anwender bzw. Konsumenten werden die Vorteile der Standardisierung erst dann bewusst, wenn Störungen oder Unbequemlichkeiten aufgrund mangelnder Standardisierung auftreten, also beispielsweise der deutsche Fön nicht in die englische Steckdose passt.

Ein adäquates Standardisierungsbewusstsein heißt nun in erster Linie, Standardisierungssituationen auch als solche zu erkennen. Dies bedeutet, wahrnehmen zu können, wie die Einführung eines Standards die Interessen der relevanten Akteure beeinflusst, respektive deren Handlungsräume modifiziert, welches die geeigneten Rahmenbedingungen sind und unter wessen Beteiligung dies geschehen sollte. Und das wiederum hängt von den Attributen eines Standards ab, was auf ein Kernargument führt: eine Standardisierungssituation kann nur dann richtig erfasst werden, wenn eine Verstellung von den Attributen, der inhaltlichen Ausgestaltung eines Standards existiert. Dies ist Voraussetzung für alles, was darauf folgt, insbesondere den Entwurf so genannter „Standardisierungsstrategien". Und dies rückt die Vertreter der technischen Disziplinen ins Rampenlicht: Ihr Know-how ist nicht nur für die Erstellung eines Standards unentbehrlich, sondern auch Voraussetzung für die Erfassung und Beurteilung der gesamten Situation und der technisch-systemischen, ökonomischen bzw. gesellschaftlichen Konsequenzen der Einführung eines Standards.

Das Problem lautet nun, dass vermehrt solche Akteure in der Standardisierung einen Einfluss ausüben, die ein auf die eine oder andere Weise eingeschränktes Blickfeld haben, also auf der Bewusstseinsebene restringiert sind. Dies gilt insbesondere für den wissenschaftlichen Diskurs, in dem zusehends von der technisch-inhaltlichen Dimension der Standardisierung abstrahiert wird. Hier herrscht mittlerweile eine rege Beteiligung von Vertretern nichttechnischer Disziplinen, wie beispielsweise Ökonomen, Betriebswirte, Juristen, Soziologen, Politologen, usw., die teilweise die Diskussion an sich gerissen haben. Beispielsweise wird in der ökonomischen Modellbildung im Allgemeinen völlig von den technischen Attributen eines Standards abstrahiert. Ökonomen denken tendenziell markt- bzw. wettbewerbsorientiert. Insofern ist eine Vorliebe in diesen Kreisen für die marktbasierte Koordination menschlicher Interaktion und folglich für die Standardisierung per Marktmechanismus nicht gerade überraschend. Die Ausgangshypothese sozialkonstruktivistischer Ansätze, wie dem Social Construction of Technology Ansatz, SCOT, ist, dass Technologien, und damit auch Standards, aufgrund sozialer Prozesse existieren. Den Vertretern dieser Sichtweise zufolge determiniert bzw. dominiert der soziale Prozess die Technologie, und nicht umgekehrt die Technologie die soziale Interaktion. Diese subjektivistischen Ansätze, deren Annahme lautet, die Subjekte würden ihre Sicht der Welt vor dem inneren Auge rekonstruieren, haben sich bereits vollends von der technischen Dimension der Standardisierung entfernt. Indem, wie im SCOT-Ansatz, die technischen Aspekte der Standardisierung keine Rolle mehr spielen, degradiert man auch die Ingenieure bzw. grenzt sie aus. Diese Akteure handeln nicht eigenständig, sondern hängen vom sozialen Kontext ab, sind von diesem determiniert.

Die Bewusstseinsrestriktion der Ingenieure besteht zum Teil darin, nicht wahrzunehmen, das durch den Einfluss anderer Disziplinen auf die Standardisierung mittlerweile eine Paradigmenverschiebung eingesetzt hat. Dies äußert sich in einer veränderten Terminologie, verlagerten Untersuchungsschwerpunkten, neuem (vermeintlichen) Wissen und neuen stilisierten Fakten zur Standardisierung, die indes keineswegs zutreffend sein müssen. Durch die systematische Vernachlässigung der technischen Aspekte in der Standardisierung wird den Ingenieuren schlichtweg das Wasser abgegraben. Dies wird spätestens dann zum Problem, wenn die hierdurch verzerrte Sicht der Standardisierung bei den Entscheidungsträgern in unterschiedlichen Positionen ankommt und sich dort in einem inadäquaten Umgang mit der Standardisierung manifestiert.

4.4.4 Tendenzen in der Standardisierung

Wie bereits dargelegt, gehen bei der Erstellung eines Standards einerseits Wissen, also wahre zweckdienliche Information, und andererseits die Präferenzen derjenigen Akteure ein, die während des Standardisierungsprozesses den entsprechenden Einfluss geltend machen können. Demzufolge setzt sich ein Standard aus wissensbasierten und präferenzbasierten Elementen zusammen (vgl. Abschnitt 4.3). Wissensbasierte Elemente bilden den mehr oder minder unabdingbaren „Nukleus" eines Standards, während präferenzbasierte Elemente disponibel sind und gegebenenfalls eine Verhandlungsmasse darstellen, also einen „Verhandlungsraum" aufspannen. Beispielsweise verhandeln Unternehmen in Technischen Komitees über solche Merkmale eines Standards, die für die Kosten der Implementierung maßgeblich sind. Hierbei sind die Unternehmen im Prinzip bestrebt, solche Spezifikationen durchzusetzen, die ihre jeweiligen Implementierungskosten minimieren, im Hinblick auf die Gesamtqualität des Standards aber weitgehend äquivalent sind[44].

Eine minimale Ausstattung mit wissensbasierten Elementen ist für die Existenz eines Standards also unabdingbar. Geht das entsprechende Wissen nicht ein, scheitert der Standardisierungsprozess unweigerlich. Das Problem besteht nun darin, dass auch Präferenzen über die Verwendung wissensbasierter Elemente in Standardisierungsprozessen bestehen. Beispielsweise verfügt ein Unternehmen über exklusives Wissen, dass einerseits einen Wettbewerbsvorteil bedeutet, andererseits aber für die Erstellung eines Standards unabdingbar ist („Bottleneck-Technologien"). Solche Unternehmen könnten sich aus wirtschaftlichem Kalkül veranlasst sehen, ihr Wissen nicht zur Verfügung zu stellen und den Standard scheitern zu lassen, auch wenn sie dessen Realisierung eigentlich befürworteten. Um derartigen Problemen zu begegnen, entwerfen Normungsorganisationen zum Teil sehr ausgefeilte Intellectual Property Rights Policies[45]. Diese zielen darauf ab, Unternehmen gegen eine faire Gegenleistung, wie z.B. Lizenzzahlungen in angemessener Höhe, dazu zu veranlassen, im Falle von Vorbehalten dennoch ihr exklusives Wissen in den Normungsprozess eingehen zu lassen. Die Dimension der Intellectual Property Rights (IPRs) hat insbesondere bei der Standardisierung in ICT-Bereich einen enormen Stellenwert, weil die Technologien, die für die Erstellung von Standards notwendig sind, häufig das Eigentum von Unternehmen darstellen.

Gerade in den Bereichen der Hochtechnologie nehmen die Komplexität und der Abstraktionsgrad von Standards tendenziell zu. Dies hat im Prinzip zur Folge, dass es immer schwieriger wird, das für die erfolgreiche Erstellung eines Standards notwendige Wissen zu generieren. Folglich steigt auf der Inputseite von Standardisierungsprozessen der Anteil an unentbehrlichem Wissen. Im Gegenzug sinkt der Anteil an präferenzbasierten Inputs. Dies bedeutet, dass der Spielraum (die Handlungsebene) für strategisches Verhalten im Standardisierungsprozess kontrahiert. Im Falle eines vollständig wissensbasierten Standards degeneriert der Strategieraum der Akteure, die über unentbehrliches Wissen verfügen, auf die zwei Alternativen, dieses Wissen einzubringen oder nicht. Im Standardisierungsprozess selbst existiert hingegen kein strategischer Spielraum. Außerdem ist auch der „Ergebnisraum" binär: Entweder kommt der Standard zustande, oder er kommt nicht zustande, wenn nur ein Akteur sein unentbehrliches Wissen zurückhält.

---

44 Dies muss selbstverständlich keineswegs immer so sein. Unterschiedliche präferenzbasierte Spezifikationen können sich im Hinblick auf die Gesamtqualität des Standards sehr wohl unterscheiden.

45 Der ETSI Guide on Intellectual Property Rights umfasst beispielsweise über 20 Seiten (ETSI Directives, 2004, S.47ff.).

Hieraus kann eine ganze Reihe von Problemen erwachsen. Je größer der Anteil wissensbasierter Inputs, und je mehr von diesen wissensbasierten Inputs proprietär ist, desto größer das Risiko, dass ein Standardisierungsprozess aufgrund von Partikularinteressen scheitert oder eine nur suboptimale Lösung zustande kommt. Dies gilt umso mehr für den Fall, dass bei den Akteuren das Bewusstsein zu Standardisierung nur unzureichend ausgeprägt ist oder kurzfristige Interessen das Verhalten dominieren. Auf der Makroebene würde dies zu Folge haben, dass es gerade in den fortschrittlichen Bereichen, in denen die Komplexität der Zusammenhänge tendenziell am größten ist, zu einer Unterversorgung mit einem suboptimalen Angebot an Standards kommt.

Wie kann dieser Problematik nun begegnet werden? Einerseits durch die oben bereits angesprochenen IPR-Policies der Normungsorganisationen. Im Rahmen dieser Politiken werden selbstverständlich die Eigentumsrechte der entsprechenden Akteure an ihrem Wissen anerkannt. Dies liegt bereits in der Freiwilligkeit der Teilnahme an Normungsprozessen begründet, und so können nur die Instrumente der „sweet persuasion" zum Einsatz kommen. Aus der Open Source/Open Architecture/Open Standards Gemeinde (vgl. Abschnitt 4.3.7) kommt indes der sehr viel radikalere Vorschlag, Wissen so weit wie möglich öffentlich und frei verfügbar, also gleichsam zu einem Öffentlichen Gut zu machen. Die freie Enzyklopädie Wikipedia bzw. die Wiki-Bewegung im Allgemeinen sind Ausdruck dieser Gesinnung. Ähnliche Signale kommen seit kurzem von einer Reihe von Unternehmen. So hat beispielsweise Anfang 2006 der Mitbegründer und Konzernchef von Sun, Scott McNealy, das „Knowledge Sharing", also einen kooperativen Umgang mit Know-how anstelle der Akkumulation und strategischen Instrumentalisierung proprietären Wissens, propagiert (Heise Online News, 2006a). Auf Dauer würde sich das kooperative Modell besser auszahlen als der kompetetive Ansatz, der auf die Sicherung der Rechte an geistigem Eigentum setzt. Hierdurch werden mindestens implizit auch die kooperativen Formen der Standardisierung begünstigt.

Prinzipiell ist es ein verheißungsvoller Gedanke, jederzeit kostenlos auf alles erdenkliche Wissen der Menschheit zurückgreifen zu können. Und tatsächlich befindet man sich ja z.B. dank vieler Initiativen wie der Wiki-Bewegung auf dem Weg dorthin, auch wenn zuweilen Probleme, z.B. im Hinblick auf die Qualität der Inhalte, auftreten. Außerdem werden auch Standards bzw. Normen in ihrer Eigenschaft als Wissensspeicher hierbei eine erhebliche Rolle spielen. Umgekehrt bedeutet die freie Verfügbarkeit allen relevanten Wissen eine beträchtliche Begünstigung kooperativ ausgerichteter Formen der Standardisierung: sobald das unabdingbare Wissen frei verfügbar ist, hat auch die Entkoppelung von proprietären Interessen stattgefunden. Natürlich wird sich eine derartige Entwicklung nicht völlig reibungslos vollziehen. Hier ist es absehbar, dass die wirtschaftlichen

Interessen bestimmter Unternehmen durch die freie Verfügbarkeit des Wissens beeinträchtigt werden.

4.5 Das Konsensprinzip in der Normung

In diesem Abschnitt werden einige Betrachtungen darüber angestellt, worauf der herausragende Stellenwert des Konsensprinzips in der Normung basiert. Im Laufe der Industrialisierung manifestierten sich massiv die Vorteile der technischen Vereinheitlichung, und zwar häufig in Form von Win-Win-Situationen. Wie bereits in Abschnitt 4.4.3 geschildert, korrespondieren Win-Win-Situationen in der Standardisierung mit dem Konsensprinzip. Sobald die Interessen aller relevanten Akteure über die Wahl einer Norm gleichgerichtet sind, wird das Konsensprinzip als Entscheidungsmechanismus der Wahl implementiert. So verstärkte sich im Laufe der Industrialisierung der Anreiz, diese Win-Win-Situationen durch die Einrichtung geeigneter institutioneller Rahmenbedingungen auszuschöpfen, die den a priori gleichberechtigten Akteuren eine Plattform zum Informationsaustausch und zur konsensbasierten Festlegung einheitlicher technischer Spezifikation boten. Weiterhin waren es militärische Belange im Vorfeld und während des ersten Weltkrieges, welche die Institutionalisierung der konsensbasierten Normung begünstigten. Beispielsweise empfanden es die deutschen Unternehmen als vaterländische Pflicht, im Kriegsinteresse zu kooperieren und gemeinschaftlich militärisch relevante Normen zu erstellen. Hierbei hat der Staat so gut wie keinen Zwang ausüben müssen (Wölker, 1992).

Für das Konsensprinzip spricht grundsätzlich, dass eine per Konsens erstellte Norm ex post die Akzeptanz bei den Anwendern maximiert. Gleichermaßen greift, wie schon angedeutet, so etwas wie ein Naturrechtsargument: A priori sind alle relevanten Akteure gleich, die dementsprechend mit gleichen Rechten und Pflichten ausgestattet sein sollten. Außerdem ist das Zwangsmoment, dass mit der konsensbasierten Normung einhergeht, verhältnismäßig niedrig: es handelt sich um eine Form privater Selbstorganisation jenseits der Marktsphäre und jenseits staatlichen Zwanges. Die Teilnahme an Normungsprojekten ist freiwillig und steht prinzipiell jedem offen. Weiterhin gewährleistet das Konsensprinzip (idealtypisch), dass kein Teilnehmer gegen seinen Willen eine Einschränkung seiner Freiheit hinnehmen muss, Außerdem besteht für niemanden ein (unmittelbarer) Zwang, das Resultat des Normungsprozesses – die Norm – auch anwenden zu müssen. Natürlich sollen auch die potentiellen Nachteile der konsensbasierten Normung nicht unerwähnt bleiben. Dies sind beispielsweise die hohen Kosten der Entscheidungsfindung, denen allerdings geringe externe Kosten gegenüberstehen (Kirsch, 1997, S.122ff.). Die Kosten der Entscheidungsfindung drücken sich unter anderem in langwierigen Verhandlungsprozessen aus. Das Ergebnis der konsensbasierten Normung kann zuweilen der berüchtigte „faule Kompromiss" sein, oder mehrere, im Prinzip widersprüchliche Spezifikationen innerhalb einer Norm, die unterschiedliche Interessen bedienen. Weiterhin ist das Konsensprinzip empfindlich gegenüber Partikularinteressen: bereits ein einziger, zu allem entschlossener Abweichler kann konsensbasierte Entscheidungsprozesse entscheidend verzögern oder zum Stillstand bringen.

Grundsätzlich lässt sich die konsensbasierte Normung als ein Instrument der gesellschaftlichen Einflussnahme interpretieren, wie anhand der Industrialisierung veranschaulicht werden soll. Es wurde bereits angedeutet, dass die industrielle Revolution mit einer weitreichenden gesellschaftlichen Transformation einherging. Ehemals einflussreiche Akteure büßten an Macht ein, während neue Akteure die gesellschaftliche Bühne betraten und deren Neugestaltung betrieben. Diese Akteure waren in erster Linie das Bürgertum und die technische Intelligenz, die der naturwissenschaftlichen Methode zum Siegeszug verhalfen und mit neuen Technologien die gesellschaftlichen Verhältnisse fundamental veränderten. Bekanntermaßen gab es während der Industrialisierung eine Reihe von Problemen und Spannungen. In Deutschland beispielsweise verschärften sich die gesellschaftlichen Konflikte zwischen dem Staat, profitorientierten Kapitalisten/ Unternehmern und der unterprivilegierten Arbeiterklasse. Außerdem war die technische Intelligenz mit ihrem gesellschaftlichen Stellenwert unzufrieden, der ihr von anderen einflussreichen Akteuren zugebilligt wurde (Monthoux, 1981, S. 77). Die Normung kann nun als Instrument der gesellschaftlichen Einflussnahme eingesetzt werden, da sie erstens strukturbildend wirkt und die Handlungsräume der gesellschaftlichen Akteure auf subtile Weise modifiziert. Hierbei agieren die Ingenieure keineswegs konspirativ, sondern nutzen ihre Möglichkeiten zur Selbstorganisation und profitieren von den Bewusstseinsrestriktionen unterschiedlicher Bevölkerungsgruppen bezüglich der Normung. Die Normung konditioniert die Gesellschaftsmitglieder bzw. deren Handlungsweisen, ohne dass diese es bemerken. Zweitens stellt die Normung einen Gegenentwurf zur Konfliktorientierung anderer gesellschaftlicher Gruppen dar. Das gilt sowohl für den repressiven Staat, die profitorientierten Kapitalisten wie auch die Arbeiter, die im 19. Jahrhundert dem Klassenkampf immer aggressiver das Wort redeten. Der Konsens in der Normung bedeutet hingegen, Konflikte auf eine kooperative Weise zu bewältigen und alle Interessen dabei zu berücksichtigen. Es geht nicht um die Durchsetzung von Partialinteressen, sondern vielmehr ums Gemeinwohl, dass durch die Normung umgesetzt werden sollte[46]. Normen werden nach objektiven, wissenschaftlichen Maßstäben gebildet und haben einen höheren Wahrheitsanspruch als beispielsweise Ideologien oder tradierte Machtverhältnisse. Auf diesem Wege können die Ingenieure durch die Normung ihre Vorstellungen von einer gerechten Gesellschaftsordnung verwirklichen und sich einen

---

46 Die Orientierung am Gemeinwohl geht beispielsweise auch aus den Ethischen Grundsätzen des Ingenieurberufs des VDI hervor.

gebührenden Platz in der Gesellschaft sichern. Bolenz (1987, S.17) zufolge lautete das Selbstverständnis des deutschen Ingenieurs, „rationaler, zwischen den sozialen Fronten stehender Problemlöser" zu sein, wobei die Normung den Ingenieuren als „Integrationsressource" (Bolenz, 1987, S.55) bzw. der Identifikationsstiftung dient. De Monthoux stellt eine These auf, die der hier entworfenen ähnlich ist. Derzufolge treten die Ingenieure mit der Normung in Konkurrenz zu anderen Regelsetzern, insbesondere den Gesetzgebern. Monthoux unterstellt den Ingenieuren allerdings keine sonderlich vornehmen Absichten; diese würden mit der Normung nur auf Macht und gesellschaftliche Einflussnahme abzielen.

Es wurde bereits gezeigt, dass das Konsensprinzip verhältnismäßig robust gegenüber Interessensdivergenzen ist. Kleinere Abweichungen können z.B. durch Verhandlungsgeschick kompensiert werden, während solche Akteure, welche die Normung als Abfolge mehrerer Normungsprojekte betrachten, im Einzelfall auch dann eine Norm verabschieden, wenn es gegen ihre Interessen ist. Dies geschieht, weil die institutionelle Integrität des Normungsmechanismus nicht beeinträchtigt wird und die Interessenseinbußen auf lange Sicht durch vorteilhafte Normungsprojekte überkompensiert werden. Das folgende Beispiel, das dem Autor aus dem IT-Bereich zugetragen wurde, veranschaulicht einen weiteren Grund, warum das Konsensprinzip erstaunlich robust gegenüber Interessenabweichungen ist. Zu Beginn des Standardisierungsprozesses beharrte zunächst jeder Teilnehmer auf seiner Position, die lautete: „Gestalte den Standard so weit wie möglich nach meinen Vorstellungen bzw. meinen hausinternen Spezifikationen." Das Beharren auf den individuellen Positionen führte sehr bald zum Stillstand der Verhandlungen, da die unterschiedlichen Interessen nicht vereinbar waren. Was hierauf folgte, war im Prinzip ein Wechsel des Bewertungsmaßstabs: Man ging dazu über, von den individuellen Positionen zu abstrahieren und das Problem unter rein sachlichen Gesichtspunkten zu betrachten. Das individual-rationalistische Nutzenkalkül wurde also abgelöst durch eine gewissermaßen sachorientiertes, zweckrationalistisches Kalkül, das sich in erster Linie an den Attributen des Normungsobjektes und dessen Ausgestaltung orientierte. Hierdurch waren ein Fortschritt auf der sachlichen Ebene und die Erzielung eines Konsenses überhaupt erst möglich. Was sich hierbei änderte, waren nicht etwa nur die Präferenzen der beteiligten Akteure, sondern vielmehr der *Bewertungsmaßstab*, vermittels dessen die Präferenzen über die Ausgestaltung eines Standards überhaupt erst generiert werden. Dieses Beispiel ist von Interesse, was die Operabilität des Konsensprinzips anbetrifft. Wenn die Teilnehmer auf objektive bzw. naturwissenschaftliche Maßstäbe zurückgreifen, ist die Wahrscheinlichkeit für eine erfolgreiche konsensbasierte Normung sehr viel größer, als bei z.B. bei einer reinen Orientierung an ökonomischen Maßstäben. Hier ist die Wahrscheinlichkeit für unüberwindliche Konflikte deutlich größer.

Das Konsensprinzip spielt nicht nur in der Normung eine tragende Rolle, sondern wird von unterschiedlichen Autoren auch auf der gesellschaftlichen bzw. konstitutiven Ebene propagiert. Buchanan/Tullock (1974, Kap.7) preisen das Konsensprinzip als den vornehmsten Entscheidungsmechanismus auf Verfassungsebene, von dem nur dann abgerückt werden sollte, wenn es nicht anders möglich ist, es also die Interessensgegensätze unter der Gesellschaftsmitglieder erforderlich machen. Buchanan/Tullock orientieren sich bei ihrer Argumentation in erster Linie an den unverbrüchlichen Freiheiten des Individuums. Da alle Gesellschaftsmitglieder – wie in der Normung – *a priori* gleich sind, sollten qua Verfassung allen auch die gleichen Rechte zuteil werden. Das Abrücken vom Konsensprinzip in Situationen verschärfter Interessenkonflikte beruht auf einem rationalen Kalkül der Gesellschaftsmitglieder, welches auf die Aufrechterhaltung der Handlungsfähigkeit auf Verfassungsebene abzielt. Die Abweichung vom Konsensprinzip ist insofern das Resultat eines allgemeinen Konsenses auf der Metaebene der Verfassung.

Buchanan/Tullock entwickeln ihre Argumente für das Konsensprinzip weitgehend in ökonomischen Kategorien. Habermas' Theorie des kommunikativen Handelns (Habermas, 1981) ist von sozialphilosophischer Abkunft und zeichnet sich durch eine Reihe von Merkmalen aus, die auch im Zusammenhang mit der Normung von Interesse sind[47]. Grundlegend für die menschliche Kommunikation und Interaktion ist nach Habermas zunächst die Sprache (Melchior, 1992, S.11ff.). Bereits ihre Existenz und Struktur ist Ausdruck eines allgemeinen und ungezwungenen Konsenses[48]. Vermittels der Sprache versuchen allerdings die Menschen – bzw. Akteure, um bei dem bisherigen Sprachgebrauch zu bleiben – andere Akteure dazu zu veranlassen, in ihrem Interesse zu handeln. Der Einsatz der Sprache auf eine solche Weise beruht auf einer „instrumentellen Rationalität" und führt dazu, die Interessen anderer Akteure zu beeinträchtigen und die eigentlichen „Wahrheiten" zu überlagern. Habermas zufolge ist das Individuum aus sich selbst heraus nicht vernunftbegabt. Eine Quelle der Vernunft stellt indes die Kommunikation, insbesondere die Sprache dar. Diese Quelle lässt sich aber nur dann erschließen, wenn während des Diskurses bestimmte Regeln beachtet werden, die sich an den Prinzipien der Vernunft orientieren. Insbesondere muss alles, was kommuniziert wird, gleichermaßen begründbar wie kritisierbar sein. Dass heißt unter anderem, dass die Akteure darauf verzichten, die Sprache in den

---

47 Der Hinweis auf den Zusammenhang zwischen konsensbasierter Normung und der Habermas'schen Philosophie ist Schoechle (1999) zu danken.

48 Die Sprache stellt in den in diesem Kapitel entwickelten Kategorien einen überaus mächtigen Standard dar. Der Einigung auf einige sprachliche Attribute (Alphabet, Phonetik, Semantik, Syntax) steht eine Explosion der Kommunikationsmöglichkeiten gegenüber, ohne die die menschliche Entwicklung völlig unmöglich gewesen wäre. Man berücksichtige außerdem, dass der Herr den Turmbau zu Babel dadurch strafte, dass er die einheitliche Sprache aus den Angeln hob und jede zielgerichtete Kommunikation unmöglich machte.

Dienst der bereits erwähnten instrumentellen Rationalität zu stellen, also andere Akteure im eigenen Interesse beeinflussen zu wollen. Habermas kommt es insofern darauf an, ideale Sprechsituationen herzustellen. Geltungsanspruch wohnt nur solchen Argumenten inne, die entweder *objektiv wahr, normativ richtig* oder *subjektiv wahrhaftig* sind. Argumente bzw. Abfolgen von Argumenten genügen laut Habermas diesen Kriterien vor allen Dingen dann, wenn sie herrschaftsfrei *kommuniziert* werden. Die Akteure, unter denen eine herrschaftsfreie Kommunikation stattfindet, treten einander also völlig gleichberechtigt gegenüber. Die Kommunikation, die ausschließlich unter Berufung auf diese Geltungsansprüche zustande kommt, ist laut Habermas optimal rational. Aus der kommunikativen Vernunft ergibt sich dann kommunikatives Handeln.

Die Parallelen zwischen idealtypischen konsensbasiertem Normungsprozess und der Habermas'schen Denkweise sind evident. Man kann sich durchaus auf den Standpunkt stellen, dass im Normungsprozess darauf abgestellt wird, ideale Sprechsituationen herzustellen. Geht man konform mit Habermas' Anliegen, auf der Grundlage einer kritischen Gesellschaftstheorie die Gewalt als Instrument der Konfliktlösung durch einen „vernunftbasierten" Diskurs der Gesellschaftsmitglieder ablösen zu wollen, so kann der klassische konsensorientierte Normungsprozess durchaus als vorbildlicher Entscheidungsmechanismus, als vorbildliches institutionelles Arrangement gelten.

Da bereits der Begriff ‚Diskurs' gefallen ist, soll am Ende dieses Abschnitts im Rahmen eines Exkurses kurz auf Foucaults Diskursbegriff und dessen Verhältnis zur „Normalisation" eingegangen werden. Der Diskurs, den unterschiedliche Gesellschaftsmitglieder führen, gibt Auskunft über die "Institutionen, ökonomischen und gesellschaftlichen Prozesse, Verhaltensformen, Normsysteme, Techniken, Klassifikationstypen und Charakterisierungsweisen", die ihn formen bzw. dominieren (Foucault, 1969, S.68, zitiert nach Kreisky, 2001). Man kann also aus dem Diskurs, den bestimmte Gesellschaftsmitglieder führen, Schlussfolgerungen über die Rahmenbedingungen dieses Diskurses ziehen. Diese Rahmenbedingungen determinieren mehr oder weniger den Diskurs. Hierbei sollte allerdings berücksichtigt werden, dass Foucaults Diskursbegriff nicht nur vage bleibt, sondern sich im Laufe der Zeit auch noch mehrfach verändert hat. Dennoch ist er gerade im linken Spektrum ausgesprochen populär und hat in unterschiedlichen Bereichen, wie z.B. dem Feminismus, Eingang gefunden. Wann immer von Diskurs oder Diskursanalyse die Rede ist, ist damit üblicherweise der Diskurs im Sinne Foucaults und nicht etwa der im Sinne von Habermas gemeint. Tatsächlich sind die Diskursbegriffe von Habermas und Foucault geradezu diametral entgegengesetzt – ebenso wie deren Philosophien. Ein Beispiel soll veranschaulichen, wie die Ansichten Foucaults bezüglich der Normung („Normalisation") bei der Interpretation bestimmter sozialer Phänomene zum Tragen kommen (Gender ADs Project, 2007). Normen – seien es soziale Normen oder technische

Normen mit ausgeprägter sozialer Relevanz – dienen dazu, Menschen zu kategorisieren. Demzufolge gibt es „normale" Menschen, die bestimmten gesellschaftlichen Normen entsprechen, und „abnorme" Menschen, die diesen Normen nicht entsprechen. Eine dieser Normen, die auch bei Männern, insbesondere aber bei Frauen verfängt, ist beispielsweise das Gebot, schlank sein zu müssen[49]. Diese Norm manifestiert sich in dem Schönheitsideal, dass in den Medien, insbesondere aber in der Werbung allgegenwärtig ist. Wer diesem Ideal nicht entspricht, also nicht schlank ist, dessen Körper gilt als pathologisch und demzufolge als verbesserungsbedürftig. Wer nun dieses Gebot verinnerlicht, wird teils beträchtlichen Aufwand (Diäten, Medikamente, Kleidung, operative Eingriffe usw.) betreiben, um seinen Körper den geltenden Normen anzupassen. Das Kernargument lautet nun, dass ganze Industriezweige auf dem Streben nach Schlankheit fußen. Den Gesellschaftsmitgliedern wird also in erster Linie aus wirtschaftlichen Interessen eingeredet, sie seien abnorm.

4.6 Normungssysteme als Indikator gesellschaftlicher Verhältnisse

Czaya/Hesser (2003) vertreten die These, dass man aus dem Zustand eines Normungs- bzw. Standardisierungssystems auf den Zustand seines gesellschaftlichen Umfelds schließen kann. Die Argumentationsweise lautet folgendermaßen: Das gesellschaftliche Supersystem spannt den Handlungsraum derjenigen Akteure auf, die dem Normungssystem angehören und definiert dessen grundlegende institutionellen Attribute. Diese Attribute (respektive deren Ausprägungen) stehen nun in Relation zur Superstruktur und ermöglichen entsprechende Rückschlüsse über den Zustand des gesellschaftlichen Supersystems. Aussagekräftige Indikatoren sind beispielsweise die institutionellen Merkmale der Normungsorganisationen, deren Beziehungen untereinander und zur Systemumwelt (z.B. das Ausmaß, in dem Normungsstrukturen in die staatlichen Superstrukturen integriert sind), der rechtliche Status von Normen, und der Handlungsspielsraum der Akteure, Normungsprozesse nach ihren Vorstellungen ausgestalten zu können („Institutionen 2. Grades").

Zur Veranschaulichung dieser Denkweise betrachte man zunächst die beiden extremen Gesellschaftsformen des Totalitarismus und des uneingeschränkten Liberalismus. In einem totalitär verfassten Gesellschaftssystem ist das Normungssystem vollständig in den Staatsapparat integriert. Der Staat wird stets das letzte Wort bei der Ausgestaltung von Normen haben. Ebenso ist die Anwendung von Normen stets rechtsverbindlich. Normen haben folglich den Status von Gesetzen.

---

49 Den Körpermasseindex (Body-Mass-Index) kann man durchaus als einen technischen Standard interpretieren.

Private Akteure verfügen in totalitären Gesellschaftssystemen normalerweise über keinen Handlungsspielraum, Normen in Eigenregie zu erstellen. Genau genommen existieren in totalitärem Systemen nicht einmal private Akteure: jedes Gesellschaftsmitglied befindet sich permanent im Dienste der Interessen des Systems. In einem liberal verfassten Gesellschaftssystem, das die individuellen Freiheiten seiner Mitglieder besonders hoch gewichtet, wird der Staat die Ausgestaltung der Normung den privaten Akteuren überlassen, also nicht oder so wenig wie möglich intervenieren. Den privaten Akteuren stehen insofern alle Möglichkeiten offen, Normungsprozesse nach ihren Vorstellungen zu gestalten. Die so erstellten Normen sind unabhängig von staatlichen Interessen und haben selbstverständlich keinen Gesetzesstatus.

Rückschlüsse aus dem Zustand des Normungssystems auf den Zustand seines gesellschaftlichen Umfelds sind aber auch entlang der historischen Dimension möglich. Die in Abschnitt 4.3.1 angeführten Beispiele über die frühen Formen der Normung bzw. technischen Vereinheitlichung im alten Ägypten oder im kaiserlichen China legen den Gedanken nahe, dass die Existenz eines hoch entwickelten Normungssystems ein Indikator für die Hochkultur seines gesellschaftlichen Umfelds darstellt. Den Bau der Pyramiden im alten Ägypten würde man heutzutage beispielsweise als technisches Großprojekt bezeichnen. Die Vereinheitlichung der Größe der hierbei verwendeten Steinquader war für das Gelingen des Unterfangens geradezu ein ‚conditio sine qua non‘. Der kausale Zusammenhang ist gleichsam wechselseitig: Die Existenz der normativen technischen Vorschriften und seine Institutionalisierung sind Ausdruck der Hochkultur. Gleichzeitig wäre es ohne deren Existenz unmöglich gewesen, die Pyramiden, also die herausragende Manifestationen dieser Hochkultur, zu erbauen. Aus der Existenz eines entwickelten und funktionierenden Normungssystems kann also auf einen Mindeststand der gesellschaftlichen Entwicklung geschlossen werden.

Czaya/Hesser (2003) veranschaulichen anhand einer Reihe von Beispielen die Aussagekraft ihrer These:

-   Die ausgeprägte Geschäfts- bzw. Wettbewerbsorientierung des British Standards Institute (BSI) reflektiert die Geschäfts- bzw. Wettbewerbsorientierung der britischen Gesellschaft, die sich nach über einem Jahrzehnt des Thatcherismus tiefgreifend gewandelt hat.
-   Die Integration der Association Française de Normalisation (AFNOR) in den Staatsapparat und die ausgeprägte Präsenz staatlicher Vertreter innerhalb der Organisation korrespondiert mit dem traditionell zentralistischen bzw. dirigistischen französischen Politikverständnis[50].

---

50 Siehe hinsichtlich der institutionellen Merkmale des BSI und AFNORs die entsprechenden

- Der marode Zustand des post-sowjetischen Systems der Normung und Zertifizierung in der russischen Föderation korrespondiert mit dem Zustand seines Umfelds. Darüber hinaus befinden sich Normungssystem und Systemumwelt in einer sich selbst verstärkenden Feedback-Schleife, die zu einer weiteren Verschlechterung der gesellschaftlichen Verhältnisse in der russischen Föderation beiträgt.

Von Interesse ist im Rahmen dieser Arbeit natürlich, ob man aus dem Zustand des ENS Rückschlüsse auf den Zustand der EU ziehen kann. Dies soll unternommen werden, nachdem die institutionellen Merkmale des ENS hinreichend erläutert worden sind. In Abschnitt 6.4 findet ein Vergleich zwischen dem ENS und dem US-System der Standardisierung statt, aus dem einige allgemeine Aussagen über die Gesellschaftssysteme abgeleitet werden können.

4.7 Standardisierung und der Schumpeter'sche Unternehmer

Schumpeter spielt im zeitgenössischen Kanon der Volkswirtschaftslehre im Allgemeinen dann eine prominente Rolle, wenn es gilt, die Bedeutung von Innovationen, oder allgemeiner: marktexogenen Faktoren, die sich in der neoklassischen Theorie nicht explizit modellieren lassen, für die Marktdynamik bzw. Marktgenese zu erläutern. Im Allgemeinen wird man mit dem „frühen Schumpeter" konfrontiert, der in „Theorie der wirtschaftlichen Entwicklung" („Theory of Economic Development") die Figur des „dynamischen Unternehmers", mitunter auch als „Schumpeter'scher Entrepreneur" oder „Schumpeter'scher Unternehmer" bezeichnet, einführt, der dazu in der Lage ist, Erfindungen („Inventions") in marktgängige Produkte oder Verbesserungen von Produktionsverfahren („Innovations") zu transformieren. Erfindungen sind im Prinzip marktexogene Phänomene, während Innovationen existierende Marktverhältnisse beeinflussen, d.h. ein Ungleichgewichtsmoment induzieren oder gar die Genese neuer Märkte ermöglichen. Der dynamische Unternehmer wird für seine Initiative und das Risiko, dass er im Zuge der Einführung seiner Innovation auf sich genommen hat, durch eine temporäre privilegierte Marktstellung – im Extremfall eine Monopolstellung – und die entsprechenden Gewinne „belohnt". Mit der Zeit treten jedoch Imitatoren („statische Unternehmer") auf, welche die privilegierte Marktstellung des Schumpeter'schen Entrepreneurs herausfordern und dessen privilegierte Gewinnposition beeinträchtigen. In Abhängigkeit von den spezifischen Verhältnissen konvergiert der Markt in eine Marktform, z.B. ein Oligopol oder im Extremfall in den Zustand der vollständigen Konkurrenz, in welchem der Schumpeter'schen Entrepreneur seine privilegierte Stellung zum Teil oder ganz eingebüßt hat. Früher oder später werden durch eine neue Welle von Innovationen

---

Websites und Falke/Schepel (2000, S.61ff).

erneut Ungleichgewichtsmomente in das Marktsystem eingespeist und ähnliche Prozesse, die eben geschildert wurden, ausgelöst. Auf der Makroebene werden diese Vorgänge als Konjunkturschwankungen bzw. Konjunkturzyklen wahrgenommen. Schumpeter zufolge ist dieser Innovationsprozess maßgeblich für die gesellschaftliche und wirtschaftliche Entwicklung.

Die Konsequenzen, die sich aus der Einführung von Innovation ergeben, können durchaus schwerwiegend sein: Alte Technologien und Produkte fallen der Obsoleszenz anheim, Unternehmen werden unter Umständen in den Ruin getrieben, ganze Märkte brechen gegebenenfalls zusammen. Dem oben geschilderten Innovationsprozess wohnt insofern auch ein destruktives Moment inne. Daher ist im Zusammenhang mit dem Schumpeter'schen Innovationsprozess häufig auch von „schöpferischer Zerstörung" die Rede.

Wird der junge Schumpeter im Allgemeinen mit der „Theorie der wirtschaftlichen Entwicklung" identifiziert, wird der späte Schumpeter hingegen mit „Capitalism, Socialism and Democracy" assoziiert. Erstaunlich ist nun, dass dem dynamischen Unternehmer, der in der Theorie der wirtschaftlichen Entwicklung noch so tatkräftig auftritt, in Capitalism, Socialism and Democracy der Niedergang prophezeit wird. Das eifrige Wirken dynamischer Unternehmer bringt Unternehmen hervor, die gegenüber Konjunkturschwankungen bzw. neuen Innovationswellen stabil sind und weiter expandieren. Es setzt ein Konzentrationsprozess ein. Die Forschung und Entwicklung wird weitgehend von diesen Unternehmen übernommen und in das strategische Kalkül integriert, d.h. endogenisiert. Aufgrund des bereits akkumulierten technischen und naturwissenschaftlichen Wissens wird die Forschung und Entwicklung außerdem berechenbar, verstetigt und gleichsam mechanisiert. Zudem existieren weitere gesellschaftliche Tendenzen: Die institutionellen Merkmale des Staates und großer Unternehmen konvergieren, eine Zentralisierung und ein vermehrte gesellschaftliche Integration greifen Raum. Innerhalb des gebildeten Bürgertums entwickelt sich außerdem eine weitgehend anti-kapitalistische Haltung. Letzten Endes wird die kapitalistische durch eine sozialistische Gesellschaftsordnung abgelöst. Der späte Schumpeter prophezeit folglich ähnlich wie Marx auf der Grundlage eines „historischen Determinismus" den Übergang von einer kapitalistischen zu einer sozialistischen Gesellschaft. Während bei Marx jedoch die Defizite des kapitalistischen Systems und seine gesellschaftlichen Widersprüche hierfür den Ausschlag geben, so sind bei Schumpeter die Stärken des kapitalistischen Systems für dessen Niedergang verantwortlich. Der dynamische Entrepreneur, zentraler Akteur bei der Entwicklung des Kapitalismus, sägt sich gleichsam den Ast ab, auf dem er sitzt.

Die Normung spielt für den dynamischen Unternehmer zunächst höchstens eine untergeordnete Rolle. Entscheidend für die gesellschaftliche Entwicklung sind seine spezifischen Fähigkeiten, seine Initiative und Risikobereitschaft, Erfindungen zur Marktgängigkeit zu verhelfen. Im Laufe der Zeit wird jedoch allgemein-gültiges Wissen auf der technisch-naturwissenschaftlichen Ebene akkumuliert, für dessen Bereitstellung es eines geeigneten Mediums bedarf. Hierfür bieten sich Normen in ihrer Eigenschaft als Träger zeitinvarianten Wissens unmittelbar an. Außerdem entdecken innovationsfreudige Unternehmer den „Nutzen" der Normung im Hinblick auf die Rationalisierungseffekte in der Produktion, eine vereinfachte Konstruktion, eine verbesserte Interoperabilität, usw. In hinreichend großen Unternehmen entstehen zunächst Werksnormen, welche insbesondere die Konstruktion und Produktion erleichtern und später ein unternehmensüber-greifendes Normungssystem und mit ihm ein Normenwerk, das seinerseits eine strukturbildende Wirkung in der Gesellschaft entfaltet und so zur technisch-ökonomischen Integration unterschiedlicher gesellschaftlicher Teilbereiche bei-trägt.

Die Entwicklung der Normung bis zur Mitte des letzten Jahrhunderts korres-pondiert offenbar weitgehend mit den Vorstellungen des späten Schumpeters über die gesellschaftliche Entwicklung. Normen dienen als Speicher allgemeingültigen technisch-naturwissenschaftlichen Wissens, auf das Unternehmen für ihre For-schungs- und Entwicklungsvorhaben komfortabel zurückgreifen können. Gleich-ermaßen erleichtert – oder im Sprachgebrauch Schumpeters: „mechanisiert" – ein hinreichend entwickeltes Normenwerk wenn nicht die Grundlagenforschung, so doch zumindest die Konstruktion neuer Produkte. Hieraus lässt sich unmittelbar die Frage ableiten, ob die Normung bzw. ein hoch entwickeltes und konsistentes Normungssystem die Transition von einer kapitalistischen zu einer sozialistischen Gesellschaftsordnung fördert. Leser und Autor befinden sich diesbezüglich allerdings gegenüber Schumpeter in der vorteilhaften Lage, dies erörtern zu kön-nen, nachdem mehrere ausgesprochen ereignisreiche Jahrzehnte vergangen sind.

Das im Sinne des frühen Schumpeters schlimmste denkbare Szenario lautet wahr-scheinlich, dass die Normung nicht mehr ein Instrument der kreativen Problem-lösung für den dynamischen Unternehmer darstellt, sondern vielmehr zu einem Instrument der Regulierung, der (wirtschafts-) politischen Einflussnahme, der Machtausübung bzw. der Konsolidierung der Machtsphäre des Staates degener-iert, der bestenfalls die Interessen einiger weniger Akteure wie beispielsweise von Großkonzernen oder den Gewerkschaften berücksichtigt. Hier könnte man sich durchaus mit dem Blick auf deutsche Verhältnisse eine den Tarifverhandlungen ähnliche „Normungsoperette" vorstellen, in der die Großkonzerne und die Ge-werkschaften nach formal unanfechtbaren Regeln Normen aushandeln, die nur deren Partikularinteressen bedienen, indes die Interessen der Allgemeinheit und insbesondere die des dynamischen Unternehmers unberücksichtigt lassen.

Letztlich stellt sich die Frage, ob die Prophezeiungen Schumpeters im Bereich der Normung tatsächlich eingetreten sind. Hier lautet die Antwort sowohl ja (mit Einschränkungen) wie auch nein. Dieser vermeintliche Widerspruch lässt sich (erneut) durch das Denken in (Handlungs-) Ebenen auflösen: So existieren einige Ebenen, wie beispielsweise natürliche und netzwerkbasierte Monopole (Infrastruktur, Energieversorgung), in denen die Prophezeiung des alten Schumpeters zumindest teilweise zutrifft, während auf anderen Ebenen durch die Expansion der Handlungsmöglichkeiten dem dynamischen Unternehmer immer wieder neue Spielräume eröffnet werden, Innovationen erfolgreich zu vermarkten. Und hier spielt die Standardisierung vermöge der Modifikation der Handlungsräume der relevanten Akteure erneut eine fundamentale und durchaus ambivalente Rolle. Die Infrastruktur entspricht (wenigstens zum Teil) dem kontrahierten, standardisierten Handlungsraum und dem vom alten Schumpeter entworfenen Szenario, während die Handlungsebenen, die hierauf aufbauen, den durch die Standardisierung expandierten Handlungsebenen entsprechen.

4.8 Der Zusammenhang zwischen Normensystem und Rechtssystem

Die Gesetzgebung und die Rechtsprechung sind in der Praxis häufig auf die Unterstützung durch das Fachwissen aus anderen gesellschaftlichen Teilbereichen angewiesen. Dies gilt auch für technische Fragen. Hierbei bedarf es geeigneter Bezugsgrundlagen bzw. Informationsquellen, die bestimmten Anforderungen genügen sollten, um durch den Gesetzgeber eingesetzt werden zu können. Diese Bezugsgrundlage bilden vielfach Normen. Der Gesetzgeber nimmt in Gesetzestexten in unterschiedlicher Weise Bezug auf Normen (Breulmann, 1993, S126ff.). Im Rahmen der Inkorporation wird der Wortlaut einer technischen Norm vollständig oder in Teilen unmittelbar in einen Gesetzestext aufgenommen. Weiterhin existieren eine Reihe von Verweistechniken: In der indirekten Verweisung wird ohne weitere Konkretisierung auf den „Stand der Technik" oder die Existenz entsprechender Normen abgehoben. Bei der direkten Verweisung werden die statische direkte Verweisung und die dynamische direkte Verweisung unterschieden. In der statischen Verweisung wird unmittelbar auf eine Norm und das Datum ihrer Veröffentlichung Bezug genommen, in der dynamischen Verweisung hingegen auf die aktuell gültige Version einer Norm oder gleich auf ein ganzes technisches Regelwerk (z.B. VDE-Richtlinien). Von der Generalklauselmethode ist üblicherweise dann die Rede, wenn Rechtsnorm und technische Norm erst im Stadium der Rechtssprechung verknüpft werden. Die entsprechende Rechtsnorm stellt sich in diesem Falle als Generalklausel dar, d.h. sie transportiert keine explizite Bezugnahme auf eine technische Norm, sondern nur Formulierungen all-

gemeiner Form wie beispielsweise „nach den anerkannten Regeln der Technik",
„nach dem Stand der Technik"[51].

Das Problem der Inkorporation von Normen wie auch der statischen Verweisung
in Gesetzestexten besteht in einer unzureichenden Flexibilität: Die Anpassung an
eine geänderte Norm kann nur per Änderung des Gesetzestextes erfolgen. Die
dynamische Verweisung ist zwar hinreichend flexibel, wirft aber verfassungs-
rechtliche Probleme dadurch auf, dass sie faktisch eine Befugnis zur Gesetzgebung auf normensetzende Organisationen überträgt, welche die Freiheit haben,
die einschlägigen Normen gegebenenfalls überarbeiten. Dies ist einer der Trans-
missionsmechanismen, wie staatliche Organe im Sinne des Multi-Level-Govern-
nance-Ansatzes Befugnisse, Souveränität und Macht an nichtstaatliche Akteure –
in diesem Falle die Normungsorganisationen – abtreten. Durch die Integration in
Gesetzestexte bzw. die Anwendung der Verweis- und Generalklauselmethoden
kommt Normen, deren Anwendung eigentlich Anwendung freiwillig ist, zudem
de facto Rechtsverbindlichkeit zu.

Abgesehen von diesen Problemen sollte eine technische Vorschrift, eine Norm,
einer Reihe von Anforderungen genügen, um tatsächlich in der Gesetzgebung
bzw. Rechtsprechung angewendet werden zu können:

- Wie schon erwähnt sollten Normen den Stand der Technik repräsentieren.
- Aus rechtsethischer Sicht sollte eine Norm keinen Partikularinteressen
  dienen. Dies impliziert im Hinblick auf den Normungsprozess, dass alle
  interessierten Kreise hierzu Zutritt haben sollten, alle Teilnehmer mit
  gleichen Rechten (und Pflichten) ausgestattet sein und demzufolge auch
  der Entscheidungsmechanismus niemanden begünstigen sollte, was in der
  Tat das Konsensprinzip leistet (Machtsymmetrie, Symmetrie in Handlungsräumen).
- Die Organisation, unter deren Schirmherrschaft eine entsprechende Norm
  erstellt wird, sollte in besonderer Weise legitimiert sein, beispielsweise
  durch staatliche Anerkennung.
- Außerdem ist Eindeutigkeit sowohl im Hinblick auf die normensetzende
  Organisation wie auch die Norm, die diese herausbringt, wünschenswert,
  um etwaige Widersprüche oder Konflikte zu vermeiden. Es sollte folglich
  eine und nur eine normensetzende Organisation mit der angemessenen

---

51 „Anerkannte Regeln der Technik" sind laut DIN EN 45020: 1993 „technische Festlegungen,
die von einer Mehrheit repräsentativer Fachleute als Wiedergabe des *Standes der Technik*
angesehen wird." Der „Stand der Technik" wiederum ist ein „entwickeltes Stadium der technischen Möglichkeiten zu einem bestimmten Zeitpunkt, soweit Erzeugnisse, Verfahren und
Dienstleistungen betroffen sind, basierend auf den diesbezüglichen gesicherten Erkenntnissen
von Wissenschaft, Technik und Erfahrung". Vgl. hierzu DIN EN 45020 : 1993, S.9.

Legitimität existieren, die eine und nur eine Norm mit einem eindeutigen Geltungsbereich herausbringt. Dies impliziert die Forderung nach einem einheitlichen und konsistenten Normenwerk und einem Normungssystem, dass frei von Konflikten und Inkonsistenzen ist.

Offenbar lassen sich aus diesem Forderungskatalog des Gesetzgebers die Grundprinzipien der anerkannten Normung rekonstruieren. Gleichermaßen lässt sich hieraus schließen, dass technische Vorschriften, die diesem Katalog nicht entsprechen, nicht über hinreichende Legitimität verfügen, um in der Gesetzgebung bzw. Rechtsprechung verwendet werden zu können.

Grundsätzlich existieren unterschiedliche Instrumente, die zur Erzeugung von gesellschaftlicher Ordnung geeignet sind. Diese Instrumente korrespondieren weitgehend mit den harten und weichen Restriktionen, die im dritten Kapitel dieser Arbeit eingeführt wurden, und manifestieren sich als Restriktionen auf den Handlungsräumen der gesellschaftlichen Akteure. Weiterhin kann bis zu einem gewissen Grade eine bestimmte gesellschaftliche Ordnung, ein bestimmter gesellschaftlicher Ordnungsgrad durch den Einsatz unterschiedlicher Ordnungsinstrumente erzeugt werden. Es bestehen also – zumindest in gewissen Grenzen – Substitutionsbeziehungen zwischen unterschiedlichen Ordnungsinstrumenten. Im Folgenden ist das Verhältnis zwischen Rechtssystem und Normung bei der Herstellung einer bestimmten gesellschaftlichen Ordnung, eines bestimmten gesellschaftlichen Ordnungsgrads von Interesse.

Der gesellschaftliche Ordnungsgrad sei eine reelle Zahl $\theta \in [0,1]$, die von den Handlungsräumen der gesellschaftlichen Akteure abhänge: $\theta = \theta(H)$. Jedem Profil von Handlungsräumen wird folglich eine Zahl $\theta \in [0,1]$ zugeordnet. Weiterhin hänge die gesellschaftliche Wohlfahrt W von θ bzw. H ab: $W = W\big(\theta(H)\big)$. Der Leser betrachte zur Veranschaulichung der Zusammenhänge zwischen Wohlfahrt und Ordnungsgrad die Grafik auf der folgenden Seite. Dort korrespondiert $\theta = 0$ mit dem Naturzustand à la Hobbes. Dieser Zustand ist allerdings, wie bereits in Abschnitt 3.2.4 veranschaulicht, keineswegs besonders idyllisch, sondern vielmehr gefährlich und mit Zwangsmomenten behaftet. Hier dominieren in erster Linie harte Restriktionen. Die Unbilden des Naturzustands versuchen die Gesellschaftsmitglieder durch den Abschluss eines Gesellschaftsvertrags, die Installation eines Leviathans, zu beseitigen, was mit einer Erhöhung des Ordnungsgrades und der Erhöhung der gesellschaftlichen Wohlfahrt einhergeht. $\theta = 1$ korrespondiert hingegen mit dem Zustand einer umfassenden, totalitären Gesellschaftsordnung, in welcher der Zwang maximal ist, den Gesellschaftsmitgliedern zu jeder Zeit bestimmte Handlungsweisen vorgeschrieben werden und ebenfalls ausschließlich harte Restriktionen dominieren. Als Referenz mag der totale Überwachungsstaat dienen, wie er in Georg Orwells ,1984' entworfen wird. Ist $\theta = 1$, so sollte die Verminderung des Ordnungsgrades, die Verminderung des

Zwangs, der Übergang von harten zu weichen Restriktionen, eine Wohlfahrtsverbesserung zeitigen. Folglich existieren ein oder mehrere $\theta*$ innerhalb des $[0,1]$-Intervalls, die die Wohlfahrt maximieren: $W(\theta*) = W_{max}$.

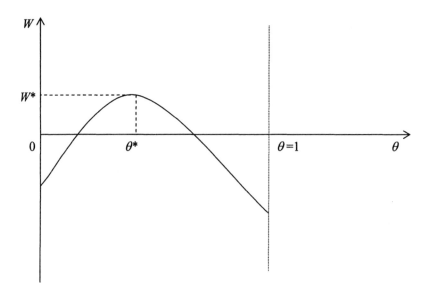

Der Verlauf von $W(\theta)$ in der obigen Grafik ist interpretationswürdig. Zunächst gilt offenbar $W(\theta = 0) > W(\theta = 1)$. Der Naturzustand liefert demgemäß eine höhere Wohlfahrt als der Zustand des vollständigen Totalitarismus. Dies kann im Wesentlichen dadurch begründet werden, dass der Naturzustand eine Reihe von Freiheitsgraden in Handlungsräumen aufweist, die der Zustand des „vollständigen Totalitarismus" nicht bietet. Im letzten Falle werden die individuellen Freiheiten, die grundsätzlich als ein hohes individuelles bzw. gesellschaftliches Gut gelten, auf ein Minimum beschränkt. In Georg Orwells ‚1984', um hierauf erneut Bezug zu nehmen, begibt sich der Held in romantischer Absicht mit seiner Gefährtin in den Wald. Dies geschieht allerdings unter gleichsam konspirativen Umständen und wird von der permanenten Angst vor Entdeckung bzw. Verfolgung durch den allmächtigen staatlichen Überwachungsapparat begleitet. Der Held kann sich diesbezüglich nicht einmal sicher sein, ob seine Gefährtin nicht etwa auch eine Mitarbeiterin des Geheimdienstes ist und ihn verrät. Wenn man von Gefahren wie z.B. wilden Tieren oder Räubern absieht, sollte man im Naturzustand romantischen Absichten im Wald eher nachgehen können, ohne hierbei unerwünschte Störungen befürchten zu müssen. Außerdem dürfte im Naturzustand der Wald halbwegs intakt sein, was im Zustand des vollständigen Totalitarismus keineswegs gegeben sein muss: Der Ordnungsgrad bezieht sich insofern nicht nur auf das Individuum, sondern auch auf seine Umwelt. Totalitäre Systeme machen sich im Allgemeinen nicht nur den Menschen, sondern auch die Natur Untertan. Natürlich ist $W(\theta = 0) > W(\theta = 1)$ diskussionswürdig und der Leser ist selbstverständlich frei, diesbezüglich seine eigenen Überlegungen anzustellen.

Ansonsten ist der Verlauf in der obigen Grafik eher willkürlich gewählt. Beispielsweise können mehrere Ordnungsgrade existieren, die die Wohlfahrt maximieren. Maßgeblich ist indes, dass diese Ordnungsgrade innerhalb des $[0,1]$-Intervalls verortet sind, und an beiden Extremalpunkten im Prinzip harte Restriktionen dominieren, während beispielsweise der Hobbes'sche Gesellschaftsvertrag mit einer Erhöhung des Ordnungsgrades, aber auch einem vermehrten Einsatz weicher Restriktionen einhergeht. Der Gesellschaftsvertrag ist ein Gebot der Vernunft und nicht der Gewalt. Die Erhöhung der Wohlfahrt geht mit einer Modifikation der Handlungsräume einher: destruktive Handlungsweisen werden exkludiert und konstruktive bzw. produktive Handlungsweisen neu erschlossen. Insofern ist es nicht abwegig zu behaupten, dass die Wohlfahrt der Gesellschaftsmitglieder mit den ihnen zu Verfügung stehenden Handlungsmöglichkeiten und demzufolge mit dem Zwang, der auf diese ausgeübt wird, korreliert ist.

Das optimale Programm eines sozialen Planers besteht alsdann darin, den Gesellschaftsmitgliedern einen größtmöglichen Handlungsraum zuteil werden zu lassen, und hierbei minimalen Zwang auszuüben. Der Zwang ist offenbar dann minimal, wenn ein gegebener Ordnungsgrad soweit wie möglich durch den Einsatz weicher Restriktionen erreicht wird. Und dies führt zurück auf den Zusammenhang zwischen Normung und Gesetzgebung. Wenn θ^* in einen Bereich fällt, in dem Substitutionsbeziehungen zwischen unterschiedlichen Ordnungsinstrumenten, wie beispielsweise der „harten" Gesetzgebung und der „weichen" Normung, existieren, dann sollten soweit wie möglich die weichen Instrumente, also z.B. die Normung ausgeschöpft werden, bevor auf die harten Instrumente zurückgegriffen wird.

Zur Veranschaulichung betrachte der Leser die unterschiedlichen Regime der Produkthaftung in den Vereinigten Staaten und Europa. Das europäische Regime greift ausgiebig auf Normen zurück und ist vergleichsweise produzentenfreundlich. Weist ein Produzent im Haftungsfall nach, dass sein Produkt gültigen europäischen Normen entspricht, kann er von der verschuldungsunabhängigen Haftung befreit werden (Richtlinie 85/374/EWG)[52]. In den Vereinigten Staaten gilt das Regime des strikten Haftungsrechts („strict liability"), das weitgehend davon entkoppelt ist, ob ein Produzent bestimmte Standards einhält oder nicht

---

52 Verletzt ein Produzent allerdings seine "Gefahrensteuerungs- und Abwendungspflicht", so unterliegt er der Verschuldungshaftung und haftet auch dann, wenn sein Produkt europäischen Normen entspricht.

(Cooter/Ulen, 2000, S.302ff.). Unter dem Regime der strict liability haftet der Produzent auch dann, wenn er seine Sorgfaltspflichten nicht verletzt hat, also beispielsweise bestimmten Normen entsprochen oder sich etwa am Stand der Technik orientiert hat. Dies führt, so wird häufig kritisiert, zu einem nichtoptimalen gesellschaftlichen Produktionsprogramm. Das strenge Haftungsrecht in den Vereinigten Staaten schränkt also den Handlungsraum der Produzenten ein, da solche Produkte nicht angeboten werden, bei denen die zu erwartenden Schadensersatzzahlungen die erwarteten Gewinne übersteigen und/oder nicht über die Preise auf die Kunden abgewälzt werden können. Außerdem müssen Produzenten sich mit kostspieligen und zum Teil bizarren Sicherheitshinweisen auf ihren Produkten vor etwaigen Haftungsansprüchen sichern (siehe z.B. Handelsblatt, 2005).

Bei der Betrachtung des Verhältnisses zwischen Europäischer Integration und Normung in Abschnitt 7.5 wird der hier entwickelte Ansatz nochmals aufgegriffen. Dabei wird der Ordnungsgrad als Integrationsgrad interpretiert, der von den Handlungsebenen der politischen Integration und der Integration durch die europäische Normung abhängt.

4.9 Die ordnungspolitische Relevanz der Normung

Da im vorhergehenden Abschnitt solche Begriffe verwendet wurden wie die gesellschaftliche Ordnung bzw. der gesellschaftliche Ordnungsgrad, ist es nahe liegend, das Verhältnis zwischen der Ordnungspolitik Eucken'scher Prägung und der Normung kurz zu betrachten. Eucken, der Begründer des Ordoliberalismus, hat eine Reihe „konstitutiver Prinzipien" formuliert, die Voraussetzung für die Funktionstüchtigkeit des Marktsystems und des Wettbewerbs darstellen (Eucken, 1975, S.254ff.)[53]. Zu den konstitutiven Prinzipien gehören beispielsweise ein funktionsfähiges Preissystem, freier Marktzutritt, Preisstabilität, Privateigentum, Vertragsfreiheit, ein stringentes Haftungsregime, das Unternehmer zur gewissenhaften Haushaltung mit den Ressourcen veranlasst, und eine berechenbare Wirtschaftspolitik. Da der Standardisierung in dieser Arbeit ein fundamentaler gesellschaftlicher Stellenwert beigemessen wird, ist es von Interesse, welche Haltung Eucken zur Standardisierung einnimmt. Eucken betrachtet die Standardisierung als klassisches Rationalisierungsinstrument und assoziiert diese im Wesentlichen mit der Zentralen Planwirtschaft, die mit der Standardisierung darauf abzielt, die Massenproduktion soweit wie möglich voranzutreiben und Skaleneffekte auszuschöpfen (Eucken, 1975, S.64, 77f.). Das Problem ist hierbei Eucken zufolge, dass durch die konsequente Standardisierung die Konzentration, also Groß-

---

53 Die konstitutiven Prinzipien werden von Eucken (1975, S.291ff.) durch „regulierende Prinzipien" (z.B. eine effektive Monopolkontrolle, eine aktive Steuerpolitik oder die Kompensation externer Effekte) ergänzt.

betriebe begünstigt, und den Bedürfnissen der Wirtschaftssubjekte nach Vielfalt nicht entsprochen wird.

Sicherlich greift das, was Eucken zur Standardisierung schreibt, nach heutigen Maßstäben zu kurz. Zunächst wurde auch in marktwirtschaftlich ausgerichteten Ländern und nicht etwa nur in der zentralen Planwirtschaft die Standardisierung (bzw. Normung) konsequent vorangetrieben. In Abschnitt 4.4 wurde darauf hingewiesen, dass bestimmte Standards Markteigenschaften festlegen oder gar ganze Märkte konstituieren. In Abschnitt 4.4.2 wurde vermittels der Betrachtung der Expansion und Kontraktion von Handlungsebenen dargelegt, dass eine intelligente Standardisierung sehr wohl neue Handlungsmöglichkeiten von zum Teil enormen Ausmaßen und Wettbewerbsverhältnisse erzeugen kann, die nicht weit vom Ideal der vollständigen Konkurrenz entfernt sind. Eucken unterscheidet zwischen Technik und Standardisierung und stellt sich – z.B. im Gegensatz zu Marx – auf den Standpunkt, dass die technische Entwicklung den Wettbewerb fördert und nicht etwa unterdrückt (Eucken, 1975, S.225f.). Dies beruht, so Eucken, im Vergleich zum technischen Stand des 19. Jahrhunderts unter anderem auf einem verbesserten Verkehrssystem, das die Mobilität der Arbeit und Güter beträchtlich erhöht. Ein funktionstüchtiges Verkehrsnetz beruht aber – genauso wie andere Netze auch – auf adäquaten Standards. Eine moderne Ordnungspolitik sollte sicherlich auch den Stellenwert der Standardisierung angemessen berücksichtigen. Wenn man so will, kann eine sachgerechte Standardisierungspolitik des Staates als eine Extrapolation der Eucken'schen konstitutiven Prinzipien in die technische Sphäre interpretiert werden.

4.10 Unternehmensethik, aggressives und kooperatives Standardisierungsverhalten

Wie bereits erörtert, bildet die Ethik eines Akteurs die höchste Ebene der Handlungskonditionierung, indem sie prinzipiell gute und schlechte Handlungsweisen unterscheidet und demzufolge bestimmte Verhaltensweisen ausschließt bzw. bestimmte Verhaltensweisen in bestimmten Situationen vorschreibt. Eine Unternehmensethik leistet eine derartige Handlungskonditionierung für ein Unternehmen und dessen Mitglieder. Sofern diese Ethik, z.B. in Form einer Charta oder eines Leitbilds verbrieft ist, darf man im Allgemeinen davon ausgehen, dass hierin in erster Linie die vornehmen Verhaltensvorschriften niedergelegt (respektive die weniger vornehmen Verhaltensweise ausgeschlossen) sind, wenngleich auch Ausnahmen denkbar sind[54].

---

54 Auf den ehemaligen Präsidenten von General Motors, Charles Erwin Wilson, geht z.B. der folgende Ausspruch zurück: „What is good for General Motors is good fort the country." Hier werden die Gewinninteressen eines Unternehmens zum Gemeinschaftsinteresse erhoben und

In diesem Abschnitt wird eine einfache Verhaltenstypologie entwickelt und auf das Verhalten von Unternehmen in der Standardisierung abgebildet. Es werden Unternehmen unterschieden, die sich in Standardisierungsprozessen entweder aggressiv oder kooperativ verhalten. Aggressives Unternehmensverhalten wird man im Allgemeinen besser auf der Ebene der Unternehmenskultur verorten können denn auf der Ebene der Unternehmensethik. Die Unternehmenskultur ist, wenn man so will, die kleine, etwas bodenständigere Schwester der Unternehmensethik (Staehle, 1991, 465ff.). Kooperatives Verhalten eines Unternehmens kann sowohl Ausfluss der Unternehmenskultur, aber auch der Unternehmensethik sein; aggressives Verhalten hingegen lässt sich im Allgemeinen als eine Manifestation der Unternehmenskultur erklären und ist üblicherweise nicht auf der ethischen Ebene fundiert.

Ein grundsätzliches Problem besteht darin, dass ein aggressiver Akteur sich in vielen Situationen der sozialen Interaktion ein „First-Mover-Advantage" verschafft und die Handlungsräume anderer, gegebenenfalls kooperationsbereiter Akteure im Hinblick auf die weitere Interaktion „präkonditioniert", also gewissermaßen die Regeln, die Agenda setzt. Hier bleibt dem eigentlich kooperationsbereiten Akteur oftmals nicht anderes übrig, als ebenfalls auf ein aggressives Verhalten zurückzugreifen, um die eigenen Interessen hinreichend zu wahren, insbesondere eine unerwünschte Kontraktion des eigenen Handlungsraumes zu vermeiden.

Nichtkooperative Unternehmen tendieren (naturgemäß) zu nichtkooperativen Formen der Standardisierung, also beispielsweise zur Durchsetzung der eigenen Spezifikationen als de facto Standards über den Marktwettbewerb[55]. Maßgeblich ist das Eigentumsinteresse, und dementsprechend herrscht eher eine Abneigung, Wissen, das einen Wettbewerbsvorteil bedeutet, mit potentiellen Konkurrenten in kooperativ ausgerichteten Standardisierungsprozessen zu teilen. Nichtkooperative Unternehmen werden also im Allgemeinen nicht geneigt sein, mit anderen Akteuren zu kooperieren, um eine gemeinsame Wissensbasis aufzubauen und entsprechende Standards zu entwickeln. Vielmehr besteht eine Tendenz, das Eigentum schützen zu lassen, z.B. durch Patente, oder das Eigentum an Unternehmen zu erwerben, deren „Assets" die eigene Strategie unterstützen, einen de facto Standard durchzusetzen.

---

implizit etwaige andere moralische Restriktionen, die diesem Gewinninteresse entgegenstehen könnten, aufgehoben (Staehle, 1991, 574f.).

55 Dies soll aber keineswegs bedeuten, dass grundsätzlich alle Akteure, die sich an der de facto Standardisierung in der Marktsphäre beteiligen, in die Kategorie der aggressiven Akteure fallen.

Aggressive bzw. nichtkooperative Akteure werden in formal konsensorientierten Standardisierungsprozessen eher dazu geneigt sein, auf unterschiedliche Formen der Backdoor-Policy zurückzugreifen, also beispielsweise die heimliche Koalitionsbildung jenseits der eigentlichen institutionellen Strukturen zu betreiben. Denkbar ist ebenfalls die Einschüchterung, Bedrohung und Erpressung anderer Teilnehmer, um ein konformes Verhalten zu erzwingen, oder auch der strategische Umgang mit Information, also beispielsweise das Zurückhalten oder die verspätete Offenlegung relevanter Informationen, wie auch das Lancieren von Halbwahrheiten oder Unwahrheiten. Das Verhalten bestimmter Akteure ist dann obstruktiv, wenn sie sich nicht etwa an einem Standardisierungsprozess beteiligen, um einen konstruktiven Beitrag zu leisten, sondern um diesen vielmehr zu verzögern oder gar zum Scheitern zu bringen. Mitunter verhalten sich Teilnehmer an Verhandlungsprozessen widersprüchlich, um Verwirrung zu stiften und den Fortschritt eines Standardisierungsprojektes zu hemmen. So kommt es z.B. vor, dass bestimmte Akteure in mehrstufigen Entscheidungsprozessen auf der ersten Stufe einen Standard bejahen, auf der zweiten Stufe hingegen mit ‚Nein' votieren (Schmidt/Werle, 1997, S.181).

Von kooperativ ausgerichteten Akteuren kann man im Allgemeinen das Gegenteil dessen erwarten, was in den beiden vorhergehenden Absätzen über nichtkooperative Akteure gesagt wurde. Kooperative Akteure werden die kooperativen Formen der Standardisierung bevorzugen und sich hierbei nicht obstruktiv, destruktiv oder opportunistisch verhalten. Vielmehr nehmen solche Akteure die im Standardisierungsprozess spezifizierten Rechte und Pflichten wahr und liefern beispielsweise den Input unabdingbaren Wissens.

Ein schwerwiegendes Problem liegt insbesondere darin, dass ein aggressives Verhalten in kooperativ ausgerichteten Standardisierungsprozessen die strukturelle Integrität der entsprechenden institutionellen Arrangements beeinträchtigt. Ein aggressives Unternehmen wird eher dazu tendieren, einen bestimmten Standardisierungsprozess als ein „one-shot-game" und weniger als ein Element einer Folge von Spielen zu betrachten. Ein solches Unternehmen wird dementsprechend auch seine Strategiewahl an dem (wahrgenommenen) one-shot-game orientieren und im Gegensatz zu einem kooperativ ausgerichteten Unternehmen eher dazu geneigt sein, die bereits geschilderten destruktiven Strategien im Standardisierungsprozess anzuwenden. Hierbei wird dann möglicherweise auch keine Rücksicht darauf genommen, dass durch derartige aggressive Strategien die institutionelle Integrität solcher Standardisierungsprozesse, die auf Kooperation fußen, gefährdet wird.

Ein kooperatives Unternehmen wird einen Standardisierungsprozess eher als eine Folge von Standardisierungsprozessen wahrnehmen und im Interesse der strukturellen Integrität des Prozesses zuweilen auch seine Partikularinteressen zurückstellen. Dieses Verhalten tritt deshalb an den Tag, weil das kooperativ ausgerichtete Unternehmen davon ausgehen kann, dass die anderen kooperativen Unternehmen sich genauso verhalten, wenn sie in einer vergleichbaren Situation sind (Schmidt/Werle, 1998, S.140). Das kooperative Verhalten muss insofern keineswegs auf altruistischen Anwandlungen beruhen, sondern vielmehr auf der Wahrnehmung der gegebenen Situation und der Interessen der beteiligten Akteure. Auf lange Sicht zahlt sich so der Verzicht auf die Durchsetzung von Partikularinteressen für alle Beteiligten aus – nicht zuletzt deshalb, weil die strukturelle Integrität eines institutionellen Arrangements, das für die Beteiligten auf Dauer vorteilhaft ist, nicht gefährdet wird.

Diese Verhalten und die zugrunde liegenden Mechanismen sind auch spieltheoretisch gut fundiert (siehe z.b. Friedman, 1986, 69ff.). So kann sich die optimale Strategiewahl in one-shot-games von der Strategiewahl unterscheiden, wenn dasselbe Spiel mehrere Male hintereinander gespielt wird. Im „repeated prisoners' dilemma" ist es beispielsweise rational, die kooperative Strategie zu wählen, die nicht nur ein Nashgleichgewicht darstellt, sondern den Spielern auf Dauer auch die höchste Auszahlung verspricht. Eine Abweichung vom kooperativen Gleichgewicht zieht einen sofortigen Rückfall in das nichtkooperative Gleichgewicht nach sich. Im Hinblick auf die kooperativen Formen der Standardisierung heißt dies, dass, wenn der Anteil der aggressiven bzw. destruktiven Akteure, die ihr Verhalten am kurzfristigen Erfolg ausrichten, nur hinreichend groß ist, auch die kooperativ bzw. langfristig veranlagten Unternehmen ihre Teilnahme an kooperativ ausgerichteten Standardisierungsprozessen einstellen und das entsprechende institutionelle Arrangement zusammenbricht.

Vor dem Hintergrund dieser Überlegungen muss die mittlerweile auch unter den Normungsorganisationen weit verbreitete Neigung, die „strategische Relevanz", das „strategische Potenzial" der Normung zu betonen, mit Vorsicht betrachtet werden (DIN, 2004, S.9ff.). Die Argumentation in strategischen Kategorien dient grundsätzlich dem nachvollziehbaren Zweck, in solchen Unternehmen und Teilen der Öffentlichkeit das Normungsbewusstsein zu verbessern, in denen es immer noch unzureichend entwickelt ist. Allerdings besteht hierbei die Gefahr darin, dass die Termini ‚Strategie', bzw. ‚strategisch' von den Adressaten falsch ausgelegt werden könnten und zwar als Aufmunterung, sich in eigentlich kooperativ ausgerichteten Standardisierungsprozessen aggressiv, nichtkooperativ, und/oder opportunistisch zu verhalten. Dies gilt vor allem auch vor dem Hintergrund, dass im öffentlichen Bewusstsein, aber auch in der Ausbildung der Wirtschaftswissenschaftler, die konfliktären Formen der Standardisierung, also die „Standard Wars" um den de facto Standard in der Marktsphäre, dominieren. Wie die Botschaft aufgefasst wird, hängt also im Wesentlichen vom Bewusstsein der Adressaten bezüglich der Standardisierung und deren entsprechender Disposition ab.

4.11 Die Standardisierung im militärischen Bereich

Die Standardisierung im militärischen Bereich ist ein ausgesprochen umfassendes Thema, das an dieser Stelle vor allem deswegen aufgegriffen wird, weil es, jedenfalls nach dem Kenntnisstand des Autors, in der Literatur eher selten thematisiert wird. In diesem Abschnitt soll vermittels zweier Beispiele veranschaulicht werden, wie sich die Standardisierung im Schiffbau auf die Schlagkraft einer Flotte auswirken kann. Bei der Erörterung der Normungspolitik der EU in Kapitel 6 wird nochmals kurz auf den Zusammenhang zwischen der Standardisierung und der inneren wie äußeren Sicherheit eingegangen werden.

Im Jahre 1588 scheiterte die spanische Armada bei dem Versuch, erstens die englische Flotte vernichtend zu schlagen und zweitens ein Invasionsheer von den Niederlanden aus nach England überzusetzen (Martin/Parker, 1999, S.184ff.). Die Standardisierung spielte bei der Niederlage der Armada in folgender Weise eine bedeutsame Rolle (ebenda, S.196ff.): Zahlenmäßig war die Armada der englischen Flotte zunächst weit überlegen. Da die spanische Taktik auf das Entern feindlicher Schiffe abzielte, galt es für die in dieser Hinsicht hoffnungslos unterlegene englische Flotte, einen Enterkampf unbedingt zu vermeiden. Hierbei war unmittelbar die höhere Geschwindigkeit und Wendigkeit der englischen Schiffe von Vorteil. Darüber hinaus setzte man auf der englischen Seite auf die Vereinheitlichung der Schiffsbewaffnung, d.h. auf einen einzigen Geschütztyp einheitlichen Kalibers, der sich durch eine verhältnismäßig große Reichweite auszeichnete. Dies hatte mehrere Vorteile: Da die Besatzungen nur noch in der Bedienung eines Geschütztyps ausgebildet werden mussten, konnten Lerneffekte zur Geltung gebracht werden. So konnte nicht nur eine hohe Schussfolge im Einsatz erzielt werden, sondern auch jeder Kanonier an jedem Geschütz eingesetzt werden. Dadurch, dass Munition für nur einen einzigen Geschütztyp vorgehalten werden musste, vereinfachte sich zudem das „Munitionsmanagement" erheblich. Die Armada hingegen setzte sich aus vielen unterschiedlichen Schiffstypen zusammen, auf denen diverse Geschütztypen eingesetzt wurden. Für diese unterschiedlichen Typen musste ein entsprechend heterogener „Munitions-Mix" vorgehalten werden, was das Munitionsmanagement erheblich erschwerte. Außerdem waren die spanischen Besatzungen nicht so intensiv in der Bedienung ihrer Geschütze ausgebildet wie die gegnerischen Besatzungen. Mit diesen Vorteilen ausgestattet gelang es der englischen Flotte, die gegnerischen Schiffe auszumanövrieren, den Enterkampf zu verhindern und dem Feind auf größere Distanz Verluste zuzufügen. Es sei allerdings angemerkt, dass die Armada den größten Teil ihrer Verluste durch stürmische See während des Rückzuges hinnehmen musste und weniger durch Feindeinwirkung. Auf englischer Seite fielen hingegen viele Seeleute Krankheiten zum Opfer.

Das zweite Beispiel hat ebenfalls einen maritimen Hintergrund (Alertz, 2007). Die über Jahrhunderte andauernde Vormachtstellung Venedigs im Mittelmeerraum beruhte unmittelbar auf seiner mächtigen Flotte und mittelbar auf denen für damalige Verhältnisse ausgesprochen fortschrittlichen Konstruktionsmethoden, die beim Bau ihrer Schiffe eingesetzt wurden. Bereits im 13. Jahrhundert gab der venezianische Staat Bauvorschriften („decreti") heraus, in denen die wichtigsten konstruktiven Merkmale von Galeeren, wie beispielsweise Dimensionen und Maßzahlen, festgelegt waren. Diese Bauvorschriften wurden von den Schiffbaumeistern in Konstruktionsplänen berücksichtigt und in der Praxis umgesetzt. Dies bedeutete den Übergang zur systematischen Planung und Konstruktion von Schiffen, der den effizienten und risikolosen Bau von Großserien vereinheitlichter und leistungsfähiger Schiffe ermöglichte. Diese weitreichende Vereinheitlichung ermöglichte nicht nur den effizienten Bau leistungsfähiger Schiffe, sondern führte – und das ist der eigentliche Punkt, auf den es hier ankommt – auf einheitliche Segeleigenschaften, die eine sehr viel bessere Koordinierung bzw. Synchronisierung der Manöver innerhalb eines Verbandes ermöglichte, als es bei einem gleichstarken Verband aus unterschiedlichen Schifftypen möglich gewesen wäre. Diese einheitlichen Segeleigenschaften (auf selbstverständlich hohem Niveau) spielten eine wichtige Rolle für die Überlegenheit der venezianischen Flotte gegenüber ihren Gegnern.

Aus den beiden Beispielen geht hervor, dass ein hoher Grad der Standardisierung im Kriegsschiffbau mit einem hohen Maß an Kampfkraft einhergehen kann. Der Wert der Vereinheitlichung kann im Extremfall soweit reichen, dass solche Schiffe, die den gegnerischen Schiffen in 1:1-Gefechten unterlegen sind, im Verband einem numerisch gleichstarken Verband gegnerischer Schiffe überlegen sind. Eine einfache, auf Netzwerkeffekten basierende Modellbildung soll dies veranschaulichen: Sei $W_i(n_i)$, die Kampfkraft eines Verbandes der Partei i, $i = A, B$, der sich aus n_i Schiffen zusammensetzt. Hierbei bezeichne i die gegnerischen Parteien A und B. $W_A(\tilde{n}) > W_B(\tilde{n})$ heißt beispielsweise, dass Partei A das Gefecht gewinnt, wenn zwei Verbände der Größe $\tilde{n}$ aufeinander treffen. Nun ist es denkbar, dass $W_A(1) > W_B(1)$ gilt, ab einem bestimmten n^* jedoch $W_A(n) < W_B(n)$, $n > n^*$. Würden also die gegnerischen Schiffe einzeln (oder in kleinen Verbänden) einander begegnen, so würde Partei A auf Dauer den Sieg davontragen. Begegnen sich hingegen in erster Linie gleichgroße Verbände jenseits der kritischen Grenze n^*, so siegt Partei B. Die Ursachen hierfür bestehen z.B. darin, dass die Flotte der Partei B in einer Formation der Größe $n > n^*$ besser manövrieren kann als eine gleichgroße Flotte der Partei A. Dies funktioniert vor allem dann, wenn die Segeleigenschaften aller Schiffe gleich sind. Und dies erreicht man durch ein standardisiertes Design. Außerdem ist denkbar, dass eine nominell unterlegene Flotte dazu in der Lage ist, das Feuer besser zu konzentrieren als die gegnerische Flotte. Hier spielen neben den einheitlichen Segeleigenschaften zusätzlich die Reichweite der Geschütze und die Geschwindigkeit bzw. Wendigkeit der Schiffe eine Rolle.

Auch wenn diese beiden Beispiele nicht gerade jüngeren Datums sind, so veranschaulichen sie dennoch, dass die Standardisierung selbstverständlich auch für militärische Belange hochgradig relevant ist. Wie bereits angedeutet waren es häufig militärische Interessen, die der Entwicklung der Normung maßgebliche Impulse gaben. So ging beispielsweise von der „Totalität" des 1. Weltkriegs, der im Prinzip nach industriellen Maßstäben geführt wurde und den effizienten Einsatz aller gesellschaftlichen Ressourcen notwendig machte, ein Schub in der nationalen Normung aus, der maßgeblich zur Gründung nationaler Normungsorganisationen, z.B. in Deutschland oder auch Großbritannien beitrug[56]. Hoffmann-Odermat (1940, S.4) äußerte sich im Hinblick auf die deutsche Kriegswirtschaft folgendermaßen: „Für die kriegswichtigen Erzeugnisse liegt die Notwendigkeit der Normung auf der Hand. Gäbe es in der Kriegswirtschaft keine Normung, so müsste man sie ‚erfinden' – genau wie 1917."

Gegenwärtig ist der Stellenwert der Standardisierung im militärischen Bereich so groß wie nie zuvor. Die sich aktuell abzeichnende Vernetzung und Integration von Führungs-, Informations-, Waffensystemen und der Sensorik wäre gerade im multinationalen Rahmen wie beispielsweise der NATO ohne geeignete Standards undenkbar (Crebowski/Garstka, 1999; Wells, 2005, Breitung, 2005). Konzepte der Modularisierung spielen nicht nur bei den Fragen der Interoperabilität eine Rolle, sondern dienen auch der Kostenreduktion beim Unterhalt militärischer Systeme (Kemmerling/Holz, 2005).

---

56 Am 18.Mai 1817 wurde beispielsweise der „Normalienausschuß für den deutschen Maschinenbau" gegründet, dessen Aufgabe es war, systematisch das Potential zur Vereinheitlichung sowohl in der Produktion wie bei den Rüstungsgütern zu identifizieren. Hieraus ging bereits im Dezember 1817 der „Normenausschuß der Deutschen Industrie" und 1926 der Vorläufer des DIN, der „Deutsche Normenausschuß" (DNA) hervor (Buder, 1975, S.15).

5 Der institutionelle Überbau der europäischen Normung: Die Europäische Union

Anliegen dieses Kapitels ist es, das Mindestmaß an Wissen über die institutionellen Merkmale der EU aufzubauen, das Voraussetzung ist für das Verständnis der Normungspolitik der EU und den Zustand des ENS. In diesem Abschnitt interessieren in erster Linie die allgemeinen Merkmale und politischen Steuerungsziele der EU sowie die Instrumente, die den Organen der EU zur Verfügung stehen, um diese Ziele zu erreichen. Außerdem ist von Interesse, wie die Normungspolitik innerhalb des Zielsystems der EU verortet ist und wie die rechtlichen Rahmenbedingungen der Normungspolitik geartet sind. Dieses Kapitel wird der Auseinandersetzung mit dem ENS vorangestellt, da die Organe der EU die institutionelle Superstruktur des ENS bilden und insofern die Handlungsräume der Akteure innerhalb des ENS maßgeblich konditionieren, auch wenn die europäischen Normungsorganisationen formell unabhängig sind. Weiterhin wird im siebenten Kapitel gezeigt werden, dass das ENS (respektive das europäischen Normenwerk) auf den Zustand der EU rückkoppelt. Die Ursache-Wirkungs-Beziehungen zwischen ENS und politischer Superstruktur sind also bilateral und nicht etwa nur unilateral. Will man den Einfluss des ENS auf die EU ermessen, so bedarf es hierfür ebenfalls eines hinreichenden Wissens über die wesentlichen Merkmale der EU.

Die EU bildet allerdings einen komplexen Untersuchungsgegenstand, der die Annäherung nicht gerade erleichtert (Kohler-Koch/Conzelmann/Knodt, 2004, S.17ff.), und die Gefahr birgt, sich zu verzetteln. Ursächlich hierfür sind im Wesentlichen das komplexe System primären und sekundären EU-Rechts und die ausgesprochen komplexe institutionelle Struktur der EU, die auf diesem Recht fußt. Das primäre Recht der EU hat gleichsam Verfassungsrang und ist im Vertragssystem der EU niedergelegt, während das sekundäre Recht aus der Rechtsprechung des Europäischen Gerichtshofes und den Rechtsakten, also Verordnungen, Richtlinien und Entscheidungen der entsprechend befugten EU-Organe hervorgeht. Ein weiteres Problem besteht darin, dass der Körper primären und sekundären EU-Rechts, der so genannte „Acquis Communautaire", gemeinsam mit anderen Veröffentlichungen der EU-Organe, wie beispielsweise Positionspapieren, Stellungnahmen, Weiß- und Grünbüchern der Kommission usw., einen mittlerweile enormen Umfang erreicht hat und praktisch täglich Zuwachs erfährt. Dies gilt in ähnlicher Form für die wissenschaftliche Literatur, die sich aus den unterschiedlichsten Perspektiven mit allen erdenklichen Aspekten der EU auseinandersetzt. Angesichts dieses Ausmaßes an Primär- und Sekundärliteratur ist es unabdingbar, selektiv vorzugehen und nur auf solche Ressourcen zurückzugreifen, die für das Anliegen dieser Arbeit, das ENS und die Normungspolitik der EU, unmittelbar relevant sind. Dies gilt umso mehr, als dass bereits die normungsrelevanten Rechtsakte und Veröffentlichungen der EU einen beachtlichen Umfang angenommen haben und nur noch mit Mühe rezipiert werden können.

Ein weiteres Problem bei der Auseinandersetzung mit der EU besteht darin, dass deren Entwicklung nicht immer eine stetige und wohlprognostizierbare Trajektorie nimmt, sondern durchaus auch „erratisch-volatil" verlaufen kann. So treten immer wieder teils unvorhergesehene Ereignisse ein, die durchaus krisenhafte Zustände auslösen können. Beispielsweise scheiterte 2005 die Ratifizierung der EU-Verfassung, die seitdem auf Eis liegt, von ihren Befürwortern bei einer günstigen Gelegenheit mutmaßlich aber wieder zurück auf die Agenda gebracht werden wird. Was jedoch das ENS und die Normungspolitik der EU anbetrifft, so darf für die absehbare Zukunft mit stabilen institutionellen Rahmenbedingungen gerechnet werden. Nach dem jetzigen Stand der Dinge werden sich die institutionellen Determinanten der europäischen Normungspolitik auch dann nicht ändern, wenn die EU-Verfassung doch noch in irgendeiner Form in Kraft treten sollte. Dies liegt darin begründet, dass die in der Verfassung niedergelegten Modifikationen vor allem solche Strukturen und Prozeduren der EU betreffen, welche die europäische Normung bestenfalls indirekt betreffen. Außerdem sind die Rahmenbedingungen der europäischen Normung deswegen stabil, weil der europäische Normungsansatz sowohl von den politischen Akteuren wie auch den Vertretern der europäischen Normungsorganisationen als Erfolg betrachtet wird. Dies wird allerdings eingehend in den Kapiteln sechs und sieben erörtert.

Dieses Kapitel ist folgendermaßen gegliedert: Zunächst werden die allgemeinen Merkmalen und Ziele der EU geschildert. Auch wenn hier je nach Sichtweise unterschiedliche Auffassungen bestehen und eine einfache Antwort auf Anhieb nicht unbedingt leicht fällt, so ist doch die EU grundsätzlich eine Rechtsgemeinschaft, die auf dem bereits erwähnten primären und sekundären Recht fußt. Insofern findet also eine Annäherung an die EU auf der Ebene des Rechts statt. In Abschnitt 5.2 wird die Entwicklung des Vertragssystems, das wie bereits erwähnt das primäre Recht bildet und Verfassungsstatus aufweist, in einem kurzen historischen Abriss geschildert. Dies zeichnet ansatzweise auch die wichtigsten historischen Wegpunkte der europäischen Integration nach. Daraufhin wird auf die wichtigsten Institutionen bzw. Organe der EU eingegangen, die für die Normungspolitik maßgeblich sind. Hierbei kommt wie bereits erwähnt der Kommission eine zentrale Stellung zu. In Abschnitt 5.4 erfolgt eine Schilderung der rechtlichen und institutionellen Rahmenbedingungen der Normungspolitik der EU. Zum Abschluss dieses Kapitels werden außerdem einige aktuelle „Policy Issues" und die Anwendbarkeit des im dritten Kapitel dieser Arbeit entwickelten Modells auf die EU bzw. die europäische Integration erörtert.

5.1 Allgemeine Merkmale und Ziele der EU

Was ist die Europäische Union ihrem Wesen nach? Auf den Internetseiten der EU findet man beispielsweise folgende Aussage (Europäische Union, 2006a):

> Die Europäische Union ist ein Zusammenschluss demokratischer europäischer Länder, die sich der Wahrung des Friedens und dem Streben nach Wohlstand verschrieben haben. Sie versteht sich nicht als ein neuer Staat, der an die Stelle bestehender Staaten tritt. Allerdings ist die Europäische Union auch mehr als alle sonstigen internationalen Organisationen. Die EU ist einzigartig. Die Mitgliedstaaten haben gemeinsame Organe eingerichtet, denen sie Teile ihrer einzelstaatlichen Souveränität übertragen haben, damit in bestimmten Angelegenheiten von gemeinsamem Interesse auf europäischer Ebene demokratische Entscheidungen getroffen werden können.

Die EU weist sich also aus als ein „Zusammenschluss demokratischer europäischer Länder", der allerdings weder ein neuer Staat, noch eine unverbindliche Organisation unabhängiger Staaten ist, sondern vielmehr ein intermediäres institutionelles Gebilde, das eine Reihe „einzigartiger" Merkmale aufweist. Bemerkenswert ist weiterhin, dass die Mitgliedstaaten ein gewisses Maß an Souveränität an die Organe der EU abtreten. Außerdem erfährt man bereits einiges über die allgemeinen Ziele der EU (EU-Vertrag, Art. 2). Dies sind die „Wahrung des Friedens" und das „Streben nach Wohlstand". Da sich die EU zur Wahrung der Grundsätze der Demokratie und der Rechtsstaatlichkeit bekennt (EU-Vertrag, Art. 6 Abs.1), ist sie offenbar eine Wertegemeinschaft und insbesondere eine Rechtsgemeinschaft (Borchardt 2000, S.6; Nicolaysen, 2004). Der Begriff der Rechtsstaatlichkeit besagt, dass die Mitgliedstaaten einer solchen Gemeinschaft die Geltung bestimmter Rechtsnomen anerkennen, beispielsweise dass die hoheitliche Gewalt des Staates dem Recht unterworfen ist, dieser also nicht willkürlich seine Interessen gegenüber den Bürgern durchsetzt[57]. Die Rechtsstaatlichkeit bildet die Voraussetzung für ein demokratisches Staatswesen und konkretisiert sich beispielsweise in den (per Verfassung verbrieften) individuellen Freiheitsrechten, der Rechtssicherheit oder auch der Gewaltenteilung. Die auf der staatlichen Ebene angesiedelten Rechtsprinzipien des Gesetzesvorrangs bzw. des

---

57 Das Prinzip der Rechtsstaatlichkeit korrespondiert mit dem Hobbes'schen Gesellschaftsvertrag, der in Abschnitt 3.9.3 erörtert wurde. (Tatsächlich ist die Existenz des Gesellschaftsvertrages bereits Ausdruck einer impliziten Anerkennung des Prinzips der Rechtsstaatlichkeit.) Die Akteure, in diesem Falle eine Reihe europäischer Staaten, berufen sich bewusst auf ein höheres, abstraktes Prinzip, um so die Anwendung von Gewalt zur Konfliktlösung dauerhaft auszuschließen (Kontraktion auf der Handlungsebene der Gewalt). Dies wiederum ermöglicht einen dauerhaften Frieden und den Aufbau eines intakten und wohlhabenden Gemeinwesens (Expansion der konstruktiven bzw. produktiven Handlungsebenen).

Gesetzesvorbehalts finden auf der Ebene der EU ihre Entsprechung beispielsweise im Prinzip der begrenzten Einzelzuständigkeiten (EG-Vertrag, Art. 5, Abs.1) bzw. dem Prinzip, dass jeder Eingriff in die private Sphäre der Bürger auf einer Rechtsgrundlage fußen muss. Das Wesen der Rechtsgemeinschaft impliziert weiterhin, dass die Gemeinschaftsmitglieder bei allen eventuellen Unterschieden über eine Schnittmenge gemeinsamer Rechtsnormen verfügen und insofern die jeweiligen Rechtsordnungen respektive Verfassungen auf staatlicher Ebene eine hinreichende Ähnlichkeit aufweisen müssen. Auf diesen Ähnlichkeiten beruht die Kompatibilität der Mitgliedstaaten, um auf den Begriffsapparat der Standardisierung zurückzugreifen. Die Verhandlungen zwischen der EU und einigen Beitrittsländern gestalten sich unter anderem deshalb so schwierig, weil die unabdingbaren Anforderungen der EU an die Rechtsstaatlichkeit von diesen Staaten nicht oder nur zum Teil erfüllt werden. So ist es beispielsweise schwer vorstellbar, dass ein nichtdemokratischer bzw. totalitärer Staat, der seine Bürger rücksichtslos unterdrückt, gleichberechtigtes Mitglied der EU werden könnte.

Die EU als Rechtsgemeinschaft aufzufassen hat den Vorteil, sowohl unter den Befürwortern wie auch Kritikern der europäischen Integration weitgehend unstrittig zu sein. Außerdem führt die Annäherung an die EU über die Ebene des Rechts ohne große Umschweife auf das eigentliche Anliegen, die europäische Normungspolitik, und ermöglicht es, manche Klippe zu umschiffen, die bei der Auseinandersetzung mit der EU auftaucht. So geht aus dem Zitat zu Beginn dieses Abschnitts hervor, dass es auf institutioneller Ebene keineswegs leicht fällt, die EU klar einzuordnen. Hier wird von offizieller Seite nur darauf hingewiesen, was die EU nicht ist, nämlich weder neuer Staat, noch eine beliebige internationale Organisation. Die postulierte „Einzigartigkeit" der EU transportiert durchaus ambivalente, also nicht nur positive Konnotationen. So kann es bestimmten Akteuren aufgrund eines fehlenden Vergleichsmaßstabes schwer fallen, die EU in gängige Schemata einzuordnen bzw. zu typologisieren. Dies liefert bereits einen Hinweis auf die Ursachen für die Verständnis- und Akzeptanzprobleme, die bei vielen EU-Bürgern bezüglich der EU auftreten und im Abschnitt 5.5 näher erörtert werden. Weiterhin schwingen bei der Beurteilung der Wesensmerkmale der EU oftmals ausgeprägte normative Obertöne mit. Dies gilt insbesondere im Hinblick auf den Endzustand der EU. Von normativen Tendenzen ist auch die wissenschaftliche Gemeinde, die sich mit der EU auseinandersetzt, nicht frei. So wurde bereits in Abschnitt 2.3 auf die eklatanten Auffassungsunterschiede zwischen Neofunktionalisten und Intergouvernementalisten hingewiesen. Wie dem auch sei – in den nächsten Abschnitten werden ungeachtet dieser Auffassungsunterschiede systematisch die normungspolitisch relevanten institutionellen Attribute der EU erschlossen. Auf die Schwierigkeiten, die mit der europäischen Integration einhergehen, wird im Abschnitt 5.5 eingegangen werden.

5.2 Eine kurze Geschichte des Vertragssystems der EU

Nachdem im vorhergehenden Abschnitt bereits mehrere Male auf den EU-Vertrag und den EG-Vertrag Bezug genommen wurde, ist nun zweckmäßig, das Vertragssystem der EU, das wie gesagt Verfassungsrang hat, darzulegen und dessen Entwicklung kurz nachzuzeichnen. Dies hat außerdem den positiven Nebeneffekt, dass auch die wichtigsten Meilensteine der europäischen Integration markiert werden. Den Rechtsakten, die in diesem Abschnitt erörtert werden, ist soweit gemein, dass deren Inhalte von den beteiligten Staaten in Gremien (so genannten intergouvernementalen Konferenzen) verhandelt, per Konsens verabschiedet, daraufhin von den Regierungschefs auf Gipfeltreffen feierlich unterzeichnet und auf nationaler Ebene im Parlament oder per Volksentscheid ratifiziert wurden. Die Zustimmung jedes Mitgliedstaates ist bislang Voraussetzung dafür, dass die Verträge tatsächlich auch in Kraft treten können. Die verweigerte Zustimmung nur eines Staates hätte ausgereicht (bzw. reicht wie im Falle der Verfassung gegenwärtig aus), die europaweite Inkraftsetzung eines Vertrages zu verhindern.

5.2.1 Die Gründungsverträge

Die Europäische Gemeinschaft wurde im Wesentlichen durch die folgenden drei Verträge, die so genannten Gründungsverträge, konstituiert[58]:

- Den Vertrag über die Gründung der Europäischen Gemeinschaft für Kohle und Stahl (EGKS-Vertrag) vom 18.04.1951 („Montanunion").
- Den Vertrag über die Europäische Atomgemeinschaft („Euratom-Vertrag") vom 25.03.1957.
- Den Vertrag über die Europäische Wirtschaftsgemeinschaft vom 25.03.1957 (seit dem Maastrichter Vertrag „Vertrag über die Europäische Gemeinschaft" (EG-Vertrag)).

Insbesondere beim EGKS-Vertrag („Pariser Vertrag") ist die Rolle des historisch-en Kontexts evident. Dieser bestand in erster Linie in einem verwüstetem Nachkriegseuropa und dem sich abzeichnenden Ost-West-Konflikt. Der EGKS-Vertrag, der zuerst von Belgien, der Bundesrepublik Deutschland, Frankreich, Italien, Luxemburg und den Niederlanden unterzeichnet wurde, geht auf die Initiative Robert Schumans und insbesondere Jean Monnets zurück. Monnet, der weithin als der Architekt der europäischen Integration gilt, hatte die Idee entwickelt, die Kontrolle über die kriegsrelevante europäische Kohle- und Stahlindustrie auf supranationaler Ebene anzusiedeln. Zu diesem Zweck sollte eine Europäische Gemeinschaft mit unabhängigen und hinreichend befugten Gemeinschaftsorganen gegründet werden wie beispielsweise einer „Hohe Behörde", einer „Gemeinsamen Versammlung", einem „Besonderen Ministerrat", und einem Ge-

---

58 Üblicherweise wird auch der Vertrag von Maastricht zu den Gründungsverträgen gezählt.

richtshof. Diese Organe bildeten gleichsam die Prototypen späterer EU-Organe. Schuman machte diese Pläne in seiner berühmten Erklärung vom 09.05.1950 öffentlich. 50 Jahre nach seiner Ratifizierung wurde der EGKS-Vertrag vereinbarungsgemäß aufgehoben.

Da die EGKS weitgehend als Erfolg betrachtet wurde, war es nahe liegend, die (west-) europäische Integration auch auf der politischen und militärischen Ebene fortzusetzen. Hierbei gab es allerdings bereits Mitte der 1950er Jahre die ersten Rückschläge (Kohler-Koch/Conzelmann/Knodt, 2004, S.60f.): Zunächst scheiterten die Initiativen über die Europäische Politische Gemeinschaft (EPG), die bereits eine europäische Verfassung vorsah, und die Europäische Verteidigungsgemeinschaft (EVG) am Widerstand der französischen Nationalversammlung. Nach diesen missglückten Versuchen einer weitreichenden politischen Integration widmete man sich solchen Bereichen, die bessere Chancen für eine koordinierte europäische Politik im Stile der EGKS boten. So unterzeichneten 1957 die Gründungsmitglieder der EGKS den Vertrag über die Gründung der Europäischen Wirtschaftsgemeinschaft und den Euratom-Vertrag, der im Folgenden indes keine größere Rolle spielen wird[59]. Diese „Römischen Verträge" statteten die neuen Gemeinschaften ebenfalls mit eigenen Organen wie beispielsweise Kommissionen aus, wurden aber zusätzlich von einem „Abkommen über gemeinsame Organe für die Europäischen Gemeinschaften" flankiert. In diesem Abkommen werden den drei Gemeinschaften ein gemeinsamer Gerichtshof und eine gemeinsame Parlamentarische Versammlung zugeordnet.

Der EG-Vertrag ist ein Kernelement der europäischen Integrationsbemühungen und im Hinblick auf die europäische Normungspolitik die maßgebliche Rechtsgrundlage. Ein Hauptziel, das im EG-Vertrag niedergelegt wurde, ist die Gründung einer Zollunion und die Bildung eines gemeinsamen europäischen Marktes mit freiem Güter-, Dienstleistungs-, Personen- und Kapitalverkehr. Durch eine schrittweise Annäherung der Wirtschaftspolitiken in den Mitgliedstaaten soll eine Harmonisierung der wirtschaftlichen Verhältnisse, größere (makroökonomische) Stabilität und ein beschleunigtes Wachstum bewirkt werden. Grundgedanke hierbei ist, dass ein einheitlicher europäischer Markt auf Dauer zu einer Erhöhung der Wohlfahrt der Mitgliedstaaten führt. Der freie Güter-, Dienstleistungs-, Personen- und Kapitalverkehr innerhalb Europas sollte die internationale Spezialisierung bzw. die effiziente internationale Allokation der Res-

---

59 Allerdings ist die Normung beispielsweise im Bereich des Strahlenschutzes durchaus relevant. Denn Strahlenschutz handelt es sich sogar um ein ideales Betätigungsfeld der Normung, da hierbei naturwissenschaftlich bzw. medizinisch fundiert Obergrenzen der Exposition und einheitliche Messmethoden festgelegt werden. Entsprechende grundlegende Anforderungen zur europaweiten Harmonisierung des Strahlenschutzes finden sich beispielsweise in der Richtlinie 96/29/EURATOM.

sourcen erleichtern und der Abbau von Handelshemmnissen den internationalen Wettbewerb fördern. Zum Zwecke der Errichtung eines gemeinsamen Marktes sah der EG-Vertrag außerdem den Aufbau geeigneter Institutionen auch jenseits der Marktsphäre, beispielsweise einer europäischen Investitionsbank und eines europäischen Sozialfonds, vor. In den folgenden Jahren bildet die gemeinsame Agrarpolitik, die bereits 1958 aufgenommen wurde, eines der Hauptpolitikfelder der EG. Der EG-Vertrag wurde seit seinem ersten Inkrafttreten mehrere Male modifiziert. Im Folgenden wird stets auf die konsolidierte Fassung aus dem Jahre 2002 Bezug genommen und gegebenenfalls auf die Fundstellen in älteren Fassungen verwiesen.

1967 erleben die Gründungsverträge ihre erste signifikanten Veränderung durch das Inkrafttreten des „Fusionsvertrages"[60] vom 08.04.1965 (Vertrag zur Einsetzung eines gemeinsamen Rates und einer gemeinsamen Kommission der Europäischen Gemeinschaften). So werden die Organe der drei Europäischen Gemeinschaften, die – abgesehen von der Gemeinsamen Versammlung und dem Gemeinsamen Gerichtshof – bis dahin unabhängig voneinander existierten, durch die Gründung einer gemeinsamen Kommission und eines gemeinsamen Ministerrats zusammengeführt. Ebenso geht aus der Parlamentarischen Versammlung das Europäische Parlament hervor. Durch den Fusionsvertrag wurden die Kerninstitutionen der EG eingerichtet, die bis heute bestand haben. Ministerrat, Parlament und Kommission spannen hierbei das so genannte institutionelle Dreieck der EG auf, auf das später noch näher eingegangen werden wird.

5.2.2 Die Einheitliche Europäische Akte

Auch wenn es vorher bereits Rückschläge und krisenhafte Situationen gab, waren doch vor allem die 1970er Jahre durch eine Stagnation in der europäischen Entwicklung, die so genannte „Eurosklerose", gekennzeichnet. Hierfür gab es eine Reihe von Ursachen. Mit Großbritannien und Dänemark waren neben Irland 1973 zwei eher euroskeptische Länder der EG beigetreten. Außerdem dominierte seit dem so genannten „Luxemburger Kompromiss" von 1967 das Einstimmigkeitsprinzip im Ministerrat, das schnellen Entscheidungen nicht gerade förderlich war. Negative Entwicklungen auf der internationalen Ebene, wie beispielsweise die Ölkrise und der Zusammenbruch des Bretton-Woods-Systems, veranlassten die europäischen Staaten dazu, vermehrt wirtschaftspolitische Alleingänge vorzunehmen wie auch protektionistische Maßnahmen anzuwenden. So verlief beispielsweise der ehrgeizige „Werner-Plan", der bis zum Ende der 1970er Jahre eine Gründung einer Wirtschafts- und Währungsunion (WWU) vorsah, mehr oder weniger im Sande, auch wenn am 13.04.1979 als Antwort auf den Zusammen-

---

60 Zuweilen wird das Abkommen über gemeinsame Organe für die Europäischen Gemeinschaften auch als „1. Fusionsvertrag" bezeichnet.

bruch des Bretton-Woods-Systems das Europäische Währungssystem (EWS) gegründet wurde.

Anfang der 1980er Jahre erlebte die europäische Integration z.b. aufgrund der Initiative von Hans-Dietrich Genscher und dem italienischen Außenminister Emilio Colombo einen neuen Aufschwung. In der feierlichen Erklärung von Stuttgart vom 19.06.1983 bekannten sich die Mitgliedstaaten zu dem Ziel, die europäische Integration auf unterschiedlichen Ebenen voranzutreiben. Auf vertraglicher Ebene fand diese neue Initiative in der „Einheitlichen Europäische Akte" (EEA) ihren Ausdruck, die am 17.02.1986 von zunächst neun der mittlerweile zwölf Mitgliedstaaten unterzeichnet wurde und im Juli 1987 in Kraft trat. Die EEA stellt eine Modifikation insbesondere des EG-Vertrages dar und zeichnet sich durch eine Reihe ambitionierter Ziele aus: So sollte beispielsweise der Binnenmarkt bis zum 01.01.1993 realisiert sein, die Beschlussfassung insbesondere im Ministerrat durch den vermehrten Rückgriff auf mehrheitsbasierte Entscheidungsverfahren verbessert und die Stellung des Europäischen Parlaments gegenüber anderen europäischen Organen zur Verminderung des Demokratiedefizits gestärkt werden. Hierzu wurden das Mitentscheidungsverfahren („cooperation procedure"), das auch für die Normungspolitik maßgeblich ist, eingeführt, und neue europäische Politikbereiche (z.b. Sozialpolitik, Währungspolitik, Umweltpolitik, Forschung und technologische Entwicklung und nicht zuletzt die Normungspolitik) erschlossen.

Um diese ehrgeizigen Ziele innerhalb der geplanten Zeit erreichen zu können, war es erforderlich, die Organe der EU mit neuen weitreichenden Kompetenzen auszustatten und in einigen Bereichen wie gerade der Normung die politische Herangehensweise grundlegend zu wandeln. So umfasst die EEA über 250 Maßnahmen zur Erreichung der ins Auge gefassten Ziele. Durch die EEA wurde der EG-Vertrag dahingehend modifiziert, dass nun auch die Normung bzw. die Notwendigkeit der technischen Harmonisierung ausdrücklich Erwähnung fand (Artikel 118a, 130f. EG-Vertrag). Artikel 118a EG-Vertrag bildet seitdem eine maßgebliche Rechtsgrundlage für die Normungspolitik der EU. Der in der EEA angestrebte höhere Integrationsgrad äußert sich außerdem auch in einer neuen Terminologie. So ist es Zielsetzung, die ‚Europäische Gemeinschaft' in eine ‚Europäische Union' zu überführen, was einen höheren Integrationsgrad impliziert. Außerdem wird der Terminus ‚Gemeinsamer Markt' durch Terminus ‚Binnenmarkt' ersetzt.

5.2.3 Der Vertrag von Maastricht

Der Vertrag von Maastricht über die Europäische Union (EU-Vertrag) wurde am 07.02.1992 von den Regierungschefs der Mitgliedstaaten unterzeichnet, trat aber erst nach einer eher steinigen Ratifikationsphase am 01.11.1993 in Kraft[61]. Kernelemente des Vertrages von Maastricht, dem zwei parallel laufende intergouvernementale Regierungskonferenzen vorausgingen, sind die Bildung einer Europäischen Union und einer Währungs- und Wirtschaftsunion. Die Europäische Union setzt sich seit dem EU-Vertrag nunmehr aus drei Säulen zusammen: den bereits erörterten Europäischen Gemeinschaften, der Gemeinsamen Außen- und Sicherheitspolitik (GASP) und der Polizeilichen und Justiziellen Zusammenarbeit in Strafsachen (PJZS). Die Währungsunion trat am 01.01.1999 in Kraft. Außerdem wurden durch den Vertrag von Maastricht die Unionsbürgerschaft und in diversen Politikbereichen das bereits in der EEA niedergelegte Mitentscheidungsverfahren eingeführt und der Ausschuss der Regionen ins Leben gerufen. Durch den EU-Vertrag wurde der Begriff Europäische Wirtschaftsgemeinschaft (EWG) durch den Terminus Europäische Gemeinschaft (EG) ersetzt.

In Gemeinschaftsdimensionen gemessen folgt der Vertrag von Maastricht verhältnismäßig schnell auf die EEA. Dies beruhte auf einem umfassenden Handlungsbedarf, für den die folgenden Entwicklungen verantwortlich waren:

- Die fortschreitende Etablierung des europäischen Binnenmarktes führte zu teils unerwünschten Nebeneffekten, z.B. in Form von unvorhergesehenen Migrationsbewegungen, grenzüberschreitender Kriminalität oder sozialem Dumping.
- Zu Beginn der 1990er Jahre machten sich bereits die ersten Anzeichen der Globalisierung bemerkbar.
- Nach dem Zusammenbruch des Sozialismus in Osteuropa leiteten viele osteuropäische Länder die Demokratisierung ein und suchten politischen Zugang zu Westeuropa. Hierfür bot die EG eine ideale Plattform.
- Außerdem bot die EG einen geeigneten Rahmen, das wiedervereinigte Deutschland, das zum Teil durchaus beargwöhnt wurde, in einen europäischen Kontext einzubinden.
- Da sich ein beträchtlicher Mitgliedszuwachs abzeichnete, war es dringend geboten, die Institutionen und insbesondere die Entscheidungsprozeduren der Gemeinschaft dermaßen anzupassen, dass weiterhin die Handlungsfähigkeit der EU-Organe gewahrt bliebe.

Zweifelsohne ist der Vertrag von Maastricht politisch wie auch im Hinblick auf die Währungsunion von größtem Stellenwert und bedeutet einen beträchtlichen Integrationsschub. Normungspolitisch hingegen ist der EU-Vertrag unmittelbar

---

61 In Dänemark wurde der Vertrag von Maastricht per Referendum abgelehnt, und in Frankreich nur durch ein knappes Referendum bestätigt. In der Bundesrepublik Deutschland fällte außerdem das Bundesverfassungsgericht das "Maastricht-Urteil", das die Grenzen der europäischen Integration markiert, die mit der Verfassung vereinbar sind.

weniger einschlägig. Das gilt auch für den Vertrag von Amsterdam wie auch den Vertrag von Nizza, die im folgenden Abschnitt kurz erörtert werden. Es ist, wie sich im nächsten Kapitel zeigt, vielmehr das Sekundärrecht, mittels dessen die europäische Normungspolitik gestaltet wird. Das Vertragssystem der EU bildet hierfür nur die rechtliche Grundlage.

5.2.4 Der Amsterdamer Vertrag und der Vertrag von Nizza

Der Amsterdamer Vertrag, der am 02.10.1997 unterzeichnet wurde, modifiziert und vereinfacht den EU-Vertrag wie auch den EG-Vertrag und zielt in erster Linie auf eine stärkere Demokratisierung der Union und die Schaffung eines Raumes für Freiheit, Sicherheit und des Rechts ab. Außerdem wurden soziale Fragen behandelt, Überschneidungen und Inkonsistenzen zwischen den Säulen der Union beseitigt, der Einfluss des Europäischen Parlaments gestärkt, ein Hoher Vertreter für die Gemeinsame Außen- und Sicherheitspolitik bestellt und ein „Europa der zwei Geschwindigkeiten" ermöglicht. Indes konnten vor dem Hintergrund der anstehenden Osterweiterung nicht alle Fragen bezüglich der institutionellen Neuausrichtung der EU geklärt werden.

Die ungelösten Fragen über die institutionelle Ausgestaltung der EU wurden Anfang 2000 von einer Intergouvernementalen Regierungskonferenz erneut aufgegriffen. Hierbei galt es vor allem, Meinungsverschiedenheiten hinsichtlich der Entscheidungsmechanismen und der Größe und Zusammensetzung der Kommission zu überwinden. Das Resultat dieser Konferenz war der Vertrag von Nizza, der am 26.02.2001 unterzeichnet wurde. In der Tat beinhaltete der Vertrag eine Reihe wichtiger Ergebnisse, z.B. was die Zusammensetzung der Kommission, die Verteilung der Sitze im Parlament und die Abstimmungsmodalitäten, insbesondere im Rat, anbetrifft. Hier sei indes auf eine eingehende Schilderung der weitgehend technischen Details verzichtet; der interessierte Leser sei hierfür auf das Vertragswerk oder auch die Internetseiten der EU verwiesen, die kompakt über die Bestimmungen des Vertrages Auskunft geben.

5.2.5 Der Vertrag über eine Verfassung für Europa

Der Vertrag von Nizza bedeutete für die EU keineswegs, dass alle offenen Fragen der Integration aus dem Weg geräumt gewesen wären. So wurde in Annex 23 des Vertrages beispielsweise die Abgrenzung der Kompetenzen der EU und der Mitgliedstaaten und die Rolle der nationalen Parlamente innerhalb der EU als klärungsbedürftig und das Vertragssystem der EU als zu komplex eingestuft. Daher fiel Ende 2001 auf dem Gipfel von Laeken die Entscheidung, einen Konvent ins Leben zu rufen, der sich mit der Zukunft der EU auseinandersetzen sollte. Aufgabe des Konvents war es gemäß der Erklärung von Laeken, nach Wegen zu suchen, die EU „demokratischer, transparenter und effizienter" zu gestalten (Europäischer Rat, 2001). Im Februar 2002 nahm der Konvent seine

Arbeit unter Valéry Giscard d'Estaing auf und legte im Juli 2003 einen Entwurf über eine Verfassung der EU vor. Dieser Entwurf diente dann einer Intergouvernementalen Konferenz als Vorlage für die Verhandlungen über die finale Version eines Verfassungsvertrages, die im Juni 2004 abgeschlossen werden konnten. Der Vertrag über eine Verfassung für Europa wurde am 29.10.2004 von den Staats- und Regierungschefs in Rom unterzeichnet.

Zu dem Zeitpunkt, da diese Zeilen niedergelegt werden, befindet sich die Verfassung nach den gescheiterten Referenden in Frankreich und Holland im Zustand der Stasis. Auch wenn sich gegenwärtig abzeichnet, dass die Verfassung durch ihre Befürworter in absehbarer Zeit zurück auf die Agenda gebracht werden wird, ist keineswegs sicher, ob und wenn ja, in welcher Form die Verfassung jemals in Kraft treten wird. Da es sich hierbei um eine aktuelle „Policy Issues" handelt, wird in Abschnitt 5.4 auf die wichtigsten Neuerungen, die in der Verfassung niedergelegt sind, kurz eingegangen werden. Außerdem ist es für das Verständnis dieser Neuerungen zweckmäßig, sich zunächst mit den Merkmalen der wichtigsten EU-Organe vertraut zu machen.

5.3 Die Institutionen der Europäischen Union

Da die Schilderung des Vertragssystems der EU mittlerweile in der Gegenwart angelangt ist und unterdessen immer wieder auf die Organe der EU Bezug genommen wurde, ist es nunmehr zweckmäßig, diese einer näheren Betrachtung zu unterziehen. Da man es sich allerdings zur Lebensaufgabe machen kann, die institutionellen Merkmale der EU-Organe und deren Beziehungen untereinander zu untersuchen, ist es auch in diesem Abschnitt geboten, zielgerichtet vorzugehen und sich nur solchen Organen näher zu widmen, die für die Normungspolitik von Bedeutung sind. Der Leser, der sich für Details interessiert, sei beispielsweise auf Wallace/Wallace/Pollack (2005), Hix (2005) oder El-Agraa (2004), die insbesondere unter Politologen als Standardwerke gelten, und die Vertragstexte der EU verwiesen, in denen die grundlegenden institutionellen Merkmale der EU-Organe niedergelegt sind.

Um den Angelegenheiten von gemeinsamem Interesse nachgehen zu können, haben die Vertragspartner der EU Gemeinschaftsorgane ins Leben gerufen und diese mit spezifischen institutionellen Merkmalen, also spezifischen Handlungsräumen ausgestattet, um auf die Terminologie des dritten Kapitels zurückzugreifen. Hierbei haben die Mitgliedstaaten der EU bereits ein beachtliches Maß an Souveränität an diese Organe abgetreten. Es ist diese Übertragung von staatlicher Souveränität auf die EU-Organe, welche die europäische Integration ausmacht. So rankt sich die so genannte „Finalitätsdebatte" um den Endzustand der EU im Wesentlichen darum, wie die Kompetenzen zwischen den Mitgliedsländern und den EU-Organen verteilt werden und in welchem Ausmaß die Mitgliedsländer ihre Souveränität an EU-Organe abgeben.

Wie bereits mehrfach angedeutet ist es in erster Linie die Kommission, welche die Normungspolitik gestaltet. Dementsprechend steht die Kommission in diesem Abschnitt an erster Stelle und wird auch ausführlich gewürdigt. Daraufhin werden die Merkmale des Rates der EU und des Europäischen Parlaments betrachtet, die gemeinsam mit der Kommission das so genannte „Institutionelle Dreieck" der EU bilden. Dem folgt eine kurze Schilderung des Europäischen Rates und des Europäischen Gerichtshofes, dessen Rechtsprechung durchaus normungsrelevant ist, wie sich später zeigen wird. In Abschnitt 5.3.6 werden einige weitere Organe der EU mehr oder weniger kurz erwähnt, die grundsätzlich durchaus tragende Funktionen innerhalb der EU ausüben, im Kontext der Normung allerdings nicht übermäßig ins Gewicht fallen. Dieser Abschnitt schließt mit einem kurzen Blick auf die Entscheidungsmechanismen die von EU-Organen angewendet werden und von denen insbesondere das so genannte „Mitentscheidungsverfahren" für die Normungspolitik einschlägig ist.

5.3.1 Die Europäische Kommission

Die Europäische Kommission wird oftmals als der „Motor der Gemeinschaftspolitik" bezeichnet, da sie den Ausgangspunkt jeder Gemeinschaftsaktion darstellt (Art. 211ff. EG-Vertrag; Wessels, 2004, S.94ff.). Hierzu ist die Kommission mit dem so genannten „Initiativrecht" ausgestattet, also dem alleinigen Recht, dem Rat und dem Parlament Vorschläge über Gemeinschaftsregelungen zu unterbreiten. Indes steht es nicht im Belieben der Kommission, aktiv zu werden (oder auch inaktiv zu verweilen). Sie ist vielmehr dazu verpflichtet, dann tätig zu werden, wenn das Gemeinschaftsinteresse berührt ist. Außerdem können der Rat (Art. 208 EG-Vertrag) und das Europäische Parlament (Art. 197 Abs. 2 EG-Vertrag) die Kommission dazu veranlassen, Vorschläge über entsprechende Aktivitäten auszuarbeiten. Die Kommission nimmt unter anderem die folgenden Aufgaben wahr:

- Die Kommission kontrolliert als „Wächterin der Verträge" die Einhaltung des Gemeinschaftsrechtes durch Einzelpersonen, Rechtspersonen, Mitgliedstaaten und Gemeinschaftsorgane. Zu diesem Zweck ist die Kommission mit weitreichenden Informationsrechten ausgestattet. Stellt die Kommission Rechtsverstöße fest, so kann sie diese im Rahmen des Vertragsverletzungsverfahrens (Art. 226 EG-Vertrag) verfolgen und gegebenenfalls auch den Europäischen Gerichtshof (EuGH) anrufen.
- Insofern sie für die Verwaltung des EU-Haushalts zuständig ist und die vom Rat bzw. Parlament beschlossenen politischen Maßnahmen und Programme unsetzt, kommen der Kommission auch exekutive Befugnisse zu.

Als exekutives Organ tritt die Kommission insbesondere im Bereich der Wettbewerbsrechts auf.

- Die Kommission verfügt zudem über ein Reihe vertraglich verbriefter „originärer" Rechtsetzungsbefugnisse, greift aber in der Praxis im wesentlichen auf die Rechtsetzungsbefugnisse zurück, welche ihr vom Rat zur Durchführung ihrer Aufgaben übertragen werden (Art. 202 EG-Vertrag). Folglich fallen der Kommission auch legislative Kompetenzen zu.
- Die Kommission vertritt ausschließlich die Gemeinschaftsinteressen. In dieser Eigenschaft agiert sie als Mittler zwischen divergenten nationalen Interessen bzw. tritt als „Troubleshooter" auf. Außerdem repräsentiert die Kommission die EU auf internationaler Bühne.
- Sie nimmt durch Empfehlungen und Stellungnahmen Einfluss auf die Politiken der EU und die Ausgestaltung des europäischen Einigungsprozesses.
- Sie koordiniert andere Organe der EG und unterstützt diese bei der Entscheidungsfindung und Entscheidungsumsetzung.
- Die Kommission ist dem Parlament gegenüber politisch rechenschaftspflichtig, das ihr das Misstrauen aussprechen und sie zum Rücktritt zwingen kann.

Die zukünftige Größe bzw. Zusammensetzung der Kommission bietet im Zuge des Beitritts neuer Mitgliedsländer Anlass für teils dissonante Diskussionen (Wessels, 2004, S.95). Aus praktischen Gründen (Kosten der Entscheidungsfindung) ist es notwendig, die Zahl der Mitglieder der Kommission zu begrenzen. Dies hat nun angesichts der hohen Zahl neuer Beitritte zur EU zur Folge, dass nicht mehr jedes Land durch einen Kommissar repräsentiert werden kann. Zu dem Zeitpunkt, da diese Zeilen niedergelegt werden, befindet sich diesbezüglich einiges im Fluss. Bis zum Beitritt zehn neuer Mitgliedsländer am 01.05.2004 setzte sich die Kommission aus 20 Mitgliedern inklusive eines Präsidenten zusammen, wobei die größeren Mitgliedstaaten jeweils zwei und die übrigen Mitgliedstaaten jeweils einen Kommissar stellten. Für eine Übergangsphase bis Ende 2004 betrug die Zahl der Kommissionsmitglieder dreißig. Die Kommission, die voraussichtlich bis 2009 im Amt sein wird, bestand bis Ende 2006 hingegen aus nur noch 25 Kommissionsmitgliedern und seit dem Betritt Bulgariens und Rumäniens zur EU aus 27 Mitgliedern – jeweils eines pro Land. Welche Regelung in Zukunft getroffen wird, ist zum Zeitpunkt, da diese Zeilen niedergelegt werden, offen.

Wie bereits angedeutet, steht der Kommission ein Präsident vor, der durch zwei Vizepräsidenten flankiert wird. Durch den Vertrag von Amsterdam wurde die Stellung des Präsidenten innerhalb der Kommission insofern gestärkt, als dass diese „unter der politischen Führung" des Präsidenten steht (Art. 217 Abs. 1 EG-Vertrag). Dies macht sich auch bei der Auswahl neuer Kommissionsmitglieder, die turnusmäßig alle fünf Jahre (innerhalb von sechs Monaten nach der Wahl des Europäischen Parlaments) ansteht, bemerkbar: Zunächst benennen die Regierungen der Mitgliedstaaten vorbehaltlich der Zustimmung des Europäischen Parlaments gemeinsam den neuen Präsidenten der Kommission. Die Regierungen wählen alsdann in Abstimmung mit dem designierten Präsident der Kommission die übrigen Mitglieder der Kommission aus. Die gesamte Kommission stellt sich dann der Befragung durch das Parlament und nimmt, sofern das Parlament in seiner Stellungnahme zustimmt, seine Arbeit auf. Bei den Mitgliedern der Kommission handelt es sich beispielsweise um Politiker, Funktionäre, Gewerkschaftler usw. Selbstverständlich ist die Benennung der Mitglieder der Kommission ein politischer Prozess, bei dem nicht nur die Qualifikation der Kandidaten eine Rolle spielt, sondern auch nationale politische Interessen austariert werden.

Der Kommission steht zur Bewältigung ihrer Aufgaben ein umfangreicher administrativer Apparat zur Verfügung. Dieser setzt sich zusammen aus den „Generaldirektionen" (GDs) und den so genannten „Diensten", wie z.B. dem Juristischen Dienst. Jede der zurzeit existierenden 23 GDs ist für einen bestimmten Politikbereich zuständig und wird von einem Generaldirektor geleitet, der wiederum dem Kommissionsmitglied mit dem gleichlautenden Ressort verantwortlich ist. Neben der administrativen Arbeit entwerfen die GDs auch politische Initiativen und Vorlagen über Rechtsakte, die von den Kommissionsmitgliedern angenommen oder abgelehnt und gegebenenfalls, z.B. im Rahmen des Mitentscheidungsverfahrens, an den Rat und das Parlament zur Prüfung weitergeleitet werden. Beschlüsse können in der Kommission mit einfacher Mehrheit getroffen werden; im Allgemeinen wird jedoch ein Konsens angestrebt. Die Normungspolitik fällt beispielsweise in den Verantwortungsbereich der GD Unternehmen und Industrie, die gegenwärtig von Heinz Zourek geleitet wird. Der für das Ressort Unternehmen und Industrie zuständige Kommissar ist gegenwärtig Günter Verheugen. Verheugen hat kürzlich in einem Interview darauf hingewiesen, dass die Generaldirektionen in ihren Aktivitäten zuweilen durchaus ein gewisses Unabhängigkeitsstreben an den Tag legen und sich die Auffassungen zwischen den Kommissaren und den ihn zugeordneten Generaldirektionen nicht immer übereinstimmen müssen (Welt Online, 2006).

Weiterhin unterhält die Kommission im Rahmen der Willensbildung und Entscheidungsvorbereitung umfangreiche Beziehungen zu den Regierungen der Mitgliedstaaten und allen erdenklichen Interessengruppen. Außerdem nimmt die Kommission die Dienste diverser Ausschüsse in Anspruch, die häufig bestimmte Partialinteressen, z.B. die von Konsumenten, der Industrie usw., vertreten. Nicht zuletzt wird die Kommission von Expertenkomitees beraten, die zum Teil von den nationalen Regierungen nominiert werden. Der Rückgriff auf unterschiedliche Ausschüsse bei der Entscheidungsfindung und der Ausarbeitung von Rechtsakten wird auch als „Komitologie" bezeichnet.

Die Kommission verfügt über eine Reihe beachtlicher Befugnisse, die zwar nicht unbegrenzt sind, dennoch mit einer Reihe demokratischer Grundprinzipien (z.B. dem Prinzip der Gewaltenteilung) nicht vollständig harmonieren. Die Kritik an der unzureichenden demokratischen Legitimität europäischer Institutionen bezieht sich nicht unwesentlich auf die Sonderstellung der Kommission, die auf der Ebene demokratischer Nationalstaaten ihresgleichen sucht.

5.3.2 Der Rat der Europäischen Union

Der Rat der Europäischen Union, der häufig kurzerhand auch nur „Rat" genannt wird, bildet das wichtigste Gremium der Beschlussfassung und der Rechtsetzung (Art. 202ff. EG-Vertrag; Wessels, 2004, S.91ff.). Abgesehen von der Rechtsetzungsbefugnis zählt es unter anderem zu den Aufgaben des Rates, die Wirtschaftspolitiken der Mitgliedstaaten zu koordinieren und gemeinsam mit dem Parlament den Haushaltsplan zu verabschieden (Art. 272 Abs.3 EG-Vertrag). Ferner ernennt der Ministerrat die Mitglieder des Wirtschafts- und Sozialausschusses, des Ausschusses der Regionen und die Mitglieder des Rechnungshofes und legt Gehälter und Vergütungen fest. Der Ministerrat vertritt die EU auf internationaler Ebene (Art. 300 und 310 EG-Vertrag), entscheidet auf der Grundlage der Leitlinien des Europäischen Rates über die gemeinsame Außen- und Sicherheitspolitik, schließt Abkommen mit Drittstaaten sowie internationalen Organisationen und koordiniert die Maßnahmen zur inneren Sicherheit. Der Rat hat (wie auch die Kommission) grundsätzlich nicht das Recht, die eigenen Kompetenzen oder die anderer Organe der EU zu modifizieren.

Der Rat der EU setzt sich aus Vertretern der Regierungen der Mitgliedstaaten zusammen. Hierbei handelt es sich im Allgemeinen, allerdings nicht notwendigerweise um die Fachminister bzw. deren Staatssekretäre, die für die Themen auf der Agenda zuständig sind. Der Rat besteht insofern nicht aus ständigen, sondern aus wechselnden Mitgliedern und firmiert je nach Agenda als „Allgemeiner Rat", der Fragen von fachübergreifender Relevanz behandelt, oder als einer von diversen Fachministerräten, z.B. dem „Rat der Außenminister" oder dem „Ecofin-Rat" (Rat der Wirtschafts- und Finanzminister)[62]. Die Ratsmitglieder sind nicht dem nationalen, sondern nur dem Gemeinschaftsrecht verbunden.

Der Vorsitz des Rates wechselt alle sechs Monate unter den Mitgliedstaaten, was einer kontinuierlichen Arbeit selbstverständlich nicht immer förderlich ist. Der Präsident des Rates hat maßgeblichen Einfluss auf die Agenda, repräsentiert die EU hinsichtlich der gemeinsamen Außen- und Sicherheitspolitik und tritt als

---

62 Dem Rat sind allerdings ständige Einrichtungen angeschlossen, welche die administrative Arbeit erledigen und Tagungen inhaltlich wie auch organisatorisch vorbereiten. Hierbei handelt es sich um das Generalsekretariat und insbesondere um den Ausschuss der Ständigen Vertreter der Regierungen der Mitgliedstaaten („Coreper', Comité des représentants permanents).

Sprecher der EU auf. Die Reihenfolge der Präsidentschaft wird vom Rat einstimmig beschlossen, zielt grundsätzlich aber darauf ab, dass sich große und kleine Mitgliedstaaten abwechseln.

Im Rat werden Entscheidungen mit qualifizierter Mehrheit oder in Angelegenheiten von untergeordneter Bedeutung mit einfacher Mehrheit getroffen. In Fragen von grundsätzlicher politischer Relevanz gilt hingegen das Einstimmigkeitsprinzip. Im Bereich der Normung vollzieht sich das Verfahren der Beschlussfassung oftmals folgendermaßen: Zunächst unterbreitet die Kommission Vorschläge über die Politikgestaltung, die der Rat nach eventueller Prüfung auf fachliche und politische Tauglichkeit annehmen, ändern oder auch ignorieren kann[63]. Mit der Einführung des Mitentscheidungsverfahrens durch den Vertrag über die Europäische Union (Vertrag von Maastricht) wurde dem Europäischen Parlament ein größerer Einfluss bei der Entscheidungsfindung zuteil. Die Rechtsetzung wird seitdem in vielen Bereichen (z.B. Binnenmarkt, Verbraucherschutz, transeuropäische Netze, Bildung und Gesundheit) gemeinschaftlich vom Parlament und dem Rat vorgenommen. Gegebenenfalls werden die "Sozialpartner" und sonstige Interessengruppen in Anhörungen des Wirtschafts- und Sozialausschusses bzw. lokale und regionale Körperschaften im Ausschuss der Regionen konsultiert und an der Entscheidungsfindung beteiligt. Änderungen des EG-Vertrages können nur einstimmig in einer Konferenz des Ministerrates beschlossen werden und treten erst dann in Kraft, wenn alle Mitgliedstaaten den novellierten Vertrag ratifiziert haben.

Der Ministerrat (wie auch die Kommission) erlässt für die EG laut Artikel 189 EG-Vertrag „zur Erfüllung ihrer Aufgaben und nach Maßgabe des Vertrages ...Verordnungen, Richtlinien und Entscheidungen, spricht Empfehlungen aus oder gibt Stellungnahmen ab."

-   Verordnungen stehen an oberster Stelle. Sie sind für alle Bürger der EU verbindlich und gelten, ohne dass sie in nationales Recht umgesetzt werden müssten. Der Rat und die Kommission haben gleichermaßen das Recht, Verordnungen zu erlassen.
-   Richtlinien sind für die Mitgliedstaaten der EU bindend. Diese werden von den Mitgliedstaaten in nationales Recht umgesetzt. Es besteht jedoch bei der konkreten Ausgestaltung der Richtlinie ein Spielraum für individuelle Lösungen in den Mitgliedstaaten.
-   Entscheidungen des Rates gelten unmittelbar für die in ihnen bezeichneten Personengruppen. Eine Umsetzung in nationales Recht ist hierbei nicht erforderlich.
-   Empfehlungen und Stellungnahmen hingegen sind völlig unverbindlich.

---

63 Hierzu mehr in Abschnitt 5.3.7.

Zusätzlich kann der Rat auf eine Reihe weiterer „Formate" zurückgreifen. Hierbei handelt es sich um Schlussfolgerungen, in denen beispielsweise neue politische Weichenstellungen oder Initiativen angeregt werden, Erklärungen und Entschließungen. Viele Einlassungen des Rates zur europäischen Normung liegen in diesen drei Formaten vor. Die „Rechtsakte" des Rates werden in allen Amtssprachen der Union übersetzt und im Amtsblatt der Europäischen Gemeinschaften veröffentlicht.

5.3.3 Das Europäische Parlament

Das Europäische Parlament übt innerhalb des institutionellen Gefüges der EU die folgenden Funktionen aus (Art. 189ff. EG-Vertrag; Wessels, 2004, S.88ff): Gemeinsam mit dem Ministerrat verabschiedet es im Rahmen des Mitentscheidungsverfahrens gemäß Art. 251 EG-Vertrag Rechtsakte wie beispielsweise Richtlinien oder Verordnungen. In einigen Fällen wie z.B. bei der Ernennung einer neuen Kommission oder dem Beitritt neuer Mitgliedstaaten (Art. 49 EU-Vertrag) ist die Zustimmung des Parlaments notwendig. Außerdem kann wie bereits erwähnt das Parlament die Kommission auffordern, Gesetzesentwürfe zu erarbeiten und vorzulegen. Neben diesen legislativen Befugnissen übt das Parlament eine Reihe von Kontrollfunktionen gegenüber anderen EU-Organen, insbesondere der Kommission, aus. Wie bereits erwähnt ist die Kommission dem Parlament gegenüber rechenschaftspflichtig und kann von diesem – wie 1999 geschehen – per Misstrauensantrag abgesetzt werden. Ein Misstrauensvotum gegen einzelne Mitglieder der Kommission ist jedoch nicht möglich; die Kommission kann nur „en bloc" abberufen werden. Allerdings hat das Parlament das Recht, designierte Mitglieder einer neuen Kommission nach Anhörung abzulehnen. Weiterhin hat das Parlament ein Mitspracherecht in Budgetangelegenheiten. So verabschiedet es gemeinsam mit dem Ministerrat das jährliche Budget der EU und billigt die Bilanz der Kommission. Darüber hinaus übt das Europäische Parlament gegenüber anderen Gremien der EU eine Beratungsfunktion im Rahmen von Anhörungen aus und nimmt Beschwerden von EU-Bürgern entgegen.

Die Mitglieder des Parlaments sind in Parteien, also entlang des politischen Spektrums, und nicht etwa nach Nationalität organisiert. Gegenwärtig setzt sich das Parlament aus 732 Mitgliedern zusammen; 2007, nach der nächsten Beitrittsstufe, werden es voraussichtlich 786 Mitglieder sein. Seit 1979 wird das Parlament unmittelbar durch die Bürger der Mitgliedstaaten der EU gewählt, das sich bis 1979 aus Vertretern der nationalen Parlamente zusammensetzte. Seit 1979 werden die Volksvertreter alle fünf Jahre direkt in den Mitgliedstaaten gewählt, wenngleich nach unterschiedlichen nationalen Abstimmungsverfahren. Entscheidungen werden in Plenarsitzungen getroffen, die von Ausschüssen vorbereitet werden. Bis auf einige Ausnahmen stimmt das Parlament stets mit der absoluten

Mehrheit der abgegebenen Stimmen ab. Die Stellung des Parlaments innerhalb des institutionellen Gefüges der EU wurde mit jeder Revision des Vertragssystems gestärkt. So räumt das Mitentscheidungsverfahren, dessen Geltungsbereich in den Verträgen von Amsterdam und Nizza systematisch ausgedehnt wurde, dem Parlament einen annähernd gleichen Einfluss auf die Entscheidungsfindung ein wie dem Ministerrat.

Der Vorwurf der mangelnden demokratischen Legitimation ist eng verknüpft mit dem unzureichenden Einfluss des Parlaments innerhalb des institutionellen Gefüges der EU. Zwar bildet das Parlament die Volksvertretung der Mitgliedstaaten in der EU, verfügt aber im Vergleich zu den Parlamenten demokratischer Nationalstaaten immer noch über weniger Rechte, auch wenn diese zwischenzeitlich durch die Vertragsrevisionen systematisch gestärkt wurden und laut Wessels (2004, S.89) eine Tendenz zu einem Zwei-Kammer-System besteht, in dem das Parlament in den meisten Fällen über annähernd gleiche Rechte verfügt wie der Rat.

5.3.4 Der Europäische Rat

Der Terminus „Europäischer Rat" bezieht sich auf nichts anderes als die regelmäßigen Treffen der Staats- und Regierungschefs der EU-Mitgliedstaaten, an denen die Außenminister und der Kommissionspräsident beteiligt sind. Kam man seit Mitte der 1960er Jahre eher in unregelmäßigen Abständen zusammen, wurde der Europäische Rat Mitte der 1980er Jahre durch die EEA institutionalisiert. Seitdem tagt der Europäische Rat viermal pro Jahr. Der Europäische Rat ist mehr oder weniger für die großen Weichenstellungen bzw. die „großen Visionen" über die Entwicklung der EU zuständig und legt seine Leitlinien für die Organe der EU in Deklarationen oder Resolutionen nieder. Der Europäische Rat und der Rat der Europäischen Union werden häufiger miteinander verwechselt. Außerdem existiert noch der Europarat, eine internationale Organisation von 46 Ländern, die sich kulturellen Belangen, Bildungs- und Menschenrechtsfragen widmet, nicht aber unmittelbar mit der EU assoziiert ist. Alleine an diesen Namensähnlichkeiten lässt sich ermessen, dass der gemeine EU-Bürger bei der Einordnung unterschiedlicher Organe der EU oftmals überfordert sein muss.

5.3.5 Der Gerichtshof der Europäischen Gemeinschaften

Die vornehmliche Aufgabe des Europäischen Gerichtshofes (EuGH) besteht darin sicherzustellen, dass das Gemeinschaftsrecht in allen Mitgliedstaaten einheitlich angewendet wird und zu prüfen, inwieweit die Entscheidungen, die von den Organen der EU getroffen werden, rechtsstaatlichen Prinzipien genügen (Art. 220-245; Wessels, 2004, S.97ff.). Weiterhin haben nationale Gerichte zuweilen Probleme mit der Auslegung europäischen Rechts und treten zur Klärung der Rechtslage an den EuGH heran. Der EuGH fällt in solchen Fällen Urteile („Vorabentscheidungen"), die für die nationalen Gerichte verbindlich sind. Weiterhin ist der EuGH befugt, über Rechtsstreitigkeiten von EU-Organen, Unternehmen und Einzelpersonen zu befinden. Hierbei existieren unterschiedliche Klageformen wie beispielsweise Feststellungsklagen, Nichtigkeitsklagen und Untätigkeits-klagen (Wessels, 2004, S.98). Die Kompetenzen des EuGH beschränken sich weitgehend auf die EG-Säule der EU (Art. 46 EU-Vertrag). Der EuGH wird beispielsweise dann aktiv, wenn EU-Recht in unterschiedlichen Staaten unter-schiedlich angewendet wird, ein Mitgliedsland bzw. das Parlament, die Kommis-sion oder der Rat seinen Verpflichtungen nicht nachkommt, oder ein bestimmtes Gesetz der EU von bestimmten Mitgliedstaaten oder EU-Organen als illegal betrachtet wird.

Nach den letzten Erweiterungen der EU setzt sich der EuGH aus 27 Richtern (einem pro Mitgliedstaat) und acht Generalanwälten zusammen, welche das Gericht bei der Entscheidungsfindung unterstützen, aber auch Stellungnahmen abgegeben und Schlussanträge stellen. Richter und Generalanwälte werden im gegenseitigen Einvernehmen von den Regierungen der Mitgliedsländer auf eine Dauer von sechs Jahren ernannt. Seit dem Vertrag von Nizza kann der EuGH Kammern mit unterschiedlichen Zuständigkeitsbereichen bilden. Diese Kammern setzen sich aus drei oder fünf Richtern zusammen; die „Große Kammer" bildet sich aus 13 Richter. In besonderen Fällen treten auch alle 27 Richter zusammen. 1989 wurde ein Gericht erster Instanz eingerichtet, um die Flut von Klagen, die bereits zu damaliger Zeit einsetzte, bewältigen zu können.

An dieser Stelle soll nicht näher auf Verfahrensfragen bzw. die Rechtsgrundsätze eingegangen werden, nach denen der EuGH seine Entscheidungen trifft. Dies bildet eine ausgesprochen komplexe Materie, deren Vertiefung im Hinblick auf das eigentliche Thema keinen besonderen Erkenntnisgewinn liefert. Der Leser sei diesbezüglich beispielsweise auf Sweet (2004) verwiesen. Im Folgenden wird der EuGH also mehr oder weniger als „Black Box" aufgefasst, dessen Innenleben weniger interessiert, dessen Outputs aber dazu geeignet sind, auf andere Akteure einen signifikanten Einfluss auszuüben bzw. deren Handlungsräume signifikant zu modifizieren. So hat der EuGH durch seine Rechtsprechung die Auslegung bestimmter Vertragsklauseln konkretisiert und zweifelsohne die eigene Position wie auch die Position der Kommission gegenüber den Mitgliedstaaten gestärkt. „In dubio pro communitate" bezeichnet die allgemeine Auffassung, dass der EuGH in seiner Rechtssprechung eher zugunsten der Gemeinschaftsbelange, also zuungunsten nationaler Partikularinteressen entscheidet. Dies gilt durchaus auch für Rechtsprechung über den Binnenmarkt, die weitgehend auf den Abbau nationaler nichttarifärer Handelshemmnisse abzielte (Egan, 2001, S.94). In Ab-schnitt 6.1.3 wird auf das Urteil des EuGH im so genannten „Cassis de Dijon Fall" eingegangen werden, das für die Normungspolitik bedeutsam ist.

5.3.6 Weitere Institutionen und Organe der Europäischen Union

In diesem Abschnitt werden der Vollständigkeit halber eine Reihe von Organen und Institutionen kurz vorgestellt, die innerhalb des institutionellen Gefüges der EU sehr wohl eine wichtige Rolle spielen, im Kontext der Normung hingegen nicht übermäßig relevant sind[64]. So wurde bereits auf die Intergouvernementale Konferenzen hingewiesen, in denen die Regierungen der EU-Mitgliedstaaten die Revisionen des europäischen Vertragswerkes verhandeln. Intergouvernementalen Konferenzen bedeuten im Allgemeinen grundsätzliche Weichenstellungen für die EU und sind insofern von großer Tragweite. Jeder größeren Vertragsrevision gingen bisher eine oder gar mehrere Intergouvernementale Konferenzen voraus.

In erster Linie beratende Funktion haben der Europäische Wirtschafts- und Sozialausschuss und der Ausschuss der Regionen (Art. 257-262, 263-265 EG-Vertrag; Wessels, 2004, S.100). Der Wirtschafts- und Sozialausschuss setzt sich aus unterschiedlichen Vertretern der Zivilgesellschaft zusammen, wie z.B. Arbeitnehmern, Arbeitgebern, Gewerkschaften, den Interessenvertretern diverser Sektoren und Branchen, Umweltverbänden usw., und nimmt dann Stellung, wenn die Initiativen der EU wirtschaftliche oder soziale Interessen berühren. Ähnlich bezieht der Ausschuss der Regionen dann Stellung, wenn regionale bzw. kommunale Interessen durch geplante Rechtsakte der EU tangiert werden. Für den Ausschuss der Regionen ist beispielsweise das Subsidiaritätsprinzip maßgeblich, demzufolge die Kompetenzen bestimmter politischer Entitäten so nahe wie möglich am Bürger verortet sein sollen. Dies impliziert, dass die EU-Organe sich keine Kompetenzen anmaßen sollten, die andere Akteure bürgernäher annehmen könnten.

Von einem gewissen Interesse sind weiterhin die autonomen Einrichtungen der Europäischen Union, die so genannten Agenturen (Europäische Union, 2006b). Agenturen können aus den unterschiedlichsten Anlässen gegründet werden und die unterschiedlichsten Aufgaben übernehmen, die oftmals jedoch von spezifisch technischer Natur sind. Jede der drei Säulen der EU (Gemeinschaft, Gemeinsame Außen- und Sicherheitspolitik, polizeiliche und justizielle Zusammenarbeit) unterhält eigene Agenturen. Weiterhin existieren so genannte Exekutivagenturen, die gegründet wurden, um bestimmte Initiativen der EU in die Tat umzusetzen. Agenturen werden zwar von den Organen der Gemeinschaft ins Leben gerufen und beauftragt, operieren von diesen aber unabhängig und weisen eine eigene Rechtspersönlichkeit auf. Gegenwärtig existieren 32 Agenturen oder befinden sich im Aufbau. Hierzu zählen beispielsweise das Satellitenzentrum der Europäischen Union, das Europäische Polizeiamt (Europol), die Europäische Agentur für Flugsicherheit (FASA), die Europäische Agentur für den Wiederaufbau (EAR)

---

64 Einen Überblick über die Organe und Einrichtungen der EU verschaffen beispielsweise deren Portalseiten im Internet (Europäische Union, 2006c).

oder die Europäische Stelle zur Beobachtung von Rassismus und Fremdenfeind-lichkeit (EUMC), um nur ein paar Beispiele zu nennen. Agenturen sind aus zwei Gründen von Interesse: Erstens spielt bei den Agenturen mit ausgeprägt technischen Arbeitsfeldern die Normung stets in irgendeiner Form, gegeben-enfalls sogar als Querschnittsthema eine Rolle. Weiterhin bilden Agenturen ein flexibles Steuerungsinstrument, mit dem auch unmittelbar Normungspolitik betrieben werden könnte, und zwar diskret und jenseits der etablierten Institu-tionen, die im Rampenlicht des öffentlichen Interesses stehen.

Zu den Finanz- und Finanzierungsinstitutionen zählen die Europäische Zentral-bank, die im Wesentlichen die gleichen Funktionen ausübt wie nationale Zentral-banken früher, die Europäische Investitionsbank, die unterschiedliche europäische Projekte fördert und der Europäischer Investitionsfonds, der Venture-Kapital zur Verfügung stellt und insbesondere KMUs fördert. Hier möge sich der Leser erneut vergegenwärtigen, dass diese Institutionen in einem anderen Zusammenhang durchaus von größter Relevanz sind und sehr viel intensiver gewürdigt werden könnten, im Kontext der Normung jedoch kaum einschlägig sind.

Zu guter Letzt seien noch der Europäische Rechnungshof, der den Umgang mit den Geldern der EU überwacht, der Europäische Bürgerbeauftragte, der als Mittler bzw. Schlichter zwischen EU-Bürgern und EU-Organen auftritt, und der Europäische Datenschutzbeauftragte genannt. Auch diese Organe der EU sind in Normungsfragen von keiner großen Bedeutung.

5.3.7 Entscheidungsprozesse in der Europäischen Union

Je nach Situation, Politikfeld, Tragweite und Komplexität der Materie kommen in der EU unterschiedliche Entscheidungsmodi zum Einsatz (Kohler-Koch/ Conzelmann/Knodt, 2004, S.125), um die bereits erwähnten Verordnungen, Richtlinien und Entscheidungen zu erlassen. Wann welcher Entscheidungsmodus zur Geltung kommt, ist im Vertragswerk der EU spezifiziert. Indes würde es an dieser Stelle zu weit führen, alle Entscheidungsmechanismen der EU und die Situationen, in denen sie zum Einsatz kommen, im Detail zu schildern. Vielmehr werden die wichtigsten Entscheidungsmechanismen kurz benannt und dann auf das so genannte Mitentscheidungsverfahren eingegangen, das für die Normungs-politik der EU maßgeblich ist.

Allen Entscheidungsmechanismen ist gemein, dass der Rat (mit qualifizierter Mehrheit oder in wichtigen Fragen auch einstimmig) Entscheidungen auf Initiative der Kommission trifft, wobei es bei Entscheidungen von Verfassungs-rang (Vertragsmodifikationen, Neubeitritte) zusätzlich der Ratifizierung durch die Mitgliedstaaten bedarf (Art. 48, 49 EU-Vertrag). Darüber hinaus bildet das Ausmaß der Beteiligung des Parlaments an Entscheidungsprozessen der EU ein nützliches Unterscheidungskriterium (Kohler-Koch/Conzelmann/Knodt, 2004, S.127). Im *einfachen Verfahren* wird das Parlament nicht beteiligt. Im *Anhörungsverfahren* entscheidet der Rat nach Stellungnahme des Parlaments. Hierbei kommt dem Parlament nur beratende Funktion zu. Beim *Zustimmungsverfahren* ist neben der Verabschiedung im Rat auch die Zustimmung des Parlaments erforderlich. Das Zustimmungsverfahren kommt beispielsweise im Falle internationaler Abkommen, der Ernennung des Präsidenten der Kommission oder der Verhängung von Sanktionen gegen Mitgliedsländer zum Zuge.

Das *Mitentscheidungsverfahren* ist ein komplexes mehrstufiges Verfahren, in dem Parlament und Rat auf Initiative der Kommission gemeinsam entscheiden (Art. 251 EGV; Kohler-Koch/Conzelmann/Knodt, 2004 S.128f.; Wessels, 2004, S.102ff.). Die komplexe Struktur des Mitentscheidungsverfahrens zielt auf eine Balance zwischen Rat und Parlament ab und soll auch dann einen Konsens bzw. eine einvernehmliche Entscheidung ermöglichen, wenn zwischen diesen beiden Organen Meinungsverschiedenheiten über den Inhalt bestimmter Rechtsakte herrschen. Allerdings kann ein Mitentscheidungsverfahren auch scheitern, wie unten gezeigt wird. Der Geltungsbereich des Mitentscheidungsverfahrens wurde seit seiner Einführung im Vertrag von Maastricht systematisch (zuungunsten anderer Entscheidungsverfahren) ausgedehnt. Gegenwärtig wird das Mitentscheidungsverfahren in 43 Politikfeldern der Gemeinschaft angewendet und ist auch für die Binnenmarktpolitik und damit die Normungspolitik maßgeblich. Kurz gefasst läuft das Mitentscheidungsverfahren folgendermaßen ab (Europäisches Parlament, 2006):

- Nach Konsultationen mit Experten und Interessengruppen und dem Ausschuss der Regionen bzw. dem Europäischen Wirtschafts- und Sozialausschuss unterbreitet die Kommission dem Parlament einen Gesetzesentwurf.
- In einer ersten Lesung wird im zuständigen Parlamentsausschuss der Entwurf der Kommission beraten und gegebenenfalls mit Änderungswünschen an die Kommission zurückgereicht. Über den (ggf. korrigierten) Entwurf stimmt dann das Parlament mit einfacher Mehrheit ab, und reicht seine Entscheidung an den Rat weiter. Hat der Rat in seiner ersten Lesung weder an dem Entwurf der Kommission, noch an den Vorschlägen des Parlaments Änderungswünsche, so ist das Gesetz (mit qualifizierter Mehrheit) gebilligt. Sollte der Rat allerdings anderer Auffassung sein als die Kommission und/oder das Parlament, verfasst er einen „gemeinsamen Standpunkt", der an das Parlament geschickt wird.
- Stimmt das Parlament in der zweiten Lesung dem gemeinsamen Standpunkt zu, so ist das Gesetz gebilligt. Lehnt das Parlament den gemeinsamen Standpunkt des Rates mit absoluter Mehrheit ab, so ist das Gesetz gescheitert. Das Parlament kann aber auch den gemeinsamen Standpunkt

mit absoluter Mehrheit modifizieren. Stimmen die Minister der Gesetzes-
fassung des Parlaments zu, so ist das Gesetz erlassen. Allerdings ist hierbei
die Stellungnahme der Kommission zu berücksichtigen: Sollte die Kommission die Fassung des Parlaments ablehnen, muss der Rat ein
einstimmiges Ergebnis erzielen, um das Gesetz anzunehmen. Sollte der
Rat die Fassung des Parlaments ablehnen, nimmt sich ein Vermittlungsausschuss der Sache an.

- Der Vermittlungsausschuss setzt sich paritätisch aus Vertretern des Parlaments und des Rates zusammen und entwirft auf der Grundlage der Fassung des Parlaments innerhalb von sechs Wochen einen gemeinsamen
Entwurf. Scheitern diese Bemühungen, so ist auch das Gesetz gescheitert.
Gelingt hingegen eine Einigung, so geht der gemeinsame Entwurf in eine
dritte Lesung. Diesem müssen das Parlament mit absoluter Mehrheit und
der Rat mit qualifizierter Mehrheit zustimmen; andernfalls ist auch dieser
letzte Gesetzesentwurf gescheitert.

Das Mitentscheidungsverfahren ist in seiner Gänze zweifelsohne komplex, durchläuft in der Praxis aber nur selten aller hier geschilderten Stufen. Von 1999 bis
2004 verliefen immerhin 418 Mitentscheidungsverfahren erfolgreich, während nur
zwei Verfahren scheiterten. Da das Mitentscheidungsverfahren sowohl die Kommission, das Parlament wie auch den Rat in den Entscheidungsprozess einbindet,
wird es häufig auch als „institutional glue", als „institutionelles Bindemittel"
bezeichnet, der das Institutionelle Dreieck, also Kommission, Parlament und Rat,
zusammenhält. Allerdings eröffnet das Mitentscheidungsverfahren einen gewissen
Spielraum für obstruktives Verhalten. So hat insbesondere das Parlament die
Möglichkeit, permanent die Vorschläge der Kommission zurückzuweisen. Diese
und andere Fragen wurden in der Gemeinsamen Erklärung vom 04.05.1999 zu
den praktischen Modalitäten des neuen Mitentscheidungsverfahrens und in der
Interinstitutionellen Vereinbarung „Bessere Rechtsetzung" vom 31.12.2003 behandelt (Europäisches Parlament/Rat/Kommission, 2003).

5.4 Rechtliche und institutionelle Rahmenbedingungen der Normungspolitik der EU

Von Interesse sind in diesem Abschnitt die Rechtsgrundlagen der Ausgestaltung
der Normungspolitik der EU und die damit verbundenen (operativen) Ziele.
Maßgeblich sind hierbei zunächst die Bestimmungen des EU-Vertragssystems,
also die Elemente des Primärrechts der EU, welche die aktive Gestaltung einer
europäischen Normungspolitik legitimieren bzw. konditionieren. Hier gilt grundsätzlich, dass jede politische Initiative, die von EU Organen ausgeht, durch das
Vertragswerk der EU legitimiert sein muss. Die Organe der EU operieren insofern
nicht in einen rechtsfreien Raum, haben aber durchaus die Möglichkeit, das EU-

Vertragswerk „auszulegen" und so die Legitimation für bestimmte Initiativen abzuleiten. Kernelement der europäischen Integration, das auch für die Normungspolitik maßgeblich ist, bildet das im EG-Vertrag niedergelegte Ziel der Schaffung eines gemeinsamen Marktes bzw. eines Binnenmarktes (Art. 2 EG-Vertrag). Abgesehen von der Zollunion, die bereits Ende der 1960er Jahre eingerichtet worden war, zeichnet sich der Binnenmarkt durch den freien Verkehr von Waren, Dienstleistungen, Personen und Kapital innerhalb der EU aus (Titel I & III EG-Vertrag; Dicke, 2004, S.224)[65].

Die EU artikuliert ihren Gestaltungsanspruch in einer Vielzahl von Politikfeldern (Art. 3 EG-Vertrag), bezieht sich dabei aber nicht unmittelbar auf die Normung. So wird die Normungspolitik fast zur Gänze durch das sekundäre Recht gestaltet und fußt insbesondere auf Art. 28 (ex-30) und Art. 95 (ex-100a) des EG-Vertrages. Art. 28 verbietet „mengenmäßige Einfuhrbeschränkungen sowie alle Maßnahmen gleicher Wirkung zwischen den Mitgliedstaaten", während Art. 30 (ex-36) die Ausnahmen hiervon spezifiziert[66]. Art. 95 Abs.1 ermächtigt den Rat, „gemäß dem Verfahren des Artikels 251 und nach Anhörung des Wirtschafts- und Sozialausschusses die Maßnahmen zur Angleichung der Rechts- und Verwaltungsvorschriften der Mitgliedstaaten, welche die Errichtung und das Funktionieren des Binnenmarktes zum Gegenstand haben", zu erlassen. Ausnahmefälle, in denen Art. 94 maßgeblich ist und der Rat einstimmig entscheidet, bilden gemäß Art. 95 Abs.2 „Steuern, die Bestimmungen über die Freizügigkeit und die Bestimmungen über die Rechte und Interessen der Arbeitnehmer". Art. 251 bezeichnet das Mitentscheidungsverfahren und räumt der Kommission wie gehabt das Initiativrecht ein. Laut Art. 95 Abs.3 geht die Kommission bei ihren Vorschlägen „in den Bereichen Gesundheit, Sicherheit, Umweltschutz und Verbraucherschutz von einem hohen Schutzniveau aus und berücksichtigt dabei

---

65 Die Einführung des Binnenmarktes wird durch marktorientierte wirtschaftstheoretische Überlegungen motiviert. Denen zufolge ermöglicht eine Marktvergrößerung z.B. Skaleneffekte und Spezialisierungsgewinne und senkt Transaktionskosten, was die Reichweite ökonomischer Aktivitäten erhöht. Ein intensivierter Wettbewerb bewirkt weiterhin Preissenkungen und kommt so dem Konsumenten zugute. Gleichermaßen kann im besten Falle mit einer Erhöhung der Investitionen und positiven Beschäftigungseffekten gerechnet werden. Der „Cecchini-Bericht" von 1988 versuchte im Vorfeld des Binnenmarktes die erwarteten Wohlfahrtsgewinne zu quantifizieren und zeichnete dabei ein ausgesprochen optimistisches Bild (Cecchini, 1988).

66 Art. 30 EGV besagt folgendes: „Die Bestimmungen der Artikel 28 und 29 stehen Einfuhr-, Ausfuhr- und Durchfuhrverboten oder -beschränkungen nicht entgegen, die aus Gründen der öffentlichen Sittlichkeit, Ordnung und Sicherheit, zum Schutze der Gesundheit und des Lebens von Menschen, Tieren oder Pflanzen, des nationalen Kulturguts von künstlerischem, geschichtlichem oder archäologischem Wert oder des gewerblichen und kommerziellen Eigentums gerechtfertigt sind. Diese Verbote oder Beschränkungen dürfen jedoch weder ein Mittel zur willkürlichen Diskriminierung noch eine verschleierte Beschränkung des Handels zwischen den Mitgliedstaaten darstellen."

insbesondere alle auf wissenschaftliche Ergebnisse gestützten neuen Entwick-lungen."

Art. 28 legitimiert den Eingriff der EU im Falle von nichttarifären Handels-hemmnissen. Auffällig ist hierbei, dass nicht präzisiert wird, wie dieser Eingriff zu erfolgen hat. Dementsprechend bestehen insbesondere für die Kommission im Hinblick auf die Vervollkommnung des europäischen Binnenmarktes weit-reichende Freiheitsgrade, unterschiedliche Politiken zu entwerfen und vorzuschlagen. Soweit es die Harmonisierung von Rechtsvorschriften, technisch-en Vorschriften und selbstverständlich auch von unterschiedlichen Normen-werken anbetrifft, spezifiziert Art. 95, welche Entscheidungsmodi zum Einsatz kommen und fordert ein hohes Schutzniveau in den Bereichen Gesundheit, Sicherheit, Umweltschutz, konkretisiert aber nicht die Verwendung bestimmter steuerungspolitischer Ansätze. Hier besteht also grundsätzlich Spielraum für unterschiedliche Herangehensweisen und „kreative Lösungen".

In der Tat bieten Art. 28 und Art. 95 EG-Vertrag die Möglichkeit, gleichzeitig unterschiedliche Politiken anzuwenden, die sich gegenseitig ergänzen. So liefert Art. 28 die Grundlage für eine vollständige Liberalisierung, also die Aufhebung aller nationaler Rechtsvorschriften, die grenzüberschreitende ökonomische Akti-vitäten in irgendeiner Form verhindern, wie auch für das Prinzip der gegenseitigen Anerkennung, auf das im nächsten Kapitel kurz eingegangen wird (Pelkmans, 2003, S.2ff.). Art. 95 EG-Vertrag bildet die Grundlage für die Harmonisierung unterschiedlicher nationaler Rechtsvorschriften und insbesondere der Normungs-politik, und zwar gleichermaßen für den Old Approach wie auch den New Approach. Diese beiden Ansätze werden ebenfalls im folgenden Kapitel näher erörtert. Außerdem wurde bereits darauf hingewiesen, dass auch die Recht-sprechung des EuGH eine nachhaltige Rolle bei der Ausgestaltung der Normungs-politik der EU spielt. Maßgeblich ist hier wie schon angedeutet dessen Urteil im „Cassis de Dijon Fall" aus dem Jahre 1979, das den zulässigen Handlungsraum, innerhalb dessen die EU-Organe eine aktive Normungspolitik betreiben dürfen, umreißt.

Vornehmstes Instrument der Rechtsetzung in der Binnenmarktpolitik und dem-zufolge auch in der Normungspolitik ist die Richtlinie. So existierten bereits im Jahre 2002 nicht weniger als 1475 Richtlinien im Bereich der Binnenmarktpolitik (Kommission, 2003d, S.10). Alleine aus diesem Umstand lässt sich ermessen, dass eine eingehende Auseinandersetzung mit allen Aspekten der Binnenmarkt-politik der EU im Rahmen dieser Arbeit unmöglich ist. Hierzu sei beispielsweise auf Egan (2001) verwiesen, die allerdings ebenfalls Schwerpunkte setzt und ten-denziell auf die europäische Normung abstellt.

Auch wenn zu Beginn des Jahres 1993 die Komplettierung des europäischen Binnenmarktes mehr oder weniger proklamiert wurde, wird dieses Projekt dennoch ein "ongoing business" bleiben, also niemals wirklich abgeschlossen sein. Dies erklärt sich vor allem daraus, dass nicht zuletzt aufgrund des technischen Fortschritts und der Standardisierung immer wieder neue Formen der ökonomischen Interaktion auftreten und neue Märkte mit neuen Attributen entstehen, die – jedenfalls aus Sicht der EU-Organe – den regulativen Eingriff erforderlich machen. Außerdem wird auch die Normung, die ja ein Element der Binnenmarktpolitik darstellt, stets ein minimales Aktivitätsniveau der EU erfordern. Alleine aus diesem Grunde wird der Binnenmarkt immer ein Mindestmaß regulativer Aktivitäten erforderlich machen. Selbstverständlich ist man sich bei der EU trotz aller Fortschritte der verbliebenen Herausforderungen bei der Vervollkommnung des europäischen Binnenmarktes bewusst (KOM(2003) 238, S.6f.). So ist es für europäische Unternehmen immer noch einfacher und kostengünstiger, innerhalb eines Mitgliedstaates der EU Handel zu treiben als zwischen den Mitgliedstaaten, was einen aussagekräftigen Indikator über den Zustand des Binnenmarktes darstellt. Häufig müssen Unternehmen, die ihre Produkte in andere Mitgliedstaaten exportieren, diese immer noch nach den dortigen technischen Regelwerken prüfen lassen und gegebenenfalls auch anpassen. Hier herrscht offenbar immer noch Harmonisierungsbedarf. Gleichermaßen fällt in einigen Mitgliedstaaten die Marktüberwachung zu permissiv bzw. zu lasch aus, so dass sich Produkte Marktzugang verschaffen können, die den Ansprüchen der EU an Produktsicherheit und Gesundheitsschutz nicht genügen. Nicht zuletzt wies 2003 der Handel mit Nicht-Mitgliedstaaten höhere Wachstumsraten auf als der Handel innerhalb der EU. Ebenso kam die Preiskonvergenz im Euro-Land zum Stillstand.

5.5 Policy Issues

Im Hinblick auf die Entwicklung der EU lauten die politischen Kernfragen: Wie weit soll europäische Integration gehen bzw. welche Form soll diese annehmen und welche politischen Instrumente sollen hierbei zur Anwendung kommen? Die Diskussion dieser Fragen, die sich letzten Endes auf den Endzustand der EU richten, wird auch als Finalitätsdebatte bezeichnet. Denkbar sind grundsätzlich zwei extreme, einander entgegengesetzte Zustände: Erstens die vollständige Abwesenheit supranationaler Strukturen, also die vollständige Unabhängigkeit bzw. Souveränität der europäischen Nationalstaaten, und zweitens die vollständig integrierte europäische Föderation, in der die Nationalstaaten ihre Souveränität, also sämtliche Machtbefugnisse vollständig an die supranationale Ebene abgetreten haben. Diese Zustände bezeichnen zwei institutionelle Extrema, einen minimalen und einen maximalen Integrationsgrad, die ein Kontinuum an institutionellen Zwischenzuständen von unterschiedlichen Integrationsgraden aufspannen.

Grundsätzlich sind die Präferenzen der Akteure bzw. des gemeinen EU-Bürgers über das gesamte Kontinuum verteilt, reichen also von einer vollständigen Ablehnung der EU bis zur völligen Bejahung einer weitreichenden europäischen Integration. Welche Präferenzen bestimmte Akteure im Einzelnen über den Endzustand der EU aufweisen, hängt von deren grundlegenden Vorstellungen über die gesellschaftliche Ordnung bzw. die Koordination gesellschaftlicher Interaktion, aber auch anderen Faktoren wie beispielsweise der Bildung, dem Informationstand oder der Sozialisierung ab. Bedeutsam für die Meinungsbildung über die institutionelle Ausgestaltung der EU ist selbstverständlich, was von den politisch relevanten Akteuren als Errungenschaft bzw. Defizit der europäischen Integration, also gewissermaßen als „track record" wahrgenommen wird. Außerdem sind im Allgemeinen die (wahrgenommenen) gesellschaftlichen Defizite dafür maßgeblich, dass bestimmte politische Initiativen in die Wege geleitet werden. Insofern ist es zweckmäßig, zunächst die Errungenschaften bzw. Defizite der europäischen Integration einander gegenüberzustellen, um politische Initiativen der EU wie beispielsweise die Europäische Verfassung besser einordnen zu können.

5.5.1 Errungenschaften und Defizite der Europäischen Union

Kritiker weisen häufig auf einen Mangel an demokratischer Legitimation der EU hin (Kohler-Koch/Conzelmann/Knodt, 2004, S.195ff.). Das einzige Organ, das auf demokratischem Wege per Wahl durch die EU-Bürgerschaft berufen wird, ist das Parlament, dessen Einfluss zunächst nur marginal war und erst seit dem Maastrichter Vertrag einen merklichen Zuwachs erfahren hat. Andererseits ist die Art und Weise, wie beispielsweise die Kommission bestellt wird, nur schwerlich mit demokratischen Grundprinzipien vereinbar (vgl. Abschnitt 5.3.1). Weiterhin ist die Ausgestaltung der Handlungsräume der Organe der EU nicht mit den Prinzipien der Gewaltenteilung im Einklang. Beispielsweise nimmt die Kommission eine Sonderolle ein, für die es in einem demokratischen Nationalstaat keine Entsprechung gibt. Dem Vorwurf der unzureichenden demokratischen Legitimation kann man entgegenhalten, dass die EU kein Nationalstaat ist und es daher wenig Sinn macht, Maßstäbe anzulegen, die in erster Linie für den Nationalstaat Gültigkeit haben. Da die EU kein Nationalstaat ist, wird sie stets institutionelle Merkmale aufweisen, die sich von denen demokratischer Nationalstaaten unterscheiden. Außerdem kann man nicht einerseits eine föderative EU verhindern, die einem demokratischen Nationalstaat deutlich ähnlicher wäre als sie es gegenwärtig ist, und andererseits eine mangelnde demokratische Legitimation kritisieren.

Weiterhin wurde bereits darauf hingewiesen, dass das Vertragswerk der EU, ihre Prozeduren und Strukturen komplex und für den gemeinen EU-Bürger nur schwer zu durchschauen sind. Für die EU-Bürger ist es nur mit Mühe nachvollziehbar, was wann von wem unter welchen Umständen/Voraussetzungen innerhalb eines gesichtslosen EU-Apparates unternommen wird und wie sich dies auf die eigenen Lebensumstände auswirkt. Dies führt über kurz oder lang zu einer Entfremdung und zu einer grundsätzlich ablehnenden Haltung gegenüber der EU, die tendenziell als ein Projekt der europäischen politischen Eliten wahrgenommen wird. Diese Entfremdung äußert sich beispielsweise an der geringen Beteiligung an den Wahlen zum Europäischen Parlament. Im Jahre 1999 gaben im Vereinigten Königreich nur 11 Millionen Wähler ihre Stimmen bei den Wahlen zum Europäischen Parlament ab, während sich 2002 23 Millionen Zuschauer (bei einer Gesamteinwohnerzahl von ca. 60 Millionen) an den Abstimmungen zur dritten Staffel von Big Brother beteiligten (BBC News, 2003b). Offenbar ist das Vertragssystem der EU so komplex bzw. so unscharf, dass es zuweilen auch den Mitgliedern des EU-Apparates schwer fällt, sich darin zurechtzufinden. So beklagt Löffler, der Leiter des Informationsbüros des Europäischen Parlaments in Berlin, dass der Versuch, unter dem jetzigen Regime herauszufinden, worüber das Europäische Parlament zu entscheiden befugt ist, einem „Herumstochern mit der Gabel in einer Gulaschsuppe" gleichkomme (Löffler, 2006). Henry Kissinger, ehemaliger Außenminister der USA, beklagte während seiner Amtszeit, dass keine Telefonnummer existierte, unter der man sich an die EG hätte wenden können (BBC News, 2004).

Die europäische Integration verlief nicht immer reibungslos. Neben den Erfolgen gab es auch Phasen der Stagnation oder gar des Rückschritts bzw. der Krise. So traten immer wieder zum Teil massive Interessenkonflikte zwischen den Mitgliedstaaten der EU, aber auch innerhalb des institutionellen Gefüges der EU auf. Oftmals dominierte das nationale Partikularinteresse über das Gemeinschaftsinteresse – bzw. das, was von bestimmten Akteuren als solches definiert wurde. Einige ambitionierte europäische Projekte haben die gesteckten Ziele bei weitem nicht erreicht oder wurden stillschweigend ad acta gelegt. Beispielsweise hatte die zur Jahrtausendwende entworfene Lissabon-Strategie zum Ziel, „die Union zum wettbewerbsfähigsten und dynamischsten wissensbasierten Wirtschaftsraum in der Welt zu machen" (Europäischer Rat, 2000). Der „Kok-Report" kommt im November 2004 jedoch zu dem Schluss, dass die ehrgeizigen Ziele der Lissabon-Strategie weitgehend verfehlt wurden (Europäische Gemeinschaften, 2004)[67]. Außerdem gab es eine Reihe interner Unregelmäßigkeit, die zum Teil Skandalcharakter aufwiesen und das Vertrauen in die Organe der EU nachhaltig erschüttert haben. Gerade im Zusammenhang mit der Normung ist die weit verbreitete Befürchtung von Interesse, die Eingriffe der EU, insbesondere solche mit der Zielsetzung der Vereinheitlichung unterschiedlicher Lebensbereiche der EU-

---

67 Gegenwärtig wird der Lissabon-Strategie allerdings neuer Schwung verliehen (Kommission, 2005d). Hierbei spielt auch die Normung eine bedeutende Rolle, wie in Kapitel 6 veranschaulicht werden wird.

Bürger, würden zu einem Verlust an nationaler Identität führen. Diese Fragestellung wird im sechsten und siebenten Kapitel nochmals aufgegriffen.

Zu den Errungenschaften der EU gehört zweifelsohne ein stabiler Frieden in Europa, der bereits seit über 60 Jahren andauert. Hierbei hat die EU ihren Bürgern zu einem beachtlichen Wohlstandszuwachs verholfen – eben durch die Wahrung des dauerhaften Friedens, der ja unabdingbare Voraussetzung für ein prosperierendes europäisches Gemeinwesen ist. Die Kommission (2003b) führt weiterhin eine Reihe von Errungenschaften an, die vom europäischen Binnenmarkt ausgehen. So wurden Studien zufolge in den ersten 10 Jahren des Bestehens des Binnenmarktes ca. 2,5 Millionen neue Arbeitsplätze geschaffen und ein Vermögenszuwachs von 877 Milliarden Euro erzielt.

Häufig richten sich die Argumente der Befürworter der europäischen Integration auf die Bewusstseinsebene, also die Modifikation von Bewusstseinsrestriktionen. So sollte man zuweilen über pragmatische Kosten-Nutzen-Betrachtungen hinausgehen und die höheren Werte wie z.B. die Wahrung des Friedens in Europa berücksichtigen, welche die EU vermittelt. In einer multi-polaren Welt ist weiterhin die Kooperation auf der europäischen Ebene eine absolute Notwendigkeit. Hier existiert mittlerweile kein Spielraum mehr für nationale Alleingänge. Zweifelsohne geht die europäische Integration nicht in allen Fällen reibungslos vonstatten. Da aber das Projekt der europäischen Integration in vielfacher Hinsicht ohne Vorbild ist, also in vielen politischen Bereichen durchaus Neuland betreten wurde, ist es nicht verwunderlich, dass zuweilen Probleme auftreten und bestimmte politische Initiativen auch scheitern. Es ist aber verfehlt, hieraus die Hinfälligkeit des gesamten Projekts der europäischen Integration zu schlussfolgern. Die Probleme, die hiermit einhergehen, können prinzipiell durch geeignete Arrangements und eine noch engere Kooperation behoben werden. Angesichts des Subsidiaritätsprinzips werden nach Auffassung der Befürworter der europäischen Integration nationale und regionale Identitäten in der Union nicht etwa beeinträchtigt, sondern vielmehr durch eine europäische Identität ergänzt.

Zweifelsohne könnte man die Erörterung der Errungenschaften und Defizite der EU an dieser Stelle beliebig vertiefen. Dies geschieht bis zu einem gewissen Grade in den nächsten beiden Kapiteln im Kontext der europäischen Normungspolitik. Hierbei wird sich zeigen, dass der Normungsansatz der EU trotz einiger (potenzieller) Probleme und Widersprüche durchaus als Erfolgsgeschichte bezeichnet werden kann. Außerdem werden eine Reihe weiterer Aspekte der europäischen Integration wie beispielsweise die Erweiterung der EU behandelt werden, die in diesem Abschnitt nur am Rande erwähnt werden konnten. Im folgenden Abschnitt wird kurz auf die Verfassung der EU eingegangen, um dann einige allgemeine Aussagen über die zukünftige Entwicklung der EU treffen zu können.

5.5.2 Die Bestimmungen des Vertrag über eine Verfassung für Europa

Nachdem der Leser mit einem hinreichenden allgemeinen Wissen über dem institutionellen Merkmale der EU ausgestattet wurde, kann nun erneut der Vertrag über die Verfassung für Europa aufgegriffen werden, der bereits in Abschnitt 5.2.5 angesprochen wurde. Sollte der Verfassungsvertrag in seiner jetzigen Form in Kraft treten, so würde dies für die EU im Wesentlichen die folgenden Neuerungen bedeuteten:

-   Das Vertragswerk der EU wird in einem Dokument zusammengeführt. Alleine dieser Umstand bedeutet bereits eine merkliche Senkung der Komplexität des EU-Vertragssystems.
-   Gemäß Artikel I-7 verleiht sich die EU Rechtspersönlichkeit. Dies ist beispielsweise erforderlich, um internationale Verträge eingehen zu können. Den Status einer Rechtsperson hat bisher nur die EG inne.
-   Artikel I-3 Abs.5 („Ziele der Union") beschränkt die Kompetenzen der EU auf die Bereiche, die in der Verfassung spezifiziert sind. Diese Klausel verhindert, dass EU-Organe sich bestimmte Politikfelder aneignen, obwohl dies nicht ausdrücklich in der Verfassung niedergelegt wurde. Diese Klausel sollte auch bei eisernen EU-Gegnern auf Wohlwollen stoßen, da sie doch den Aktionsradius, den Handlungsraum der EU-Organe eindeutig spezifiziert.
-   Nichtsdestoweniger wird die EU mit einer Reihe neuer Kompetenzen ausgestattet (Titel III, Zuständigkeiten der Union), von denen sich allerdings keine unmittelbar auf die Gestaltung der Normungspolitik auswirkt. Hierbei wird außerdem die Drei-Säulen-Struktur, die mit dem Vertrag von Maastricht eingeführt worden war, aufgehoben.
-   In Artikel I-25 wird ein neuer Modus der qualifizierten Mehrheit im Rat (und im Europäischen Rat) eingeführt, der auf einen besseren Ausgleich der Interessen kleiner und großer Mitgliedsländer abzielt. Einstimmigkeit ist indes weiterhin erforderlich bei Entscheidungen in den Bereichen Verteidigung, Außenpolitik und Steuerpolitik.
-   Obwohl sich die Union in Artikel I-12 („Arten von Zuständigkeiten") mit der Kompetenz ausstattet, „eine gemeinsame Außen- und Sicherheitspolitik einschließlich der schrittweisen Festlegung einer gemeinsamen Verteidigungspolitik zu erarbeiten und zu verwirklichen", bewahren die Mitgliedstaaten de facto ihre Unabhängigkeit in diesen Bereichen.
-   Gemäß Artikel I-22 stattet sich der Europäische Rat mit einem Präsidenten aus, der „mit qualifizierter Mehrheit für eine Amtszeit von zweieinhalb Jahren" gewählt wird. Eine einmalige Wiederwahl ist möglich. Gemein-

sam mit dem Außenminister der Union (Artikel I-28) repräsentiert er diese nach außen und verleiht der EU ein Gesicht/eine Identifikationsfigur.

- Der Geltungsbereich des Mitbestimmungsverfahrens und die Kompetenzen des Parlaments werden erneut ausgeweitet.
- Mitgliedstaaten können sich leichter an bestimmten Politiken beteiligen, aber auch aus solchen aussteigen (Kapitel III, Verstärkte Zusammenarbeit).
- In Teil II des Verfassungsvertrages wird eine Charta der Grundrechte der Union eingeführt.

Wie bereits in Abschnitt 5.2.5 erwähnt, befindet sich der Verfassungsvertrag nach den gescheiterten Referenden in Frankreich und den Niederlanden im Mai bzw. Juni 2005 in Stasis. Insofern ist auf absehbare Zeit mit keiner signifikanten Veränderung des institutionellen Status Quo der EU zu rechnen, die von der Verfassungsebene ausgehen würde. Aber auch wenn die Verfassung in ihrer jetzigen Form doch noch in Kraft treten sollte, so würde sich dies nicht signifikant auf die Ausgestaltung der Normungspolitik der EU auswirken. Insofern kann man sich nun ruhigen Mutes der europäischen Normungspolitik widmen, ohne befürchten zu müssen, dass das, was dort ausgeführt wird, schon in Bälde hinfällig sein könnte. Dennoch seien an dieser Stelle einige Bemerkungen zur Verfassung gemacht, obwohl diese, wie gezeigt, für das Thema der Normung nicht unmittelbar einschlägig ist.

Grundsätzlich stellt die Verfassung ein Kompromisspapier dar und bedeutet eher einen evolutionären denn revolutionären Schritt in der europäischen Integration. Von einem praktischen Standpunkt aus betrachtet, geht die Verfassung in der Tat mit einer Vereinfachung des bestehenden Vertragssystems der EU einher. Angesichts dieses sachlichen Arguments für die Verfassung war dessen Ablehnung in Frankreich und den Niederlanden sicherlich in erster Linie innenpolitisch motiviert bzw. das Resultat mangelnder Kenntnis der Vertragsinhalte. Allerdings existiert hier so etwas wie eine „Komplexitätsfalle": um die (relative) Verminderung der Komplexität durch den Verfassungsvertrag tatsächlich würdigen zu können, muss man das EU-Vertragswerk in seiner jetzigen Form hinreichend kennen. Ansonsten dürfte auch der Verfassungsvertrag dem gemeinen EU-Bürger immer noch als komplexes Machwerk und weitgehend unzugänglich anmuten.

Die Nicht-Ratifikation der Verfassung bedeutet für die EU keinesfalls so etwas wie eine existenzielle Krise, da ja der institutionelle Status Quo aufrechterhalten wird und die Organe der EU weiterhin uneingeschränkt handlungsfähig sind. Autoren wie Nicolaisen (2004, S.112) sind überdies der Ansicht, dass die Einführung einer EU-Verfassung aus rechtlicher bzw. rechtsstaatlicher Perspektive keine dringende Notwendigkeit darstellt. Dies gelte beispielsweise auch für die Charta der Grundrechte, da diese in den Verfassungen der Mitgliedstaaten verankert sind. Die EU kommt prinzipiell zwar ohne Verfassung aus, greift aber auf eine Reihe von Rechtskonstrukten zurück, die eine Verfassung gleichsam substituieren. Diese Rechtskonstrukte sind bereits verhältnismäßig abstrakt und insofern für den durchschnittlichen EU-Bürger zum Teil nur schwer nachvollziehbar. Insofern bedeutet die Verfassung keine dringende Notwendigkeit, sondern würde in erster Linie eine Komplexitätsminderung bewirken.

Dennoch impliziert der Terminus „Verfassung" unabhängig vom Inhalt des Vertrages einen höheren Integrationsgrad als das bisher existierende Vertragssystem. Da eine Verfassung ein integrales Merkmal eines Staates darstellt, wird die EU dadurch, dass sie sich eine Verfassung gibt, einem Staatsgebilde „ähnlicher". Insofern bedeutet eine Verfassung einen weiteren Schritt Richtung Bundesstaat bzw. Föderation. Dementsprechend unterscheidet sich die Beurteilung des Verfassungsvertrages je nach Sympathie für bzw. Antipathie gegen die europäische Integration. Für den belgischen Premierminister Guy Verhofstadt bildete der Vertrag die Grundlage für einen neuen föderalistischen Staat, während Peter Hain, der damalige Vertreter der britischen Regierung im Verfassungskonvent, im Zuge der Vertragsverhandlungen nur von einer „tidying up exercise" redete (BBC News, 2003a), und Jack Straw, der damalige Außenminister Großbritanniens, die Verfassung mit der Satzung eines Golfclubs verglich (The Guardian, 2002). Gegenwärtig haben in der Tat die Verfassungsgegner die Oberhand, auch wenn die Verfassung von ihren Befürwortern bei Gelegenheit zurück auf die Agenda gebracht werden wird. Wie die Zukunft der Verfassung aussieht, ist zum jetzigen Zeitpunkt allerdings völlig ungewiss.

5.6 Die EU in Handlungsräumen

Bei der Einführung der Figur des sozialen Planers in Abschnitt 3.2.5 wurde dargelegt, dass man jede Form der Gesellschaftspolitik, der politischen Steuerung, als eine Konditionierung der Handlungsräume der Gesellschaftsmitglieder interpretieren kann. Dies gilt selbstverständlich auch für die EU und ihre Politiken. Die Kernfrage lautet hierbei, welchen Akteuren, wie z.B. den Mitgliedsländern oder den Organen der EU, welche Rechte und Pflichten zugewiesen werden, wie die Macht, die in Kapitel 3 als die Fähigkeit eines Akteurs bezeichnet wurde, den Handlungsraum eines anderen Akteurs unilateral modifizieren zu können, unter den Akteuren verteilt wird. Die Finalitätsdebatte ist im Prinzip nicht anderes als eine Debatte um die Verteilung der Macht zwischen den relevanten Akteuren, also in erster Linie den Mitgliedstaaten und den Organen der EU.

Mit unterschiedlichen Politikfeldern korrespondieren unterschiedliche Handlungsebenen – sowohl der politischen Akteure wie auch der übrigen Gesellschaftsmitglieder. Einige der politischen Konzepte, die von der EU umgesetzt wurden, bilden eine hierarchische Struktur von Handlungsebenen ab. Das Subsidiaritätsprinzip beispielsweise besagt, dass bestimmten Akteuren auf einer Handlungsebene *j* nur solche Befugnisse zufallen, die nicht auf Handlungsebene *j* −1 besser angesiedelt sind. Hierdurch soll die Distanz zwischen entscheidungsbefugten Akteuren und den betroffenen Akteuren minimiert werden, um die Interessen letzterer angemessen berücksichtigten zu können.

Wie das im dritten Kapitel entwickelte Denkschema zur Untersuchung der EU eingesetzt werden kann, sei kurz anhand des Beispiels der europäischen Regionalpolitik bzw. dem „Europa der Regionen" veranschaulicht. Innerhalb der Hierarchie, die durch das Subsidiaritätsprinzip aufgespannt wird, bilden die Regionen die unterste Ebene. Die europäische Regionalpolitik zielt in erster Linie darauf ab, regionale wirtschaftliche Disparitäten innerhalb des Europäischen Wirtschaftsraumes (EWR) zu mindern, aber auch den politischen Einfluss der europäischen Regionen zu stärken und deren Identität zu bewahren (Kommission, 2004a, S.6ff.). Die Identifikation der Regionen als politische Entitäten und die Umsetzung eines entsprechenden politischen Konzepts bedeutet indes nicht nur die Einführung neuer Akteure in der politischen Arena, sondern auch die Modifikation der Handlungsräume der bereits existierenden Akteure. Indem die EU die Regionen zu politisch relevanten Akteure aufwertet, eröffnet sich für sie nun die Möglichkeit, mit neuen Akteuren zu interagieren und alte Akteure, insbesondere die Regierungen der Mitgliedstaaten, in bestimmten Angelegenheiten auszugrenzen. Gleichermaßen eröffnet sich für die Regionen durch ihre Aufwertung die Möglichkeit, mit den Organen der EU zu interagieren und auf europäischer Ebene politische Ziele zu verwirklichen, die sie gegenüber ihren Regierungen nicht durchzusetzen vermochten. Tatsächlich gab es beim Entwurf der europäischen Regionalpolitik Einwände gegen eine allzu weitreichende Autonomiestellung unterschiedlicher Regionen, da einige Nationalstaaten hierdurch ihre Souveränität (ihren Handlungsraum, insbesondere den Teilraum der Macht) in einem inakzeptablen Maß eingeschränkt sahen (Kohler-Koch, 2004, S.183ff.). Hierbei ist außerdem zu berücksichtigen, dass sich einige Regionen über mehrere Staatsgrenzen erstrecken, deren Aufwertung zu eigenständigen politischen Akteuren das Prinzip der Nationalstaatlichkeit unterminieren würde. Außerdem haben eine Reihe von EU Mitgliedstaaten Probleme mit den politischen und teils gewaltsam artikulierten Autonomiebestrebungen einiger Regionen. Hier ist häufig jede Form der Einflussnahme Dritter und der politischen Aufwertung dieser Regionen unerwünscht, und selbstverständlich auch jede Tendenz auf der Ebene der EU, die Nationalstaaten zu umgehen und direkt mit den Regionen politisch zu kooperieren. Angesichts dieser nationalstaatlichen Widerstände manifestiert sich die Regionalpolitik der EU in erster Linie als eine Wirtschafts- bzw. Strukturpolitik, ohne dass hierdurch den Regionen des europäischen Wirtschaftsraumes eine größere politische Autonomie zuteil werden würde.

Über das Beispiel der Regionalpolitik hinaus kann man das im 3. Kapitel entwickelte Denkschema im Prinzip auf alle erdenklichen institutionellen Aspekte der EU bzw. der europäischen Integration anwenden. Außerdem ist es ohne wieteres machbar, einige der in Abschnitt 2.3 erörterten Integrationstheorien in Handlungsräumen zu reformulieren. In Abschnitt 3.1.3 wurde darauf hingewiesen, dass beliebig komplexe Beziehungsstrukturen zwischen den Handlungsebenen eines Akteurs, aber selbstverständlich auch zwischen den Handlungsebenen und Handlungsräumen unterschiedlicher Akteure definiert werden können. So ist es auch möglich, über die bisher erörterten hierarchischen Strukturen hinauszugehen und beliebig komplexe „Multi-Level-Governance-Strukturen" bzw. „Network-Governance-Strukturen" in Handlungsräumen zu rekonstruieren. Es sei nebenbei bemerkt darauf hingewiesen, dass die europäische Normungspolitik in ihrer jetzigen Form ebenfalls dem Subsidiaritätsprinzip genügt und außerdem den Hypothesen des Multi-Level- bzw. Network-Governance-Ansatzes entspricht. In den folgenden Kapiteln wird veranschaulicht werden, dass dem ENS unter dem Regime des New Approach durchaus politischer Einfluss zukommt.

6 Das Europäische Normungssystem

Nachdem im 4. Kapitel die allgemeinen Merkmale der Standardisierung und im 5. Kapitel die institutionellen Charakteristika der EU erörtert wurden, findet in diesem Kapitel nun die Auseinandersetzung mit dem ENS und der Normungspolitik der EU statt. Hierfür ist es zweckmäßig, sich zunächst vor Augen zu führen, was im Rahmen dieser Arbeit als ENS verstanden wird: Das ENS besteht aus den Akteuren der europäischen Normung (dies sind in erster Linie die europäischen Normungsorganisationen CEN, CENELEC und ETSI) und den Beziehungen sowohl zwischen diesen Akteuren wie auch zur Systemumwelt. Dem ENS fließen Ressourcen wie Finanzmittel und Wissen zu, ohne die es weder effektive Arbeit leisten noch existieren könnte. Der Output des ENS, also die Transformation der zugeflossenen Ressourcen, besteht im Wesentlichen aus Normen bzw. normativen Dokumenten. Wie im vorhergehenden Kapitel dargelegt, bildet die Kommission nicht nur die Schnittstelle zwischen dem EU-Apparat und dem ENS, sondern auch den institutionellen Ort, in dem die eigentliche politische Meinungs- wie auch Willensbildung zur Normung stattfindet und von dem die entsprechenden Initiativen ausgehen. Insofern wird in diesem Kapitel in erster Linie auf die Aktivitäten und die Veröffentlichungen der Kommission Bezug genommen, wenngleich im Rahmen des Mitbestimmungsverfahren auch andere EU-Organe wie das Parlament und der Rat an den Entscheidungen über die europäische Normungspolitik beteiligt sind.

Grundsätzlich bietet es sich in diesem Kapitel an, ähnlich wie im vorhergehenden vorzugehen, also zunächst die historische Entwicklung europäischer Normungsstrukturen und Normungspolitiken von den Anfangsgründen an nachzuzeichnen (Abschnitt 6.1), um dann, sobald die Gegenwart erreicht ist, auf die institutionellen Merkmale des ENS einzugehen (Abschnitt 6.2). Die Abschnitte 6.3 bzw. 6.4 behandeln das Verhältnis zwischen dem ENS und dem internationalen Normungssystem bzw. dem US-amerikanischen Normungssystem. Insbesondere letzteres ist ausgesprochen interessant und erlaubt einige allgemeine Rückschlüsse auf beide Gesellschaftssysteme. Abschnitt 6.5 widmet sich der Entwicklung des ENS und der europäischen Normungspolitik nach Einführung des New Approach Mitte der 1980er Jahre und erfasst dabei auch die jüngsten gegenwärtigen Tendenzen und Initiativen.

6.1 Ein kurze Geschichte der Europäischen Normung

6.1.1 Die Anfangsgründe der europäischen Normung

Nach dem Ende des 2.Weltkrieges kam man verhältnismäßig früh auf den Gedanken, die Normung als Instrument des Wiederaufbaus einzusetzen. Unter dem

Dach der Organization for European Economic Co-operation (OEEC), die 1948 zur Umsetzung des „European Recovery Program" (besser bekannt unter dem Namen „Marshall Plan") gegründet worden war, berieten westeuropäische Normungsexperten unter französischem Vorsitz regelmäßig darüber, wie man mittels einer europaweiten Normung den Wiederaufbau fördern könne (CEN, 1995, S.7). Unter dem Dach der OEEC manifestierten sich im Laufe der 1950er Jahre allerdings auch die Auffassungsunterschiede der westeuropäischen Mitgliedsländer über die Art und Intensität der europäischen Integration. Auf der einen Seite standen beispielsweise Großbritannien, die skandinavischen Staaten und die Schweiz, die zwar eine wirtschaftliche Zusammenarbeit bejahten, eine weitreichende politische Integration hingegen ablehnten. Auf der anderen Seite formierten sich die zentraleuropäischen Staaten unter französischer Führung, die durchaus den Aufbau supranationaler Strukturen mit hoheitlichen Befugnissen anstrebten und bereits 1951 die EGKS und 1958 die Europäische Atomgemeinschaft bzw. die Europäische Wirtschaftsgemeinschaft gegründet hatten (vgl. Abschnitt 5.2). Als Gegenentwurf zu den Europäischen Gemeinschaften riefen Großbritannien, Österreich, die Schweiz, Norwegen, Dänemark Schweden und Island am 04.01.1960 die „European Free Trade Association" (EFTA) ins Leben. Die Mitglieder der EFTA waren deutlich weniger eng gekoppelt als die der EWG und kooperierten in erster Linie auf der wirtschaftlichen Ebene, ohne dabei ihre Souveränität einzubüßen.

Diese Entwicklungen auf der politischen Ebene wurden auch auf der Ebene der Normung begleitet. Kurz nach der Gründung von Euratom und der Europäischen Wirtschaftsgemeinschaft planten die Normungsorganisationen der EWG-Mitgliedsländer, den Integrationsprozess durch die Gründung eines europäischen Normungskomitees zu unterstützen. Dieses Komitee sollte zunächst eher „Clubcharakter" haben, also nur für solche europäischen Staaten offen sein, die auch der EWG angehörten. Tatsächlich aber wurden Normungsstrukturen ins Leben gerufen, zu denen auch EFTA-Staaten Zugang hatten (CEN, 1995, S.8f.). Dies geschah, weil sich erstens die Normungsorganisationen der EFTA-Staaten durch den Vorstoß der „EWG-Europäer" ausgebootet fühlten und im Interesse einer umfassenden westeuropäischen Lösung intervenierten, und zweitens sich auf Seiten der EWG-Vertreter die Überzeugung durchsetzte, dass die EWG Anfang der 1960er Jahre keine hinreichend große Domäne darstellt, die den Aufbau eigener Normungsstrukturen gerechtfertigt hätte. So waren letztes Endes sowohl die Normungsorganisationen der EWG- wie auch die der EFTA-Staaten an der Gründungssitzung von CEN am 22. und 23.03.1961 beteiligt (CEN, 1995, S.8f.). Im Bereich der Elektrotechnik verfuhr man hingegen zweigleisig (CENELEC, 2002, S.7f.): 1959 gründeten die Elektrotechnischen Komitees der EWG-Länder (außer Luxemburg) das European Committee for the Coordination of Electrotechnical Standards in the European Economic Community (CENELCOM). 1960 wurde außerdem das European Committee for the Coordination of Electrical

Standards (CENEL) gegründet, dem Elektrotechnische Komitees sowohl aus EWG- wie auch EFTA-Ländern angehörten.

Aus diesen ersten Schritten zum Aufbau europäischer Normungsstrukturen lassen sich bereits eine Reihe von Schlussfolgerungen ziehen. Zunächst ist bemerkenswert, dass die drei europäischen Normungskomitees, die zu Beginn der 1960er Jahre existierten, keine sonderlichen Aktivitäten an den Tag legten, also insbesondere keine Normen oder andere normative Dokumente erstellten (CEN 1995, S.9). Dies beruhte weniger auf Lethargie oder mangelnden Ressourcen als vielmehr auf dem selbst definierten Tätigkeitsbereich, der in erster Linie darin bestand, Empfehlungen abzugeben und gemeinsame europäische Positionen über die Ausgestaltung internationaler Normen zu entwerfen. CEN, CENEL und CENELCOM wurden also keineswegs gegründet, um den Ebenen der nationalen und internationalen Normung eine dritte Ebene der regionalen Normung hinzuzufügen oder in irgendeiner Form originäre europäische Normen zu erstellen. Für die Gründungsväter von CEN, CENEL und CENELCOM war von vornherein die Zweifaltigkeit aus nationaler und internationaler Normung eine Selbstverständlichkeit und bedurfte keinerlei Korrekturen. Entweder normt man auf nationaler oder internationaler Ebene – ein dritter Weg stand nicht zur Debatte. Gleichermaßen war es für die Gründungsväter von CEN, CENEL und CENELCOM nahe liegend, sich an der auf nationaler und internationaler Ebene üblichen Zweiteilung der Arbeitsbereiche in Elektrotechnik und „Nicht-Elektrotechnik" zu orientieren. So bestand von vornherein ein „institutioneller Homomorphismus", der es den europäischen Normungsorganisationen später erleichtern sollte, mit nationalen und internationalen Normungsorganisationen zu interagieren[68].

Zwar geht die Gründung von CEN, CENEL und CENELCOM auf private Initiativen zurück, war aber dennoch nicht unwesentlich politisch motiviert. Der westeuropäischen Normungsgemeinde glückte hierbei etwas, was den west-

---

68 An dieser Stelle wird der Terminus ‚institutioneller Homomorphismus' verwendet, um sich von dem Begriff des ‚institutionellen Isomomorphismus', der von DiMaggio und Powell (1983) geprägt wurde und bereits in spezifischer Weise belegt ist, abzugrenzen. Der Ansatz des institutionellen Isomorphismus besagt, dass sich die Organisationen eines bestimmten „organisationalen Feldes" tendenziell angleichen. Dieser Vorgang beruht allerdings häufig auf Zwang, also beispielsweise einem unmittelbaren Zwangsmoment durch Machtausübung oder normativem Druck. Im Falle der europäischen Normungsorganisationen existierte allerdings kein solcher Zwang. Vielmehr war es das Resultat freier Entscheidungen und dabei nahe liegend, sich strukturell an den bereits existierenden Vorbildern zu orientieren. Wenn tatsächlich so etwas existiert wie ein institutioneller Isomorphismus im Sinne von DiMaggio und Powell (1983), dann kann man sich natürlich fragen, welche Rolle hierbei die Normung spielt. Nebenbei bemerkt sind in der Mathematik die Begriffe Homomorphismus und Isomomorphismus gänzlich anders beleg als im hier erörterten institutionellen Kontext (vgl. z.B. de la Fuente, 2006, S.127ff.).

europäischen Politikern versagt blieb, nämlich den Graben zwischen EWG- und EFTA-Staaten zu überbrücken und Normungsstrukturen aufzubauen, die sowohl EWG- wie auch EFTA-Mitgliedern zugänglich waren. Während in anderen Bereichen eher die Gegensätze zwischen der EFTA und der EWG überwogen, war man jedenfalls im Bereich der Normung letztes Endes zur Kooperation bereit. Hier zeigte sich erneut das integrative Moment, das der Normung zueigen ist, respektive die auf Kooperation ausgerichtete Gesinnung der Normungsgemeinde. Die Gründung von CEN, CENEL und CENELCOM war zwar wie gesagt politisch motiviert, allerdings in keiner Weise durch politische Akteure initiiert. CEN, CENEL und CENELCOM waren zu Beginn ihrer Existenz weder als „Europäische Normungsorganisationen" anerkannt, noch handelten sie in irgendeiner Form im Interesse von EWG-Organen. Außerdem operierten CEN einerseits und CENEL bzw. CENELCOM andererseits zunächst unabhängig voneinander.

6.1.2 Der Old Approach in der europäischen Normungspolitik

Im Laufe der 1960er Jahre setzte sich bei den Organen der EWG die Erkenntnis durch, dass die Beseitigung von Zöllen und quantitativen Beschränkungen allein nicht ausreichen würde, einen gemeinsamen Markt herzustellen. Unterschiedliche Gesetze, Regelwerke und Normenwerke, die zum Teil das Resultat unterschiedlicher technisch-regulativer Kulturen darstellten, behinderten grenzüberschreitende ökonomische Aktivitäten innerhalb der EWG weiterhin merklich (Nicolas/Repussard, 1994, S.71). Hier identifizierten die Offiziellen der EWG die Notwendigkeit, unterschiedliche regulative Systeme in den Mitgliedstaaten zumindest bis zu einem gewissen Grade zu harmonisieren[69]. So markiert die Entschließung des Rates vom 28. Mai 1969 über ein Programm zur Beseitigung der technischen Hemmnisse den Beginn des regulativen Regimes zum Abbau technischer Handelshemmnisse, dass im nachhinein gemeinhin als ‚Old Approach' bezeichnet wird (Egan, 2001, S.69ff.; Pelkmans, 1987, S.253). Im Rahmen dieses Ansatzes der technischen Harmonisierung sollte eine beträchtliche Anzahl von Richtlinien in unterschiedlichen technischen Bereichen durch die EWG-Organe erlassen werden. Hierbei plante man, fallweise zu entscheiden und auch die technische Detailarbeit zu leisten, die zu Erstellung dieser Richtlinien notwendig war. Diese Richtlinien sollten alsdann nicht nur in nationales Recht überführt, sondern auch widersprüchliche Gesetze, Vorschriften und Normen zurückgezogen werden. Dieses ehrgeizige Programm stieß allerdings sehr bald auf eine Reihe von Problemen:

-    Da im Rat gemäß Art. 100 EWG-Vertrag das Einstimmigkeitsprinzip maßgeblich war und Entscheidungen mühsellig ausgehandelt werden mussten,

---

69 Die rechtlichen Grundlagen für die entsprechenden Maßnahmen wurden bereits in Abschnitt 5.4 erörtert.

dauerte es in den meisten Fällen deutlich länger als eigentlich geplant, bis eine Richtlinie verabschiedet worden war. Das Einstimmigkeitsprinzip ermöglichte es den Mitgliedsländern der EWG zudem, solche Entscheidungen zu blockieren, die den nationalen Interessen zuwiderliefen. Folglich bildeten viele Direktiven, die auf die technische Harmonisierung abzielten, inhaltlich einen Kleinsten Gemeinsamen Nenner und/oder waren zu dem Zeitpunkt, zu dem sie veröffentlicht wurden, bereits von der technischen Entwicklung überholt (Egan, 2001, S.65f., S.79).

- Während die EWG-Organe ihrem ehrgeizigen Zeitplan von vornherein hinterherhinkten, brachten die Mitgliedstaaten unablässig neue nationale Gesetze, Vorschriften und Normen selbst in den Bereichen heraus, in denen die EWG-Organe bekanntermaßen an Richtlinien arbeiteten. Da die nationalen Regelsetzer hierbei deutlich schneller agierten als die EWG-Organe, vergrößerte sich de facto sogar die „Harmonisierungslücke" zwischen den Mitgliedstaaten. Dies war unter anderem deswegen möglich, weil die Kommission mangels geeigneter Zwangsinstrumente keine Handhabe hatte, die Verabschiedung neuer Gesetze, Vorschriften und Normen auf der nationalen Ebene zu unterbinden (Egan, 2001, S.69).

- Die EWG-Organe ergingen sich in technischer Detailarbeit, zu der ihnen letztlich die Befähigung fehlte. Gleichermaßen waren die EWG-Organe lange Zeit nicht geneigt, die technische Arbeit an andere Akteure wie beispielsweise Normungsorganisationen abzugeben. Dies führte zu einer Fehlallokation von Aufgaben und einer unzulänglichen Vereinheitlichung, z.B. in Form einer „Überstandardisierung" dort, wo Richtlinien normativen Inhalts verabschiedet wurden.

- Die Umsetzung von Richtlinien in nationales Recht verzögerte sich oftmals. Dies beruhte zum Teil auf praktischen Problemen wie beispielsweise der unterschiedlichen Auslegung der Richtlinien, zum Teil aber auch auf Verzögerungstaktiken der Mitgliedstaaten. Den nationalen Regierungen fiel es außerdem häufig schwer, ihren Bürgern den Sinn bestimmter europäischer Harmonisierungsmaßnahmen zu vermitteln.

- Die Malfratti-Kommission (1973-1977) setzte andere Akzente als die Hallstein-Kommission, welche die Harmonisierung mit deutlich größerem Elan betrieb. Außerdem ging mit dem Beitritt Großbritanniens, Dänemarks und Irlands eine Umstrukturierung der Kommission einher, die dazu führte, dass Harmonisierungsangelegenheiten auf verschiedene Generaldirektorate verteilt wurden. Dies erschwerte eine interne Koordination der Harmonisierung bzw. Normung und setzte zudem das Signal, dieser

Politikbereich sei nunmehr von nachrangiger Bedeutung (Egan, 2001, S.80)[70].

- Die Verschlechterung des weltwirtschaftlichen Klimas im Laufe der 1970er Jahre und der Rückgriff auf protektionistische Maßnahmen durch die Mitgliedstaaten erschwerte grundsätzlich jede Form der Gemeinschaftspolitik.
- Der Stellenwert der Akkreditierung und Zertifizierung wurde von den EWG-Organen unterschätzt.

Letztlich wurden die ehrgeizigen Ziele, die man sich Ende der 1960er Jahre gesetzt hatte, bei weitem nicht erreicht. Gemessen an den eingesetzten Ressourcen konnte nur eine verhältnismäßig kleine Anzahl von Harmonisierungsrichtlinien verabschiedet werden. Von der Einführung des „Programms zur Beseitigung der technischen Hemmnisse" im Jahre 1969 bis zur Verabschiedung der so genannten „Informationsrichtlinie" im Jahre 1983, welche gleichsam die normungspolitische Wende einleitete (siehe den folgenden Abschnitt), traten durchschnittlich nicht mehr als ca. zehn Harmonisierungsrichtlinien pro Jahr in Kraft (Egan, 2001, S.78). Tatsächlich vergrößerte sich die Harmonisierungslücke nur, da die wenigen in Kraft getretenen Richtlinien, die sich in erster Linie auf bestimmte Produkte bezogen und einen hohen Detaillierungsgrad aufwiesen, der Flut neuer technischer Handelshemmnisse auf der nationalen Ebene nichts entgegenzusetzen hatten. Im Laufe der 1970er Jahre wuchs zudem die Kritik am Harmonisierungsprogramm der EWG, das nicht nur schleppend verlief, sondern zusehends auch als ungebührlicher Angriff auf nationale Rechte, Traditionen und kulturelle Unterschiede ausgelegt wurde. So erregten insbesondere im Bereich der Nahrungsmittel diverse Fälle die öffentliche Aufmerksamkeit, die sich zum Teil durch eine absurde Note auszeichneten (Egan, 2001, S.74ff.)[71]. Hier entstand für den Gemeinschaftsbürger durchaus der Eindruck, ein abgehobener EWG-Apparat würde willkürlich, ohne Verstand und ohne Rücksicht auf die Interessen des einfachen Bürgers intervenieren. Auf diesem Wege erwuchs der EWG durchaus ein Imageschaden, der den Harmonisierungs- bzw. Integrationsgegnern merklich Auftrieb verschaffte. Insbesondere kleine Mitgliedstaaten wie Dänemark befürchteten, ihre Souveränität gänzlich an die Gemeinschaft zu verlieren und mobilisierten den Widerstand. Die Ablehnung des Beitritts zur EWG durch die norwegischen Wähler in den Referenden von 1973 und 1995 beruht nicht zuletzt auf den hier geschilderten Entwicklungen und Befürchtungen. Ende der 1970er

---

70 Eine derartige Umstrukturierung der Ressorts der Kommission wurde auch Anfang 2007 nach dem Beitritt Bulgariens und Rumäniens zur EU vorgenommen. Diese Maßnahmen sind natürlich vollständig politisch motiviert und können sachlich durchaus kontraproduktiv sein.

71 Häufig zitiertes Beispiel ist die Verordnung der Kommission vom 16.0.1988, in der maximale Krümmungsgrade von Gurken unterschiedlicher Qualitätsstufen festgelegt werden. Dies dient unter anderem dem Zweck, Normkisten mit der vorgeschriebenen Anzahl von Gurken bestücken zu können.

Jahre war das Scheitern der Old Approach in der technischen Harmonisierung und der Bedarf nach einem neuen regulativen Ansatz unübersehbar.

6.1.3   Der New Approach

Die neue Konzeption auf dem Gebiet der technischen Harmonisierung und der Normung, im Folgenden kurzerhand ‚New Approach' (NA) genannt, wurde Mitte der 1980er Jahre eingeführt und bildet bis heute das Hauptelement der europäischen Normungspolitik. Insofern soll dem New Approach in diesem Abschnitt besondere Aufmerksamkeit zuteil werden. Zunächst werden einige wichtige Meilensteine auf dem Weg zum New Approach geschildert. Hierbei handelt es sich um die so genannte Niederspannungsrichtlinie, den bereits erwähnten Cassis de Dijon Fall und die Informationsrichtlinie, die gleichsam das Ende des Old Approach einläutete. Daraufhin werden die wichtigsten Merkmale des New Approach dargelegt, ein Vergleich mit dem Old Approach vorgenommen, und eine Reihe von Problemen geschildert, die mit dem New Approach einhergehen.

6.1.3.1   Wichtige Stationen auf dem Weg zum New Approach

6.1.3.1.1 Die Niederspannungsrichtlinie

Den Organen der EWG wurden bereits Anfang der 1970er Jahre die Grenzen einer fallweisen Harmonisierung vor Augen geführt, als man sich der Erstellung von Sicherheitsnormen für elektrische Anlagen widmete. Hier war eine fallweise Verabschiedung von Richtlinien angesichts tausender unterschiedlicher elektrischer Apparate von vornherein ausgeschlossen. Insofern bestand die Notwendigkeit, eine allgemeine bzw. abstrakte Lösung zu finden, die einheitliche Regeln für Gruppen ähnlicher Produkte festlegt. Dies wurde in der Richtlinie 73/23/EWG vom 19.02.1973, der so genannten „Niederspannungsrichtlinie" bewerkstelligt, die (bis auf einige Ausnahmen) für alle elektrischen Betriebsmittel bestimmter Nennspannungen gilt. Einige der Konzepte, die in der Niederspannungsrichtlinie Eingang fanden, kamen später in ähnlicher Form auch beim Entwurf des New Approach zur Anwendung (Vardakas, 2003, S.2):

-   Harmonisierte Normen sind nationale Normen identischen Inhalts, die gemeinsam von nationalen Normungsorganisationen der EWG-Mitgliedsländer erstellt werden und die Maßgaben der Richtlinie inkorporieren (73/23/EWG, Art. 5). Da es für die Erstellung derartiger harmonisierter Normen geeigneter institutioneller Rahmenbedingungen bedurfte, erwuchs der Anreiz für die EWG-Organe, CENELEC, das mittlerweile aus CENEL und CENELCOM hervorgegangen war (vgl. Anschnitt 6.3), als europäische Normungsorganisationen anzuerkennen.

- Das – so Vardakas (2003, S.3) – „elegante" Konzept der Konformitätsvermutung („presumption of conformity", 73/23/EWG, Art. 6f.) wurde
eingeführt, das in den folgenden Abschnitten näher erläutert werden wird.

- Weiterhin wurde pragmatisch auf bereits bestehende internationale
Normen in den Fällen zurückgegriffen, in denen noch keine europäische
Lösung existiert oder internationale Normen den Maßgaben der Nieder-
spannungsrichtlinie entsprechen.

6.1.3.1.2 Der Cassis de Dijon Fall

Am 20.02.1979 fällte das EuGH auf Grundlage seines Fallrechts und Artikel 30
EWG-Vertrag ein Urteil im so genannten Cassis de Dijon Fall, das für die
Binnenmarkt- bzw. Normungspolitik der Kommission von großer Tragweite war
(Vardakas, 2003, S.3). Die Firma REWE hatte vor dem EuGH gegen die Bundes-
monopolverwaltung für Branntwein geklagt, die den Import eines französischen
Likörs („Cassis") untersagt hatte, weil dessen Alkoholgehalt nicht dem Brannt-
weinmonopolgesetz entsprach. Das Cassis-Urteil besagt im Wesentlichen, dass
jedes Produkt, dass in einem EWG-Mitgliedsland rechtmäßig produziert und
vermarktet werden kann, grundsätzlich auch in allen anderen EWG-Mitgliedsländern vermarktet werden darf. Ausnahmen von dieser Regel, also die Verhängung von Einfuhrbeschränkungen, sind nur dann zulässig, wenn bestimmte
obligatorische Anforderungen eines Landes in den Bereichen Gesundheit,
Sicherheit, Verbraucherschutz, Umweltschutz durch ein Importprodukt nicht
erfüllt sind.

Durch das Cassis-Urteil wurde das Prinzip der gegenseiteigen Anerkennung
(„mutual recognition") durch das EuGH eingeführt (siehe beispielsweise
KOM(2003) 238 S.7f.; Pelkmans, 2003, S.2ff.). Hier lautet die grundsätzliche
Überlegung, dass die Gesetze und Vorschriften in den Mitgliedstaaten über
bestimmte Produktmerkmale im Wesentlichen den gleichen Zielen dienen, also
beispielsweise der Sicherheit und dem Gesundheits-, Umwelt- oder Verbraucherschutz. Insofern sind die Regelwerke der Mitgliedstaaten weitgehend gleichwertig
(„Äquivalenzprinzip") und können gegenseitig mit der Folge anerkannt werden,
dass die Produkte, die in einem Land rechtmäßig hergestellt und in den Umlauf
gebracht werden, frei in der gesamten Gemeinschaft kursieren dürfen. Durch das
Cassis-Urteil hat der EuGH die Fälle umrissen, in denen die Kommission per
Rechtsangleichung intervenieren, also die Normung einsetzen kann, nämlich
dann, wenn in den Bereichen Sicherheit, Gesundheits-, Umwelt- oder Verbraucherschutz ein Handlungsbedarf identifiziert wird.

Das Cassis-Urteil veranschaulicht, wie EU Organe sich „gegenseitig die Bälle
zuspielen" und auf diese Weise ihre Kompetenzen bzw. ihren politischen Einfluss
erweitern, also ihre Handlungsräume expandieren. So hat die Kommission das

Cassis-Urteil, das eigentlich in einem spezifischen Kontext gefällt worden war, aufgegriffen und trotz sporadischer Widerstände seitens der Mitgliedsländer zu einem allgemeinen regulativen Prinzip erhoben, das nunmehr für alle Produkte gilt. Hier haben sich der EuGH und die Kommission die entsprechenden Kompetenzen durch die entsprechende Interaktion angeeignet, um eine tragfähige Binnenmarktpolitik auszugestalten. Der EuGH hat außerdem seine eigene Stellung durch seine Entscheidungen gestärkt (Egan, 2001, S.99). Grundsätzlich hat der EuGH oftmals eine Rolle dabei gespielt, bestimmte Begriffe der europäischen Verträge zu konkretisieren. Wie im Cassis-Fall bieten hierfür Einzelfälle den Anlass, denen man vordergründig nicht anmerkt, dass sie den Grundstein für allgemeine Rechtsprinzipien und EU-Politiken bilden könnten, welche die Interessen bzw. Souveränität der Mitgliedstaaten sehr wohl massiv beeinflussen. Hier betreiben die EU-Organe zwar nicht so etwas wie eine Geheimpolitik, nutzen aber durchaus Informations- und Bewusstseinsrestriktionen auf seiten der Mitgliedsländer aus, die ihrerseits darum bemüht sind, die Aktivitäten der EU zu überwachen und solchen politischen Initiativen entgegenzutreten, die nationale Interessen negativ beeinflussen. Selbst wenn ein nationaler Beobachter das Cassis-Urteil rezipiert hätte, so hätte er darüber hinaus auch die Tragweite dieses Urteils erkennen müssen, was ausgesprochen schwierig gewesen sein dürfte. Der Stellenwert des Cassis-Urteils manifestierte sich genau genommen erst in dem Augenblick, in dem die Kommission die Idee der gegenseitigen Anerkennung zum allgemeinen regulativen Prinzip erhob.

6.1.3.1.3 Die Informationsrichtlinie

Wie bereits in Abschnitt 6.1.2 erwähnt gingen die Normungsaktivitäten in den EWG-Mitgliedsländern unter dem Old Approach auch in den Bereichen praktisch ungehemmt weiter, in denen die EWG-Organe Richtlinien normativen Inhalts erstellten. Da es unter diesen Umständen praktisch unmöglich war, ein einheitliches europäisches Normenwerk aufzubauen, sahen sich die EWG-Organe genötigt, den Aktivitäten der nationalen Normensetzer Einhalt zu gebieten und diese auf eine einheitliche europäische Linie einzuschwören. Dies geschah vermittels der Richtlinie über ein Informationsverfahren auf dem Gebiet der Normen und technischen Vorschriften vom 28. März 1983 (83/189/EWG). Die so genannte „Informationsrichtlinie" verpflichtet die Mitgliedstaaten (respektive deren NOs), die Kommission und die anderen Mitgliedstaaten über geplante technische Regeln und Normenentwürfe zu informieren („notifizieren"). Hierbei gilt eine Stillhaltepflicht, um der Kommission und anderen Mitgliedstaaten Gelegenheit zur Prüfung zu geben, ob diese Regeln bzw. Normen mit europäischen Normungsvorhaben oder denen anderer Mitglieder in Konflikt stehen, und gegebenenfalls Änderungen vorzuschlagen oder Sanktionen einzuleiten. Weiterhin wurde CEN in der Informationsrichtlinie durch die EWG-Organe anerkannt. Die Richtlinie wurde zwischenzeitlich mehrere Male novelliert (vgl. z.B. 98/34/EG), um neue

Geltungsbereiche einzuführen oder neue Normungsorganisationen in die Informationspflicht einzubeziehen. Die Informationsrichtlinie bedeutete eine merkliche Einschränkung der nationalen Souveränität bzw. der Unabhängigkeit der NNOs und wurde daher zum Teil durchaus feindselig aufgenommen. CEN war durch die Informationsrichtlinie zwar offiziell anerkannt, mußte allerdings auch unmittelbar die entsprechenden Pflichten übernehmen (CEN, 1995, S.20).

Das Informationsproblem in der technischen Harmonisierung war der Kommission bereits in den 1960er Jahren bewusst (Egan, 2001, S.69). So forderte die Kommission in ihrer Empfehlung vom 20.09.1965 die Mitgliedstaaten auf, einander über die Einführung neuer Gesetze, technischer Vorschriften und Normen zu informieren und keine neuen Hindernisse für den innergemeinschaftlichen Handel aufzubauen. Hierdurch erhoffte man sich eine bessere Abstimmung der nationalen Regelsetzer und der Kommission. Indes handelte es sich hierbei nur um ein nicht bindendes „Gentlemen's Agreement". Außerdem erwies sich in der Praxis als schwierig, bestimmte Vorschriften zweifelsfrei als technische Handelshemmnisse zu identifizieren.

6.1.3.2 Merkmale des New Approach

Die Blaupause des Neuen Konzepts ist im Weißbuch der Kommission zur Vollendung des Binnenmarktes niedergelegt (KOM(85) 310). Dort reflektiert die Kommission unter anderem den Stellenwert der Normung bei dem ehrgeizigen Projekt, den europäischen Binnenmarkt bis 1992 zu verwirklichen (KOM(85) 310, S.17ff.):

- Unterschiedliche nationale technische Regelwerke und Normen müssen beseitigt bzw. vereinheitlicht werden, um den europäischen Binnenmarkt herstellen bzw. vollenden zu können. Der Harmonisierungsbedarf, der hierbei identifiziert wurde, umfasst hunderte, wenn nicht gar tausende von Normen.
- Einzig auf Art. 100 EWG-Vertrag und das darin festgelegte Einstimmigkeitsprinzip zurückzugreifen, wird nicht ausreichen, den ehrgeizigen Zeitplan bei der Vollendung des Binnenmarktes einhalten zu können. Hier bedarf es neuer, schnellerer Entscheidungsverfahren in der Gemeinschaft.
- Das Prinzip der gegenseitigen Anerkennung technischer Regelwerke mag zwar einen gemeinsamen Markt schaffen, reicht aber als solches nicht aus, die erwünschten Wachstumspotentiale freizusetzen. Hierzu muss der Binnenmarkt hinreichend flexibel und wettbewerbsfähig gestaltet sein. Ebenso hat sich der Old Approach als zu zeitaufwendig und regulierungsintensiv erwiesen. Hier gilt es letztlich, mit einem neuen regulativen Ansatz einen Mittelweg zwischen einer weitreichenden Liberalisierung und einer umfassenden Harmonisierung technischer Regelwerke zu finden.

Die neue Konzeption wurde durch die Entschließung des Rates vom 07.05.1985 eingeführt und weist die folgenden Merkmale auf (Kommission, 2000, S9ff.): Das politische und gesetzgeberische System der Gemeinschaft und das ENS (respektive deren Handlungsräume) werden klar voneinander getrennt. Der regulatorische Eingriff durch die Gemeinschaftsorgane beschränkt sich nur noch auf die Definition von wesentlichen Anforderungen („essential requirements") für den Fall, dass das öffentliche Interesse berührt ist. In Einklang mit dem Cassis de Dijon Urteil ist das öffentliche Interesse insbesondere in den Bereichen Gesundheit, Sicherheit, Verbraucherschutz und Umweltschutz gegeben. Wann immer Gemeinschaftsorgane einen Handlungsbedarf im öffentlichen Interesse identifizieren, können diese wesentliche Anforderungen formulieren. Diese wesentlichen Anforderungen werden in Richtlinien verbrieft, die, wie bereits erwähnt, rechtsverbindlich sind und in das nationale Recht der Mitgliedsländer überführt werden müssen. Bei der Formulierung der wesentlichen Anforderungen bzw. der Ausarbeitung der entsprechenden Richtlinie wird die Kommission durch ein Expertengremium unterstützt. Produkte, die den wesentlichen Anforderungen genügen, dürfen frei auf dem europäischen Binnenmarkt in Verkehr gebracht werden.

Die Europäischen Normungsorganisationen (ENOs) erhalten daraufhin den Auftrag, die wesentlichen Anforderungen in so genannten harmonisierten Normen zu konkretisieren. Diese harmonisierten Normen müssen in die nationalen Normenwerke übernommen und entgegenstehende nationale Normen zurückgezogen werden. Wenn nun Produzenten mit ihren Produkten diesen harmonisierten Normen (bzw. deren Umsetzung auf der nationalen Ebene) entsprechen, dann greift die so genannte Konformitätsvermutung („presumption of conformity"). Diese besagt, dass ein Produkt, das mit harmonisierten Normen konform ist, auch den entsprechenden wesentlichen Anforderungen genügt und demzufolge frei auf dem europäischen Binnenmarkt gehandelt werden darf. Die Veröffentlichung einer neuen harmonisierten Norm wird im Amtsblatt der Europäischen Union angezeigt.

Dennoch bleibt die Anwendung dieser Normen freiwillig. Wie ist dies erklärlich, wo doch die in den harmonisierten Normen verbrieften wesentlichen Anforderungen rechtlich bindend sind? Die Antwort lautet, dass die Anwendung harmonisierter Normen eine hinreichende, aber keine notwendige Bedingung ist, den wesentlichen Anforderungen zu genügen. Dies bedeutet, dass neben den harmonisierten Normen auch andere Möglichkeiten existieren, den wesentlichen Anforderungen zu entsprechen. Greift ein Produzent nicht auf harmonisierte Normen zurück, muss er allerdings nachweisen, dass er den wesentlichen Anforderungen genügt, z.B. durch eine so genannte Baumusterprüfung. Auch wenn der Rückgriff auf Europäische Normen freiwillig ist, so wird dies dennoch von den ENOs und den Organen der EU als der einfachste Weg empfohlen, wesentlichen Anforderungen zu genügen und Rechtssicherheit im Hinblick auf den Marktzutritt zum Europäischen Wirtschaftsraum zu erlangen. Außerdem bleibt der Produzent in Fällen der Produkthaftung im Allgemeinen von Haftungsansprüchen verschont, wenn seine Produkte harmonisierten Normen entsprechen (Kommission, 2000, S.27). Die Konformität mit den wesentlichen Anforderungen wird durch das Anbringen des bereits in der Einleitung erwähnten CE-Kennzeichens angezeigt[72].

Die Aufgabe der Marktaufsicht fällt den Mitgliedstaaten zu. Die bedeutet insbesondere, solche Produkte aus dem Verkehr zu ziehen bzw. gar nicht erst zuzulassen, die den wesentlichen Anforderungen nicht genügen, und die Kommission über derartige Maßnahmen in Kenntnis zu setzen, die wiederum die anderen Mitgliedstaaten informiert. Grundsätzlich sind die Mitgliedstaten gemäß Art. 28 und Art. 30 EG-Vertrag dazu ermächtigt, eigene Vorschriften in den Bereichen Gesundheit, Verbraucher- und Umweltschutz zu erlassen, die über den Kanon der wesentlichen Anforderungen hinausgehen. Diese nationalen Vorschriften dürfen allerdings nicht das Inverkehrbringen solcher Produkte behindern, die den wesentlichen Anforderungen genügen und ordentlich mit dem CE-Kennzeichen ausgestattet sind. Sofern bestimmte Risiken durch den Kanon der wesentlichen Anforderungen nicht erfasst werden, kann ein Mitgliedstaat gemäß Art. 28 und Art. 30 EG-Vertrag den Verkehr eines Produktes untersagen oder einschränken, obwohl es den wesentlichen Anforderungen genügt. Gegenwärtig existieren über 20 Richtlinien unter der neuen Konzeption, die Bereiche wie beispielsweise Maschinen (2006/42/EG), Medizinprodukte (93/42/EWG), Spielzeug (88/378/-EWG), Explosivstoffe für zivile Zwecke (93/15/EWG) oder Warmwasserheizkessel (92/42/EWG) umfassen. Soviel an dieser Stelle zu den Merkmalen der neuen Konzeption. Der Leser, der sich für weitere Details oder ein Reihe eher praktischer Aspekte des New Approach interessiert, sei erneut auf den Leitfaden der Kommission (2000) und das von der Professur für Normenwesen und Maschinenzeichnen maßgeblich initiierte EU-Asia-Link Projekt ‚Standardisation in Companies and Markets' verwiesen, in dessen Rahmen die unterschiedlichsten Aspekte der europäischen und internationalen Normung behandelt wurden (vgl. Hesser/Feilzer/de Vries, 2006).

6.1.4 Vor- und Nachteile des New Approach

Der New Approach weist gegenüber dem alten Regime des Old Approach eine ganze Reihe von Vorteilen auf: Die strikte Trennung der Zuständigkeiten zwischen politischen System und Normungssystem geht mit einer besseren Zuweisung der Aufgaben einher. So wurde die technische Arbeit nun von den Akteuren geleistet, die hierfür am booten qualifiziert sind, nämlich den Normungs-

---

72 Es existieren allerdings auch Richtlinien, die prinzipiell zwar auf der neuen Konzeption basieren, die aber keine CE-Kennzeichnung erforderlich machen.

organisationen und deren Experten. Gleichzeitig konnten sich die EU-Organe durch die Einführung des New Approach von der beschwerlichen technischen Detailarbeit befreien und sich anderen Aufgaben zuwenden. Unter dem neuen Konzept musste die Kommission kaum mehr als 20 Richtlinien ausarbeiten – und nicht etwa hunderte oder gar tausende, wie es unter dem Old Approach der Fall gewesen wäre. Die Effizienzsteigerung durch den Regimewechsel lässt sich anhand der Anzahl der veröffentlichten Europäischen Normen ermessen, die nach Einführung des neuen Konzeptes beträchtlich in die Höhe schnellte (Kommission, 1990a, S.18). Die Einführung des neuen Konzeptes bedeutete zudem eine Aufwertung von CEN. Hier vollzog sich in kurzer Zeit ein Wandel von einem verschlafenen Verein, der mehr oder weniger gegründet wurde, um tatenlos zu bleiben (CEN 1995, S.25), zu einer international einflussreichen Normungsorganisation, die europäische Integrationsgeschichte mitschreibt.

In technisch-operabler Hinsicht geht der New Approach ebenfalls mit einer Reihe von Verbesserungen einher (Kommission, 2005e): Wie bereits ansatzweise in der Niederspannungsrichtlinie verwirklicht, orientieren sich die Richtlinien unter dem New Approach an Produktfamilien und nicht etwa an einzelnen Produkten. Maßgeblich für die Definition von Produktfamilien sind gleichartige, so genannte horizontale Risiken, die von bestimmten Produkten ausgehen. Außerdem sind die Richtlinien tendenziell performance-orientiert und weniger präskriptiv. Hierbei werden auf einer allgemeinen bzw. abstrakten Ebene Schutzniveaus festgelegt, was einen Spielraum für unterschiedliche technische Lösungen bewahrt, also Innovationspotentiale nicht unterdrückt. Weiterhin müssen die Richtlinien unter dem neuen Konzept durch ihre allgemeine Auslegung nicht so häufig an die technische Entwicklung angepasst werden.

Selbstverständlich wirft der New Approach auch eine Reihe von Problemen auf. So müssen zunächst die Voraussetzungen dafür erfüllt sein, dass der New Approach überhaupt angewendet werden kann. Dies bedeutet hauptsächlich, zwischen technischen Spezifikationen und wesentlichen Anforderungen allgemeiner bzw. abstrakter Art unterscheiden zu können (Kommission, 2000, S.8). Ist dies nicht der Fall, so ist es gar nicht möglich, allgemeine Anforderungen zu formulieren. Hier bliebe keine andere Wahl, als unmittelbar ein Dokument normativen Inhalts zu entwerfen. Außerdem muss die Produktfamilie, auf welche die wesentlichen Anforderungen zutreffen sollen, hinreichend groß sein, da sich andernfalls der Aufwand nicht lohnt, eine Richtlinie zu entwerfen.

Weiterhin weist die allgemeine bzw. abstrakte Natur der wesentlichen Anforderungen nicht nur Vor-, sondern auch Nachteile auf, indem höhere Ansprüche an deren Formulierung gestellt werden (Vardakas, 2003, S.6):

- Die allgemeinen Anforderungen müssen operabel, also verständlich und widerspruchsfrei formuliert sein und in normative Dokumente bzw. harmonisierte Normen übersetzt werden können.
- Gleichermaßen sollten die Anforderungen, die in den harmonisierten Normen spezifiziert werden, auch durch die Anwender erfüllt werden können.
- Die allgemeinen Anforderungen sollten im ganzen europäischen Wirtschaftsraum direkt und einheitlich durchsetzbar sein.
- Bei der Ausarbeitung der Richtlinien kommen die EU-Organe nicht um den Einsatz profunden Fachwissens herum. Tatsächlich ist hier die Aufgabe aufgrund der abstrakten Natur der allgemeinen Anforderungen deutlich anspruchsvoller als bei dem Entwurf „einfacher" Richtlinien normativen Inhalts. Andererseits kann die relative Distanz der Kommission zur klassischen Normungsarbeit dabei hilfreich sein, zu tragfähigen allgemeinen Anforderungen zu finden, auf welche Normungsexperten aufgrund ihres „Mindsets" möglicherweise nicht gestoßen wären.

In der Tat ist es nicht immer einfach, diesen Kriterien zu genügen, und nicht allen Richtlinien des neuen Konzepts gelingt dies uneingeschränkt (Vardakas, 2003, S.5). Außerdem wurde der Old Approach keineswegs vollständig durch den New Approach abgelöst. In bestimmten Bereichen, wie beispielsweise bei chemischen bzw. pharmazeutischen Erzeugnissen, Nahrungsmitteln oder Kraftfahrzeugen war die Harmonisierung der nationalen Regelwerke so weit fortgeschritten, dass der Einsatz der neuen Konzeption keinen Sinn machte, oder die Voraussetzungen für die Anwendung der neuen Konzeption nicht gegeben waren (Kommission, 2000, S.8).

6.1.5 Das Gesamtkonzept für die Konformitätsbewertung

Zu den Schwächen des Old Approach zählte unter anderem, dass der Stellenwert der Konformitätsbewertung unterschätzt wurde. Konformitätsbewertung bedeutet, dass in bestimmten Fällen geprüft werden muss, ob ein Produkt den maßgeblichen Normen bzw. Richtlinien entspricht oder nicht. Dies wird üblicherweise von neutralen dritten Stellen, den so genannten „Zertifizierern", vorgenommen, die über die entsprechende Expertise verfügen und per Zertifikat bestätigen, dass ein Produkt bestimmten Normen (bzw. Richtlinien) genügt. Da es sich hierbei um eine verantwortungsvolle Aufgabe handelt, werden die zertifizierenden Stellen ihrerseits geprüft und zertifiziert bzw. autorisiert, ihrer Tätigkeit nachgehen zu können. Die Zertifizierung der Zertifizierer wird von den so genannten akkreditierten Stellen vorgenommen, während die akkreditierten Stellen Behörden oder von staatlicher Seite anerkannt sind.

Grundsätzlich ist auch der beste europäische Normungsansatz in der Praxis hinfällig, wenn er nicht durch einen einheitlichen und tragfähigen europäischen Ansatz in der Akkreditierung und Zertifizierung ergänzt wird (Egan, 2001, S.125ff.). Hierbei besteht das Problem darin, dass die Mitgliedsländer nicht nur über unterschiedliche Normungssysteme, sondern auch über unterschiedliche Regime der Zertifizierung und Akkreditierung verfügen. Solange in diesem Bereich kein einheitlicher europäischer Ansatz existiert, müsste ein Produkt auch dann, wenn ein einheitliches europäisches Normensystem existierte, in jedem Mitgliedsland immer wieder neu zertifiziert werden. Das Ziel der Marktintegration wäre also verfehlt. Dementsprechend führte der Rat in seiner Entschließung vom 21.12.1989 zur Flankierung des New Approach das Gesamtkonzept für die Konformitätsbewertung ein, das durch weitere Ratsbeschlüsse (z.B. 90/683/EWG und 93/465/EWG) aktualisiert bzw. vervollständigt wurde (Kommission, 2000, S.8). Den Kern des Gesamtkonzepts bilden acht Module von Konformitätsbewertungsverfahren, die unterschiedlichen Produkten bzw. deren Entwicklungsstufen zugeordnet sind und kombiniert werden können. Welche dieser Module zur Konformitätsprüfung verwendet werden, ist in den Richtlinien der neuen Konzeption festgelegt. Ein Produkt, das dieses Verfahren erfolgreich durchläuft, wird mit dem CE-Kennzeichen ausgestattet und darf im gesamten Europäischen Wirtschaftsraum in Verkehr gebracht werden. Der Global Approach bildet einen Kompromiss aus dem britischen System, das im Wesentlichen auf der Selbstdeklaration (Selbstzertifizierung) durch den Produzenten, und dem deutschen System, das eher auf der Zertifizierung durch dritten Stellen basiert.

An dieser Stelle soll indes darauf verzichtet werden, die Spezifika des Gesamtkonzeptes näher zu erörtern, das nicht nur verhältnismäßig komplex, sondern auch von eher praktischer Bedeutung ist. Der Leser, der sich für Details der europäischen Konformitätsbewertung interessiert, sei beispielsweise auf den Leitfaden der Kommission (2000, S.34ff.) verwiesen. Glücklicherweise können Normung und Konformitätsprüfung unabhängig voneinander behandelt werden, auch wenn sich diese beiden Welten auf der praktisch-operativen Ebene bedingen: Normen bilden die Voraussetzung für die Verfahren der Konformitätsbewertung und die entsprechenden Strukturen wie bespielsweise zertifizierende Stellen oder Prüflaboratorien. Gleichermaßen ist, wie bereits angedeutet, selbst das beste Normenwerk auf der praktischen Ebene inoperabel, wenn nicht ein korrespondierendes System der Konformitätsbewertung existiert. Tatsächlich ist die Frage der Zertifizierung für viele Unternehmen in der Praxis oftmals von größerer unmittelbarer Relevanz als die Normen, die für die Zertifizierung die Voraussetzung bilden. Da außerdem im Bereich der Zertifizierung sehr viel mehr Geld umgesetzt wird als im Bereich der Normung, messen Autoren wie Toth (1999) der Zertifizierung einen größeren Stellenwert bei.

6.2 Institutionelle Merkmale des ENS

Dieser Abschnitt widmet sich den institutionellen Merkmalen des ENS, das, wie bereits erwähnt, in erster Linie durch die europäischen Normungsorganisationen CEN, CENELEC und ETSI konstituiert wird. Dies geschieht jedoch nicht in der sequentiellen Form, die in der Literatur üblich ist (siehe z.B. Falke/Schepel, 2000). Vielmehr wird im nächsten Abschnitt zunächst auf die Merkmale eingegangen werden, die allen ENOs gemein sind, um daraufhin deren institutionelle Unterschiede zu erörtern. Diese Vorgehensweise hat angesichts einer Reihe institutioneller Gemeinsamkeiten der ENOs den Vorteil, ermüdende Wiederholungen bzw. Redundanzen in der Schilderung der institutionellen Merkmale der ENOs vermeiden zu können. Außerdem werden im Folgenden die Merkmale der ENOs behandelt, die im Rahmen dieser Arbeit wesentlich sind. Der Leser, der sich für institutionelle bzw. organisatorische Details europäischer Normungsorganisationen interessiert, sei auf die Statuten, die Rules of Procedure und die Webpräsenzen von CEN, CENELEC und ETSI verwiesen, die den aktuellen Stand der Dinge repräsentieren[73]. Weiterhin bieten Falke/Schepel (2000) einen geradezu enzyklopädischen Abriss der institutionellen Merkmale des ENS aus einer juristischen Perspektive. Außerdem wird in diesem Abschnitt gezeigt werden, dass die institutionellen Unterschiede, die CEN, CENELEC und ETSI aufweisen, durch die unterschiedlichen Arbeitsfelder, Umwelten und historischen Backgrounds erklärt werden können.

6.2.1 Gemeinsame Merkmale von CEN, CENELEC und ETSI

6.2.1.1 *Organisationale Gemeinsamkeiten*

CEN, CENELEC und ETSI weisen die institutionellen Kernmerkmale auf, die typisch sind für die „klassische" anerkannte Normung (vgl. Abschnitt 4.3.3). CEN, CENELEC und ETSI sind Vereine – CEN und CENELEC nach belgischem, und ETSI nach französischem Recht. CEN, CENELEC und ETSI sind formell unabhängig und weder in EU-Strukturen integriert, noch irgendeiner Form EU-Organen unterstellt. Wie in Vereinen üblich sind Ziele, Tätigkeitsfelder, Rechte und Pflichten der Mitglieder, Strukturen und Prozeduren usw. in Statuten und „Rules of Procedure" bzw. „Internal Regulations" niedergelegt (ETSI Directives/ ETSI Statutes, 2004; CENELEC Articles of Association, 2004; CEN Statutes, 2004). CEN und CENELEC richten sich nach den gleichen Internal Regulations (CEN/CENELEC, 1999), was bereits auf eine enge Verwandtschaft dieser beiden Organisationen hindeutet. CEN und CENELEC haben außerdem im Juni 2005 ihre erste gemeinsame Jahrestagung abgehalten. ETSI hingegen weist gegenüber CEN und CENELEC eine Reihe signifikanter Unterschiede auf, wie im Abschnitt 6.2.2. gezeigt wird.

---

73 Siehe http://www.cenorm.eu, http://www.cenelec.org, http://www.etsi.org/ und http://portal. etsi.org.

Wie schon angedeutet orientieren sich CEN, CENELEC und ETSI an den Grundprinzipien der konsensbasierten Normung, auch wenn sich die Wortwahl in den Statuten aufgrund der unterschiedlichen Arbeitsfelder teilweise unterscheidet. Diese Prinzipien sind beispielsweise Offenheit und Transparenz des Normungsprozesses, Freiwilligkeit der Anwendung europäischer Normen, Freiwilligkeit der Teilnahme an Normungsprojekten, ein kohärentes europäisches Normenwerk und das Primat der internationalen Normung. Höchstes Entscheidungsgremium ist im Falle aller drei ENOs die Vollversammlung, die „General Assembly", in der die Mitglieder ihre Stimmrechte ausüben und Entscheidungen von Tragweite treffen, z.B. über das Budget, die Aufnahme neuer Mitglieder, strategische Weichenstellungen usw. (ETSI Directives/ETSI Statutes, 2004, S.11ff.; CENELEC Articles of Association, 2004, S.4ff.; CEN Statutes, 2004, S.5ff.).

Weiterhin ist es zweckmäßig, innerhalb der drei ENOs eine administrative Organisation, eine technische Organisation und ein Zentralsekretariat zu unterscheiden. Hauptelement der administrativen Organisation ist das Administrative Board, das im Falle von ETSI kurzerhand Board genannt wird. Das Administrative Board führt die Entscheidungen der General Assembly aus und leitet und überwacht die Aktivitäten innerhalb der Organisation, insbesondere die Erstellung und Veröffentlichung normativer Dokumente. Das Administrative Board kann je nach Aufgabenstellung von zusätzlichen Organisationseinheiten, wie z.B. Komitees, unterstützt werden. Im Falle von CEN hat beispielsweise das „Consultative Committee for External Policy" eine Beratungsfunktion im Hinblick auf die Beziehungen zu politischen Akteuren und internationalen Normungsorganisationen inne.

In der technischen Organisation wird die eigentliche Arbeit der Normenerstellung geleistet. Im Falle von CEN, CENELEC und ETSI setzt sich die technische Organisation aus Technical Committees, Working Groups, Task Forces und Projekt Teams zusammen. Im Falle von CEN und CENELEC existiert zudem ein Technical Board, das die Aktivitäten dieser Organisationseinheiten überwacht und koordiniert. Komitees spielen in jeder Normungsorganisation eine zentrale Rolle in der Normungsarbeit. Diese können ad hoc gegründet, flexibel eingesetzt und ebenso schnell wieder aufgelöst werden, sollten sie ihren Zweck erfüllt haben. Komitees leisten nicht nur die eigentliche Normungsarbeit, sondern können auch, wie bereits angedeutet, andere Organisationseinheiten, wie etwa das Administrative Board oder die General Assembly, bei administrativen, finanziellen oder strategischen Fragestellungen unterstützen. Working Groups werden von Komitees dann ins Leben gerufen, wenn besonders komplexe Sachverhalte oder schwerwiegende Meinungsunterschiede geklärt bzw. ausgeräumt werden müssen. Task Forces werden dann eingerichtet, wenn Dinge von hoher Dringlichkeit behandelt werden müssen. ETSI hat beispielsweise so genannte „Specialist Task Forces" eingeführt, die gegebenenfalls Vollzeit an Aufgaben von hoher Dringlichkeit arbeiten. Die Zentralsekretariate der ENOs heißen CENELEC Central Secretariat, CEN Management Centre und ETSI Secretariat und üben trotz unterschiedlicher Bezeichnungen im Wesentlichen die gleichen Funktionen aus. So betreiben die Zentralsekretariate das Tagesgeschäft, koordinieren und unterstützen unterschiedliche Organisationseinheiten, interagieren mit der Organisationsumwelt usw.

Abgesehen von diesen Organisationseinheiten existiert innerhalb der ENOs eine Reihe prominenter individueller Positionen. Im Falle von CEN und CENELEC hält ein Präsident den Vorsitz über die General Assembly. Ähnliche Prominenz weisen die Vorsitzenden der technischen und administrativen Organisationen und des Zentralsekretariats auf. Im Falle von CEN und CENELEC steht ein „Secretary General" den jeweiligen Zentralsekretariaten als höchster „Executive Officer" vor. Im Falle von ETSI existiert kein Präsident. Die entsprechenden Aufgaben werden gemeinsam von dem Vorsitzenden der General Assembly und dem Vorsitzenden des Board wahrgenommen.

6.2.1.2   *Mitgliedsstruktur und Kooperationen*

Die Gemeinsamkeiten zwischen CEN, CENELEC und ETSI reichen indes über diese organisatorischen Merkmale hinaus. So weisen CEN, CENELEC und ETSI eine ausgesprochen differenzierte Mitgliedsstruktur auf. Vollmitglieder genießen alle Rechte und Pflichten einer Mitgliedschaft. Im Falle von CEN und CENELEC haben die nationalen Normungsorganisationen aus den Mitgliedstaaten der EU, der EFTA und aus Beitrittsländern das Recht auf eine Vollmitgliedschaft. ETSI lässt hingegen auch Unternehmen zur Mitgliedschaft zu. Associates (CEN) und Associate Members (ETSI) haben eingeschränkte Rechte in der Vollversammlung. CEN Associates sind beispielsweise „broad-based European organizations, representing particular sectors of industry as well as consumers, environmentalists, workers, and small and medium-sized enterprises" (CEN, 2007f). Bei den ETSI Associate Members handelt es sich um "manufacturers, service providers, and research and government bodies who actively take part in ETSI's work program but do not meet all the criteria to become Full Members" (ETSI, 2007). „Counsellors" vertreten weiterhin die Kommission und die EFTA-Staaten innerhalb der ENOs. Counsellors bilden offenbar die Schnittstelle zur politischen Sphäre, können innerhalb der ENOs an allen Aktivitäten teilnehmen, stehen in Angelegenheiten von politischer Relevanz beratend zur Seiten, haben aber keine Stimmrechte. Außerdem lassen die ENOs Beobachter („Observer") zu, die zwar an diversen Aktivitäten teilnehmen, nicht aber gestaltend eingreifen können. Offenbar haben die europäischen nationalen Normungsorganisationen im Falle von CEN und CENELEC eine besondere Rolle inne. Diese Organisationen implementieren Europäische Normen und veräußern CEN- und CENELEC-Veröffentlichungen auf nationaler Ebene, entsenden nationale Delegationen an CEN und

CENELEC, stellen Sekretariate für Technical Committees, begleiten die Normungsarbeit auf europäischer Ebene mit so genannten Spiegelkomitees und entscheiden als Vollmitglieder in allen relevanten Fragen. Das so genannte Country Model bzw. Delegationsprinzip wird häufig deswegen kritisiert, weil die eigentlichen Interessengruppen auf der Ebene der europäischen Normung nur indirekt Einfluss auf den Lauf der Dinge nehmen können. De Vries (1999, Abschnitt 4.4.5) erörtert das Country Models, das nicht nur CEN und CENELEC, sondern auch ISO und die IEC anwenden. Auf das Delegationsprinzip wird nochmals in Abschnitt 7.4 eingegangen werden.

Bemerkenswert an CEN, CENELEC und ETSI ist weiterhin, dass diese Organisationen unvoreingenommen mit unterschiedlichen Stakeholdern und Akteuren in der Normungsarbeit kooperieren. CEN räumt beispielsweise Konsortien und Foren wie dem European Committee for Iron and Steel Standardization (ECISS) oder der European Association of Aerospace Manufacturers (AECMA) den Status von „Associated Standards Bodies" ein. Mittels des Konzepts der „Partner Standardization Bodies" (PSB) dehnt CEN seine Kooperation auch auf solche Länder aus, die nicht zum EWR gehören (CEN 2005, S.15). PSBs wie beispielsweise Ägypten oder Russland haben zwar kein Recht auf Vollmitgliedschaft bei CEN, können aber an der Entwicklung von Europäischen Normen teilnehmen. Im Gegenzug sind die PSBs dazu verpflichtet, die Normen, an deren Entwicklung sie beteiligt waren, ins eigene Normenwerk aufzunehmen. Darüber hinaus heißt CEN den fachlichen Input von allen erdenklichen Quellen willkommen. CEN gewährt außerdem diversen Fach- und Branchenverbänden, Vereinen, Gewerkschaften wie auch Forschungseinrichtungen einen so genannten „liaison status" (CEN, 2007a). Weiterhin kooperieren die ENOs ausgesprochen eng mit anderen regionalen und vor allen Dingen internationalen Normungsorganisationen, wie später noch näher erörtert wird.

Die ENOs kooperieren nicht nur intensiv mit externen Partnern, sondern selbstverständlich auch untereinander und mit den Organen der EU bzw. EFTA. Die Zusammenarbeit unter den ENOs fußt auf einer Reihe von Vereinbarungen, die unter anderem deswegen notwendig wurden, weil es durch die Konvergenz verschiedener Technologien vermehrt zu Überlappungen der Arbeitsbereiche der ENOs kommt. Mit dem „Basic Co-operation agreement between CEN, CENELEC and ETSI" vom 31.07.2001 zielt man beispielsweise auf die Vermeidung von Doppelarbeit, die Identifikation von Normungslücken, die effiziente Verwendung knapper Ressourcen und eine eindeutige Zuordnung von Verantwortlichkeiten ab. Falls erforderlich, können die ENOs auch Joint Working Groups bzw. Joint Technical Committees gründen. Weiterhin bildet die Joint Presidents' Group (JPG) ein Forum, in dem hochrangige Vertreter der ENOs eher zwanglos zusammentreffen, um Fragen von gemeinsamem Interesse zu erörtern (CEN, 2007b).

Angesichts der bisherigen Ausführungen ist es nicht verwunderlich, dass CEN, CENELEC und ETSI das enge Verhältnis zu den EU- und EFTA-Organen in ihren Statuten und Mission Statements betonen. CEN, CENELEC und ETSI unterstützen vorbehaltlos die allgemeinen Zielsetzungen der EU wie beispielsweise die Förderung der europäischen Wirtschaft, die Erhöhung der Lebensqualität, die Förderung der europäischen Wettbewerbsfähigkeit und die Vervollständigung des europäischen Binnenmarktes, also die Etablierung einer "sustainable society" in Europa (CEN, 2005, S.6). Selbstverständlich bedarf es über solche allgemeinen Bekundungen hinaus einer Konkretisierung der Zusammenarbeit. Diese sind beispielsweise niedergelegt in den „Allgemeinen Leitlinien für die Zusammenarbeit zwischen CEN, CENELEC und ETSI sowie der Europäischen Kommission und der Europäischen Freihandelsgemeinschaft" von 2003.

6.2.1.3   Outputs und Normungsprozess

CEN, CENELEC und ETSI betreiben nicht nur ein intensives „Networking" mit den unterschiedlichsten Kooperationspartnern und greifen auf die unterschiedlichsten Inputs zurück, sondern bieten auch ein ganzes Spektrum von Outputs, von unterschiedlichen Veröffentlichungsformen an:

- Europäische Normen (EN) werden von CEN, CENELEC and ETSI verabschiedet, müssen von den Mitgliedern unverändert als nationale Normen übernommen und entgegenstehende nationale Normen zurückgezogen werden (CEN/CENELEC Internal Regulations, Art. 2; ETSI Rules of Procedure, Art. 13).
- Harmonisierte Normen sind solche Europäische Normen, die unter dem Regime des New Approach entstanden sind (Kommission, 2000, S.32). 2004 belief sich bei CEN der Anteil Harmonisierter Normen am Normenwerk auf 16,70%, und bei CENELECs auf 30,17% (CENELEC Annual Report 2004, S.20; CEN Annual Report 2004-2005, S.22).
- „CEN und CENELEC Workshop Agreements" (CWA) lehnen sich an solche Technische Spezifikationen an, wie sie von Konsortien veröffentlicht werden. Im Interesse einer schnellen und unkomplizierten Erstellung von CWAs wird von einigen Grundprinzipien der Normung, wie z.B. dem Konsensprinzip, abgerückt. CEN und CENELEC üben keinen Einfluss auf den Erstellungsprozess von CWAs aus, sondern stellen in erster Linie ihre professionelle Unterstützung und ihre Infrastruktur zur Verfügung. CWAs haben eine eher kurze Lebensdauer, können aber verhältnismäßig einfach in den Rang Europäischer Normen erhoben werden.
- „Technical Specifications" (CEN TS, CENELEC TS und ETSI TS) sind normative Dokumente, die zwar von Technischen Komitees verabschiedet wurden, jedoch noch nicht den gesamten Normungsprozess durchlaufen haben.

- „Technical Reports" (CEN TR, CENELEC TR und ETSI TR bzw. ETSI Special Reports) sind in erster Linie Informationsquellen bzw. dienen Referenzzwecken.

An dieser Stelle soll auf eine eingehende Schilderung unterschiedlicher Normungsprozesse unter der Schirmherrschaft europäischer Normungsorganisationen verzichtet werden, da dies mit einem großen Aufwand einherginge, ohne dem Leser einen besonderen Erkenntnisgewinn zu bieten. Bereits CEN stellt eine beachtliche Anzahl unterschiedlicher Normungsprozesse zu Verfügung, deren Schilderung deutlich zu weit gehen würde (siehe z.b. CEN, 2007c). CEN schildert an anderer Stelle jedoch einen stilisierten europäischen Normungsprozess, der die wesentlichen Merkmale europäischer Normungsprozesse umfasst (CEN, 2004, S.5, siehe die Grafik auf der übernächsten Seite).

Die Erstellung Europäischer Normen vollzieht sich in groben Zügen folgendermaßen: Der Antrag, eine EN zu entwickeln, kann von einer ganzen Bandbreite unterschiedlicher Akteure kommen (Unternehmen, Verbände, Non-Governmental Organizations (NGOs), EU-Organe usw.). Nach einer internen Prüfung des Antrags beginnt die inhaltliche technische Arbeit. Diese soll sich so weit wie möglich konsensbasiert vollziehen; der Rückgriff auf die Mehrheitsentscheidung bildet auf dieser Stufe des Normungsprozesses nur eine Ausnahme. Der Normenentwurf wird dann der interessierten Öffentlichkeit für eine Begutachtung zur Verfügung gestellt und mit etwaigen Kommentaren und Verbesserungsvorschlägen an die verantwortliche technische Organisationseinheit zurückgereicht, um nach einer Überarbeitung den Mitgliedern endgültig zur Abstimmung vorgelegt zu werden. Hierbei kommt eine „Weighted-Voting-Procedure" zum Einsatz. Die verabschiedete EN wird dann an die europäischen nationalen Normungsorganisationen zur Implementierung weitergereicht und den Anwendern zur Verfügung gestellt. Der Leser, der sich für Details der Normungsprozesse interessiert, die in den ENOs verwendet werden, sei auf die entsprechenden Internal Regulations bzw. Rules of Procedures verwiesen.

6.2.1.4   Gemeinsame Herausforderungen

CEN, CENELEC und ETSI stehen einer Reihe von Herausforderungen gegenüber. So besteht der Anpassungsdruck an eine sich beschleunigt ändernde Umwelt, beispielsweise aufgrund neuer komplexer weltweiter wirtschaftlicher Zusammenhänge („Globalisierung"), dem beschleunigten technischen Fortschritt, kürzeren Produktlebenszyklen, neuen Informations- und Kommunikationstechnologien usw. Außerdem hat sich die Konkurrenz zwischen CEN, CENELEC und ETSI und anderen Akteuren der Standarisierung bzw. anderen Formen der

Standardisierung, wie z.B. Konsortien, merklich intensiviert – jedenfalls vordergründig[74].

CEN, CENELEC und ETSI unterliegen wie alle Normungsorganisationen dem Kardinalproblem, dass die konsensbasierte Normung einerseits zeitaufwendig ist, der Bedarf an einer beschleunigten Normenerstellung sich andererseits beträchtlich erhöht hat. Insofern steht das Konsensprinzip unter Wettbewerbsdruck. Gleichermaßen besteht für die ENOs angesichts einer weitreichenden Internationalisierung auf der technischen und ökonomischen Ebene der permanente Anlass, die eigene intermediäre Position zwischen der nationalen und der internationalen Normung zu überdenken bzw. zu redefinieren. Der Leser erinnere sich an den historischen Abriss zu Beginn dieses Kapitels: CEN und CENELEC nehmen ihre mittlerweile herausragende Stellung in erster Linie aufgrund der politischen Initiative, des Adelsschlags der EU ein. ETSI kann man sogar als ein Kunstprodukt der Normung bezeichnen, dessen Existenz vollständig auf die politische Initiative der EU zurückgeht. Hier kann kaum davon die Rede sein, dass sich die europäischen Normungsstrukturen organisch aus den Bedürfnissen der interessierten Kreise entwickelt hätten.

CEN, CENELEC und ETSI geben auf die obigen Herausforderungen eine Reihe von Antworten. Da das Konsensprinzip einen zentralen Stellenwert in der Normung hat, gilt es, alle anderen Möglichkeiten einer beschleunigten Normenerstellung auszuschöpfen, bevor hiervon abgerückt wird. Das bedeutet beispielsweise, die Organisation effizient auszugestalten, auf effektive Managementmethoden zurückzugreifen und den konsequenten Einsatz moderner Kommunikations- und Informationstechnologien zu forcieren. Diese praktischen Maßnahmen spielen eine große Rolle und werden in den Annual Reports der ENOs auch stets ausgiebig gewürdigt. Außerdem greifen die ENOs vermehrt auf elektronische Anwendungen zur Entscheidungsfindung und Abstimmung zurück, um kostspielige und zeitaufwendige Anreisen zu Meetings zu vermeiden. Die ENOs bieten ein ganzes Spektrum an „deliverables" an, die unterschiedlichen Interessen entgegenkommen. So wird im Rahmen der CWAs merklich von den Grundprinzipien der Normung abgerückt, um eine beschleunigte Erstellung normativer Dokumente zu ermöglichen. Hier wird der Standardisierungsprozess in Konsortien gewissermaßen simuliert. Dem ausgeprägten Konkurrenzdruck begegnen die ENOs außerdem durch eine weitreichende Kooperation, ein intensives Networking mit diversen relevanten Akteuren unterschiedlichster Herkunft. Nichtsdestoweniger betonen CEN, CENELEC und ETSI die strategische Relevanz der Normung, aber auch ihre Service-, Wettbewerbs- und Unternehmensorientierung.

---

74 In Abschnitt 7.6 vertritt der Autor die Auffassung, dass sich NOs und Konsortien vielmehr ergänzen, als dass sie in einem Konkurrenzverhältnis zueinander stehen.

So entsteht eine
Europäische Norm

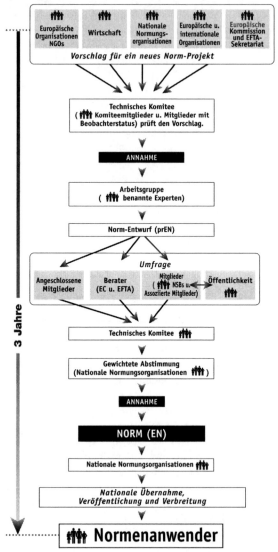

Das Flussdiagramm zeigt den typischen Ablauf bei der Erarbeitung einer Europäischen Norm (Vorschlag, Erarbeitung, Annahme und Veröffentlichung). Abweichungen, einschließlich der parallelen Erarbeitung einer gemeinsamen Norm mit ISO, sind möglich.

Quelle: CEN, 2004. Compass. Europäische Normung in Kürze, Brüssel: CEN, S.5.

6.2.2 Unterschiede zwischen CEN, CENELEC und ETSI

Zunächst vollzog sich die Entwicklung von CEN und CENELEC keinesfalls im Gleichschritt, wie man möglicherweise angesichts der ausgeprägten Ähnlichkeiten untereinander mutmaßen könnte (vgl. Abschnitt 6.2). CEN und CENELEC (bzw. deren Vorläufer) handelten lange Zeit mehr oder weniger unabhängig voneinander und unterscheiden sich immer noch merklich in ihrer Kultur. Die Beziehungen zwischen diesen beiden Organisationen nahmen erst Anfang der 1980er Jahre nach dem Niedergang des Old Approach eine „kontinuierliche und strukturierte Form" an (CEN 1995, 20; CEN/CENELEC, 2001). CENELEC wurde von EU-Organen erstmals 1973 im Zusammenhang mit der Umsetzung der Niederspannungsrichtlinie als ein geeigneter Kooperationspartner ins Auge gefasst. CEN hingegen erhielt den Ritterschlag durch die EU-Organe erst annähernd zehn Jahre später durch die Informationsrichtlinie. CENELEC setzte außerdem „Weighted-Voting-Procedures" deutlich früher ein als CEN, das bis in die 1980er Jahre hinein auf das deutlich weniger operable Veto-Prinzip zurückgriff („one country, one vote"). Gemein war CEN und CENELEC jedoch, dass ihr Existenzrecht sogar von den eigenen Mitgliedern immer wieder kritisch hinterfragt wurde, denen der Aufbau intermediärer Normungsstrukturen zwischen der nationalen und der internationalen Ebene nicht einleuchten wollte. Außerdem sorgte der plötzliche Aufschwung von CEN in den 1980er Jahren für Argwohn in der Standardisierungsgemeinde, insbesondere in den Vereinigten Staaten (CEN 1995, S.20).

ETSI wurde erst 1988 gegründet und ist – verglichen mit CEN und CENELEC – verhältnismäßig jungen Datums. Die Gründung von CEN und CENELEC war zwar durchaus politisch motiviert, basierte aber weitgehend auf privater Initiative. Die Gründung ETSI's ging hingegen in erster Linie auf die politische Initiative der EU zurück (Hawkins, 1995 S.224; COM(87) 290). Die Gründung ETSI's war durchaus ein Gegenentwurf zu CEN und CENELEC bzw. deren „country model", das den nationalen Normungsorganisationen auf der europäischen Ebene eine Sonderstellung einräumt, und nur eine von vielen Maßnahmen der EU, die auf eine weitreichende Umgestaltung des ENS und dessen Effizienzsteigerung abzielten (vgl. Abschnitt 6.5.2). Im Gegensatz zu CEN und CENELEC lässt ETSI auch individuelle Akteure, wie beispielsweise Produzenten, Netzwerkbetreiber oder Anwender zur Mitgliedschaft zu. Ein beträchtlicher Teil der Einnahmen ETSI's speist sich aus den verhältnismäßig hohen Mitgliedsbeiträgen. Dafür gibt ETSI seine Normen „free of charge" heraus, während die normativen Dokumente von CEN und CENELEC veräußert werden. ETSI lässt zwar individuelle Stakeholder zur Mitgliedschaft zu, schaltet aber bei Fragen von Tragweite in einen „europäischen Entscheidungsmodus", in dem Delegationen gebildet werden, die EU- und EFTA-Mitgliedsländer repräsentieren. Individuelle ETSI-Mitglieder, die ihren Sitz weder in einem Mitgliedsland der EU noch der EFTA haben, sind in diesem Falle nicht stimmberechtigt. Diese Delegationen stimmen dann gemäß einer „Weighted National Voting Procedure" ab, die durchaus den Methoden ähnelt, die von CEN und CENELEC angewendet werden. In dieser Hinsicht sind die Unterschiede zwischen CEN, CENELEC und ETSI kleiner als im Allgemeinen wahrgenommen (vgl. ETSI Rules of Procedure, Artikel 11).

Weiterhin beruhen die institutionellen Unterschiede zwischen CEN, CENELEC und ETSI nicht unwesentlich auf deren unterschiedlichen Arbeitsfeldern. Der Arbeitsbereich von CEN umfasst im Prinzip jedes Normungsvorhaben, das nicht in den Bereiche Elektrotechnik oder Telekommunikation fällt. Um ein derart breites Arbeitsfeld handhaben zu können, ist CEN's technische Organisation sektoral strukturiert (CEN, 2007d). Bei CENELEC ist die Tendenz zur direkten Partizipation zwar ausgeprägter als bei CEN, aber dennoch dominiert auch hier das Delegationsprinzip. Die Einführung einer direkten Mitgliedschaft würde Arbeits- bzw. Entscheidungsfähigkeit beider Organisationen erheblich beeinträchtigen, da die Zahl der Mitglieder eine konsensbasierte Entscheidungsfindung weitgehend unmöglich machen würde (die Entscheidungsfindungskosten überstiegen einen prohibitiv hohen Grenzwert). Dieses Problem besteht nicht nur für CEN und CENELEC, sondern in schärferer Form auch für die internationalen Normungsorganisationen. Im Falle von ETSI ist hingegen der Einzugsbereich individueller Mitglieder hinreichend klein, um eine direkte Mitgliedschaft ermöglichen zu können.

6.3 Das Verhältnis zwischen europäischer und internationaler Normung

Die europäischen Normungsorganisationen finden auf der internationalen Ebene ihre Entsprechungen in der International Organization for Standards (ISO), dem International Electrotechnical Committee (IEC) und der International Telecommunication Union (ITU). CEN und ISO bzw. CENELEC und die IEC, wie auch ETSI und die ITU weisen nicht nur die gleichen Arbeitsfelder, sondern auch eine ganze Reihe weiterer institutioneller Ähnlichkeiten auf, die nicht zuletzt darauf beruhen, dass das institutionelle Profil der internationalen Normungsorganisationen weitgehend auf europäischer Ebene repliziert wurde. CEN, CENELEC und ETSI erkennen beispielsweise das WTO Agreement on Technical Barriers to Trade und damit die Grundprinzipien und den Vorrang der internationalen Normung an[75]. Dementsprechend unterstützt beispielsweise CEN die Einführung und Anwendung internationaler Normen nicht nur weltweit, sondern selbstverständlich auch auf europäischer Ebene (CEN/CENELEC, 1999, Part 1A). Die Intensität der Zusammenarbeit zwischen den europäischen und internation-

---

75 Normungsrelevant ist insbesondere Anhang 3 des TBT Agreements, „Code of good practice for standardization".

alen Normungsorganisationen lässt sich insbesondere anhand einer Reihe von Kooperationsabkommen ermessen. CEN und ISO haben beispielsweise im Juni 1991 das „Wiener Abkommen", und CENELEC und die IEC im September 1996 das „Dresdener Abkommen" abgeschlossen, welche die Zusammenarbeit zwischen diesen beiden jeweiligen Organisationen regeln (Santiago, 2004). Diese Abkommen haben folgende Zielsetzungen:

- Effiziente Zuordnung von Aufgaben und Ressourcen.
- Vermeidung der Duplizierung der Normungsarbeit.
- Koordinierung bzw. Synchronisierung der Normungsarbeit, insbesondere durch die parallele Abstimmung über Normen („Parallel Voting").
- Vereinfachte Beförderung Europäischer Normen zu internationalen Normen.
- Vereinfachte Implementierung internationaler Normen auf der europäischen Ebene.

ETSI hat mit der ITU-T bzw. der ITU-R, zwei Unterorganisationen der ITU, Vereinbarungen geschlossen, die ähnliche Ziele aufweisen wie das Dresdener Abkommen bzw. das Wiener Abkommen. Außerdem kooperieren ETSI, die ITU und eine Reihe anderer einflussreicher Organisationen, wie dem Committee T1 (USA) oder dem Telecommunication Technology Committee (Japan), im Rahmen der Global Standards Collaboration bei der Erstellung globaler Standards im Bereich der Telekommunikation. Ein wichtiger Indikator für die Enge der Zusammenarbeit zwischen europäischen und internationalen Normungsorganisationen ist der Anteil internationaler Normen am europäischen Normenkatalog. Mitte 2004 setzten sich beispielsweise der Normenkatalog CENELECs zu 68% aus internationalen Normen, zu 8% aus Normen, die auf Arbeitsergebnissen der IEC basieren, und zu 24% aus rein europäischen Normen zusammen.

Die Haltung der Kommission zur internationalen Normung geht aus dem Working Paper on European Policy Principles on International Standardisation (SEC(2001) 1296) hervor. Hier heißt es unter anderem:

- Die Anwendung internationaler Normen wird grundsätzlich begrüßt, da sie den fairen und offenen Handel, den freien Marktzugang und die Diffusion neuer Technologien auf der globalen Ebene fördern (SEC(2001) 1296, S.4). (Internationale) Normen können bis zu einem gewissen Grade „harte" Gesetze und Vorschriften substituieren (vgl. Abschnitt 4.8).
- Indes besteht die Möglichkeit, dass internationale Normen den legitimen regulativen Zielen von Nationalstaaten bzw. der EU in den Bereichen der Sicherheit, des Verbraucher- und Umweltschutzes nicht entsprechen. Die EU behält sich in diesem Fall das Recht vor, auf Europäische Normen

zurückzugreifen, um ihre Steuerungsziele zu bedienen (SEC(2001) 1296, S.5).

- Ein internationaler Standard, der auf nationaler bzw. europäischer Ebene bestimmten regulativen Zwecken dienen soll, muss ein Mindestmaß an Legitimität aufweisen (SEC(2001) 1296, S.6; KOM(2001) 527, S.20). Dies bedeutet in erster Linie, dass ein internationaler Standard gemäß den Grundprinzipien der Normung (Offenheit, Konsens, Kohärenz, usw.) erstellt worden sein sollte. Folglich muss auch das Gremium, das einen internationalen Standard herausgibt, einen entsprechenden Status, ein Mindestmaß an Legitimität aufweisen. Diese Forderungen implizieren, dass beispielsweise ein Konsortialstandard, der internationale Anwendung findet, für die EU nicht automatisch als regulatives Instrument geeignet sein muss.

- Die internationale Normung sollte die Länder aus der dritten Welt dabei unterstützen, eine funktionierende Infrastruktur aufzubauen.

- Nicht zuletzt propagiert die Kommission den europäischen Normungsansatz, insbesondere den New Approach, als ein geeignetes regulatives Modell für andere Länder, Regionen und die internationale Ebene.

An dieser Stelle sei darauf verzichtet, die institutionellen Spezifika internationaler Normungsorganisationen im Detail zu erörtern, da dies den Rahmen dieser Arbeit sprengen würde, ohne einen sonderlichen Erkenntnisgewinn zu zeitigen. Der Leser, der sich hierfür interessiert, sei auf die entsprechenden Statuten und Rules of Procedure verwiesen (z.B. ISO/IEC Directives, 2004). An dieser Stelle sei es bei dem Hinweis belassen, dass internationale und europäische Normungsorganisationen nicht nur ähnliche institutionelle Merkmale aufweisen, sondern darüber hinaus ein enges Kooperationsverhältnis pflegen und konstruktiv in der Normung zusammenarbeiten.

Eine institutionelle Gleichartigkeit ist allerdings für den nächsten Abschnitt von Interesse und soll daher noch erwähnt werden: Auf internationaler wie auch europäischer Ebene haben in erster Linie die anerkannten nationalen Normungsorganisationen ein Recht auf Vollmitgliedschaft. Dies geht mit der Rollenambiguität einher, dass die nationalen Normungsorganisationen aus dem europäischen Raum auf beiden Seiten des Tisches sitzen, wenn das Verhältnis zwischen internationalen und europäischen Normungsorganisationen erörtert oder gestaltet wird. Außerdem haben die europäischen Akteure dadurch einen beachtlichen Einfluss in internationalen Normungsorganisationen, dass sie sich nicht nur intensiv in der internationalen Normungsarbeit engagieren, sondern auch eine ganze Reihe hoher Ämter und Funktionen innerhalb des Apparates der internationalen Normungsorganisationen bekleiden. Hier bestehen prinzipiell weitreichende Möglichkeiten für die Vertreter der europäischen Normung, ihr Verhalten auf der internationalen Ebene im gemeinsamen, d.h. europäischen Interesse zu koordinieren[76]. Insofern ist es nicht verwunderlich, dass diese enge Liaison zwischen internationalen und europäischen Normungsorganisationen bei anderen Akteuren der internationalen Standardisierung für Argwohn sorgt. Dies gilt insbesondere für die Vertreter des US-amerikanischen Standardisierungssystems (USSS), die einen überproportionalen europäischen Einfluss auf die internationalen Standardisierung, aber auch auf die Entwicklungsländer beklagen (U.S. Department of Commerce, 2004, S.17).

Die Unterschiede und Meinungsverschiedenheiten zwischen dem ENS und dem USSS sind deutlich interessanter als das im Prinzip unproblematische Verhältnis zwischen dem ENS und den internationalen Normungsorganisationen und soll im folgenden Abschnitt näher erörtert werden. Hierbei wird auf den in Abschnitt 4.6 eingeführten Ansatz zurückgegriffen, demzufolge man aus dem Zustand eines Standardisierungssystems Rückschlüsse auf den Zustand seines gesellschaftlichen Umfelds ziehen kann. Auf dieser Grundlage lassen sich einige komparative Aussagen über eine Reihe grundsätzlicher Unterschiede zwischen Europa und den USA treffen. Zur Veranschaulichung dieser Unterschiede wird am Ende des folgenden Abschnitts auf die schweren Stromausfälle vom August 2003 im Nordosten der USA eingegangen, die nicht unwesentlich auf der Standardisierungskultur in den USA beruhten.

6.4 Das Verhältnis zwischen dem ENS und dem US-amerikanischen Normungssystem

Das USSS unterscheidet sich in vielen Punkten erheblich von dem ENS (ANSI, 2005; Toth, 1997). Das USSS ist deutlich dezentraler und heterogener strukturiert als das ENS. 2005 existierten nicht weniger als ca. 600 Organisationen, die sich in der Standardisierung in den unterschiedlichsten Bereichen engagierten. Eine Sonderstellung innerhalb des US-Systems nimmt das American National Standards Institute (ANSI) ein. ANSI ist eine private Non-profit Organisation, die zwar selber keine Standards entwickelt, dafür aber als Koordinationsinstanz auftritt und das US-System auf internationaler Ebene repräsentiert. ANSI orientiert sich hierbei ebenso wie z.B. CEN an den Grundprinzipien konsensbasierter Normung. Zudem akkreditiert ANSI solche Standarisierungsorganisationen, die bestimmten Kriterien in der Standardisierungsarbeit genügen, als Herausgeber von American National Standards (ASN).

---

76 In der Tat erwartet die Kommission von den europäischen Normungsorganisationen im Hinblick auf ihr Engagement in der internationalen Normung „that national positions are coherent with European policies and legislation, if existing" (SEC(2001) 1296, S.6).

Merkmal des USSS ist weiterhin, dass die privaten Akteure verhältnismäßig frei agieren können und weitgehend unabhängig von staatlicher Einflussnahme sind, wenngleich die öffentliche Hand durchaus auch ihre Interessen geltend macht bzw. in ihrem eigenen Bereich als „standard-setter" agiert. Die Freiheitsgrade, die dem privaten Sektor in der Standarisierung zuteil werden, haben Vor- und Nachteile. Als Vorteil wird es weitgehend empfunden, dass das US-System schnell und flexibel auf neue Herausforderungen und Bedürfnisse reagieren kann. Hier lautet die allgemeine Auffassung in den Vereinigten Staaten, dass das USSS den heimischen Bedürfnissen durchaus effektiv begegnet (ANSI, 2005, S.2). Der hohe Dezentralisierungsgrad des USSS hat jedoch zur Folge, dass in den USA kein dermaßen einheitliches, geschlossenes und kohärentes Normenwerk existiert, wie es z.B. ein zentralisiertes, hierarchisches Normungssystem hervorbringt. So ist es im USSS möglich, dass mehrere gleichartige Standards koexistieren und im Wettbewerb miteinander stehen. Dies beruht im Wesentlichen darauf, dass kein übergeordneter Koordinationsmechanismus, keine übergeordnete Instanz existiert, welche die Handlungsräume der privaten Akteure konditionieren könnte. So verfügt auch ANSI trotz seiner Sonderstellung nicht über den Einfluss, den Handlungsraum privater standard-setter einzuschränken, sondern nur über „weiche Instrumente", wie z.B. die Bewusstseinsbildung bei den relevanten Akteuren.

Jenseits der Vereinigten Staaten wird häufig die Auffassung vertreten, dass sich die mangelnde Kohärenz des USSS in einem inkohärenten Auftreten und einer mangelnden Kooperationsfähigkeit auf der internationalen Ebene niederschlägt. Zwar repräsentiert ANSI das USSS in internationalen Normungsorganisationen und pflegt auch regelmäßige Kontakte mit europäischen Normungsorganisationen, hat allerdings keinen Alleinvertretungsanspruch für das gesamte USSS. US-Firmen, Konsortien und Standardisierungsorganisationen, wie beispielsweise das National Institute of Standards and Technology (NIST) oder das Institute of Electrical and Electronics Engineers (IEEE), haben zum Teil Weltrang und setzen jenseits der internationalen Normungsstrukturen zuweilen de facto Standards, die internationale Akzeptanz erlangen, nicht aber den formalen Status von ISO-Normen aufweisen.

Zweifelsohne reflektiert das USSS im Sinne des in Abschnitt 4.6 entwickelten Schemas den Zustand und die Werte der Gesellschaft, in die es eingebettet ist (ANSI 2005, S.2). So ist die weitreichende Unabhängigkeit der privaten Akteure in der Standardisierung grundsätzlicher Ausdruck eines liberalen Ethos, demzufolge der Einfluss des Staates minimiert werden und den privaten Akteuren größtmögliche Autonomie zuteil werden solle. Die privaten Akteure gelten prinzipiell als kreativ und innovativ und werden, so die liberalistische Auffassung, selber am besten dazu in der Lage sein, die Standards zu erstellen, die ihren Bedürfnissen entsprechen. Für ein hohes Maß an Unabhängigkeit und Dezentralisierung in der

Standardisierung ist man auch dazu bereit, gewisse Inkonsistenzen im Gesamtsystem in Kauf zu nehmen. Mehr noch: Der quasi-marktliche Wettbewerb gleichartiger Standards ist unter dem Gesichtspunkt der Effizienz im Prinzip sogar erwünscht.

Verglichen mit dem US-System ist das ENS eher zentralistisch strukturiert. Das europäische Ethos, das sich in einem höheren Grad der Institutionalisierung des ENS niederschlägt, lautet: Es existiert eine und nur eine Normungsorganisation (bzw. ein und nur ein wohlkoordiniertes Normungssystem) mit eindeutig umrissenem Arbeitsgebiet und der entsprechenden Autorität, das eine und nur eine Norm mit klar umrissenem Geltungsbereich zur Verfügung stellt. Auf diesem Wege ist die Konsistenz, die Widerspruchsfreiheit des europäischen Normenwerkes gesichert.

Auch wenn die Wogen sich mittlerweile ein wenig geglättet haben, so war doch vor nicht allzu langer Zeit durchaus noch von „Standards Battles" zwischen Europa und den Vereinigten Staaten die Rede (Zuckerman, 1999). In der Tat manifestieren sich die Meinungsunterschiede bereits hinsichtlich der Frage, was eine internationale Norm (bzw. ein internationaler Standard) seinem Wesen nach eigentlich sei. Die amerikanische Position lautete pointiert ausgedrückt (Guertler, 1999): "The user of the standard, not the process, dictates whether or not a standard is international in scope and application." Dem amerikanischen Verständnis nach ist also nicht die Autorität einer bestimmten Organisation oder ein bestimmter Prozess der Erstellung und Etablierung maßgeblich, sondern der Grad der Akzeptanz eines bestimmten Standards auf internationaler Ebene. Im Folgenden werden die gegensätzlichen Positionen nochmals prononciert zusammengefasst. Die amerikanische Seite bemängelt am ENS folgendes (Zuckerman, 1999, S.40f.):

- Der New Approach bzw. die ihm zugrunde liegenden Essential Requirements behindern den Zugang zum europäischen Markt. Der Interventionismus der EU verzerrt den Wettbewerb und verstößt gegen die amerikanischen Grundprinzipien der Koordination wirtschaftlichen Handelns.
- Die europäische Seite betreibt einen „institutionellen Imperialismus", insofern sie versucht, ihr Modell der Normung auf internationaler Ebene zu etablieren und auf andere Länder zu übertragen.
- Die US-amerikanischen Interessen sind auf der Ebene der internationalen Normung unterrepräsentiert und die der Europäer überrepräsentiert.
  Es findet kein fairer Wettbewerb auf der Marktebene, sondern ein informeller und unfairer Wettbewerb auf der institutionellen Metaebene statt, der darauf abzielt, die Überlegenheit amerikanischer Unternehmen insbesondere im Bereich der Hochtechnologie zu unterminieren.
- Das fragmentierte US-amerikanische Standardisierungssystem ist für den

hochkoordinierten Angriff der Europäer nur schlecht gewappnet. ANSI hat diesbezüglich den Versuch unternommen, bei den relevanten Akteuren eine Bewusstseinsbildung zu erzielen. Eine bessere Koordination kann hierbei nur auf Freiwilligkeit basieren.

Die europäische Seite hingegen bemängelt am USSS (Czaya/Hesser, 2001, S.32):

- Die Unübersichtlichkeit des USSS und die mangelnde Legitimität amerikanischer Standards stellen ihrerseits eine Marktzugangsbarriere da und erschweren die Einbindung des US-amerikanischen Normungssystems in den Kontext der internationalen Normung.
- Die amerikanische Seite versucht unilateral, ihre Partikularinteressen, d.h. die der amerikanischen Wirtschaft, durchzusetzen, verstößt dabei gegen die international anerkannten Grundprinzipien der Normung und unterminiert die Autorität internationaler Normungsorganisationen.
- Die Normung hat den gesellschaftlichen Auftrag, die allgemeinen Interessen der Bürger, das Allgemeinwohl zu berücksichtigen. Hierbei geht es z.b. um die bereits hinlänglich bekannten Bereiche Sicherheit, Umweltschutz und Verbraucherschutz, aber auch um den Schutz des sozial Schwächeren. Die Normung darf nicht das Instrument einer bestimmten Interessengruppe, insbesondere der Industrie sein, sondern muss die Interessen aller betroffenen Akteure berücksichtigen.

Zweifelsohne spiegeln sich in diesen Argumenten Auffassungsunterschiede allgemeiner Art wider, die sich zwischenzeitlich auch in anderen Politikfeldern, wie z.b. der Gestaltung des Welthandels (wobei die Standardisierung selbstverständlich eine wichtige Rolle spielt), des globalen Umweltschutzes oder der Handhabung von Konflikten, manifestiert haben. Auf der abstrakten Ebene lauten die entgegengesetzten Positionen beispielsweise: Zentralismus versus Dezentralismus, Interventionismus versus Laissez-faire, Konsensgesellschaft versus Konflikt- bzw. Wettbewerbsgesellschaft, Unilateralismus versus Multilateralismus.

Zu Beginn des Jahrzehnts kam es jedoch zu einer Reihe von Ereignissen, die zu Überlegungen Anlass boten, das USSS zumindest in einigen Bereichen stärker zu zentralisieren bzw. homogener zu strukturieren. Das wichtigste Ereignis in dieser Hinsicht war zweifelsohne der Anschlag vom 11.09.2001, der den Vereinigten Staaten drastisch ihre Verwundbarkeit im eigenen Lande vor Augen führte. Ab diesem Zeitpunkt hatte die innere Sicherheit höchste Priorität in den USA, was sich unter anderem in der Gründung des Departments of Homeland Security (DHS) im November 2002 niederschlug. Insbesondere kam man zu der Einsicht, dass man sich gerade bei Standards, die für die innere Sicherheit relevant sind, keine Inkonsistenzen bzw. kein Laissez-faire mehr leisten konnte. So gründete ANSI im Februar 2003 das Homeland Security Standards Panel (HSSP), das zur

Aufgabe hat, solche konsensbasierten Standards zu identifizieren und gegebenenfalls zu entwickeln, die für die innere Sicherheit relevant sind (ANSI, 2007). Das HSSP ist offen für heimische interessierte bzw. betroffene Kreise und unterstützt unmittelbar das DHS.

Das zweite Ereignis von Bedeutung ist der Stromausfall vom August 2003, der den Nordosten der USA und Teile Kanadas traf. Am 14.08.2003 gingen aufgrund dreier ausgefallener Leitungen in Cleveland/Ohio 21 Kraftwerke per Dominoeffekt mit der Folge von Netz, dass ca. 60 Mill. Einwohner Nordamerikas zum Teil tagelang von der Stromversorgung abgeschnitten waren. Im Zwischenbericht der US-Canada Power System Outage Task Force, der 2003 erschien, wurden hierfür unter anderem die folgenden Ursachen identifiziert: Die an dem Zusammenbruch des Netzes beteiligten Stromversorger operierten nicht innerhalb angemessener Sicherheitsmargen und vermochten nicht rechtzeitig, die kritische Situation als solche zu identifizieren bzw. benachbarte Netzbetreiber rechtzeitig über die kritische Lage zu informieren. Weiterhin fehlte die Übersicht über die Gesamtlage, sowohl auf interregionaler wie auch auf intraregionaler Ebene. Außerdem erwies sich das Personal an den Schaltstellen als nur unzureichend geschult (US-Canada Power System Outage Task Force, 2003, S.21ff.). Im Abschlussbericht der US-Canada Power System Outage Task Force heißt es weiterhin, dass eine mangelhafte Standardisierung im Bereich der Ausfallsicherheit für die massiven Stromausfälle mitverantwortlich sei (US-Canada Power System Outage Task Force, 2004, S.139ff.). Offenbar manifestieren sich in diesem Falle die Defizite in der amerikanischen Standardisierungskultur. So war das System aufgrund seiner Heterogenität nicht dazu in der Lage, landesweit einheitliche und hinreichend legitimierte Standards in hinreichender Qualität zu etablieren, welche die Stromausfälle hätten verhindern oder deren Ausmaß zumindest mildern können.

Bei den Stromausfällen spielte die Deregulierung des US-amerikanischen Strommarktes, die Mitte des letzten Jahrzehnts durchgeführt wurde, eine Rolle (Wilson, 2005). Die Deregulierung des Strommarktes, die Wilson als Freibrief für den „pursuit of unregulated profit" definiert (Wilson, 2005, S.1), brachte zwar zunächst vermittels eines erhöhten Wettbewerbs die erwünschten Preissenkungen, beeinträchtigte im Laufe der Zeit allerdings die strukturelle Integrität und die Stabilität des US-amerikanischen Stromnetzes. So steigerte sich nach der Deregulierung die Komplexität und Unübersichtlichkeit des gesamten Systems dadurch, dass neue Akteure auf den Strommarkt drängten und sich die Eigentumsverhältnisse an der Infrastruktur änderten. Der verschärfte Wettbewerb führte zu einer Vernachlässigung der Investitionen in die Infrastruktur. Letzten Endes setzte eine Fragmentierung des Netzes ein, das oftmals an seiner Kapazitätsgrenze arbeitete, wobei häufig große Strommengen über große Entfernungen verschoben wurden. In dieser Situation bestand offenbar keine große Neigung unter den Betreibern, fundamentale struktur- bzw. systemrelevante Standards im Konsens zu entwickeln. Nach den Stromausfällen waren es verständlicherweise weniger die Vorteile des Wettbewerbs bzw. der Deregulierung, welche die öffentliche Diskussion dominierten, sondern vielmehr die Frage der Ausfallsicherheit („reliability") der nationalen Stromversorgung (Hughes, 2005).

Das zweite Beispiel lässt die Schlussfolgerung zu, dass eine Deregulierungspolitik dann zu Störungen führen kann, wenn dies mit einer (nichtintendierten) Fragmentierung der technischen Infrastruktur bzw. der Beeinträchtigung oder Eliminierung tragender Systemelemente einhergeht. Von einem institutionellen Standpunkt ist es außerdem charakteristisch für Dezentralisierungstendenzen, dass ab einem gewissen Grad der Dezentralisierung keine Instanz, kein Akteur mehr existiert, der die gesamte Lage überblicken, kritische Störungen identifizieren und entsprechende Gegenmaßnahmen einleiten könnte. Damit korrespondiert auch die Einschätzung, dass weitgehend dezentralisierte Mechanismen der Standardisierung keineswegs immer dazu geeignet sein müssen, angemessene Standards über komplexe und/oder globale Strukturen zu generieren. Eine intakte und robuste Infrastruktur geht offenbar mit einem konsistenten, d.h. widerspruchsfreien bzw. nicht-ambivalenten System von Normen bzw. Standards einher.

Das letzte Beispiel unterstützt sehr gefällig die in Abschnitt 4.4.3.5 entwickelte Denkweise, da im obigen Beispiel das Bewusstsein, der „Mindset" der relevanten Akteure offenbar eine maßgebliche Rolle gespielt hat. Die Deregulierung des Strommarktes ist Ausdruck einer markt- bzw. wettbewerbsorientierten Wirtschaftspolitik und begünstigt nicht gerade konsensbasierte Standardisierungsvorhaben über alle relevanten Akteure. Die Akteure, die nach der Deregulierung auf den Strommarkt drängten, standen im Wettbewerb und waren in erster Linie am Profit interessiert, in ihrer Denkweise also eher kurzfristig und weniger langfristig bzw. an der Strukturerhaltung orientiert. Dass ein dringender Bedarf an systemweit gültigen Sicherheitsstandards existierte, über die man sich am besten im Konsens geeinigt hätte, war den relevanten Akteuren schlichtweg nicht bewusst. Folglich wurde die gegebene Standardisierungssituation nicht als solche erkannt, was sich in einer inadäquaten Standardisierung im Bereich der Ausfallsicherheit, einer Fragmentierung und einer Gefährdung der Integrität des gesamten Systems äußerte („Mismatch" zwischen Situation und Verhaltensweisen der relevanten Akteure).

Es sei weiterhin darauf hingewiesen, dass ein Zusammenhang zwischen dem Beispiel des 11. Septembers und dem Beispiel des Stromausfalls von 2003 besteht. Nach dem 11. September machte man sich selbstverständlich Gedanken über die Anfälligkeit der Infrastruktur der Vereinigten Staaten für terroristische Attacken. Dabei kam man zu dem Schuss, dass einige Bereiche äußerst empfindlich für kleine Störungen waren bzw. sind. Dies sah man mit der Gefahr verbunden, dass durch verhältnismäßig geringen Aufwand ein sehr großer Schaden verursacht werden könne. In dem Zusammenhang gab es auch Veranlassung, den dezentralisierten Ansatz in der Standardisierung in den sicherheitsrelevanten Bereichen zu überdenken. Der Stromausfall von 2003 veranschaulichte den Verantwortlichen drastisch, wie anfällig das Stromnetz der USA für kleine Störungen war, und welche Rolle eine unzureichende Standardisierung dabei spielte.

Auch wenn das europäische Stromnetz homogener und redundanter, also stärker auf Ausfallsicherheit ausgelegt ist als das amerikanische Netz, gab es unlängst dennoch eine Reihe von zum Teil schwerwiegenden Stromausfällen in Europa. Insbesondere der Stromausfall vom 04.11.2006, der von einer planmäßigen Abschaltung einer Höchstspannungsleitung in Norddeutschland ausging, nahm beträchtliche Ausmaße an und hätte fast einen europaweiten Blackout zur Folge gehabt (Heise Online News, 2006b). Nach dem Zwischenbericht der Union for the Co-ordination of Transmission of Electricity" (UCTE) beruht der Stromausfall vom November 2006 allerdings in erster Linie auf einer unzureichenden Risikoanalyse im Vorfeld der Abschaltung und einer mangelnden Koordination der beteiligten Netzbetreiber und weniger auf unzulänglichen Standards oder einer vernachlässigten Infrastruktur (UCTE, 2006, S.5ff.).

6.5 Die Normungspolitik der EU nach Einführung des New Approach

Der New Approach bildet (gemeinsam mit den verbliebenen Elementen des Old Approach) den Kern der europäischen Normungspolitik und hat in seiner ursprünglichen Form bis heute Bestand. Dies bedeutet jedoch nicht, dass die EU nach Einführung des New Approach darauf verzichtet hätte, weiterhin normungspolitische Akzente zu setzen. Im Gegenteil sind von der Kommission bis in die Gegenwart diverse, zum Teil weitreichende Vorschläge und Initiativen ausgegangen, die sich sowohl auf die institutionelle Ausgestaltung des ENS wie auch die steuerungspolitische Instrumentalisierung der Normung richten. Zur Auseinandersetzung mit diesen normungspolitischen Initiativen bietet es sich an, unmittelbar nach der Einführung des New Approach anzuknöpfen und wie in Abschnitt 6.2 die wichtigsten Ereignisse und Entwicklungen chronologisch zu behandeln. Hier bedeutete zunächst die durch die Kommission initiierte Gründung ETSI's im Jahre 1988 einen signifikanten Einschnitt für CEN und CENELEC, die sich fortan mit einer neuen Schwesterorganisation arrangieren mussten. 1990 veröffentlichte die Kommission im Vorfeld der Einführung des Binnenmarktes ein Grünbuch zur Standardisierung (Kommission, 1990a), in dem zum Teil radikale Vorschläge zur Umgestaltung des ENS unterbreitet wurden. Diese ambitionierten Vorschläge scheiterten allerdings weitgehend am Widerstand der Normungsgemeinschaft, wie in den Abschnitten 6.5.2 und 6.5.3 gezeigt werden wird. Ende der 1990er Jahre begann die Kommission, eine Reihe weiterer Schlüssel-dokumente zur Normung herauszubringen, in denen sie ihre grundsätzliche Haltung zur Normung darlegte und normungspolitische Pläne für das kommende Jahrzehnt (bzw. Jahrhundert) entwarf. Diese Dokumente geben interessante Einblicke in die normungspolitische Meinungs- bzw. Willensbildung der Kommission und werden in Abschnitten 6.5.4, 6.5.5 und 6.5.6 erörtert, während die Abschnitte 6.5.7 und 6.5.8 den jüngsten normungspolitischen Aktivitäten der EU gewidmet sind. Hierbei wird sich zeigen, dass die Kommission die Normung vermehrt als Steuerungsinstrument auch in solchen politischen Bereichen einsetzt (bzw. einzusetzen gedenkt), die nicht in die angestammte Domäne des New Approach (bzw. die Restdomäne des Old Approach) fallen.

6.5.1 Die Gründung ETSIs

In ihrem Grünbuch über die Entwicklung des gemeinsamen Marktes für Telekommunikationsdienstleistungen und Telekommunikationsgeräte von 1987 (COM(87) 290) antizipierte die Kommission eine Reihe von Tendenzen in der Telekommunikationstechnologie durchaus zutreffend. So sah die Kommission in ihrem Grünbuch die weitreichende Vernetzung bzw. Integration ehemals unabhängiger Kommunikationstechnologien wie auch den verschärften Wettbewerb diverser unterschiedlicher Anwendungen, Leistungen und Endgeräte um die Gunst des Verbrauchers bzw. Anwenders und das enorme Marktpotential der neuen Kommunikationstechnologien voraus. Zudem erkannte die Kommission die Anzeichen dessen, was heutzutage gemeinhin als Globalisierung bezeichnet wird, also die technische, ökonomische und informationale Vernetzung bzw. Integration auf der internationalen Ebene (COM(87) 290, S.1ff.). Insofern waren die Entwicklungen im Telekommunikationssektor Mitte/Ende der 1980er Jahre von einer derartigen Tragweite, dass die Kommission insbesondere vor dem Hintergrund des Binnenmarktprojekts und der Konkurrenz aus den USA und Japan nicht umhin kam, einen gemeinsamen tragfähigen europäischen Ansatz in diesem Bereich anzumahnen.

Kernelement einer solchen gesamteuropäischen Telekommunikationsstrategie sollte selbstverständlich ein umfassender europäischer Normungsansatz sein. Auch hier sah die Kommission durchaus zutreffend nicht nur einen erhöhten Bedarf an adäquaten Normen, sondern auch die Notwendigkeit voraus, diese Normen angesichts einer erheblich vergrößerten Wettbewerbs- und Innovationsdynamik deutlich schneller zur Verfügung stellen zu müssen als bisher. Indes waren die institutionellen Rahmenbedingungen nicht für einen europäischen Normungsansatz im Telekommunikationssektor geeignet, der den kommenden Herausforderungen hätte genügen können. So war Mitte der 1980er Jahre der Entwurf europäischer Telekommunikationsnormen Angelegenheit der 1959 gegründeten Europäischen Konferenz der Verwaltungen für Post und Telekommunikation (Conférence européenne des Administrations des postes et des télécommunications, CEPT). Mitglieder der CEPT waren die nationalen Post- und Kommunikationsnetzmonopolisten, die zwar Normen, oder besser gesagt: Standards, für den grenzüberschreitenden Signal- bzw. Informationsaustausch erstellten, sich hierbei aber im Wesentlichen an der „Tradition klassischer Vertragsdiplomatie" orientierten und in erster Linie auf die Wahrung nationaler Interessen abzielten (Schultheiß, 2004, 240f.). Für die Kommission konnte die CEPT aus mehreren Gründen nicht die geeignete Institution zur Umsetzung ihrer normungspolitischen Pläne sein: Da es sich bei CEPT im Prinzip um einen exklusiven Club gleichgesinnter Interessen handelte, also nicht alle relevanten Akteure ihren Einfluss bei der Erstellung von Standards geltend machen konnten, mangelte es von vornherein an der notwendigen Legitimität, um in den „normungspolitischen Dienst" der Kommission treten zu können. Ebenso wenig war der Standardisierungsmodus, den CEPT pflegte, geeignet, die notwendigen Standards in hinreichender Qualität rechtzeitig zur Verfügung zu stellen. Weiterhin zielte die Kommission in ihren Vorschlägen darauf ab, den Wettbewerb im Telekommunikationssektor massiv zu verschärfen. So sollte den nationalen Postunternehmen und Netzbetreibern eine Monopolstellung nur noch insoweit gewährt werden, wie es für die Stabilität bzw. Integrität der Infrastruktur notwendig gewesen wäre. Auf der Ebene der Anwendungen, Endgeräte und Leistungen plante die Kommission hingegen eine weitreichende Liberalisierung, für die wiederum ein entsprechender Katalog europäischer Telekommunikationsstandards die Voraussetzung bilden sollte. Hier schien es der Kommission nicht angebracht, die Erstellung dieser Standards ausschließlich den Akteuren zu überlassen, die hierdurch eine Beeinträchtigung ihrer Interessen erfahren würden. CEPT war also nicht etwa nur ungeeignet, die ehrgeizigen Pläne der Kommission umzusetzen, sondern musste darüber hinaus dadurch bis zu einem gewissen Grade entmachtet werden, damit die Erstellung von Telekommunikationsstandards in andere Hände gelegt werden konnte (Schultheiß, 2004, S.288).

Natürlich war es nahe liegend, die Erstellung europäischer Telekommunikationsstandards den europäischen Normungsprofis zu überantworten, also die entsprechenden Aufgaben an CEN und/oder CENELEC zu übertragen. Allerdings war die Kommission unzufrieden mit der Leistung von CEN und CENELEC, da diese nach Inkrafttreten des New Approach deutlich weniger Normen herausgebracht hatten, als im Hinblick auf die anstehende Einführung des Binnenmarktes geplant war. So entschied sich die Kommission für einen dritten Weg und schlug die Gründung einer neuen europäischen Normungsorganisation vor, die für den Bereich der Telekommunikation zuständig sein sollte (COM(87) 290, S.22). Dieser Vorschlag orientierte sich nicht etwa nur an sachlichen Maßstäben, sondern richtete sich durchaus auch gegen die „alte Garde" der europäischen Normung, also sowohl gegen CEPT wie auch gegen CEN und CENELEC, die zur damaligen Zeit den Ansprüchen der Kommission nicht genügen konnten. Diese neue Normungsorganisation, die, wie dem Leser bekannt ist, ETSI heißt, nahm nicht nur der behäbigen CEPT die Erstellung von Telekommunikationsstandards ab, sondern stellte auch einen institutionellen Gegenentwurf zu den etablierten europäischen Normungsorganisationen dar (vgl. Abschnitt 6.2), sollte moderner und offener sein und Normen schneller erstellen als CEN bzw. CENELEC. Letztlich gründete CEPT auf Initiative der Kommission ETSI im Jahre 1988. CEPT hat sich seither weitgehend aus der Standardisierung zurückgezogen und begreift sich in erster Linie als ein Forum nationaler Regulierungsbehörden (CEPT, 2003). CEN und CENELEC betrachteten die Ankunft ihrer neuen Stiefschwester, die zum Teil beträchtliche institutionelle Unterschiede aufwies (siehe Abschnitt 6.2.2), mit Skepsis, mussten sich aber wohl oder übel mit der neuen Situation arrangieren (Hawkins, 1995, S.224). ETSI wurde 1992 durch Neufassung der Informationsrichtlinie in den Stand einer anerkannten europäischen Normungsorganisation erhoben.

Gegeben die steuerungspolitischen Ziele der Kommission war der Schritt, ETSI ins Leben zu rufen, gleichermaßen beherzt wie konsistent. Die Kommission hatte im Zuge des Binnenmarktprojektes selber leidvolle Erfahrungen damit gesammelt, wie schwierig es ist, unterschiedliche nationale Normenwerke im Nachhinein harmonisieren zu müssen. Die Schlussfolgerung aus diesen Erfahrungen lautet, dass man, wann immer sich das entsprechende Potential eröffnet, mit der Normung sofort und unmittelbar auf der europäischen oder gar internationalen Ebene ansetzt und Divergenzen in den nationalen Normenwerken von vornherein ausschließt. Dies gilt gerade für den ausgesprochen wachstumsträchtigen Bereich der Telekommunikation. Hier eröffnen adäquate Normen ein ganzes Spektrum an neuen Möglichkeiten. Sollte die Binnenmarktstrategie der Kommission wenigstens halbwegs konsistent und vollständig sein, so kam sie nicht umhin, einem umfassenden europäischen Normungsansatz im Telekommunikationsbereich höchsten Stellenwert einzuräumen. Ebenso war unter den damaligen Rahmenbedingungen die Art der Umsetzung, also die Gründung einer eigenen Normungsorganisation, die sowohl legitimiert wie auch an der effizienten Normenerstellung orientiert war, durchaus konsequent. Positiver Nebeneffekt der Gründung ETSIs war es aus der Sicht der Kommission zudem, Druck auf CEN und CENELEC auszuüben, ihre Strukturen und Prozesse ebenfalls vermehrt nach Effizienzgesichtspunkten auszurichten.

Die Gründung ETSI kann aus heutiger Sicht sicherlich als ein politischer Erfolg der Kommission gewertet werden. Dennoch existieren gewisse Paradoxien bzw. Ambivalenzen: Durch die Gründung ETSIs existierte nun auch auf europäischer Ebene die klassische institutionelle Dreiteilung in die Arbeitsbereiche Elektrotechnik, Telekommunikation und dem Residuum, die sowohl für die nationale wie auch internationale Normungsebene charakteristisch ist. Diese strukturelle bzw. institutionelle Ähnlichkeit zwischen der nationalen, regionalen und internationalen Ebene stabilisierte indes das ENS, und zwar vermittels der vertikalen wie auch horizontalen Beziehungsstrukturen zwischen den europäischen Normungsorganisationen und ihren nationalen bzw. internationalen Pendants. Dies ist vor allen Dingen deswegen erstaunlich, weil ETSI unter anderem gegründet wurde, um einen Wandel des gesamten ENS zu initiieren. Indes hatte nun jede europäische Normungsorganisation auf nationaler, vor allen Dingen auf internationaler Ebene seinen natürlichen Kooperationspartner (und umgekehrt). Und wie bereits gezeigt ist das Kooperationsverhältnis zwischen europäischen Normungsorganisationen und internationalen Normungsorganisationen ausgesprochen eng. Insofern liegt hier so etwas wie ein „institutioneller Lock-in" vor, der auf der Kompatibilität, der Ähnlichkeit der Normungsorganisationen mit gleichen Arbeitsfeldern und deren intensiver Zusammenarbeit beruht. Eine Zerschlagung des ENS in diverse kleinere, möglicherweise sektoral ausgerichtete Normungsorganisationen würde im Prinzip die Koordinations- bzw. Interaktionskosten aller beteiligten Normungsorganisationen erhöhen, da sich nun das Netzwerk aus mehr Knoten und Kanten zusammensetzte als zuvor. Diesen Zusammenhang hat in der Tat auch die Kommission gewürdigt und davon Abstand genommen, das Dreigespann CEN, CENELEC und ETSI in irgendeiner Weise umstrukturieren oder zerlegen zu wollen.

6.5.2 Frühe Vorschläge der EU zur Umgestaltung des ENS: Das Green Paper on the development of European standardization

Wie bereits im vorhergehenden Abschnitt angedeutet, war die Kommission unzufrieden mit dem Umstand, dass CEN und CENELEC gegen Ende der 1980er weitaus weniger Europäische Normen veröffentlicht hatten als im Rahmen des Binnenmarktprojektes eigentlich geplant. Auch wenn die ENOs von 1984 bis 1990 die stattliche Anzahl von 800 Europäischen Normen veröffentlichen konnten, was ungefähr dem Dreifachen dessen entspricht, was in den 20 Jahren zuvor herausgegeben worden war, existierte zu Beginn der 1990er Jahre dennoch ein Defizit von mindestens 800 weiteren Europäischen Normen, die nach Auffassung der Kommission zur Vervollständigung des Binnenmarktes notwendig gewesen wären (Kommission, 1990a, S.18). Da nun die Kommission ein hinreichend vollständiges europäisches Normenwerk als Voraussetzung für die erfolgreiche Einführung und Aufrechterhaltung des Binnenmarktes betrachtete, lag aus ihrer Sicht nicht nur akuter, sondern auch langfristiger Handlungsbedarf vor. 1990 veröffentlichte die Kommission ein Grünbuch zur Standardisierung, in dem sie weitreichende Vorschläge zur Umgestaltung des ENS unterbreitete, die in erster Linie darauf abzielten, den Prozess der Normenerstellung zu beschleunigen. Diese Vorschläge werden in diesem Abschnitt näher betrachtet, da sie an Umfang und Radikalität alles überbieten, was später von der Kommission ausging, und insofern eine Referenz bilden. Die Kommission identifiziert in ihrem Grünbuch zunächst die folgenden Unzulänglichkeiten des ENS (Kommission, 1990a, S.18f.):

- Die ausgeprägte „Konsens-Kultur" in den Normungsorganisationen führt dazu, dass auch dann der inhaltliche Konsens unter allen Teilnehmern gesucht wird, wenn eigentlich mit einer qualifizierten Mehrheit abgestimmt und so die Normenerstellung beschleunigt werden könnte.
- Es mangelt an modernen Managementmethoden in der Normungsarbeit wie beispielsweise einem effektiven Projektmanagement.
- Bestimmte Elemente des klassischen Normungsprozesses (öffentliche Anhörungen; Prüfungen von Stellungnahmen, abschließende Abstimmungen) verzögern die Normenerstellung beträchtlich und sollten verkürzt oder gegebenenfalls gänzlich ausgesetzt werden.
- Die Umsetzung Europäischer Normen in nationale Normen kostet zusätzlich Zeit.
- Der Informationsaustausch zwischen den relevanten europäischen Akteuren ist unzulänglich. Insbesondere wird den Maßgaben der Informationsrichtlinie nicht genügt.
- Die Industrie ist schlecht informiert über die Normungsaktivitäten auf europäischer Ebene.

Zu den vorrangigen Aufgaben zählt nun die Steigerung der Effizienz der Normenerstellung (Kommission, 1990a, S.25). ‚Effizienz' ist ein Kernbegriff, den die Kommission im Kontext der Normung immer wieder verwendet, allerdings – wie in den folgenden Abschnitten noch näher erläutert werden wird – auf ihre individuelle Weise auslegt. Im Grünbuch bedeutet Effizienzsteigerung, Normen deutlich schneller als bisher zu erstellen als bisher. Wo immer der Normungsprozess beschleunigt werden kann, ohne das inhaltliche Normungsergebnis zu beeinträchtigen, sollte dies auch verwirklicht werden. Dies impliziert zumindest teilweise ein Abrücken vom Konsensprinzip, auch wenn die Kommission anerkennt, dass die eigentliche inhaltliche Arbeit Zeit in Anspruch nimmt und die Akzeptanz einer Norm vom Grade der Übereinstimmung über deren Ausgestaltung abhängt. Im Einzelnen macht die Kommission folgende Vorschläge zur Effizienzsteigerung bei der Erstellung europäischer Normen (Kommission, 1990a, S.26):

- Die eigentliche inhaltliche Arbeit in den Technischen Komitees soll besser vorbereitet und unterstützt werden. Diese könnte durch „Entwurfs-Sekretariate", Projekt-Teams oder gar externe Berater geleistet werden.
- Die Zusammenarbeit mit Standardisierungsorganisationen jenseits der anerkannten europäischen und nationalen Normungsorganisationen, also beispielsweise den spezialisierten industrienahen Konsortien und Foren, sollte intensiviert werden (Kommission, 1990a, S.27). So könnten die ENOs Normungsaufträge delegieren bzw. Entwürfe und Standards solcher Organisationen bei der eigenen Normenerstellung berücksichtigen.

- Die Industrie, die letzten Endes von einem kohärenten europäischen Normenwerk profitiert, sollte sich finanziell wie auch inhaltlich stärker in der Normungsarbeit engagieren.
- Die Kommission fordert den konsequenten Einsatz moderner Kommunikationsmittel bei der Normenerstellung. Hierbei ist bereits von der „Elektronischen Post" die Rede (Kommission, 1990a, S.27), die heutzutage bekanntermaßen ein Allgemeingut darstellt.
- Der Normungsprozess soll vor allem dort verkürzt bzw. flexibilisiert werden, wo der Einfluss auf die inhaltliche Ausgestaltung von Normen eher schwach ausgeprägt ist, also z.b. bei den öffentlichen Anhörungen und der Prüfung von Stellungnahmen.
- Ebenfalls zeitaufwendig ist die Überführung Europäischer Normen in die nationalen Normenwerke, die zudem in der Praxis oftmals nachlässig gehandhabt wird. Hier schlägt die Kommission vor, Anwendern die Möglichkeit einzuräumen, Europäische Normen unmittelbar auch vor Einführung in nationale Normenwerke anwenden zu können.
- Bei der Entscheidung über Normenentwürfe soll intensiver auf das Mehrheitsprinzip abgestellt werden.
- Das Arbeitsprogramm der ENS sollte sich unmittelbar auf die binnenmarktrelevanten Normungsprojekte konzentrieren. Hierbei sind performance-basierte Normen stets präskriptiven Normen vorzuziehen (Kommission, 1990a, S.29).
- Auch wenn die Steigerung der Effizienz eine hohe Priorität hat, kann die Ausgestaltung des Normungsprozesses dennoch nicht vollständig diesem Ziel untergeordnet werden. Da die Legitimität der europäischen Normung in Zukunft gewahrt bleiben muss, um Normen weiterhin als politisches Steuerungsinstrument einsetzen zu können, stehen bestimmte Merkmale des Normungsprozesses, wie z.B. Offenheit, Transparenz usw. nicht zur Disposition (Kommission, 1990a, S.30).

Die Vorschläge der Kommission zielen nicht nur auf die Steigerung der Effizienz der Normungsarbeit, sondern auch auf die grundsätzliche institutionelle Ausgestaltung des ENS ab. So sollte das ENS gegebenenfalls stärker sektoral ausgerichtet werden, um so eine größere Nähe des ENS zur Industrie herzustellen und das Engagement der Unternehmen in der Normung zu steigern (Kommission, 1990a, S.31). Dieser Vorschlag richtet sich in erster Linie an CEN, da CENELEC und ETSI bereits sektoral ausgerichtet sind. Sofern CEN dazu in der Lage ist, sektoralen Bedürfnissen an Normen effizient zu begegnen, besteht keine Veranlassung, eigene sektorale Normungsorganisationen ins Leben zu rufen und CEN diese Arbeitsfelder zu entreißen. Sollten bestimmte Sektoren allerdings nachweisen können, dass sie mit einer eigenen, sektorspezifischen Normungsorganisation ihren Normenbedarf besser bedienen können als CEN, sollte es unter den neuen Rahmenbedingungen auch möglich sein, derartige europäische Normungsorganisationen jenseits von CEN, CENELEC oder ETSI gründen zu können.

Außerdem schlägt die Kommission vor, einheitliche institutionelle Rahmenbedingungen nicht nur für die bereits etablierten ENOs, sondern auch für besagten neuen, sektoral ausgerichteten Normungsorganisationen zu schaffen (Kommission, 1990a, S.32f.):

- Ein „Europäischer Normungsrat" soll nunmehr an der Spitze des ENS treten und alle wichtigen Entscheidungen für das gesamte System treffen. Aufgabe dieses Normungsrates wäre es, einheitliche Rahmenbedingungen für die Organisationen festzulegen, die in der europäischen Normung aktiv sind, also nicht etwa nur für CEN, CENELEC oder ETSI, sondern auch für neue, sektoral ausgerichtete Normungsorganisationen. Dieser Normungsrat würde sich aus allen Interessenträgern in der europäischen Normung zusammensetzen.
- Ein „Europäischer Normungsausschuss" würde als Exekutivorgan fungieren, also die Entscheidungen des Normungsrates ausführen und das gesamte ENS „managen" bzw. koordinieren. Dieser Normungsausschuss soll sich nach den Vorstellungen der Kommission aus den Vorsitzenden von CEN, CENELEC und ETSI und dem Vorsitzenden des Normungsrates zusammensetzen.
- Auf der dritten Ebene wären dann die europäischen „Normungsgremien" (CEN, CENELEC, ETSI und die sektoral ausgerichteten Normungsorganisationen) angesiedelt, die unter den vom Normungsrat gesteckten Rahmenbedingungen weitgehend autonom ihren Normungsaktivitäten nachgehen könnten.
- Auf der vierten Ebene übten die nationalen Normungsorganisationen die ihnen angestammten Funktionen innerhalb des Systems aus, indem sie beispielsweise öffentliche Anhörungen durchführen oder nationale Standpunkte über Europäische Normen entwerfen.

Der Kommission zufolge hätte diese Struktur unter anderem die folgenden Vorteile (Kommission, 1990a, S.33):

- Es existierte nunmehr ein Zentralorgan der europäischen Normung, das unter Berücksichtigung aller Interessen sämtliche Entscheidungen von Tragweite für das gesamte System treffen würde.
- Das ENS könnte um sektoral ausgerichtete Normungsorganisationen erweitert werden, falls dies notwendig sein sollte.
- Man könnte ein einheitliches Regelwerk für die Erstellung aller Europäischen Normen aufstellen.

- CEN, CENELEC und ETSI könnten im Wesentlichen so weiterarbeiten wie bisher.

Die Kommission identifiziert weiterhin den Stellenwert der Normung für die sich bereits Anfang der 1990er Jahre abzeichnenden Osterweiterung der EU bzw. des europäischen Binnenmarktes (Kommission, 1990a, S.50). Indes sollte man das Recht der Vollmitgliedschaft in CEN, CENELEC bzw. ETSI nicht vorschnell auf andere interessierte Länder jenseits der EG bzw. EFTA ausdehnen, da im Hinblick auf den Binnenmarkt eine schnelle Normenerstellung die vordringliche Aufgabe sei und dies durch neue Mitglieder eher behindert werden würde (Kommission, 1990a, S.35). Sobald aber die Normungsprojekte, die sich auf den Binnenmarkt beziehen, im Wesentlichen abgeschlossen sein sollten, kann man sich auch ruhigen Gewissens der Frage neuer Vollmitgliedschaften zuwenden. Dennoch ist es zweckmäßig, solchen Ländern, die Europäische Normen übernehmen möchten, eine „assoziierte Mitgliedschaft" einzuräumen, also eine Mitgliedschaft mit eingeschränkten Rechten, die es interessierten Ländern dennoch erleichtert, Europäische Normen bzw. den europäischen Normenkatalog zu übernehmen. Hier schlägt die Kommission also einen Balanceakt vor: Vollmitgliedschaft nein, Teilmitgliedschaft ja, soweit es im Interesse des Binnenmarktprojektes bzw. der Expansion der EU nach Osteuropa ist.

Die Steigerung der Effizienz und die Umgestaltung des ENS haben für die Kommission im Hinblick auf das Binnenmarktprojekt Vorrang. Darüber hinaus identifiziert die Kommission eine Reihe weiterer wichtiger Aufgaben, die aber nicht höchste Priorität haben und behandelt werden können, nachdem die wesentlichen Ziele des Binnenmarktprojektes erreicht worden sind. Eine dieser Aufgaben ist die Wahrung bzw. Stärkung der Verantwortlichkeit in der Europäischen Normung. ‚Verantwortlichkeit' ist ähnlich wie Effizienz ein Kernbegriff, den die Kommission im Kontext der Normung häufig verwendet. Verantwortlichkeit bedeutet im Sprachgebrauch der Kommission im Wesentlichen, nicht nur der Industrie, sondern auch allen anderen gesellschaftlichen Interessengruppen, wie z.B. Konsumenten, Anwendern oder Behörden, den Zugang zur Normung zu gewähren. Während diese Interessengruppen auf der nationalen Ebene ihren Einfluss im Allgemeinen geltend machen können, ist dieser Einfluss auf europäischer Ebene deutlich schwächer ausgeprägt. Hier fordert die Kommission insbesondere von CEN und CENELEC, auch anderen Interessengruppen als der Industrie Zugang zur Normung zu gewähren (Kommission, 1990a, S.40).

Von Belang ist weiterhin die Frage der Finanzierung der europäischen Normungsarbeit. CEN und CENELEC beziehen nur mittelbar Einnahmen über die Beiträge der nationalen Normungsorganisationen der Mitgliedstaaten, die sich ihrerseits im Wesentlichen durch die Veräußerung von Normen finanzieren. Außerdem stellen die Zuwendungen der Kommission für binnenmarktrelevante Normungsprojekte eine wichtige Einnahmequelle der ENOs dar. Diese Abhängigkeit ist insbesondere vor dem Hintergrund problematisch, dass sich die Kommission Anfang der 1990er Jahre nicht mehr dazu in der Lage sah, alle binnenmarktrelevanten Normungsprojekte in Zukunft auch zu finanzieren. Die Kommission fordert die ENOs wie auch die nationalen NOs zu einer tragfähigen langfristigen Finanzplanung auf und macht eine Reihe von Vorschlägen über die Finanzierung des ENS (Kommission, 1990a, S.41ff.): CEN und CENELEC könnten ihre Einnahmen aus Mitgliedsbeiträgen dadurch erhöhen, dass sie neben den nationalen Normungsorganisationen auch individuelle Akteure und Interessenträger zur Mitgliedschaft zulassen. Dies korrespondiert mit der Forderung, die Industrie und andere gesellschaftlichen Interessenträger an der europäischen Normung teilnehmen zu lassen. Einen Teil der Einnahmen aus der Veräußerung Europäischer Normen, die ja immerhin auf europäischer Ebene erstellt werden, könnte direkt den ENOs zufließen. Als Steigerung ist es weiterhin denkbar, CEN und CENELEC das Recht einzuräumen, ENs unmittelbar ohne den Umweg über die nationale Ebene zu veräußern. Hier würde im Prinzip eine Konkurrenzsituation zwischen den ENS und den nationalen NOs entstehen. Die Kommission schlägt sogar einen Preiswettbewerb bei der Veräußerung Europäischer Normen vor (Kommission, 1990a, S.43). Da die Umsetzung dieser Vorschläge bei den nationalen NOs zweifelsohne zu merklichen Einnahmeeinbußen führen würde, sollten nach Auffassung der Kommission die Mitgliedstaaten etwaige Finanzierungsengpässe bei den NOs kompensieren (Kommission, 1990a, S.53).

Die Kommission identifiziert weiteres Verbesserungspotential in der europäischen Normung und wendet sich hierbei mehr oder minder direkt an die NOs der Mitgliedstaaten:

- Der Informationsrichtline wird insbesondere auf der nationalen Ebene nicht genüge getan (Kommission, 1990a, S.44ff.). So muss der Informationsfluss innerhalb des Normungssystems dringend verbessert werden, um endlich einen Überblick über alle Normungsaktivitäten in der EG gewährleisten und Fehlentwicklungen bzw. Mehrfacharbeit vermeiden zu können. Außerdem verhalten sich nationale NOs oftmals in dem Sinne opportunistisch, dass sie die Leistungen der ENOs in der Öffentlichkeit unterrepräsentieren bzw. sich mit deren Federn schmücken. So werden beispielsweise Europäische Normen von nationalen NOs nicht immer als solche deklariert.
- Wenn ENOs Europäische Normen unmittelbar verwerten, also insbesondere veräußern könnten, so implizierte dies eine Statusänderung Europäischer Normen. Der Kommission zufolge sollten Europäische Normen in Zukunft Normen aus eigenem Recht sein. Der Katalog Europäischer Normen könnte sodann als Indikator für den Grad der technischen

Integration in Europa dienen. (Hierfür sind die heterogenen nationalen Normenkataloge weniger geeignet.)

- Nichtzuletzt schlägt die Kommission vor, dass der Ministerrat eine „Quasi-Verfassung" für das ENS verabschiedet, in der neben der formalen Anerkennung des Systems dessen grundlegende institutionelle Merkmale festgelegt sind (Kommission, 1990a, S.51).

6.5.3   Die Reaktionen auf das Grünbuch zur europäischen Normung

Auf die offizielle Veröffentlichung des Grünbuches Ende Januar 1991 im Amtsblatt der Europäischen Gemeinschaften folgte eine dreimonatige Konsultationsphase, in der allen interessierten bzw. betroffenen Kreisen die Gelegenheit gegeben wurde, sich zu den Vorschlägen der Kommission zu äußern. Das Ergebnis dieser Konsultationen wurde von der Kommission in einem Follow-up Dokument zusammengefasst, das im April 1992 erschien (Kommission, 1992). Aus diesem Dokument geht trotz diplomatischer Ausdrucksweise hervor, dass die Vorschläge der Kommission auf zum Teil massive Kritik gestoßen sind. Und in der Tat würde die Umsetzung der Empfehlungen des Grünbuches die Interessen insbesondere der ENOs und der NNOs der Mitgliedstaaten beeinträchtigen, wie aus den folgenden Überlegungen hervorgeht:

- Die Einrichtung eines Europäischen Normungsrates und eines Europäischen Normungsausschusses bedeutete einen erheblichen Zentralisierungs- bzw. Hierarchisierungsschub, der die bislang unabhängigen ENOs und NOs auf die dritte bzw. vierte hierarchische Ebene der neuen Struktur „herabstufen" und zu Empfängern der in erster Linie politisch motivierten Leitlinien des Normungsrates machen würde. In dieser Situation könnten die Normungsorganisationen keineswegs mehr unabhängig über ihre eigenen Geschicke entscheiden, sondern müssten sich im Normungsrat mit den Interessen aller möglichen gesellschaftlichen Teilgruppen arrangieren.
- Weiterhin würden die Vorschläge der Kommission zur Finanzierung des ENS den NNOs der Mitgliedsländer zum Nachteil gereichen. Hier plant die Kommission eine Umverteilung der Einnahmen aus der Veräußerung Europäischer Normen von der nationalen zur europäischen Ebene. Sollten die ENs zudem Normen aus eigenem Recht werden und von den ENOs unmittelbar veräußert werden können, so drohten den NNOs nicht nur weitere Einnahmeeinbußen, sondern auch ein Statusverlust. Irritierend ist weiterhin der Gedanke, einen Preiswettbewerb bei der Veräußerung von Normen zuzulassen. Dies konterkariert das Grundprinzip der anerkannten Normung, dass eine und nur eine entsprechend legitimierte NO innerhalb einer bestimmten geografischen Domäne ein und nur ein entsprechend legitimiertes normatives Dokument herausgibt. Außerdem besteht keine Möglichkeit der inhaltlichen Differenzierung Europäischer Normen und

einer darauf basierenden Preisdifferenzierung. Das Kernproblem bei der Finanzierung des ENS bestand Anfang der 1990er Jahre (und besteht im Prinzip bis in die Gegenwart) darin, dass zuwenig Mittel in das System flossen und die Kommission nicht mehr dazu in der Lage war, alle Normungsaktivitäten zu finanzieren, die sie im Rahmen des Binnenmarktprojektes als notwendig erachtete. Diese Engpässe gedachte die Kommission dadurch zu beseitigen, dass Einnahmen von der nationalen auf die europäische Normungsebene umverteilt bzw. den ENOs neue Einnahmequellen eröffnet werden sollten, die in erster Linie zulasten der NNOs gegangen wären. Hier war der Widerstand der NNOs absehbar – insbesondere angesichts des lapidaren Hinweises der Kommission, die Mitgliedstaaten mögen doch etwaige finanzielle Engpässe bei den NNOs ausgleichen.

- Wie schon angedeutet würden die ENOs von mehr oder weniger gleichberechtigten Partnern der Kommission zu Befehlsempfängern unterschiedlicher Interessengruppen „degradiert" werden. Insbesondere CEN müsste sich mit dem Umstand arrangieren, dass mit dem Segen der Kommission jederzeit neue, sektoral ausgerichtete europäische Normungsorganisationen auf den Plan treten könnten, um CEN ganze Arbeitsbereiche zu entreißen.

- Weiterhin bieten die Gestaltungsvorschläge der Kommission insofern eine Angriffsfläche, als dass sie zum Teil Widersprüche aufweisen. So steht prinzipiell die Forderung nach Effizienzsteigerung im Widerspruch zur Steigerung der Verantwortlichkeit in der Normung. Je größer und heterogener die Gruppe der Akteure, die an der Normungsarbeit beteiligt ist, desto schwieriger bzw. zeitaufwendiger fällt die Entscheidungs- bzw. Konsensfindung aus. Außerdem stellt sich in diesem Zusammenhang die Frage, inwiefern sektoral ausgerichtete europäische Normungsorganisationen der Forderung nach Verantwortlichkeit genügen. Sektorale Normungsorganisationen schränken gleichsam definitionsgemäß den Kreis der zulässigen Mitglieder ein bzw. grenzen bestimmte Interessenträger von vornherein aus.

Angesichts dieser kritischen Punkte ist also der Widerstand insbesondere der ENOs und NNOs nicht verwunderlich. Und in der Tat geht aus dem Follow-up Dokument der Kommission trotz diplomatischer Ausdrucksweise hervor, dass die NNOs und ENOs insbesondere die Vorschläge zur institutionellen Umgestaltung und zur Finanzierung des ENS, aber auch die Vorschläge über eine Statusänderung Europäischer Normen ablehnen (Kommission, 1992, S.3ff.). Außerdem setzen die NOs zum Gegenschlag an und kritisieren die Kommission, die es in ihrem Grünbuch durchaus versäumt hat, die eigene Rolle einer kritischen Betrachtung zu unterziehen. So wird die delikate Frage aufgeworfen, ob die Kommission in ihrem Ehrgeiz tatsächlich die richtigen Normungsprojekte gefördert hat bzw. die Ressourcen nicht in die Förderung von Projekten geflossen sind, die für das Binnenmarktprojekt bestenfalls irrelevant sind. Seitens der Industrie wird außerdem das Versäumnis der Kommission bemängelt, eindeutige Prioritäten gesetzt und eine klare Normungsprogrammatik ausgearbeitet zu haben (Kommission, 1992, S.6). Hier delegieren die NOs wie auch die Vertreter der Industrie vorsorglich die Verantwortlichkeit für ein eventuelles Scheitern des Binnenmarktprojektes aufgrund einer unzulänglichen Normung an die Kommission. Im Hinblick auf die Finanzierung heißt es weiterhin, dass die Unterstützung der NOs dem ökonomischen Nutzen entsprechen sollte, der mit der Normung einhergeht (Kommission, 1992, S.15). Das bedeutet, dass dem ENS gerade von der EU angemessene Mittel zufließen sollten, wenn die Normung einen derart hohen Stellenwert als steuerungspolitisches Instrument hat.

Von besonderer Tragweite ist Paragraph 18 des Follow-up Dokuments (Kommission, 1992, S.4), in dem die Zuständigkeiten in der europäischen Normung eindeutig abgegrenzt und der Vereinnahmung des ENS durch politische Interessen eine deutliche Absage erteilt werden. Es sind die Normungsorganisationen und die interessierten Kreise, die innerhalb des ENS die maßgeblichen Entscheidungen treffen und über die Ausrichtung der Normung bestimmen. Paragraph 18 markiert insofern das Ende jedweder Bestrebungen, das ENS (oder einige seiner Bestandteile) in irgendeiner Form dem EU-Apparat unterzuordnen. Nicht nur behaupten die ENOs ihre Unabhängigkeit, sondern auch die NNOs ihre Sonderstellung innerhalb des ENS durch die Aufrechterhaltung des Delegationsprinzips (Kommission, 1992, S.8). Hier lautet das Hauptargument der NNOs, dass es für viele Interessenträger die natürliche Vorgehensweise darstellt, sich in Normungsangelegenheiten zunächst an die eigene nationale NO zu wenden. Interessengruppen mit beschränktem Aktionsradius, wie etwa kleine Unternehmen oder Handwerker, bieten die NNOs außerdem den einzigen gangbaren Weg, ihren Interessen auf der europäischen Ebene Gehör zu verschaffen. Oder anders ausgedrückt: Eine Zentralisierung des ENS auf europäischer Ebene bei gleichzeitiger Marginalisierung der NNOs würde systematisch die Interessen der „European Player" bzw. europäischer „Global Player" begünstigen.

Letzten Endes blieb von den weitreichenden Vorschlägen der Kommission zur Neugestaltung des ENS nur wenig übrig. So erkannte die Kommission die Joint Presidents Group als höchstes Organ des ENS an und schlug die Einrichtung eines „European Standardization Forum" vor, das indes nur beratende Funktion gehabt hätte (Kommission, 1992, S.9ff.). Tatsächlich aber hat nach Kenntnisstand des Autors ein derartiges Forum nach Veröffentlichung des Follow-up Dokuments niemals seine Arbeit aufgenommen. Da nun die Kommission mit ihren weitreichenden Empfehlungen auf der institutionellen Ebene mehr oder weniger gescheitert war, richtete sich ihr Augenmerk auf die Bereiche, in denen weitgehend ein Konsens gegeben war und ein Verbesserungsbedarf von allen Seiten anerkannt wurde. Dies betraf insbesondere die Effizienzsteigerung und die Beteiligung anderer Interessengruppen als der Industrie an der europäischen Normung. Hier gaben sich die NOs deutlich konzilianter und stellten die Einleitung geeigneter Maßnahmen in Aussicht (Kommission, 1992, S.6). Bemerkenswert ist hierbei außerdem, dass nunmehr auch die Kommission die Tatsache anerkannte, einen Beitrag zur Steigerung der Effizienz des ENS leisten zu können.

Das Entgegenkommen der NOs gegenüber der Kommission im Bereich der Effizienz sollte allerdings nicht überbewertet werden, ist doch die Effizienzsteigerung, also die Beschleunigung der Normenerstellung, nicht nur bei den ENOs, sondern bei praktisch allen NOs ein dauerhaftes Anliegen, dem auch ohne die Ermunterung durch die politischen Akteure nachgegangen wird. Die Maxime praktisch aller NOs lautet hierbei, zunächst sämtliche anderen technischen und organisationalen bzw. institutionellen Möglichkeiten zur Beschleunigung des Normungsprozesses auszuschöpfen, bevor man die Grundprinzipien der Normung und hierbei insbesondere das Konsensprinzip angreift. Gleichermaßen gewähren die ENOs in Einklang mit den Forderungen der Kommission (siehe z.B. KOM (2001) 527, S.6) vermehrt öffentlichen Interessen in den Bereichen Umwelt-, Verbraucher- und Arbeitsschutz[77] größeren Einfluss in der europäischen Normung. Zu diesem Zweck wurden Mitte der 1990er Jahre mit tatkräftiger Unterstützung der Kommission Organisationen wie die Association for the Coordination of Consumer Representation in Standardisation (ANEC), das Europäische Büro des Handwerks und der Klein- und Mittelbetriebe für Normung (NORMAPME), die Kommission Arbeitsschutz und Normung (KAN) ins Leben gerufen, welche die Positionen ihrer Interessengruppen sowohl bei individuellen Normungsprojekten wie auch bei der allgemeinen Ausrichtung der europäischen Normung vertreten. Im Jahre 2002 wurde wiederum mit der Unterstützung der Kommission die European Environmental Citizens Organisation for Standardisation (ECOS) gegründete, die ein Dachverband unterschiedlicher Umweltschutzorganisationen bildet und die ökologischen Interessen in der europäischen Normung vertritt.

Den Interessen der Kommission entspricht weiterhin das intensive Networking der ENOs mit diversen Akteuren der Normung wie auch das innige Verhältnis zwischen europäischen und internationalen NOs. Insbesondere wird von allen Interessenträgern das Primat der internationalen Normung anerkannt (Kommission, 1992, S.11). Allerdings stellt die Kommission mehrere Bedingungen, die erfüllt sein müssen, um die Ergebnisse der internationalen Normungsarbeit auf der europäischen Ebene übernehmen zu können: So muss sowohl den terminlichen

---

77 Der Leser möge sich vergegenwärtigen, dass es sich hierbei um die Bereiche öffentlichen Interesses handelt, in denen die Kommission im Rahmen des New Approach gestalterisch aktiv ist.

und inhaltlichen Vorgaben der Kommission (an die ENOs) durch die internationalen NOs wie auch den Essentential Requirements des New Approach entsprochen werden, wobei die vertragliche Verantwortung für die Normenerstellung weiterhin bei den ENOs liegt. Unstrittig ist zudem, dass der Informationsfluss innerhalb des ENS der Verbesserung bedarf (Kommission, 1992, S.13).

Trotz einiger zum Teil gravierender Meinungsunterschiede war das Verhältnis zwischen der Kommission und den NOs nicht übermäßig getrübt oder gar zerrüttet. Ursächlich hierfür war unter anderem, dass sich die Befürchtung, das Projekt des Binnenmarktes könnte an einem unvollständigen Normenwerk scheitern, als unbegründet erwies. Tatsächlich wurde der Binnenmarkt am 01.01.1993 bis zu einem gewissen Grade nur proklamiert. Hierbei führte es keineswegs zu einem allgemeinen Zusammenbruch, dass das europäische Normenwerk zum Stichtag noch nicht komplettiert war. Mitte der 1990er Jahre, also mit mehrjähriger Verspätung, erreichten die ENOs ungefähr den von der Kommission zur Einführung des Binnenmarktes geplanten Stand der Normung, ohne dass dies gravierende negative Konsequenzen für die europäische Integration gehabt hätte. Insofern verringerte sich Mitte der 1990er Jahre die Arbeitsbelastung der ENOs merklich ebenso wie der politische Druck, das ENS auf der institutionellen Ebene umfassend umstrukturieren zu müssen. Vielmehr stellte sich bei der Kommission Mitte der 1990er Jahre durchaus eine gewisse Zufriedenheit mit den Leistungen der ENOs ein.

6.5.4 Die normungspolitische Ausrichtung der Kommission nach dem Grünbuch zur Standardisierung

Nach der Veröffentlichung des Grünbuchs zur Standardisierung und den sich anschließenden Diskussionen war der normungspolitische Gestaltungsraum der Kommission erheblich modifiziert. Exkludiert waren nach dem erfolgreichen Widerstand der NOs insbesondere solche Gestaltungsvorschläge, die auf die Veränderung fundamentaler institutioneller Merkmale des ENS abzielten. Hierbei hatten die ENOs – auch im Hinblick auf alle anderen internen Angelegenheiten von Tragweite – ihre Unabhängigkeit, und die NNOs ihre Sonderstellung innerhalb des Systems durch die Aufrechterhaltung des Delegationsprinzips bei CEN und CENELEC bewahrt. Ebenso blieb die Stellung der Joint Presidents Group als höchstes Koordinationsorgan des ENS unangetastet. Ab Mitte der 1990er Jahre richteten sich folglich die Empfehlungen und Initiativen der Kommission zur europäischen Normung weitgehend auf Bereiche jenseits der obigen „no-go-aeras". Hierbei zielte die Kommission verstärkt darauf ab, das struktur- und systembildende Potential der Normung in unterschiedlichen Bereichen für ihre steuerungspolitischen Zwecke einzusetzen sowie die Akzeptanz bzw. den „Wirkungsgrad" Europäischer Normen zu steigern. Bedeutsame Dokumente sind in dieser Hinsicht die Mitteilung der Kommission über die stärkere Nutzung der

Normung in der Gemeinschaftspolitik (COM(95) 412), die Mitteilung über die Normung und die globale Informationsgesellschaft (KOM(96) 359), die sich ausschließlich mit der Normung im ICT-Sektor befasst, und das Arbeitsdokument der Kommission zur Forschung und Normung (KOM(98) 31). Das Hauptaugenmerk gilt in diesem Abschnitt jedoch der Mitteilung der Kommission über die Effizienz und Verantwortlichkeit der europäischen Normung (KOM(1998) 291), die normungspolitisch besonders aufschlussreich ist.

In COM(95) 412 erörtert die Kommission den Stellenwert der Normung als politisches Instrument in unterschiedlichen Bereichen wie z.b. dem öffentlichen Beschaffungswesen, das sich weitgehend auf abgeschotteten nationalen Märkten abspielt, die durch die vermehrte Anwendung Europäischer Normen aufgeschlossen werden könnten (COM(95) 412, S.9f.). Außerdem gibt die Kommission Auskunft über ihre Normungsaktivitäten in Bereichen wie dem ICT-Sektor, der Biotechnologie, Hochleistungskeramiken (vgl. Abschnitt 4.4.2) oder den Transeuropäischen Netzen. Diese Aktivitäten nehmen häufig die Form von Mandaten an die ENOs an, die sowohl einzelne Normungsprojekte wie auch Normungsprogramme umfassen. In ihrer Mitteilung über die stärkere Nutzung der Normung in der Gemeinschaftspolitik geht die Kommission auch auf den Zusammenhang zwischen Normung und Forschung ein (COM(95) 412, S.22ff.) und vertieft dieses Thema in dem oben erwähnten Arbeitsdokument (KOM(98) 31), in dem ein Überblick über eine Reihe von Initiativen gegeben wird. Einerseits kann die Normung die Forschung fördern (bzw. konstruktiv begleiten) und die Diffusion von Forschungsergebnissen in den Markt bzw. die Gesellschaft erleichtern, andererseits bilden Forschungsergebnisse oftmals die Voraussetzung für inhaltlich fundierte Normen („pränormative Forschung"). Außerdem bildet die Normung die Schnittstelle zwischen der Forschung und der Gesetzgebung. Hier lautet die Forderung der Kommission, die Zusammenarbeit zwischen Forschungsgemeinde und Normungsakteuren zu verbessern und das Normungspotential unterschiedlicher Forschungsvorhaben systematisch auszuloten und zu erschließen (KOM (98) 31, S.17).

In COM(96) 359 hebt die Kommission auf das vielschichtige Verhältnis zwischen Konsortien und anerkannten Normungsorganisationen ab. Da in Konsortien häufig nicht alle berechtigten Interessen berücksichtigt werden, mangelt es Konsortialstandards grundsätzlich an der notwendigen Legitimität, um als politisches Steuerungsinstrument eingesetzt werden zu können. Andererseits bedienen Konsortien gerade im ICT-Bereich den Bedarf an hinreichend schnell erstellten Standards, für den der klassische Normungsprozess häufig zu langwierig verläuft. Der Kommission zielt auf ein kohärentes europäisches Normungssystem ab, das allerdings durch den gleichsam anarchischen Wildwuchs der Konsortien beeinträchtigt wird (COM(96) 359, S.5). Ein weiteres Problem ist der Kommission zufolge, dass Konsortialstandards zwar frei verfügbar, häufig jedoch US-amerikanischen Ursprungs sind. Hier ergeht im Interesse der europäischen Wettbewerbsfähigkeit der Appell an europäische Unternehmen, sich stärker in Konsortien zu engagieren, um nicht gänzlich von tief greifenden strukturellen und systemischen Weichenstellungen ausgeschlossen zu werden.

In ihrer Mitteilung über die Effizienz und Verantwortlichkeit der europäischen Normung (KOM(1998) 291) vertieft die Kommission nicht nur ihren Effizienzbegriff, sondern unterbreitet angesichts der bevorstehenden Jahrtausendwende eine Reihe von Vorschlägen über die zukünftige Weichenstellung in der europäischen Normung. Der Kommission zufolge zeichnet sich ein effizientes Normenwesen dadurch aus, dass es „Normen von hoher Qualität" produziert, die „innerhalb einer akzeptablen Frist" herausgebracht werden und „auf dem Markt auch tatsächlich zur Anwendung kommen" (KOM(1998) 291, S.7). Über diese technisch-ökonomischen Effizienzkriterien hinaus sieht die Kommission, wie bereits öfters betont, die europäische Normung bestimmten politischen Steuerungszielen, insbesondere der Vervollkommnung des Binnenmarktes, verpflichtet. Dementsprechend sollte der Inhalt europäischer Normen geartet sein. Andererseits erwarten insbesondere die Industrie, also die wichtigsten Interessenträger, die nicht unwesentlich in die Normung investieren, dass ihren Interessen Genüge getan wird. Hierbei ist nun ein potentieller Widerspruch dadurch gegeben, dass die normungspolitischen Interessen der Kommission keineswegs deckungsgleich mit den Interessen der Industrie sein müssen. In diesem Zusammenhang artikuliert die Kommission unmissverständlich den Vorrang ihres steuerungspolitischen Anspruchs (KOM(1998) 291, S.7, § 13):

„Oberstes Ziel der im Rahmen des neuen Konzepts aufgestellten Europäischen Normen ist, dass die grundlegenden Anforderungen der Richtlinien eingehalten werden. Die Effizienz sollte daher in erster Linie danach bewertet werden, ob die Normen geeignet sind, diese Anforderungen zu erfüllen."

Mögliche Interessenkonflikte ergeben sich daraus, dass eine schnelle, qualitativ hochwertige Normung, welche den Bedürfnissen der Marktteilnehmer entspricht, keineswegs identisch mit einer Normung sein muss, die sich in erster Linie dem New Approach oder anderen politischen Zielen verpflichtet sieht. Diesen potentiellen Konfliktherd räumt die Kommission kurzerhand dadurch aus, dass sie eine Zielhierarchie einführt und ihren politischen Steuerungszielen Vorrang vor anderen Effizienzkriterien wie Qualität, Geschwindigkeit und Akzeptanz der Normung einräumt.

Auch wenn dieses Effizienzverständnis durchaus ein wenig selbstgefällig anmutet, stellt die Kommission dennoch verhältnismäßig differenzierte Betrachtungen über unterschiedliche Instrumente der Effizienzsteigerung an. Zunächst räumt die Kommission ein, dass sich die Normenerstellung bei CEN, CENELEC und ETSI unter unterschiedlichen Rahmenbedingungen vollzieht und insofern pauschale Aussagen über die Beschleunigung von Normungsprozessen nur mit Vorsicht getroffen werden sollten (KOM(1998) 291, S.8). So ist zu berücksichtigen, dass sich nicht nur der Normungsinhalt unterscheidet, sondern auch der Input sich aus unterschiedlichen Quellen speist: Bei ETSI wird oftmals auf bereits existierende Technologien zurückgegriffen, während bei CEN häufig generisch neue Spezifikationen entworfen werden, die mit einem entsprechend höherem Zeitaufwand einhergehen. CENELEC wiederum übernimmt einen verhältnismäßig hohen Anteil an internationalen Normen. Weiterhin erkennt die Kommission an, dass die Berücksichtigung aller grundlegenden Anforderungen bei dem Entwurf von Normungsprogrammen unter dem New Approach dann zu einem hohen Zeitaufwand führen kann, wenn unterschiedliche Aspekte des Verbraucher-, Arbeits- oder Umweltschutz relevant sind bzw. einander überlappen (KOM(1998) 291, § 23). Die Kommission weist allerdings darauf hin, dass sie ihrerseits bei der Mandatierung von Normungsvorhaben, also den Prozeduren auf der politischen Ebene, keinen Spielraum sieht, Fristen zu verkürzen. Die Effizienzsteigerung in Sinne einer beschleunigten Normungsarbeit obliegt folglich den NOs. Allerdings würdigt die Kommission die Erfolge der ENOs bei der Senkung der durchschnittlichen Dauer von Normenprojekten (KOM(1998) 291, S.11). Während man beispielsweise bei ETSI 1993 noch durchschnittlich 45 Monate benötigte, um eine Norm zu erstellen, waren 1998 hierfür nur noch durchschnittlich 28 Monate erforderlich.

In Paragraph 18 erörtert die Kommission das Für und Wider des vermehrten Einsatzes qualifizierter Mehrheitsregeln im Normenerstellungsprozess, also ein Abrücken vom Konsensprinzip im Interesse eines beschleunigten Normenerstellungsprozesses (KOM(1998) 291, S.11). Hierbei stellt die Kommission erneut deutlich differenziertere Betrachtungen an als noch im Grünbuch zur Standardisierung, in dem die flächendeckende Anwendung qualifizierter Mehrheitsregeln vehement eingefordert wurde. So ist laut Kommission zunächst zu berücksichtigen, dass am Ende des Normungsprozesses die Abstimmung in den Mitgliedsgremien über die Annahme einer Norm steht. Diese Abstimmung erfolgt üblicherweise nach qualifizierter Mehrheit, während das Konsensprinzip bei der Normenerstellung in den Technischen Komitees vorherrscht. Das Abrücken vom Konsensprinzip würde sich folglich in erster Linie auf der Ebene der technischen Arbeit auswirken. Dies wirft aber der Kommission zufolge eine Reihe potentieller Probleme auf: Das Abrücken vom Konsensprinzip kann den Normungsprozess beschleunigen, muss es aber nicht zwangsläufig. Die Kommission verweist diesbezüglich auf die Schlüsselposition des Vorsitzenden des Technischen Komitees, von dessen Verhandlungsgeschick die Dauer und das Ergebnis der technischen Arbeit maßgeblich abhängen. Durch den Einsatz der qualifizierten Mehrheit könnte die politische Dimension bereits während der technischen Arbeit unerwünschte Relevanz gewinnen. Interessenunterschiede würden sich gege-benenfalls deutlicher manifestieren und eine Koalitionsbildung unter den Akteur-en begünstigen. Anstatt sachliche Arbeit zu leisten, erginge man sich in politischen „Hickhack". An dieser Stelle bestätigt die Kommission mittelbar die „Mächtigkeit" des Konsensprinzips, die bereits in Abschnitt 4.5 dargelegt wurde. Das Konsensprinzip fungiert in der Normenerstellung als eine Art Zuchtmeister, der die beteiligten Akteure dahingehend konditioniert, die politische Ebene auszu-blenden und eine Lösung auf der sachlichen Ebene zu suchen. Das Konsens-prinzip „implementiert" gleichsam einen sachorientierten Verhandlungsprozess bei Abwesenheit politischen bzw. opportunistischen Verhaltens. Andererseits kann der Kommission zufolge der Einsatz der qualifizierten Mehrheit selbstver-ständlich dann von Nutzen sein, wenn die Partikularinteressen einzelner Akteure den Normungsprozess blockieren.

Im Hinblick auf die Verantwortlichkeit in der Normung fordert die Kommission CEN und CENELEC auf, sich stärker für europäische Interessenvertreter des Arbeits-, Verbraucher- und Umweltschutz zu öffnen und diese vermehrt an den politisch-strategischen Entscheidungen zu beteiligen (KOM(1998) 291, Paragraph 19, S.12). Hier bemängelt die Kommission gerade im Hinblick auf CEN und CENELEC, dass im Wesentlichen die Interessen der Industrie dominieren und politisch-strategische Entscheidungen von Tragweite weitgehend von den eigenen Gremien bzw. den nationalen Normungsorganisationen der EU-Mitgliedstaaten getroffen werden. Die Kommission legt insbesondere das Augenmerk auf den Umweltschutz. Umweltschutzorganisationen haben auf nationaler Ebene geringen Einfluss auf allgemeine normungspolitische Entscheidungen. Dies gilt umso mehr für regionale bzw. internationale NOs, die eine noch größere Distanz zu organisierten ökologischen Interessen aufweisen als nationale NOs. Hier sieht die Kommission die Notwendigkeit, den Einfluss ökologischer Interessen, aber auch des Verbraucher- und Arbeitsschutz auf die politisch-strategischen Entscheidung-en in den ENOs zu stärken bzw. zu institutionalisieren, wenn weiterhin dem Prinzip der Verantwortlichkeit genüge getan werden soll. Die Kommission legt deshalb großen Wert auf die Partizipation besagter Interessenvertreter in der europäischen Normung, weil diese im Sinne einer Prinzipal-Agent-Beziehung mittelbar auch im Interesse der Kommission handeln, die ihrerseits hierdurch eine Reihe von Vorteilen hat: Die Interessengruppen in den Bereichen Umwelt-, Verbraucher- und Arbeitsschutz sind in Einklang mit dem Prinzip der Offenheit grundsätzlich besser legitimiert, an der Normung teilzunehmen, als Vertreter von EU-Organen bzw. des politischen Systems im Allgemeinen, die stets einer gewissen Rollenambiguität unterliegen[78]. Dies gilt insbesondere vor dem Hinter-

---

78 Die Rollenambiguität besteht darin, dass die Vertreter des politischen Systems einerseits als gleichberechtigte, d.h. nichtprivilegierte Akteure teilnehmen, andererseits aber die Rahmen-bedingungen der anderen Normungsakteure setzen, also deren Handlungsräume kondition-

grund, dass die Kommission eine strikte Trennung zwischen Normungssystem und politischem System, zwischen Rahmensetzung und der technischen Ausgestaltung der Normen anerkannt hat. Insoweit besagte Interessengruppen die steuerungspolitischen Interessen der EU bedienen, entfällt für die EU die Notwendigkeit, wertvolle Ressourcen zu verwenden oder harte regulative Instrumente, wie z.B. Richtlinien einzusetzen. Hierdurch verringert sich bei den Akteuren der Normung das (wahrgenommene) politische Zwangsmoment.

Weiterhin fordert bzw. empfiehlt die Kommission eine Reihe von Maßnahmen zur Effizienzsteigerung, die bereits im Grünbuch zur Normung Erwähnung fanden. Hierbei handelt es sich beispielsweise um den konsequenten Einsatz moderner Kommunikationsmittel, (KOM(1998) 291, § 20)[79], den Einsatz moderner Managementtechniken, die schnellere Umsetzung europäischer Harmonisierungsdokumente in nationale Normen (KOM(1998) 291, § 21) oder eine verbesserte Informationspolitik bzw. Sensibilisierung solcher Akteure wie der KMUs bezüglich des Stellenwertes der (europäischen) Normung (KOM(1998) 291, §§ 30, 31).

In den Paragraphen 28 und 29 legt die Kommission ihre Position zur institutionellen Neugestaltung des ENS dar. In Paragraph 28 wird eine etwaige Zusammenlegung von CEN und CENELEC erörtert, die eine Reihe institutioneller Ähnlichkeiten aufweisen. Hierbei erkennt die Kommission zunächst die Unabhängigkeit von CEN und CENELEC an, die über eine Fusion autonom entscheiden können. CEN und CENELEC reproduzieren weitgehend die Normungsstrukturen auf nationaler, aber auch internationaler Ebene („institutioneller Homomorphismus"). Ein Zusammenschluss von CEN und CENELEC bringt der Kommission zufolge nur dann einen Effizienzgewinn, wenn die nationalen (und internationalen) Normungsorganisationen sich in ähnlicher Weise restrukturieren. Dies ist aber keineswegs zu erwarten. Vielmehr misst die Kommission dem Einsatz moderner Managementmethoden einen größeren Stellenwert bei der Effizienzsteigerung bei als institutionellen bzw. organisatorischen Umstrukturierungsmaßnahmen. Auch im Hinblick auf die Einführung neuer, beispielsweise sektoral ausgerichteter ENOs befleißigt sich die Kommission nun einer deutlich anderen Sichtweise als noch im Grünbuch zur Normung. So führt nach Auffassung der Kommission die Einführung neuer Normungsorganisationen zu keinen Effizienzgewinnen. Hierbei lautet das Hauptargument, dass neue ENOs grundsätzlich genauso in dem Spannungsverhältnis zwischen Verantwortlichkeit

---

ieren. Tatsächlich nehmen der Staat oder supranationale Organisationen mit hoheitlichen Befugnissen wie die EU stets eine Sonderrolle ein, wenn sie sich aktiv an der Normung beteiligen.

79 Die Kommission verweist hierbei auf den finanziellen Beitrag, den sie zur Vernetzung der europäischen Normungsarbeit im Rahmen des INES-Projektes (Internet Network for European Standardization) geleistet hat.

und Effizienz agieren wie CEN, CENELEC und ETSI. Ein weiterer wesentlicher Grund, der aus der Sicht der Kommission gegen die Gründung neuer europäischer Normungsorganisationen spricht, ist, dass für solche Organisationen kein Pendant auf der internationalen Ebene existierten. Gemessen an den Gestaltungsvorschlägen im Grünbuch zur Normung vollzieht die Kommission im Prinzip eine vollständige Kehrwende, indem die grundlegenden institutionellen Merkmale des ENS nicht mehr zur Diskussion stehen.

Allerdings ruft sich die Kommission in den Schlussfolgerungen ihres Berichts die Grenzen Normung als regulatives Instrument ins Bewusstsein und behält sich den Rückgriff auf andere, härtere regulative Maßnahmen vor, sollte die Normung nicht die gewünschten Ergebnisse liefern. So erkennt die Kommission an, dass die Normung prinzipiell freiwillig ist und die Anwendung von Normen dementsprechend nicht erzwungen werden kann. Diese Merkmale sind allerdings dafür verantwortlich, dass in einigen Fällen Normungsvorhaben teils grandios gescheitert sind[80]. Insofern hat die Normung als politisches Steuerungsinstrument seine Grenzen. Die Kommission behält sich für den Fall, dass sie das Allgemeinwohl berührt sieht, vor, „ausreichende Anreize" zu schaffen oder „sonstige geeignete Maßnahmen zu ergreifen", im Klartext also auf härtere regulative Instrumente zurückzugreifen, sollten die auf Freiwilligkeit basierenden Ergebnisse der europäischen Normung nicht den Vorstellungen der Kommission entsprechen. Auch wenn die Kommission von Eingriffen in die Struktur des ENS Abstand nimmt, expliziert sie an dieser Stelle dennoch unmissverständlich ihren „hegemonialen" steuerungspolitischen Anspruch über das europäische Normungssystem, das gegebenenfalls auch umgangen werden kann.

6.5.5 Die Position der Kommission im Hinblick auf öffentlich verfügbare Spezifikationen (PAS)

Der Kommission blieb nicht verborgen, dass Standards, die von Foren und Konsortien herausgebracht werden, seit Beginn der 1980er Jahre erheblich an Einfluss gewonnen haben. Diese Standards, die auch als Publicly Available Specifications (öffentlich verfügbare Spezifikationen, PAS) bezeichnet werden, sind häufig struktur- und systemkonstituierend, finden zum Teil hohe Akzeptanz und erwachsen klassischen Normen gerade im dynamischen Bereichen wie der Informations- und Innovationstechnologie zu einer ernsthaften Konkurrenz. Dies kann nun ein politischer Akteur wie die Kommission nur schwerlich ignorieren, weil sich durch den Erfolg der PAS eine Struktur- und Systembildung jenseits seines Einflussbereiches vollzieht und die Normung als steuerungspolitisches

---

80 Dies war im Allgemeinen in solchen Standardisierungssituationen der Fall, in denen ein hinreichend großer bzw. einflussreicher Anteil der relevanten Akteure ein ausgeprägtes Desinteresse an der zu erstellenden Norm hat und diese erfolgreich verhindern konnte. Ein Beispiel hierfür sind elektrische Steckdosen und Stecker, die in Europa nicht vereinheitlicht sind.

Instrument an Effektivität einbüßt. Hier besteht ein gewisses Dilemma für die Kommission (und jeden anderen politischen Akteur, der die Normung für regulative Zwecke einsetzt): Die Normung wäre einerseits als steuerungspolitisches Instrument dann von größter Effektivität, wenn die technische Vereinheitlichung einzig und alleine eine Angelegenheit anerkannter Normungsorganisationen wäre[81]. Dies könnte andererseits – wenn überhaupt – nur durch einen massiven Eingriff in die Privatautonomie erreicht werden, indem man alle relevanten Akteure mehr oder weniger dazu zwänge, ausschließlich Normen anstelle von PAS zu verwenden. Dieses Zwangsmoment ist allerdings weder mit den bürgerlichen Grundrechten, noch mit den Grundprinzipien der Normung vereinbar. Hier gab es bei der Kommission also Veranlassung, differenzierte Überlegungen dahingehend anzustellen, wie nun mit dem wachsendem Einfluss von Foren und Konsortien und den PAS, die sie veröffentlichen, umzugehen sei.

Einige Mitgliedstaaten haben den Vorschlag unterbreitet, kurzerhand PAS zu verwenden, um Lücken im europäischen Normenwerk schnell und effektiv zu schließen (KOM(1998) 291, S.6f.). Hier erkennt die Kommission grundsätzlich den „Geschwindigkeitsvorteil" an, den PAS bieten, und erklärt es für sinnvoll, bestimmte PAS in den Rang einer Norm zu erheben, falls diesbezüglich ein Konsens unter den relevanten Akteuren besteht. Dies wird, wie in Abschnitt 6.2 dargelegt, tatsächlich auch von CEN, CENELEC und ETSI praktiziert, die den Input von allen erdenklichen Akteuren begrüßen, solange dies dem Normungsergebnis zuträglich ist. Außerdem können PAS verhältnismäßig einfach zu „ordentlichen" Normen promoviert werden. Die Grenzen der Anwendung von PAS im Rahmen des New Approach sieht die Kommission allerdings darin, dass diese nur von einer Teilmenge der relevanten Akteure erstellt werden und insofern über eine mangelnde Legitimität verfügen. Außerdem sind die „prozeduralen Sicherheiten" bei der Erstellung von PAS geringer als bei der klassischen Normung, d.h. es gibt einen größeren Spielraum für strategisch-opportunistische Verhaltensweisen und die Dominanz einiger „Big Player", die zuweilen Konsortien nur ins Leben rufen, um sich von ihren „Hofschranzen" die eigenen Spezifikationen bestätigen zu lassen. Die Verwendung von PAS für normungspolitische Zwecke wirft eine Reihe weiterer Legitimitätsprobleme auf, die sich im Falle der klassischen Normung nicht stellen (KOM (1998) 291, S.6f.):

- Wer darf beispielsweise PAS festlegen?
- Sollten die Akteure, die PAS erstellen, in irgendeiner Weise anerkannt werden, und wenn ja, wer nimmt diese Anerkennung vor?

---

81 Der Leser vergegenwärtige sich, dass man in diesem Falle auf einen der Begriffe Standardisierung und Normung verzichten könnte, da zwischen Standardisierung und Normung nun kein Unterschied mehr bestünde.

- Wie sollten PAS kategorisiert und in die gegebene Struktur von Richtlinien aufgenommen werden bzw. inwieweit müssen Richtlinien angepasst werden?
- Sollten PAS im Einzelfall durch Behörden geprüft werden?
- Sollte die Existenz widersprüchlicher PAS zugelassen werden?
- Wie können alle interessierten Kreise an der Erstellung von PAS beteiligt werden?

Angesichts dieser Probleme sind der Verwendung von PAS im Rahmen der europäischen Normungspolitik ausgesprochen enge Grenzen gesetzt. Dennoch wird sich sowohl die Kommission wie auch die gesamte anerkannte Normung mit der Existenz von Konsortien und PAS arrangieren müssen, da sich diese nicht ohne einen massiven Eingriff in die Privatautonomie in die Schranken weisen oder gar eliminieren lassen. In Abschnitt 7.4 wird nochmals Bezug auf das diffizile Verhältnis zwischen europäischer Normungspolitik, anerkannter Normung und anderen Formen der Standardisierung genommen werden.

6.5.6 Die Rolle der Normung bei der EU-Erweiterung

In Abschnitt 4.3.1 wurde darauf hingewiesen, dass die Normung zur Integration von Wirtschaftsräumen, aber auch zur Konsolidierung von Macht- bzw. Einflusssphären eingesetzt werden kann. Dies war auch der Kommission spätestens nach dem Zusammenbruch des sozialistischen Systems im Hinblick auf eine potentielle Osterweiterung bewusst, wie aus dem Grünbuch zur Normung hervorgeht (Kommission, 1990a, S.50). Angesichts des hohen integrativen Potentials der Normung ist es grundsätzlich nahe liegend, Erweiterungen der EU um neue Mitgliedstaaten durch geeignete Maßnahmen auf der Ebene der Normung zu ergänzen. Tatsächlich begleiten die ENOs Erweiterungen der EU wie z.B. im Jahre 2004 nicht nur, sondern fungieren sogar als eine Vorhut, die auf der Ebene der Normung die ersten Maßnahmen zur wirtschaftlichen, technischen und strukturellen Integration unternimmt, lange bevor die ersten konkreten Schritte der politischen Integration eingeleitet werden. Diese Maßnahmen zielen in erster Linie darauf ab, das europäische Normenwerk bei den neuen Mitgliedskandidaten so schnell und umfassend wie möglich einzuführen und deren nationale Normungssysteme an das ENS anpassen. Hierzu werden die Normungsorganisationen potentieller Beitrittskandidaten in den Rang von „Affiliates" erhoben und frühzeitig an der Normungsarbeit auf der europäischen Ebene beteiligt (CEN, 2007g). Affiliates können an den Vollversammlungen der ENOs teilnehmen und erhalten alle relevanten technischen und administrativen Informationen, die für die reibungslose Integration in das ENS notwendig sind. Darüber hinaus wird den Normungsorganisationen beitrittswilliger Länder so schnell wie möglich die Vollmitgliedschaft in den ENOs gewährt. Die Normungsorganisationen (bzw. -systeme) der Beitrittskandidaten werden also durch das ENS nicht etwa „annektiert", sondern so früh wie möglich in den Rang gleichberechtigter Partner erhoben, die sich aktiv an der Gestaltung der europäischen Normung beteiligen können.

Da Länder mit identischen Normenwerken ceteris paribus höher integriert sind und untereinander engere wirtschaftliche Beziehungen als Länder mit unterschiedlichen Normenwerken unterhalten, ist es selbstverständlich im Interesse der EU bzw. der ENOs, den Geltungsbereich Europäischer Normen und damit den Einfluss der EU so weit wie möglich, also auch über die Grenzen potentieller Beitrittskandidaten hinaus, auszudehnen. Insofern ist es zweckmäßig, solche Länder, die aus politischen oder geografischen Gründen nicht Mitglied der EU werden können, dennoch aber das europäische Normenwerk (bzw. einige seiner Elemente) übernehmen wollen, hierbei zu unterstützen. Genau dies geschieht im Rahmen des Konzepts der Partner Standardization Bodies, das bereits in Abschnitt 6.2.1.2 erwähnt wurde. Hier ist offenbar die Reichweite der Normung größer als die Reichweite politischer Instrumente der Integration. Ein weiterer Vorteil der Normung als Integrationsinstrument ist offenbar deren Diskretion. Üblicherweise stößt die Integration von Normungssystemen kaum auf öffentlichen Widerstand – sei es nun, weil derartige Maßnahmen allseits akzeptiert oder auch ignoriert werden. Oftmals ist sicherlich letzteres der Fall, da sich die Aktivitäten der NOs zwar nicht heimlich oder konspirativ, so doch aber weitgehend von der Öffentlichkeit unbeobachtet vollziehen.

6.5.7 Aktuelle Tendenzen in der europäischen Normungspolitik

Zunächst ist zweckmäßig, sich vor Augen zu führen, wie sich gegenwärtig die Verhältnisse zwischen der Kommission und den ENOs gestalten und welche Erwartungen diese Akteure aneinander richten. Diese gehen aus den Allgemeinen Leitlinien für die Zusammenarbeit zwischen den ENOs und der Kommission (und den EFTA-Staaten) hervor, in denen die Kommission weitgehend die Ansprüche an das ENS rekapituliert, die in diesem Kapitel bereits erörtert wurden (Kommission, 2003a). So soll die europäische Normung den Erwartungen der Kommission gemäß „auf einem hohen Sicherheits- und Qualitätsniveau und unter Berücksichtigung aller wirtschaftlicher, sozialer und ökologischer Aspekte der Vollendung des Binnenmarktes dienen, den freien Verkehr von Waren und Dienstleistungen erleichtern und eine nachhaltige Entwicklung gewährleisten." (Kommission, 2003a, S.5). Dies ist hinreichend geläufig – bis auf die Bereiche der Dienstleistungen und der nachhaltigen Entwicklung, die in diesem Abschnitt noch näher erläutert werden. Außerdem stellt die Kommission erneut auf das Prinzip der Verantwortlichkeit, die Berücksichtigung allgemeiner Interessen (also die Nicht-Dominanz von Partikularinteressen) und die Kohärenz in der europäischen Normung ab. Ferner erwartet die Kommission einen konsistenten Umgang mit Normungsaufträgen, also eine unmissverständliche Annahme oder Ablehnung eines Auftrages durch die ENOs. Die Kommission erkennt zudem den Vorrang der internationalen Normung an – allerdings nur insoweit, als dass hierdurch politische europäische Interessen nicht beeinträchtigt werden. Für diesen Fall behält man sich die Möglichkeit eines europäischen Sonderweges vor (vgl. Abschnitt 6.4).

Selbstverständlich haben auch die ENOs Erwartungen an die politischen Akteure, wie beispielsweise die Gewährleistung überschaubarer, stabiler politischer Rahmenbedingungen, eine angemessene finanzielle Unterstützung der Normungsarbeit und die Förderung der Anwendung Europäischer Normen. Die ENOs bitten sich von den politischen Akteuren zudem aus, die Normungsarbeit nicht durch andere Aktivitäten zu behindern, also beispielsweise nicht in solchen Bereichen gesetzgeberisch tätig zu werden, in denen bereits Normungsaufträge an die europäischen Normungsorganisationen ergangen sind. Weiterhin dienen sich die ENOs der Kommission als erste Berater in Sachen Normung an. Die Kommission und die ENOs artikulieren in den Leitlinien zur gemeinsamen Zusammenarbeit einer Reihe gemeinsamer Ziele und Interessen, wie z.B. der Unversehrtheit der grundlegenden Prinzipien der Normung, der Effizienzsteigerung, einer offenen Informationspolitik untereinander und der weiteren Öffnung der europäischen Normung für tendenziell unterrepräsentierte Interessengruppen wie z.B. KMUs, Arbeitnehmer, Verbraucher und Umweltschützer.

Das Verhältnis zwischen Kommission und den ENOs ist bis auf eine Reihe kleiner praktischer Probleme also stabil und dazu angetan, die Aufmerksamkeit auf die eigentliche inhaltliche Arbeit zu lenken. Wie in Abschnitt 6.5.4 angedeutet, richtete die Kommission ab Mitte der 1990er Jahre ihre Überlegungen vermehrt darauf, neue Anwendungsfelder für die Normung zu erschließen und den „Wirkungsgrad" bzw. die Akzeptanz Europäischer Normen zu steigern. Diese Aktivitäten haben gerade in jüngster Zeit eine große Blüte erreicht und sollen im Folgenden anhand der interessantesten Initiativen veranschaulicht werden, ohne hierbei allerdings zu sehr in die teilweise komplexen technischen Details zu gehen.

Kurz nach der Jahrtausendwende stellte die Kommission ihr Konzept über die nachhaltige Entwicklung in Europa vor, das eine stärkere Berücksichtigung ökologischer Aspekte in der EU-Politik vorsieht (KOM(2001) 264). Bereits in ihrem Grünbuch zur integrierten Produktpolitik hatte die Kommission die unzureichende Berücksichtigung ökologischer Aspekte in der europäischen Normung bemängelt und vorgeschlagen, allgemeine Leitlinien über eine systematische Berücksichtigung ökologischer Aspekte in allen erdenklichen Normungsfeldern aufzustellen sowie die Normung im Bereich des Umweltschutzes zu intensivieren (KOM(2001) 68, S.24ff.). Hierbei wies die Kommission darauf hin, dass der New Approach zwar auf einen regulativen Eingriff im

Bereich des Umweltschutzes ausgelegt ist und ihr insofern bereits ein geeignetes regulatives Instrument zur Verfügung steht, dieses bisher aber in erster Linie in den Bereichen Arbeits- und Verbraucherschutz zur Geltung kam. In ihrer Mitteilung über die Berücksichtigung von Umweltaspekten bei der europäischen Normung (SEC(2004) 206) preist die Kommission die Normung als leistungsfähiges Steuerungsinstrument und konkretisiert ihre weitreichende Pläne, „die Berücksichtigung von Umweltaspekten zur Pflicht" zu machen (SEC(2004) 206, S.11). Die Kernforderung lautet hierbei „systematisch" vorzugehen, also die ökologische Dimension bei allen Schritten des Normungsprozesses zu berücksichtigen.

Ein weiteres ambitioniertes Vorhaben der Kommission besteht in der Liberalisierung des Verkehrs von Dienstleistungen innerhalb der EU. Dies ist, nachdem der Binnenmarkt im Bereich der Waren- und Güterverkehrs weitgehend Wirklichkeit geworden ist, der nächste konsequente Schritt, einen vollständig integrierten Binnenmarkt herzustellen. So ließ die Kommission untersuchen, welches Potential der Normung bei der Integration des europäischen Binnenmarktes im Bereich der Dienstleistungen innewohnt (siehe z.B. Blind, 2003). In der Tat misst die Kommission der Normung diesbezüglich größte Bedeutung bei und fordert die Anpassung des europäischen Rechtsrahmens derart, dass neben Waren und Gütern auch Dienstleistungen durch die europäische Normungspolitik, also z.B. den New Approach, erfasst werden (Kommission, 2004b, S.4). Abgesehen davon, dass die ENOs bereits eigenständige Schritte in der Normung von Dienstleistungen unternommen haben[82], hatte die Kommission zwischenzeitlich die Erstellung Europäischer Normen im Dienstleistungsbereich bereits zweimal mandatiert (Kommission, 2003c, M 340 EN; Kommission, 2005b, M 371 EN). Im Bereich der Dienstleistungen konvergieren durchaus die Interessen der Kommission und der ENOs. Für die Kommission ist die Normung wie in vielen anderen Fällen auch ein diskretes Instrument, gleichsam unbemerkt von etwaigen politischen Gegnern die Integration des europäischen Binnenmarktes auf der strukturellen Ebene voranzubringen. Ohne „verdeckt" agieren zu müssen, nutzt die Kommission die weit verbreiteten Bewusstseinsdefizite bezüglich des integrativen Potentials der Normung. Die NOs sind ihrerseits stets auf der Suche nach neuen Betätigungsfeldern für die Normung. Hier stellt der Dienstleistungssektor ein weites und offenes Feld dar, das die NOs insbesondere dann mit Vergnügen bearbeiten, wenn sie dadurch ihre Position festigen und dies darüber hinaus finanziell durch die Kommission unterstützt wird.

---

82 Bei CEN arbeiten diverse Technische Komitees bereits seit längerem an Dienstleistungs-normen beispielsweise in den Bereichen Instandhaltung, Post- und Transport- und Tourismus-wesen, Gebäudemanagement und Gebäudereinigung. Die Webpräsenz von CEN bietet einen Überblick über den aktuellen Stand der Normungsaktivitäten im Bereich der Dienstleistungen (CEN, 2007e).

Mittlerweile betrachtet die Kommission die Normung als ein leistungsfähiges steuerungspolitisches Instrument der EU, mittels dessen in praktisch allen technologischen Bereichen Impulse gesetzt werden können (Ayral, 2005). So nimmt die Normung in der neu belebten Lissabon-Strategie eine zentrale Stellung ein, und spielt beispielsweise bei den Initiativen eEurope 2002 bzw. eEurope 2005 (CEN Management Centre/CENELEC Secretariat/ETSI Secretariat, 2002), und der Folgeinitiative "i2010 – A European Information Society for growth and employment" eine prominente Rolle (Kommission, 2005a). Diese Initiativen zielen darauf ab, die Chancen zu erschließen, welche sich durch die neuen Informationstechnologien bieten (siehe beispielsweise COM(2002) 263 und COM (2005) 229). Nach dem, was bisher über das struktur- und systembildende Potential der Normung vermittelt wurde, dürfte es in der Tat nicht überraschen, dass die Kommission die ENOs dann auf den Plan ruft, wenn es um den elektronischen Informations-, Dienst- und Leistungsaustausch geht (KOM(2001) 527, S.9).

Im ihrem „Action Plan for European Standardization" vom April 2006 gibt die Kommission einen Überblick über die Bandbreite aktueller und geplanter Normungsinitiativen. Diese richten sich auf diverse innovations- und wachstumsträchtige Technologiebereiche wie beispielsweise (Kommission, 2006b, S.7ff.):

- Weltraumfahrt. Hierbei liegt das Augenmerk insbesondere auf dem europäischen Satellitennavigationssystem Galileo, das der EU zur Unabhängigkeit vom amerikanischen Global Positioning System (GPS) verhelfen soll.
- Zukunftstechnologien wie die Brennstoffzelle oder die Nanotechnologie.
- Verteidigung. Ziel ist es, durch geeignete Normungsmaßnahmen die Interoperabilität zwischen den europäischen Streitkräften und die Wettbewerbsfähigkeit der europäischen Verteidigungsindustrie zu verbessern (vgl. Anschnitt 4.11). Außerdem hatte man bereits Anfang 2000 Überlegungen angestellt, die militärische Normung in Europa zu harmonisieren und im militärischen Beschaffungswesen verstärkt auf zivile Normen zurückzugreifen (KOM(2001) 527, S.13).
- Innere Sicherheit. Ähnlich wie ANSI in den USA (vgl. Abschnitt 6.4) gehen die Kommission und die ENOs der Frage nach, welchen Beitrag die Normung angesichts der Bedrohung durch den internationalen Terrorismus zur inneren Sicherheit, aber auch im Bereich der Katastrophenhilfe leisten kann.

Zu den weiteren Technologiebereichen, die im Action Plan angesprochen werden, gehören beispielsweise das Transpotwesen, e-health, die accessibility-for-all-Initiative und bereits hinlänglich erörterte Politikfelder wie der Verbraucherschutz, der Umweltschutz oder der ICT-Sektor. Weiterhin plant die Kommission eine Reihe von Maßnahmen zur Verbesserung der rechtlichen Rahmenbedingungen, der Effizienz und der Wahrnehmung der europäischen Normung auf, die sich indes weitgehend mit dem decken, was die Kommission bereits an anderer Stelle zur Effizienzsteigerung in der europäischen Normung vorgeschlagen hatte. Im Prinzip kann man angesichts dieser beachtlichen Bandbreite von Normungsinitiativen in den unterschiedlichsten Bereichen mittlerweile von einem „regulativen Reflex" der Kommission reden, bei jeder neuen politischen Initiative zu prüfen, welchen Beitrag hierbei die Normung leisten kann.

Bemerkenswert ist weiterhin die Rolle, welche die Kommission der Normung in der europäischen Forschungsförderung beimisst. Laut dem Vorschlag der Kommission über das siebte Rahmenprogramm im Bereich der Forschung, technologischen Entwicklung und Demonstration (KOM(2005) 440) bildet die Normung die Schnittstelle zwischen Forschung und Wissenschaft und der politischen Sphäre. Dabei dient die Normung als politisches Steuerungsinstrument, indem durch das Setzen entsprechender Normen Forschungsaktivitäten auf bestimmte Bahnen gelenkt werden und auch vergleichsweise kurzfristige Anpassungen an veränderte gesellschaftliche und politische Rahmenbedingungen, z.B. „unvorhergesehener Erfordernisse der Umweltpolitik" vorgenommen werden können (KOM(2005) 440, S.61). Die ENOs fungieren dabei nicht nur als Informationsmittler, sondern bilden auch die institutionellen Orte, an denen das Wissen und Know-how, das aus europäischen Forschungsvorhaben hervorgegangen ist, akkumuliert wird (KOM(2005) 440, S.25).

6.5.8   Die Überarbeitung des New Approach

Allen bisher erörterten normungspolitischen Vorschlägen und Maßnahmen der Kommission ist zu eigen, dass weder die Grundprinzipien der Normung, noch die integralen institutionellen Merkmale des ENS, wie z.B. die Unabhängigkeit der ENOs, zur Disposition stehen. Gleichermaßen sieht man keine Notwendigkeit, den New Approach, der, um dem nächsten Kapitel vorzugreifen, weithin als Erfolg betrachtet wird, tief greifenden Veränderungen zu unterziehen. Dennoch hat die Kommission gemeinsam mit anderen Normungsakteuren beim New Approach den folgenden Verbesserungsbedarf identifiziert (KANBrief 3/06, S.6). Die 25 Richtlinien, die bisher unter dem Regime des New Approach erlassen wurden, zeichnen sich durch eine Reihe formeller, begrifflicher und struktureller Unterschiede aus, die nicht nur auf ihren unterschiedlichen Geltungsbereichen, sondern auch den unterschiedlichen Rahmenbedingungen beruhen, unter denen sie entstanden sind. Hier sieht man das Potential, z.B. durch die Einführung einer „Rahmenrichtlinie, die Standardartikel über Querschnittsfragen enthält" (KOM (2003) 238, S.8), eine Vereinheitlichung des Begriffsapparates und der Struktur der Richtlinien eine Vereinfachung herbeizuführen, welche nicht nur die Handhabung der Richtlinien, sondern das gesamte Prozedere unter dem New Approach beträchtlich erleichtern könnte. Den Grundsätzen der Standardisierung gemäß ist es zweckmäßig, solche Begriffe (und strukturellen wie auch inhaltlichen Elemente) zu vereinheitlichen, die allen existierenden (wie auch zukünftigen) Richtlinien gemein sind. Dies bedeutet nicht nur, allgemeingültige Begriffe in den Richtlinien zu identifizieren, sondern ggf. auch neue Begriffe zu definieren, aus denen geläufige Begriffe als Spezialfälle hervorgehen. Dieser so entstandene Begriffsapparat wird dementsprechend abstrakter ausfallen, aber klarer strukturiert und einfacher zu handhaben sein als der alte Begriffsapparat. Was sich hier im Hinblick auf den New Approach abzeichnet, also die Tendenz zur fortschreitenden Abstraktion, ist durchaus in Einklang mit den allgemeinen Tendenzen in der Standardisierung, die in Abschnitt 4.4.4 erörtert wurden. Indem das Vereinheitlichungspotential bei den Richtlinien des New Approach ausgeschöpft wird, wandeln sich diese zusehends in „Meta-Normen", die auf einer Vereinheitlichungs- bzw. Abstraktionsebene über den eigentlichen Europäischen Normen angesiedelt sind.

Die hier erörterten Vorschläge, die NA-Richtlinien zu konsolidieren, wurden im Wesentlichen im Kontext der Zertifizierung unterbreitet und befinden sich zu dem Zeitpunkt, da diese Zeilen niedergelegt werden, im Entwurfsstadium (Kommission, 2006a, 2006c). In der Tat liegen die Hauptprobleme der Auffassung der Kommission (und diverser anderer Akteure) zufolge nicht etwa beim ENS oder in der Konzeption des NA, sondern vielmehr in dessen praktischer Umsetzung, also in solchen Bereichen wie der Akkreditierung, Zertifizierung, Produktkennzeichnung oder auch der Marktaufsicht (Mattiuzzo, 2006, S.3). Beispielsweise wird die Marktaufsicht, also die Überwachung der Richtlinienkonformität von Gütern und Produkten, in den Mitgliedsländern nicht nur nicht einheitlich gehandhabt, sondern angesichts knapper Kassen auch zunehmend vernachlässigt. Außerdem bestehen auf nationaler Ebene nach wie vor die bereits angesprochenen Informations- und Koordinationsprobleme, denen die Kommission z.B. durch die Bestimmungen der Informationsrichtlinie Herr zu werden versucht. Hier fordert die Kommission die Mitgliedsländer auf, die notwendigen Ressourcen für eine effektive Marktaufsicht zur Verfügung zu stellen, und kündigt zudem an, im Interesse eines besseren Informationsaustauschs gegebenenfalls weitere Kompetenzen an sich zu ziehen. Wie aber bereits mehrfach an anderer Stelle erwähnt, werden in dieser Arbeit die praktischen Implikationen der europäischen Normung im Bereich der Akkreditierung und Zertifizierung weitgehend ausgeblendet, da sie den gegebenen Rahmen bei weitem sprengen würden. Insofern seien die Ausführungen zum ENS und zur Normungspolitik der EU an dieser Stelle beendet.

7 Eine Beurteilung des europäischen Normungsansatzes

Nachdem der Leser, der sich bis an diese Stelle vorzuarbeiten vermochte, einiges über die Wesenszüge der Normung bzw. Standardisierung, die allgemeinen institutionellen Merkmale und politischen Ziele der EU, die normungspolitischen Initiativen der EU, die institutionellen Merkmale des ENS und dessen Aktivitäten und nicht zuletzt das Verhältnis zwischen dem ENS und den Organen der EU erfahren hat, soll in diesem Kapitel nun eine Beurteilung des europäischen Normungsansatzes vorgenommen werden. Hierfür ist es zunächst zweckmäßig, sich eine Vorstellung davon zu verschaffen, wie die Vertreter der EU ihre eigenen normungspolitischen Errungenschaften bewerten (Abschnitt 7.1), um dies bei der eigenen Beurteilung der europäischen Normungspolitik in Abschnitt 7.2 berücksichtigen zu können. Angelpunkt ist in diesen beiden Abschnitten der New Approach, der weithin als Erfolg betrachtet wird. Dennoch ist der europäische Normungsansatz nicht frei von kleineren Widersprüchen und tatsächlichen wie potentiellen Problemen, die in Abschnitt 7.3 erörtert werden. In Abschnitt 7.4 wird dann auf das ENS und dessen eventuelle institutionelle Umgestaltung eingegangen. Hier wird sich zeigen, dass tief greifende Veränderungen nicht notwendig sind und die Wahl der Maßnahmen zur Effizienzsteigerung des ENS ruhigen Gewissens den Professionals der europäischen Normung überlassen werden kann. Abschnitt 7.5 ist dann dem Beitrag gewidmet, den die europäische Normung zur politischen Integration der EU leistet. Hier lautet die These, dass dieser Beitrag von Gegnern und Befürwortern der europäischen Integration systematisch unterschätzt wird. Im letzten Abschnitt dieses Kapitels werden die grundsätzlichen Fragen zur Normung respektive Standardisierung erörtert, auf die es aus Sicht des Autors eigentlich ankommt, die allerdings über die europäische Normung hinausgehen.

7.1 Die Beurteilung der europäischen Normungspolitik durch die EU

Günther Verheugen, Vizepräsident der Kommission, lud am 30 November 2005 namhafte Vertreter der EU, der ENOs, der Industrie, und die Vertreter öffentlicher Interessen, wie beispielsweise ANEC, nach Brüssel ein, um das 20-jährige Jubiläum der Einführung des New Approach angemessen zu begehen. In der Tat wurde der New Approach bei dieser Gelegenheit als ein Erfolg gefeiert. Zourek (2005) bezeichnet den New Approach in seiner Eröffnungsrede als ein revolutionäres regulatives Instrument und weist beispielsweise auf die enorme Erleichterung in der europäischen Gesetzgebung hin, nur noch die Essential Requirements festlegen zu müssen. Dies bildete die Voraussetzung für die beschleunigte Erstellung Europäischer Normen, ohne welche die Einführung des Binnenmarktes Ende 1992 kaum möglich gewesen wäre. Gleichermaßen lasse der New Approach den privaten Akteuren hinreichende Freiheitsgrade, innovative Lösungen zu finden, den Essential Requirements zu entsprechen. Verheugen preist den New Approach in seiner Rede als ein regulatives „role model", das auch jenseits der EU bzw. der EFTA-Staaten auf Anklang stößt (Verheugen, 2005). So dient der New Approach z.B. in Japan oder Russland als regulative Vorlage. Gleichermaßen hat die Economic Commission for Europe der Vereinten Nationen eine regulative Blaupause über die technische Harmonisierung mithilfe internationaler Normen verabschiedet, die weitgehend dem NA entspricht (UNECE, 2002; Vardakas, 2003, S.7). Trotz dieses positiven Urteils identifizieren die EU-Organe dennoch ein Potential für Verbesserungen. So sollte das bereits vielfach beschworene Bewusstsein zur Normung gerade bei den Unternehmensführern verbessert, die Teilnahme insbesondere für KMUs in der Normung erleichtert, die rechtlichen Rahmenbedingungen den neuen Verhältnissen angepasst, die ENOs bei der Optimierung ihrer Prozesse unterstützt und deren Finanzierung auf eine solide Basis gestellt werden (COM(2004) 674). Zourek und Verheugen sehen den wesentlichen Verbesserungsbedarf vor allem in der Marktaufsicht, dem Conformity Assessment und den horizontalen Aspekten, die in Abschnitt 6.5.8 erörtert wurden.

Gleichermaßen begrüßen die Vertreter der EU, dass sich die Normung bzw. der NA harmonisch in die jüngsten politischen Initiativen der EU wie beispielsweise die Strategie zur Vereinfachung des ordnungspolitischen Umfelds einfügen, die im Wesentlichen auf den Abbau der Bürokratie in der EU abzielt und Bestandteil der Initiative zur „Besseren Rechtsetzung" („Better Regulation") bzw. des wieder belebten Lissabon-Programms ist (siehe z.B. KOM(2005) 535). So beurteilt die Kommmission den NA als eine gelungene Umsetzung des Konzepts der Koregulierung (KOM(2001) 527, S.3). Das Konzept der Koregulierung ist Element der „Besseren Rechtsetzung" (siehe beispielsweise KOM(2001) 428, S.27f. bzw. die Interinstitutionelle Vereinbarung zwischen Rat, Parlament und Kommission zur Besseren Rechtsetzung, (Europäisches Parlament/Rat/Kommission, 2003, S.3) und bezeichnet im Hinblick auf einen gegebenen Regulierungsbereich institutionelle Arrangements, die angesiedelt sind zwischen den Extrema der vollständigen Kontrolle durch den Gesetzgeber und der vollständigen Selbstorganisation der privaten Akteure. Der Gesetzgeber tritt also im Interesse einer besseren oder kostengünstigeren Zielerreichung Kompetenzen an die privaten Akteure ab, die ihrerseits über einen eigenen Gestaltungsspielraum verfügen. Im Falle des NA verfügen die privaten Akteure über weitreichende Freiheiten, die Essential Requirements der Kommission praktisch umzusetzen. Dank der Normung bzw. des NA kann die EU bestimmte regulative Ziele erreichen und dabei eine Überregulierung vermeiden bzw. die entsprechenden monetären und sozialen Kosten (z.B. in Form des ausgeübten Zwangsmoments auf die privaten Akteure) verringern oder gar minimieren. So diskutiert die Kommission in ihrer Mitteilung über die Umsetzung des Lissabon-Programms (KOM(2005) 0535) unterschiedliche Beispiele, wie hartes Gemeinschaftsrecht durch vergleichsweise „weiche"

Normen ersetzt werden können. Außerdem erkannte die Kommission bereits Mitte der 1990er Jahre an, dass das regulative Instrument der Normung gut mit dem Prinzip der Subsidiarität vereinbar ist (COM(95) 412, S.4).

Die EU beabsichtigt, den Geltungsbereich des NA angesichts seines Erfolges weiter auszudehnen (COM (2004) 674, S.4). Bereits in seiner Entschließung vom 28. Oktober 1999 zur Funktion der Normung in Europa hatte der Rat die Kommission aufgefordert zu prüfen, inwieweit der New Approach auch in anderen als den bisher erfassten Bereichen eingesetzt werden kann, um das regulative Umfeld in der EU zu vereinfachen. Wilkinson (2003) bringt die Haltung der Kommission folgendermaßen zum Ausdruck: „Arguably, any entrepreneurial activity operating within the Internal Market could adopt the New Approach, as long as the public interest is adequately protected." Und weiter heißt es: „The New Approach can go – anywhere".

7.2 Die Beurteilung der europäischen Normungspolitik durch den Autor

Zur Bewertung der europäischen Normungspolitik ist es zweckmäßig sich vor Augen zu führen, wie die Interessen der unterschiedlichen relevanten Akteure durch die europäische Normungspolitik beeinflusst werden. Die weitreichende Zufriedenheit der Kommission und anderer EU-Organe insbesondere mit dem New Approach kam bereits im letzten Abschnitt zum Ausdruck. In der Tat ergänzt der New Approach ausgesprochen zweckmäßig den regulativen Instrumentenkasten der EU im intermediären Bereich zwischen völliger Liberalisierung und „harter" Gesetzgebung. Abgesehen vom New Approach können die EU-Organe, falls die Kommission es für nötig befindet, weiterhin im Stile des Old Approach eigenhändig technische Spezifikationen verabschieden, bestimmte Entwicklungen durch Mandate an die ENOs anstoßen oder auch den privaten Akteuren völlige Autonomie in der Normung zubilligen. Insofern stehen der Kommission normungspolitische Instrumente zur Verfügung, welche die ganze Bandbreite unterschiedlicher Zwangsmomente abdecken.

Man sollte weiterhin das Potential der Normung als Machtinstrument der EU nicht unterschätzen. In Abschnitt 6.5.6 wurde auf den Stellenwert der Normung bei den EU-Erweiterungen hingewiesen. Vermittels der Normung setzt ein Integrationsprozess dezent und von vielen Akteuren weitgehend unbeobachtet ein, lange bevor auf der politischen Ebene die ersten, möglicherweise kontroversen Schritte unternommen werden. Der „diskrete Charme" der Normung macht sich selbstverständlich auch im Innenverhältnis bemerkbar. Prinzipiell waren die EU-Organe und die ENOs weitgehend frei in der Ausgestaltung ihrer Normungspolitik. So wurde weder von den Mitgliedstaaten noch irgendwelchen Interessengruppen nennenswerter Widerstand gegen die Einführung des New Approach geleistet. Widerstand gegen die Normungspolitik kam – wenn überhaupt – von den NOs, die beispielsweise mit der Informationsrichtlinie unzufrieden waren. Weiterhin spielt die Normung für die EU auf der internationalen Ebene eine wichtige Rolle im institutionellen Wettbewerb mit den USA (vgl. Abschnitt 6.4). Bereits Anfang der 1970er Jahre hatte die Kommission die Vereinheitlichung technischer Regelwerke auf der europäischen Ebene als ein politisches Instrument angepriesen, das Unabhängigkeit von den Regelwerken anderer, nicht-europäischer Staaten verschafft und die Einflussnahme auf der internationalen Ebene ermöglicht (Egan, 2001, S.77).

Insoweit die europäische Normung den europäischen Binnenmarkt unterstützt, wenn nicht gar konstituiert, erleben die Marktteilnehmer durch die Normung alle Vorteile, aber auch Nachteile eines integrierten europäischen Marktes. Die größten Nutznießer sind hierbei Unternehmen, die auf europäischer bzw. auf internationaler Ebene agieren. Diese Unternehmen profitieren beispielsweise von der größeren Mobilität ihrer Produkte innerhalb des Binnenmarktes. Europäische Global Player, die grundsätzlich ein Interesse an einheitlichen internationalen Normen haben, profitieren von dem hohen Anteil internationaler Normen am europäischen Normenwerk und dem großen Einfluss Europas in der internationalen Normung. Selbstverständlich haben Europäische Global Player ein Interesse am Export des europäischen Normungsansatzes bzw. der Adaption des europäischen Normenwerks durch Staaten jenseits des EWRs und der hierdurch resultierende Expansion des Binnenmarktes. In der Tat war die Schaffung eines europäischen Binnenmarktes bzw. der Abbau technischer Handelshemmnisse bereits sehr früh ein Anliegen großer europäischer Unternehmen. Besonderen Einfluss auf die Politik der EWG-Organe hatte beispielsweise der European Roundtable for Industrialists (ERT), die Interessenvertretung europäischer „Big Player" (Egan, 2001, S.112).

Die Verlagerung der Normungsaktivitäten von der nationalen auf die internationale Ebene begünstigt regional und international agierende Unternehmen und erschwert es KMUs, ihren Interessen in der Normungsarbeit Geltung zu verschaffen. Dies wird durch das Delegationsprinzip, also die Meinungsbildung auf nationaler Ebene, und den maßgeblich von der Kommission geförderten unmittelbaren Einfluss von NORMAPNE zumindest teilweise kompensiert. In ähnlicher Weise unterstützt die Kommission solche Organisationen wie ANEC dabei, die Interessen des Verbraucher-, Arbeitnehmer- und Umweltschutzes in der europäischen Normung zur Geltung zu bringen. Hier bemüht sich die Kommission durchaus um eine Balance der Interessen. Gleichermaßen profitieren Verbraucher, Arbeitnehmer und der Umweltschutz von dem hohen Schutzniveau, das die Kommission bei der Formulierung ihrer Essential Requirements zugrunde legt.

In Handlungsräumen interpretiert entspricht der New Approach durchaus dem in Abschnitt 4.4.2 eingeführten Basismechanismus der Standardisierung. Die Einführung des New Approach bedeutete im Vergleich zum Old Approach eine bewusste und selbstverordnete Kontraktion des Handlungsraumes der Kommission auf der Ebene der Normung, die indes Ressourcen freisetzte und es den EU-Organen erleichterte, sich den eigentlichen politischen Aufgaben zu widmen. Die Essential Requirements bedeuten eine Vereinheitlichung auf einer höheren Abstraktionsebene als die Richtlinien, die noch unter dem Old Approach erstellt wurden. Gleichermaßen wurde der Handlungsraum derjenigen Akteure expandiert, die für die eigentliche inhaltliche Arbeit am besten qualifiziert waren, nämlich der Normungsorganisationen, die daraufhin deutlich mehr Europäische Normen erstellen konnten als die EWG-Organe unter dem Old Approach. Im Prinzip hatten die Organe der EWG unter dem Old Approach im langfristig restringierten Raum operiert, was letzten Endes zu dessen Scheitern führte. Unternehmen können unter dem New Approach auf Europäische Normen zurückgreifen, um den Essential Requirements zu genügen, müssen dies aber nicht. Hier fällt das (wahrgenommene) Zwangsmoment niedrig aus, wenngleich der Rückgriff auf Europäische Normen der einfachste Weg ist, den Essential Requirements zu genügen, und von der Kommission und den ENOs empfohlen wird. Weiterhin sollen Europäische Normen soweit wie möglich performacebasiert und so wenig wie möglich präskriptiv sein (minimale Kontraktion auf der Handlungsebene der Vereinheitlichung bei maximaler Expansion anderer Handlungsebenen). Nicht zuletzt beschränkt sich die normungspolitische Einflussnahme der Kommission – jedenfalls gegenwärtig – nur auf einen Teilbereich des europäischen Normenwerkes, der europäischen Normungsaktivitäten. Dementsprechend sind die privaten Akteure im unregulierten Bereich frei, ihre Normungsaktivitäten nach den eigenen Interessen gestalten zu können. Vermittels des New Approach erreicht die Kommission ihre steuerungspolitischen Ziele in der Normung also mit einem Minimum an Zwang, einer minimalen Kontraktion der Handlungsräume der betroffenen Akteure.

Der New Approach bzw. die europäische Normungspolitik ist also in der Tat als ein Erfolg zu betrachten. Dieser Erfolg bemisst sich auch an der Akzeptanz Europäischer Normen bei den Anwendern. So ist beispielsweise das weltweit etablierte System for Mobile Communications (GSM) eine uneingeschränkte Erfolgsgeschichte der europäischen Normung. Pelkmans (2001) schildert minutiös die Entwicklung des GSM-Standards und veranschaulicht dabei, wie die politischen Initiativen der EU dazu beitrugen, Hemmnisse auf Seiten der privaten Akteuren zu überwinden und die Entwicklung des Standards anzustoßen. ETSI engagiert sich bei Folgeprojekten globalen Zuschnitts wie z.B. dem 3rd Generation Partnership Project oder auch dem Project MESA (Mobility for Emergency and Safety Applications) im Bereich der Notfallkommunikation (vgl. ETSI, 2006). CEN (1999) verweist auf eine ganze Reihe erfolgreicher Normen wie beispielsweise EN 71 – Safety of toys, EN 197 – Cement, EN 13235 – Advanced technical ceramics, oder EN ISO 4074:2002 – Natural latex rubber condoms – Requirements and test methods (CEN/CENELEC/ETSI, 2004, S.4). CENELEC verweist seinerseits auf erfolgreiche Normen in den Bereichen der Elektromagnetische Verträglichkeit (EMV), der Medizintechnik, oder im Bereich des Interactive Digital Television (CEN/CENELEC/ETSI, 2004, S.6). Wann immer der Airbus A380 abhebt, sind auch mindestens 350 Europäische Normen an Bord (CEN Networking, 2005, S.4). Vardakas (2003, S.7) erörtert eine Reihe weiterer Erfolgsgeschichten der europäischen Normung.

7.3 Probleme in der europäischen Normungspolitik

Auch wenn die europäische Normungspolitik durchaus erfolgreich ist, gibt es über den von den EU-Organen identifizierten Verbesserungsbedarf hinaus eine Reihe mehr oder minder schwerwiegender, tatsächlicher respektiver potentieller Probleme, die in diesem Abschnitt erörtert werden sollen. Zunächst verlief die Entwicklung der europäischen Normung nicht immer stetig bzw. reibungslos, wie schon das Scheitern des Old Approach veranschaulicht hat. In den 1960er Jahren gehörte die Harmonisierung auf der technischen Ebene für die Kommission keineswegs zu den Top-Prioritäten (Egan, 2001, S.67f.). Die Kommission hätte lieber eine tragende Rolle in den Bereichen der Wirtschafts- und Industriepolitik gespielt. Hierzu fehlten allerdings einerseits die Kompetenzen; andererseits stieß die Kommission auf den massiven Widerstand seitens der Mitgliedstaaten, die sich auf dieser Ebene einer Einflussnahme durch die EWG-Organe verweigerten. Insofern passte sich die Kommission den Zwängen an und wurde in den Politikfeldern aktiv, in denen sie einen gestalterischen Spielraum hatte. Hier bestanden zwei Freiheitsgrade: Erstens die Harmonisierung in den bereits erschlossenen Bereichen zu intensivieren, und zweitens die Harmonisierung auf Bereiche auszudehnen, die bisher noch nicht erschlossen waren. Die Hinwendung der EG-Organe zur Harmonisierung und insbesondere zur Normungspolitik geht konform mit dem Prinzip des kleinsten Zwangs, das im Abschnitt 3.2.1 eingeführt wurde. Die EWG-Organe konzentrierten sich kurzerhand auf solche Politikfelder, die nicht restringiert waren und angesichts der Umstände die besten Aussichten auf einen Fortschritt in der europäischen Integration boten (Egan, 2001, S.68f.).

Die Hinwendung der EU-Organe zur Normung kann aber auch weniger schmeichelhaft interpretiert werden. Im Prinzip war die EU auf der Suche nach Politikfeldern, in denen man, wenn nicht heimlich, so doch unauffällig gestalten, die Einflusssphäre vergrößern, Tatsachen schaffen und die eigene Machtposition ausbauen konnte, ohne den Argwohn auf nationaler Ebene zu erwecken. Hier galt es, die Bewusstseinslücken auf nationaler Ebene zu identifizieren und diese möglichst unbemerkt auszunutzen. Für diese Absichten war die Normung geradezu ideal. Wie allerdings gezeigt, war der Rückgriff auf die Normung keineswegs die erste Wahl, sondern vielmehr eine Reaktion auf die gegebenen Rahmenbedingungen. Insofern fehlte den EU-Organen zunächst das Bewusstsein dafür, was für ein leistungsfähiges politisches Steuerungsinstrument die Normung tatsächlich darstellt. Diese Erkenntnis setzte sich erst im Laufe der Zeit durch. Weiterhin gestaltete sich der Old Approach alles andere als glücklich. Hier maßte man sich auf politischer Ebene eine technische Kompetenz an, die offenbar nicht existierte mit der Folge, dass 10 Jahre lang das Integrationspotential, das von einer tragfähigen Normungspolitik ausgegangen wäre, nicht erschlossen wurde. Und dennoch haben die EU-Organe im Zuge des New Approach wohl kaum politischen Gestaltungsspielraum mit großer Freude an private Akteure abgegeben. Hätte man die Fehler, die im Zuge des Old Approach gemacht wurden, vermeiden können? Wohl dann nicht, wenn man auf Seiten der europäischen Politik so etwas wie einen „etatistisch-dirigistischenen Reflex" unterstellt, der die politischen Akteure der EU dazu veranlasst, ihren Einfluss auszudehnen und neue Politikfelder zu besetzen, wann immer sich hierzu Gelegenheit bietet.

Natürlich stößt nicht jede normungspolitische Initiative der Kommission auf ungeteilte Zustimmung aller betroffenen Akteure. So sind die Pläne der Kommission, vermehrt Umweltaspekte in der Normung zu berücksichtigen, ausgesprochen weitreichend und darauf ausgerichtet, alle anderen Normungsaktivitäten zu dominieren (vgl. Abschnitt 6.5.7). Die angemessene Berücksichtung ökologischer Aspekte sollte nach den Vorstellungen der Kommission Voraussetzung dafür sein, einer Normungsaktivität nachgehen zu dürfen. Dies gilt konsequenterweise nicht nur für solche Normungsaktivitäten unter dem Dach des New Approach, sondern auch für alle Normungsaktivitäten jenseits des regulierten Bereiches. Dieses Regime ist also gleichsam total und wird oftmals sicherlich als Hemmnis in der Normungsarbeit aufgefasst werden. Vielen Akteuren dürfte die Aussicht missfallen, unabhängig davon, wie irrelevant ein Normungsprojekt in ökologischer Hinsicht eigentlich sein mag, dennoch zunächst über dessen ökologische Implikationen nachdenken zu müssen, bevor man sich der eigentlichen inhaltlichen Arbeit widmen kann. In der Tat konnte der Autor Signale auffassen, die auf eine gewisse Skepsis in der Industrie gegenüber den Plänen der Kommission hindeuten. Ebenso empfiehlt der Wirtschaft- und Sozialausschuss, der die Initiative der Kommission im Prinzip begrüßt, auf jeden politischen Zwang bei der „Ökologisierung" der Normung zu verzichten und vielmehr auf die Eigeninitiative und Expertise der einschlägigen privaten Akteure zu vertrauen (Europäischer Wirtschafts- und Sozialausschuss, 2005, S.4). Hier besteht also grundsätzlich die Gefahr, dass die Kommission Initiativen in Bereichen anstößt, in denen die Normung nicht erwünscht ist, oder aber die „Normungsdichte" über ein optimales Maß hinausgeht, also in einem bestimmten Bereich zu viele Normen erstellt werden, die letzten Endes die Handlungsräume der betroffenen Akteure kontrahiert.

Die Normungsaktivitäten der EU bzw. der ENOs stehen dann zumindest indirekt in der Kritik, wenn sie kontroverse politische Initiativen flankieren. ETSI-Komitees wie beispielsweise das TC „Lawful Interception" entwerfen Standards, die dazu dienen, elektronische Datenflüsse abzufangen und an Ermittlungsbehörden oder Geheimdienste zu übergeben (ETSI Annual Report 2005, S.6). Dies wurde von Bürgerrechtlern als eine Tendenz zum Überwachungsstaat bzw. „Überwachungseuropa" kritisiert (Moechel, 2001). Nach dem 11. September drängt Bürgerrechtsorganisationen wie Statewatch zufolge der „militärisch-industrielle Komplex" darauf, die Maßnahmen zur Inneren Sicherheit ähnlich wie in den USA zu verschärfen. Dies geschehe nicht zuletzt in Hinblick auf die entsprechenden lukrativen Aufträge durch die EU (Hayes, 2006). Hierbei kann die Normung eine zentrale und möglicherweise ambivalente technisch-systemische Rolle einnehmen, die im Kreise der interessierten bzw. informierten Öffentlichkeit kontrovers diskutiert wird.

Man sollte weiterhin die praktischen Probleme, welche die Organe der EU bei der Ausübung ihrer Normungspolitik haben können, nicht unterschätzen. Es wurde bereits in Abschnitt 6.1.4 darauf hingewiesen, dass es durchaus mit Schwierigkeiten einhergehen kann, Essential Requirements in der gebotenen Qualität zu erstellen. Gleichmaßen sollten die Mandate, die EU-Organe an ENOs richten, gewissen Mindestansprüchen genügen, um tatsächlich auch in Normen von hinreichender Qualität umgesetzt werden zu können. Immerhin sah sich die Kommission als Reaktion auf die Entschließung des Rates vom 28. Oktober 1999 zur Funktion der Normung in Europa veranlasst, ein Working Paper namens „Role, preparation and monitoring of standardisation mandates within the framework of the New Approach" zu verfassen (Kommission, 2001c), in dem Leitlinien für den Umgang mit Mandaten niedergelegt sind. Ebenso basieren die Probleme bei der praktischen Umsetzung des New Approach auf der nationalen Ebene nicht nur auf dem strategisch-opportunistischen Verhalten der relevanten nationalen Akteure, sondern nicht unwesentlich auf institutionellen Hemmnissen bzw. entsprechend restringierten Handlungsräumen, z.B. auf der Ressourcenebene, die eine schnelle und vollständige Umsetzung der Vorgaben der EU verhindern. Europäische Normungsvorhaben müssen keineswegs immer erfolgreich verlaufen, sondern können selbstverständlich auch scheitern. Offenbar nagt es am Selbstbewusstsein CENELEC's, dass es nicht gelang, elektrische Steckdosen und Stecker in Europa zu vereinheitlichen. Diese Initiative schlug fehl aufgrund des eisernen Widerstands auf der nationalen Ebene (COM(1998) 291, S.3; CENELEC, 1999, S.5). Hierbei sollte man allerdings berücksichtigen, dass nicht nur europäische, sondern jedes Normungsvorhaben so wie jede andere menschliche Aktivität auch scheitern kann. Grundsätzlich treten immer wieder Situationen wie z.B. im Bauwesen auf, in denen die nationalen Widerstände gegen eine europaweite Vereinheitlichung sehr groß sind, weil dies sehr hohe Anpassungskosten in den entsprechenden Branchen der Mitgliedstaaten nach sich ziehen würde. Welche Ausmaße die praktischen Probleme bei der Umsetzung normungspolitischer Regime annehmen können, lässt sich nicht zuletzt auch an dem Umstand ablesen, dass es annähernd 30 Jahre dauerte, bis die EWG mit dem New Approach einen halbwegs operablen und vollständigen Normungsansatz entworfen und verwirklicht hatte.

Potentielle Probleme können im ENS außerdem dann auftreten, wenn die Normung durch politische Akteure opportunistisch missbraucht und das Zwangsmoment in der europäischen Normung erhöht wird, oder das Bewusstsein zur Normung innerhalb des EU-Apparates schwindet, und dadurch bedingt die Befähigung innerhalb des Apparates, zukünftig eine tragfähige und verantwortungsbewusste Normungspolitik zu gestalten. Politischer Opportunismus kann die diffizile Balance zwischen regulativer Verhaltenssteuerung und der relativen Autonomie der privaten Akteure stören. Dies ist vor allem dann der Fall, wenn das Zwangsmoment in der Normung erhöht wird, also die Handlungsräume der privaten Akteure in unerwünschter Weise eingeschränkt werden. Die Verschärfung des Normungsregimes kann dazu führen, dass wichtige Akteure, insbesondere europäische „Global Player", die mit Abstand über den größten Handlungsspielraum verfügen, dem Zwangsmoment ausweichen, sich nicht mehr in der europäischen Normung engagieren und ihre Normungsaktivitäten in andere Regionen bzw. auf andere Institutionen der Standardisierung verlagern.

Ein komplexer Apparat wie die Kommission handelt nicht immer konsistent. Hierbei ist zu berücksichtigen, dass die Kommission keineswegs eine monolithische Einheit darstellt, auch wenn im Rahmen dieser Arbeit (wie in anderen Veröffentlichungen zur EU auch) ständig von „der Kommission" als singulärem politischem Akteur die Rede ist. Wie in Abschnitt 5.3.1 erwähnt setzt sich die Kommission aus mittlerweile 27 Kommissaren unterschiedlicher Nationalitäten zusammen, die für unterschiedliche Ressorts verantwortlich sind, unterschiedliche professionelle Backgrounds aufweisen, und zum Teil auch mit unterschiedlichen Interessen ausgestattet sind. Außerdem stehen diese Kommissare den Direktoraten vor, die sich aus einer großen Zahl von Beamten und Mitarbeitern zusammensetzt. Angesichts der strukturellen Komplexität des Kommissionsapparates ist es nicht verwunderlich, dass vor allem dann Koordinationsprobleme auftreten können, wenn bestimmte politische Initiativen die Ressortgrenzen überschreiten bzw. die Kooperation mehrerer Ressorts erforderlich machen sollten. Außerdem ist es keineswegs selbstverständlich, dass die Kommissare und ihre Direktorate stets vorbehaltlos kooperieren. Interne Friktionen sind nicht nur denkbar, sondern tatsächlich auch belegt. Verheugen hat beispielsweise im Zusammenhang mit dem stockenden Better-Regulation-Projekt die übermäßige Bürokratie in der EU und die Eigenmächtigkeiten der Generaldirektoren beklagt (vgl. Abschnitt 5.3.1).

Sicherlich ist die Kommission bis zu einem gewissen Grad anfällig für die Manipulation von außen. Dies ist das fundamentale Anliegen der Lobbyisten, die sich im Einzugsbereich der EU-Organe aufhalten. Gerade in komplexen technischen Fragen hängen politische Akteure, die keine Fachkenntnisse aufweisen, von der Expertise anderer Akteure ab. Diese Akteure haben unter Umständen einen beträchtlichen Einfluss auf die politische Meinungsbildung und einen opportunistischen Gestaltungsraum. Zweifelsohne ist es hierbei denkbar, dass durch eine geschickte Einflussnahme Partikularinteressen z.B. einer Branche oder eines bestimmten Unternehmens bedient werden. Ebenso ist es denkbar, dass vermeintliche Experten die politischen Akteure „fehlkonditionieren" und so fehlerhafte Entscheidungen auf der politischen Ebene auslösen.

Eine „Bewusstseinstrübung" bezüglich der Normung könnte innerhalb des EU-Apparates beispielsweise dadurch eintreten, dass Schlüsselpositionen neu besetzt werden und/oder politische Schwerpunkte verlagert werden. Im schlimmsten Fall erfasst der EU-Apparat das eigene Normungskonzept nicht mehr und verlernt es, dieses anzuwenden bzw. das ENS effektiv zu steuern. Dies birgt die Gefahr der Desintegration der europäischen Normungspolitik. Hierbei muss man berücksichtigen, wie unzulänglich die in der Literatur übliche Personifizierung von Organisationen im Stile von „Organisation x ergreift Handlungsalternative y" ist. Tatsächlich erfordert die erfolgreiche regulative Instrumentalisierung der Normung das entsprechende Know-how und die Qualifizierung *individueller* Entscheidungsträger und Akteure innerhalb des EU-Apparates. So müssen derartige Akteure über ein Basiswissen zur Normung verfügen, sich der Voraussetzungen bewusst sein, unter denen das ENS als steuerungspolitisches Instrument aktiviert werden kann, und welches Prozedere hierbei zu berücksichtigen ist. Dieses Wissen ist flüchtig und muss immer wieder neu generiert werden, um das Normungsbewusstsein innerhalb des Apparates aufrecht zu erhalten und eine Abstumpfung der Normung als regulatives Instrument zu vermeiden. So ist das Vademecum zur europäischen Normung von Vardakas (2003) in erster Linie ein internes Papier und gleichsam so etwas wie ein Vermächtnis, das darauf abzielt, innerhalb des EU-Apparates das Normungsbewusstsein zu bewahren. Ähnlich bildet der interne „Guide on methods of referencing standards in legislation with emphasis on European legislation" (Kommission, 2002a) einen Leitfaden dafür, das regulative Instrument der Normung angemessen handhaben zu können. Das steuerungspolitische Instrument der Normung ist vergleichbar mit einem Musikinstrument, das man ständig üben muss, um es beherrschen zu können.

Träger des Normungsbewusstseins sind wie schon gesagt individuelle Akteure, deren jeweiligen Dispositionen man berücksichtigen sollte. Wie bereits mehrfach angedeutet ist das Bewusstsein zur Normung bei Akteuren von nicht-technischer Provenienz oftmals nicht sonderlich ausgeprägt, was zu einer systematischen Unterschätzung der Normung als regulatives Instrument führen kann. Vardakas beispielsweise trat bereits als gestandener Normungsexperte das Amt des General-direktors des Direktorats Unternehmen und Industrie an, das er von 1991 bis 2003 bekleidete. Von einem derartigen Akteur ging an einflussreicher Stelle eine dezidierte Politik aus, die stets die Belange der Normung angemessen berück-sichtigte. Hingegen ist es fraglich, ob beispielsweise ein Jurist ohne jeden Bezug zur Sache an gleicher Stelle der Normung einen ähnlichen Rang einräumen würde[83]. Sollten bestimmte Entscheidungsträger innerhalb des Apparates – aus welchen Gründen auch immer – der Normung keinen besonderen Stellenwert mehr beimessen, so könnte sich dies unmittelbar, z.B. durch die Verknappung der Mittel oder durch eine strategische bzw. organisationale Neuausrichtung äußern, welche andere Politikfelder als die Normung begünstigt (Egan, 2001, S.80).

Ein mangelndes Normungsbewusstsein kann sich bei den politischen Akteuren bereits in einem leichtfertigen Umgang mit wichtigen Begriffen äußern und durchaus Probleme erzeugen. Im Rahmen der „Interoperable Delivery of Euro-pean eGovernment Services to public Administrations, Businesses and Citizens" Initiative („IDABC") hat die Kommission (bzw. bestimmte Akteure innerhalb der Kommission) auf eine der unscharfen Definitionen des Begriffes „open standard" zurückgegriffen, die in Abschnitt 4.3.7 diskutiert wurden und die von dem in den Grundprinzipien der Normung kodifizierten Begriff der Offenheit abweicht (Kommission, 2004e, S.9f.; ANSI 2004). Ohne die begrifflichen Details hier erneut aufzugreifen, sei kurz auf die Probleme hingewiesen, die hiermit einher-gehen: Die Kommission „verwässert" ihren eigenen Begriffsapparat und schlimm-stenfalls auch ihre eigene Normungspolitik, sofern keine klare Vorstellung mehr von den entsprechenden Objekten und Subjekten und deren Beziehung untereinander bestehen sollte. Die Kommission bereitet den ENOs dadurch Probleme, dass deren Normungsprinzipien, die ja in dem korrespondierenden Begriffsapparat zum Ausdruck kommt, in Frage gestellt oder zumindest einer überflüssigen Diskussion unterzogen werden. So fußt die Legitimität der europäischen Normung, die ja für die Kommission grundsätzlich von höchster Bedeutung ist, auf ihrer prozessualen Offenheit. Wird der Begriff der Offenheit verwässert, so wird auch das Prinzip der Legitimität der Normung in Mitleidenschaft gezogen. Ironischerweise war es gerade ANSI, also ein latenter Konkurrent des ENS, das auf den Missstand in der Begriffsbildung der Kom-mission hinweist.

Ist es weiterhin möglich, dass sich das prinzipiell gute Verhältnis zwischen der Kommission und den ENOs abschwächt oder gar umkehrt? Konflikte zwischen der Kommission und den ENOs sind denkbar, aber nicht sehr wahrscheinlich.

---

83 Heinz Zourek, der gegenwärtige Generaldirektor des Direktorats Unternehmen und Industrie, ist Ökonom. Dies soll allerdings nicht implizieren, dass die Normung unter der Leitung Zoureks nicht mehr angemessen berücksichtigt werden würde.

Grundsätzlich holt die Kommission den Rat der ENOs, die formell unabhängig sind und EU-Mandate auch ablehnen können, ein, bevor sie ihre normungspolitischen Initiativen ergreift. Daher ist es unwahrscheinlich, dass die ENOs durch widersprüchliche, unzweckmäßige oder undurchführbare Normungsinitiativen der Kommission überrascht werden. Trotz eines grundsätzlich partnerschaftlichen Verhältnisses verfügt die Kommission dennoch über Kontroll- und Sanktionsinstrumente, um ihre normungspolitischen Interessen gegenüber den ENOs durchzusetzen. Beispielsweise existiert das „Verfahren zur Anfechtung einer Norm" (KOM(2001) 527, S.13), um sicherzustellen, dass die Arbeitsergebnisse der ENOs tatsächlich auch den eigenen Erwartungen entsprechen (Egan, 2001, S.124). Falls die ENOs vereinbarte Termine nicht einhalten, kann die Kommission beispielsweise die finanzielle Unterstützung einschränken. Weiterhin hat die Kommission die Möglichkeit, von Experten überprüfen zu lassen, ob die Normen der ENOs den eigenen Vorgaben und Zielen entsprechen. Ist dies nicht der Fall, so kann die Kommission auch die Arbeitsergebnisse der ENOs ablehnen, was indes nur selten der Fall ist. Die härteste Sanktion durch die Kommission bestünde indes darin, die ENOs zu „bypassen", andere NOs zu beauftragen oder zum Old Approach zurückzukehren, also Rechtsakte normativen Inhalts im Alleingang zu erstellen. Prinzipiell könnte man mutmaßen, dass bei den ENOs ein „opportunistischer Bias" dahingehend besteht, vorbehaltlos alle Mandate und Programmierungsaufträge der Kommission anzunehmen, um sich dadurch die Unterstützung der Kommission zu sichern und die eigene Position im Standardisierungswettbewerb zu stärken. Sicherlich spielen diese Motive eine Rolle bei der Annahme von Normungsaufträgen durch die Kommission, bilden allerdings wohl kaum ein Anreiz, unzulängliche Aufträge anzunehmen, die kaum oder gar nicht erfolgreich ausgeführt werden können. In diesem Falle stünden die ENOs unter Rechtfertigungsdruck und müssten gegebenenfalls mit Sanktionen durch die Kommission rechnen. Hier existiert durchaus ein Anreiz, nur solche Aufträge der Kommission anzunehmen, die hinreichend konsistent sind (was in der Praxis allerdings auch nicht immer der Fall war), die Ziele der Kommission langfristig stützen und mit Aussicht auf Erfolg durchgeführt werden können.

Die Instrumentalisierung der europäischen Normung durch die EU ist nicht zuletzt aufgrund der rechtlichen Rahmenbedingungen, die sich die Organe der EU zum Teil selbst geschaffen haben, völlig legitim; aber ist sie es auch aus der wirtschaftspolitischen Perspektive des Liberalismus, dem die Privatautonomie ein hohes Gut ist? Auch wenn ein überzeugter Vertreter des Liberalismus die industriepolitische Instrumentalisierung der Normung wohl ablehnen wird, lässt sich dies durch den Rekurs auf die Ordnungopolitik halbwegs rechtfertigen. Betrachtet man – wie in Abschnitt 4.9 geschehen – die Normung als Bestandteil des exogenen Datenkranzes des Marktes bzw. als Extrapolation der Eucken'schen konstitutiven Prinzipien in die technische Sphäre (und ist man überzeugter Ordoliberaler), so ist der staatliche, ordnungspolitische Eingriff möglicherweise nicht nur gerechtfertigt, sondern sogar geboten. Wenn Normen als genauso wichtig erachtet werden für die Marktkonstitution wie die Euckenschen konstitutiven Prinzipien (Vertragsfreiheit, Privateigentum usw.), dann kann der Staat (oder supranationale Organisationen mit hoheitlichen Befugnissen wie die EU) hieraus seinen ordnungspolitisch fundierten Lenkungsanspruch ableiten. Anlass für den staatlichen Eingriff könnte beispielsweise auch dann bestehen, wenn die grundlegenden Prinzipien der Normung, also etwa das Konsensprinzip oder die Unabhängigkeit von Partikularinteressen nicht mehr gewährleistet sind. Die Gefahr der Dominanz individueller Interessen besteht offenbar auch dann, wenn die Normung bzw. Standardisierung endogenisiert, also den Marktkräften überlassen wird. Unternehmen werden versuchen, ihre Technologien bzw. technischen Spezifikationen über den Marktmechanismus durchzusetzen. Bei der Anwesenheit von Netzwerkeffekten sollte hierbei die Gefahr einer Monopolbildung besonders groß sein. Ebenso besteht die Gefahr, dass die Interessen anderer Akteure, wie beispielsweise der Anwender bzw. Konsumenten nur unzureichend berücksichtigt werden. Man denke beispielsweise an die Produkte von Microsoft und gleichermaßen an den Zusammenhang zwischen Nutzen und Zwang, der sich zuweilen auf subtile Weise äußert: Das Gros der Anwender greift auf die Produkte von Microsoft zurück, weil es die meisten anderen auch tun, also aufgrund von Netzwerkeffekten, die sich aus den Vorteilen der einheitlichen Plattform, einer verbesserten Interoperabilität und ähnlichem ergeben. Allerdings resultiert die Verwendung der Produkte von Microsoft nicht immer aus einem wahrgenommenen Nutzen; vielmehr wird es als Zwang empfunden, sich so verhalten zu müssen. Gerade viele kritische Anwender würden nicht zuletzt aufgrund einer Abneigung gegen die Geschäftspraktiken Microsofts gerne auf andere Produkte zurückgreifen. Möglicherweise stimmt den überzeugten Wirtschaftsliberalen der Gedanke versöhnlich, dass insbesondere der New Approach so etwas wie eine „Second Best Solution" darstellt: Gemessen an dem Umstand, dass die EU bzw. die Kommission wohl kaum ihren steuerungspolitischen Anspruch in der Normung aufgeben werden, ist der New Approach nur minimal invasiv. In den Bereichen jenseits der Domäne des New Approachs sind die ENOs und die privaten Akteure weitgehend unabhängig.

7.4 Zur institutionellen Ausgestaltung des europäischen Normungssystems

Als diese Arbeit begonnen wurde, sollten in diesem Kapitel eigentlich diverse Varianten der institutionellen Ausgestaltung des ENS erörtert und natürlich auch Vorschläge über dessen Neugestaltung abgegeben werden. Genau genommen ging der Autor in einer Mischung aus Ignoranz und ideologischer Verblendung davon aus, dass in der europäischen Normung ein fundamentaler Änderungsbedarf bestünde, der gegebenenfalls bis zum äußersten reichen würde. Je länger indes die Auseinandersetzung mit der Materie andauerte, desto eher stellte sich die Erkenntnis ein, dass dieser Änderungsbedarf – sowohl was die politischen Rahmenbedingungen wie auch die institutionellen Merkmale des ENS anbetrifft – nicht sonderlich ausgeprägt ist, und darüber hinaus die internen organisatorischen Angelegenheiten durchaus den NOs selbst überlassen werden können, die zwischenzeitlich viel bei der Effizienzsteigerung geleistet haben[84]. Dennoch gibt es eine ganze Reihe interessanter institutioneller Fragen das ENS betreffend, die in diesem Abschnitt näher erörtert werden.

Zunächst sei nochmals veranschaulicht, warum keine ausgeprägte Veranlassung besteht, die institutionellen Merkmale des ENS grundlegend zu verändern. Durch den bereits in Abschnitt 6.5.3 erörterten institutionellen Homomorphismus zwischen europäischem und internationalem Normungssystem (und europäischer und nationaler Normungsebene) ist der Anreiz zur institutionellen Neugestaltung auf der europäischen Ebene ausgesprochen gering. Die ENOs kooperieren sehr eng mit ihren internationalen Pendants wie ISO oder die IEC. Hier würde eine institutionelle Neugestaltung auf der europäischen Ebene die Funktion der Schnittstellen zur internationalen Ebene mit der Folge beeinträchtigen, dass hierdurch die Handlungskoordinierung erschwert werden würde. Der Homomorphismus zwischen dem ENS und dem internationalen Normungssystem dient auch nicht unwesentlich der Legitimation des ENS und sichert es vor etwaigen Bestrebungen politischer Akteure ab, das ENS institutionellen Veränderungen zu unterziehen. Die Anfang der 1990er Jahre im Grünbuch niedergelegten Absichten der Kommission, das ENS fundamental neu zu gestalten, wurden, wie bereits in Abschnitt 6.5.3 geschildert, stillschweigend ad acta gelegt. Dies beruhte nicht zuletzt auf der institutionellen Stabilität, welche durch institutionellen Homomorphismus zwischen dem ENS und dem internationalen Normungssystem induziert wurde.

Bevor sich die Lage dermaßen stabilisierte, wurden sehr wohl unterschiedliche Modelle der institutionellen Ausgestaltung des ENS diskutiert. Ende der 1960er Jahre traten analog zur politischen europäischen Ebene „Föderalisten" und „Verfechter der nationalen Souveränität" auf (CEN, 1995, S.13). Die föderal orientierten Kräfte befürworteten ein zentralisiertes und autonomes europäisches Normungssystem, dessen Normen ohne Einschränkung in allen Mitgliedsländern der EG Gültigkeit haben sollten. Hierbei schreckte man auch vor dem Gedanken nicht zurück, alle nationalen Normungsorganisationen in der EWG aufzulösen. Dem hielten die Föderalisten entgegen, dass die nationalen Normungsstrukturen fest verankert seien und nur unter unverhältnismäßig hohen finanziellen bzw. zeit-

---

84 Tatsächlich existierte auch das praktische Argument, dass die intensive Auseinandersetzung mit den internen Strukturen und Prozessen der ENOs den Rahmen dieser Arbeit bei weitem gesprengt hätte.

lichen Aufwand transformiert werden könnten. Das Problem, Europäischen Normen einerseits ihre Souveränität gegenüber nationalen Normen einzuräumen, und andererseits die relative Unabhängigkeit nationaler Normungsorganisationen zu erhalten, wurde wie bereits dargelegt dadurch gelöst, dass CEN und CENELEC Harmonisierungsdokumente herausgeben, deren Inhalt unverändert in nationale Normen aufgenommen wird.

Häufig wird das Prinzip der nationalen Delegation dahingehend kritisiert, das bei CEN und CENELEC die direkte Partizipation der Interessenträger an Normungsprojekten weitgehend ausgeschlossen ist. Hier leuchtet es durchaus ein, dass bestimmte, wenn nicht alle Stakeholder ihre Interessen unmittelbar in Normungsprozessen zur Geltung bringen wollen, anstatt möglicherweise unzureichend vertreten zu werden. Dennoch gibt es eine Reihe guter Gründe, die für das Delegationsprinzip sprechen. Zunächst wäre die Zahl potentieller individueller Teilnehmer an Normungsprojekten bei CEN und CENELEC enorm hoch – in vielen Fällen so hoch, dass ein Konsens nicht oder nur mit verhältnismäßig hohem Verhandlungsaufwand zu erzielen wäre. Das Delegationsprinzip ermöglicht auf der nationalen Ebene die Bildung einer gemeinsamen Position in kleinen, homogenen Gruppen, die dann durch die Delegationen auf der europäischen Ebene mit der Aussicht auf eine Einigung zur Geltung gebracht werden. Das Delegationsprinzip senkt also die Kosten der Entscheidungsfindung beträchtlich. Außerdem muss man berücksichtigen, dass bei ETSI, das eine direkte Mitgliedschaft einzelner Akteure zulässt, die Zahl der (potentiellen) direkten Mitglieder sehr viel geringer ist als bei CEN und CENELEC und sich insofern das Problem der Entscheidungsfindungskosten nicht dermaßen stellt. Hier unterscheiden sich die Rahmenbedingungen merklich, und darum existieren auch signifikante institutionelle Unterschiede zwischen den ENOs bzw. den Grenzen der Vereinheitlichung der institutionellen Merkmale der ENOs. Weiterhin benachteiligt eine Aufhebung des Delegationsprinzips, genauso wie ein Sektoralisierung auf der europäischen Ebene, KMUs, deren Reichweite in Normungsangelegenheiten oftmals begrenzt ist. So scheitert die Teilnahme von KMUs an Normungsprojekten trotz Interesses oftmals schlicht an solchen Dingen wie den Reisekosten oder auch Sprachbarrieren. Die Aufhebung des nationalen Moments in der europäischen Normung würde mithin Unternehmen begünstigen, die auf europäischer bzw. internationaler Ebene aktiv sind, also Global und Regional Player.

Wie gestaltet sich das Verhältnis zwischen dem ENS und anderen Formen der Standardisierung, insbesondere Konsortien oder auch dem Markt? Hier unterliegen die ENOs durchaus äußeren Zwängen und dem permanenten Druck, die Effizienz zu steigern, also vor allem die Dauer von Normungsprozessen zu senken, ohne dabei – oder nur im äußersten Falle – die Grundprinzipien der Normung in Mitleidenschaft zu ziehen. Sowohl die Kommission wie auch die

ENOs werden sich indes mit der Existenz von Konsortien und der de facto Standardisierung in der Marktsphäre, die im Wesentlichen auf der Privatautonomie und der Marktordnung beruht, arrangieren müssen, auch wenn dies die Kohärenz von Normenwerken oder auch die Effektivität der europäischen Normungspolitik beeinträchtigt. Prinzipiell kann die Kommission die Kooperation in Konsortien unter wettbewerbsrechtlichen Gesichtspunkten betrachten und einschreiten, sollte es Anzeichen wettbewerbsfeindlichen Verhaltens geben. Hier bietet Artikel 81 EG-Vertrag eine Handhabe, die in den Leitlinien der Kommission zur Anwendbarkeit von Artikel 81 EG-Vertrag auf Vereinbarungen über horizontale Zusammenarbeit (Kommission, 2001a) im Hinblick auf die Normung konkretisiert wurde. Die Haltung der Kommission lautet diesbezüglich, dass die Zusammenarbeit von Unternehmen unter dem Dach einer anerkannten Normungsorganisation auf der Basis solcher Prinzipien wie Nichtdiskriminierung, Offenheit und Transparenz grundsätzlich den Wettbewerb nicht beschränkt (KOM(2001) 527, S.5). Andere Formen der Standardisierung, die diesen Prinzipien nicht genügen, könnten insofern als wettbewerbsfeindlich eingestuft und entsprechend sanktioniert werden. Es wäre jedoch eine riskante Strategie der Kommission, die Aktivitäten von Konsortien vermittels des Wettbewerbsrechts zu unterbinden, da man hierbei Gefahr liefe, dass gerade einflussreiche Akteure mit den größten Freiheitsgraden dem Zwang der Kommission auswichen und ihren Standardisierungsaktivitäten andernorts nachgingen. Hier sind es wiederum die Global Player, denen die ganze Bandbreite an Standardisierungsmechanismen zur Verfügung steht. Im schlechtesten Falle könnten derartige Akteure ihr Engagement in der europäischen Normung einschränken oder gänzlich aufgeben mit der Folge einer dauerhaften Schwächung der Stellung des ENS im (institutionellen wie auch geografischen) Standardisierungswettbewerb. Eine Einschränkung von Konsortien würde letzten Endes das ENS selbst und die entsprechenden Gestaltungsziele der EU gefährden und andere Standardisierungssysteme wie z.B. das US-System begünstigen. Wie aber bereits im Zusammenhang mit den Standardisierungssituationen stellt sich auch hier die Frage, ob zwischen NOs und Konsortien nicht eher ein komplementäres Verhältnis und weniger ein Konkurrenzverhältnis besteht. Hier deutet die rege Zusammenarbeit zwischen den ENOs und unterschiedlichsten Konsortien eher auf ein konstruktives und kooperatives Verhältnis hin. Insofern kein oder ein nur schwach ausgeprägtes Konkurrenzverhältnis zwischen NOs und Konsortien besteht, ist auch auf der politischen Ebene der Anreiz nicht ausgeprägt, die Aktivitäten von Konsortien einzuschränken.

Weiterhin werden sich in einer marktwirtschaftlich orientierten Gesellschaft – und das ist die EU auf alle Fälle – Standards Wars mit den entsprechenden Wohlfahrtsverlusten, die beispielsweise Anwendern und Konsumenten aus der Inkompatibilität technischer Systeme erwachsen, nicht immer vermeiden lassen. Grundsätzlich bleibt es Unternehmen unbenommen, auch dann mit ihren Produkten und Technologien zu konkurrieren, wenn diesen das Potential zum de facto Standard innewohnt und die Entwicklung eines gemeinsamen Standards eigentlich möglich ist. Die Vermeidung von Standards Wars müsste wie im Falle von Konsortien mit der Ausübung von Zwang, mit dem Eingriff in die Privatautonomie einhergehen, indem den entsprechenden Unternehmen kurzerhand der Wettbewerb untersagt bzw. die Verwendung bestimmter Normen verordnet werden würde.

Im Hinblick auf den Finanzierungsaspekt sollten sich die einschlägigen Akteure dessen bewusst sein, in welchem Ausmaß ihre Interessen durch das ENS bedient werden. Dementsprechend sollten dem ENS stabile finanzielle Rahmenbedingungen geschaffen werden, um diese Leistung weiterhin aufrechterhalten zu können. Beispielsweise sollten die Zuwendungen der Kommission mindestens so geartet sein, dass das ENS auch dazu in der Lage ist, den Aufträgen der Kommission nachzukommen.

In Abschnitt 6.4 wurde dargelegt, dass europäische und internationale NOs eine ganze Reihe von Ähnlichkeiten aufweisen. Von der historischen Perspektive aus betrachtet existieren allerdings durchaus auch Parallelen in der Entwicklung des französischen und des europäischen Normungssystems (Bolenz 1987, S.6). Beeindruckt von den Erfolgen auf der deutschen Seite bei der Anwendung der Normung während des 1.Weltkriegs ging man auch in Frankreich dazu über, die Normung auf nationaler Ebene zu institutionalisieren. So gründete man nicht zuletzt auch mit dem Blick auf die weltwirtschaftlichen Verhältnisse nach dem Krieg die „commission permanente de standardisation". Die Arbeitsweise dieser Kommission war bis ins Detail geregelt, ebenso wie sie sich in bester dirigistischer Tradition in erster Linie aus Ministerialbeamten zusammensetzte. Indes war dieser Kommission auf Dauer kein großer Erfolg beschieden. Mangelnde Sachkenntnisse, gepaart mit einem streng dirigistischen Ansatz bewirkten in erster Linie eine Ablehnung durch die Industrie. Die Industrieverbände gründeten als Gegenentwurf ihre eigene Normungsorganisation, AFNOR, während die commission permanente de standardisation in der Versenkung verschwand. Maßgeblich waren ähnlich wie in England, Deutschland und den USA die Vereine und Verbände der Industrie und der Ingenieurskaste, die schon seit längerem normative Dokumente herausgegeben hatten. Allerdings war AFNOR – obwohl eigentlich das Resultat privatwirtschaftlicher Initiative – von Beginn an fest in die Strukturen des französischen Staates eingebettet und keineswegs so unabhängig von staatlicher Einflussnahme wie beispielsweise das DIN.

In der Tat sind hier die Parallelen zur Entwicklung des europäischen Normungsansatzes augenfällig. Der Old Approach war seinen Wesen nach ähnlich zentralistisch-dirigistisch ausgelegt wie die ersten französischen Gehversuche in der Normung mit der commission permanente de standardisation. Hier wie da wollten Politiker bzw. Bürokraten aktiv Normen gestalten, obwohl ihnen hierfür einerseits die Kompetenz fehlte und andererseits die institutionellen Rahmenbedingungen ungeeignet waren. In beiden Fällen wurde ein institutioneller Regimewechsel notwendig – allerdings weniger aufgrund differenzierter strategischer Erwägungen (Goerke/Holler, 1998), sondern weil der vorhergehende Ansatz schlichtweg versagt hatte. Die neuen Normungsregime weisen in beiden Fällen ebenfalls Ähnlichkeiten auf: Die eigentliche technische Arbeit in der Normung wurde an die Akteure zurückgereicht, die hierfür am besten qualifiziert sind, nämlich die Ingenieure. Dies geschah in erster Linie aus der Einsicht heraus, dass der alte Weg schlichtweg nicht gangbar war. Die Ingenieure wurden zudem mit hinreichenden Freiheitsgraden und den bewährten institutionellen Rahmenbedingungen ausgestattet, die sich weitgehend an den grundlegenden Prinzipien der offenen und konsensorientierten Normung orientierten. Indes haben in beiden Fällen der Staat bzw. die Organe der EU die Zügel nur zum Teil aus der Hand gegeben und sich ein residuales Recht bewahrt, dann in die Ausgestaltung der Normung einzugreifen, wenn ihnen dies steuerungspolitisch geboten erscheinen sollte. Wie in Abschnitt 6.5.2 dargelegt, zielten die Vorschläge im Grünbuch zur Normung auf eine weitreichende Zentralisierung ab und stehen insofern durchaus im Zeichen einer französischen, am Zentralismus orientierten Auffassung der institutionellen Ausgestaltung. Dadurch, dass diese Gestaltungsvorschläge weitgehend abgewehrt wurden, bewahrte das ENS die integralen Merkmale, die es heute noch aufweist, also beispielsweise die Unabhängigkeit von den politischen Akteuren und die verhältnismäßig flache Hierarchie mit der Joint Presidents Group an der Spitze, das allerdings eher der Koordination als der Machtausübung dient. Insofern ähnelt das ENS in seiner gegenwärtigen Form eher dem deutschen Normungssystem als dem französischen Normungssystem.

Zum Abschluss dieses Abschnitts soll insbesondere vor dem Hintergrund der ausgeprägten Internationalisierungstendenzen in der Normung die Existenzberechtigung regionaler Normungssysteme wie des ENS erörtert werden. Der erste Standpunkt lautet, dass regionale Normungssysteme wie das ENS (und demzufolge regionale Normungspolitiken wie die der EU) grundsätzlich entbehrlich sind. Wie in den Abschnitten 6.1.1 und 6.2.1.4 dargelegt waren CEN und die Vorläufer CENELECs keineswegs gegründet worden, um den Ebenen der nationalen und internationalen Normung eine dritte europäische Ebene hinzuzufügen. Diese Zweifaltigkeit galt als nicht modifikationsbedürftig, wenn nicht gar als unantastbar. Die Sonderstellung, der signifikante Einfluss der ENOs in der Normung beruht vielmehr auf deren Anerkennung, oder deutlicher ausgedrückt: deren politisch motivierten Vereinnahmung durch die EWG, und weniger auf der Initiative oder den Interessen der privaten Akteure. Insofern kann man sich durchaus auf den Standpunkt stellen, das ENS sei nichts anderes als ein politisches Kunstprodukt und daher entbehrlich. Der Leser gehe zur Veranschaulichung dieser Sichtweise für einen Augenblick davon aus, das ENS hätte nie existiert oder würde plötzlich verschwinden. In der Tat kann man die Hypothese aufstellen, dass dies die Integrität nationaler wie auch internationaler Normungsstrukturen nicht nachhaltig beeinträchtigen würde. Der Bedarf an Normen würde innerhalb des Europäischen Wirtschaftsraumes auch ohne europäische Normungsstrukturen durch nationale wie auch internationale NOs gedeckt werden. Möglicherweise wäre zudem die Internationalisierung der Normung ohne das ENS bereits deutlich weiter fortgeschritten. Die Impulse zur Wiederbelebung des ENS kämen tatsächlich in erster Linie aus der politischen Sphäre, nämlich von der EU, für deren politische Initiativen das ENS ein unabdingbares Instrument darstellt.

Der zweite Standpunkt, der dem eben geschilderten weitgehend entgegengesetzt ist, besagt, dass regionale Normungssysteme (und tragfähige regionale Normungspolitiken wie der New Approach) eine notwendiges Gegengewicht zur internationalen Normungsebene darstellt, die tendenziell die Interessen von Global Playern bedient, nicht aber notwendigerweise die Interessen bestimmter Wirtschaftsregionen, die sich auf einem bestimmten wirtschaftlichen, technischen und gesellschaftlichen Entwicklungsstand befinden. Die entsprechende Argumentationsweise lautet folgendermaßen: Ein substantielles Interesse an der Ausgestaltung internationalen Normen haben in erster Linie international agierende Unternehmen, die über die entsprechenden Ressourcen und den Einfluss verfügen, den Verlauf und die Ergebnisse internationaler Normungsprojekte maßgeblich zu bestimmen. Das internationale Normenwerk bedient daher in erster Linie die Interessen von Unternehmen internationalen Zuschnitts und bildet ein Vehikel, wenn nicht die Speerspitze der Globalisierung. Das internationale Normenwerk ist also auf diesen Zweck zugeschnitten und muss daher keineswegs den Interessen insbesondere solcher Länder bzw. Regionen uneingeschränkt entsprechen, die sich noch in einer bestimmten technisch-ökonomischen Entwicklungsphase befinden. Wie in Kapitel 4 mehrfach angedeutet korrespondiert ein bestimmter technischer, ökonomischer und gesellschaftlicher Entwicklungsstand mit einem entsprechenden Normungssystem bzw. Normenwerk. Beispielsweise hat eine Entwicklungsregion andere Ansprüche an sein Normungssystem und sein Normenwerk als eine hoch entwickelte Wirtschaftsregion, die den Übergang zur Informationsgesellschaft vollzogen hat. Bereits aus diesen Unterschieden in dem Entwicklungsstand unterschiedlicher Regionen bzw. erklären sich bestimmte Unterschiede in nationalen bzw. regionalen Normungssystemen und Normenwerken. Würde nun beispielsweise das verhältnismäßig hoch entwickelte internationale Normenwerk vollständig in einer Entwicklungsregion implementiert werden, hätte dies schlimmstenfalls die folgenden Konsequenzen: Die heimischen Unternehmen und Produzenten wären mit Normen konfrontiert, denen sie aufgrund ihres Entwicklungsstandes gar nicht genügen könnten. Gleichermaßen fungierten die internationalen Normen als „Door Opener" für internationale Unternehmen, welche in der Lage sind, normenkonforme Produkte herzustellen und anzubieten. In diesem Falle dienten internationale Normen also dazu, die

Dominanz international agierender Unternehmen zu stärken und die heimische Industrie von Entwicklungsregionen zu verdrängen. Unterschiedliche nationale bzw. regionale Normenwerke sind insofern nicht etwa nur Ausdruck eines schnöden Protektionismus, sondern üben unter Umständen eine echte Schutzfunktion aus, ohne die sich die heimische Industrie angesichts der internationalen Konkurrenz gar nicht entwickeln könnte. In Anbetracht dieser Überlegungen ist es nicht verwunderlich, dass Wirtschaftsregionen wie MERCOSUR (Mercado Común del Sur, Gemeinsamer Markt des Südens) oder die EU zum Zwecke der technischen und wirtschaftlichen Integration eigene Normenwerke aufbauen, die zwar auf das internationale Normenwerk rekurrieren, dennoch aber in einigen Bereichen davon abweichen. Wie indes diese Abweichungen geartet sind und welche Ausmaße sie annehmen, beruht nicht nur auf sachlichen Maßstäben, sondern ist nicht unwesentlich auch eine politische Frage, wie im Zusammenhang mit dem ENS bzw. der EU gezeigt wurde. Die politische Dimension der Normung spannt sich in diesem Zusammenhang also unweigerlich auf. Eine verantwortungsvolle Normungspolitik, die auf die Wahrung der öffentlichen Interessen und insbesondere den Schutz seiner Bürger abzielt, ist insofern auf nationaler wie auch regionaler Ebene unabdingbar. Und hier hat sich der New Approach nicht nur in Europa bewährt, sondern gilt auch in anderen Regionen als regulative Vorlage.

Es sei dem Leser anheim gestellt, sich eine eigene Meinung darüber zu bilden, ob das ENS und die europäische Normungspolitik nun entweder gänzlich überflüssig sind oder eine Unabdingbarkeit darstellen. Auf alle Fälle sind Überlegungen über die Abschaffung des ENS bereits deswegen müßig, weil dessen Existenz in keiner Weise zur Disposition steht. Und wie schon im Absatz zuvor dargelegt, ist, den normungspolitischen Steuerungsanspruch der EU vorausgesetzt, gerade der New Approach nur minimal invasiv.

7.5 Der Beitrag der Normung zur politischen Integration der EU

Wie bereits in Abschnitt 7.1 dargelegt, sind die Vertreter der EU mit dem Beitrag, den der New Approach und das ENS zur Komplettierung des Binnenmarktes leisten, durchaus zufrieden. Die Normung, so die allgemeine Haltung der Vertreter der politischen Ebene, hat sich hierbei als wirtschaftspolitisches Steuerungsinstrument bewährt. Andererseits wird so gut wie gar nicht hinterfragt, ob die Normung im Gegenzug einen Einfluss auf die europäische politische Ebene ausübt, der über die Konstitution des Binnenmarkt hinausgeht. Die Frage in diesem Abschnitt lautet demzufolge, ob und wenn ja, wie die Normung auf die politische Ebene rückkoppelt, und welchen Beitrag die Normung zur Europäischen Integration leistet.

Zur Beantwortung dieser Fragen wird auf das in Abschnitt 4.8 entwickelte Instrumentarium zurückgegriffen. Dort wurde dargelegt, dass ein bestimmter gesellschaftlicher Ordnungsgrad $\theta \in [0,1]$, der über die Handlungsräume der Gesellschaftsmitglieder definiert wurde, durch den Einsatz verschiedener steuerungspolitischer Instrumente, die sich ihrerseits als Restriktionen auf die Handlungsräume der Gesellschaftsmitglieder manifestieren, erzielt werden kann. Als Aufgabe des sozialen Planers wurde identifiziert, die zur Verfügung stehenden Steuerungsinstrumente so einzusetzen, dass ein bestimmter, ggf. optimaler Ordnungsgrad θ^* zu minimalen gesellschaftlichen Kosten, d.h. zwangsminimal erreicht werden kann.

Das Denkschema aus Abschnitt 4.8 wird nun folgendermaßen angepasst: Zunächst wird der Ordnungsgrad θ als Integrationsgrad reinterpretiert: $\theta = 0$ heißt dann, dass die europäischen Staaten völlig voneinander unabhängig sind, während $\theta = 1$ mit einem vollständig integrierten und vollständig souveränen europäischen Superstaat einhergeht. Betrachtet werden nun die Ebene der Normung und die Ebene der politischen Integration, die man im Prinzip als eine Teilebene der Gesetzgebung interpretieren kann und zwar die von europäischem Verfassungsrang. $\theta = 0$ kann dann so interpretiert werden, dass zwischen den europäischen Staaten keine Übereinkunft von Gesetzes- oder Verfassungsrang über ein koordiniertes Verhalten existiert, während im Falle von $\theta = 1$ Mitgliedstaaten per Verfassung alle Souveränität an einen europäischen Superstaat abgetreten haben. Nun lautet die Überlegung, dass ein intaktes und weitgehend entwickeltes Normungssystem ceteris paribus einen gesellschaftlichen Integrationsgrad θ erzeugt, der größer ist als von den politischen Akteuren im Allgemeinen wahrgenommen (Bewusstseinsrestriktion bezüglich der Normung). Dies gilt gleichermaßen für die Befürworter wie auch die Gegner einer weitreichenden europäischen Integration. „Gute", intelligente Normung erzeugt, wie mehrfach erörtert, eine intakte Infrastruktur, Vielfalt, Sicherheit, Prosperität usw., und generiert auf diesem Wege gesellschaftliche und politische Stabilität, einen bestimmten Ordnungsgrad, einen bestimmten Integrationsgrad[85].

In der Tat ist der Begriff der Stabilität an dieser Stelle von zentraler Bedeutung. Die Europäische Integration ist kein Selbstzweck, sondern dient – so die Befürworter einer weitreichenden europäischen Integration – letzten Endes der Erzeugung und Gewährleistung der gesellschaftlichen Stabilität in Europa. Da nun aber die meisten politischen Akteure den Stellenwert, das integrative Potential der Normung systematisch unterschätzen, unterschätzen sie auch den tatsächlichen Grad der Integration. Oder mit anderen Worten ausgedrückt: um einen bestimmt-

---

85 Selbstverständlich funktioniert dies auch umgekehrt. Eine schlechte Normung kann sehr wohl zur politischen Desintegration betragen, wie das Beispiel des Old Approach veranschaulicht (vgl. Abschnitt 6.2.2).

en Integrationsgrad zu erreichen, muss die politische Integration angesichts eines funktionsfähigen und gut etablierten Normungssystems nicht so weit gehen, wie es den Akteuren vorschwebt, die ihre Überlegungen einzig auf die politische Ebene richten. Eher im Gegenteil: eine weitreichende politische Integration, wie beispielsweise von überzeugten Föderalisten avisiert wird, führt möglicherweise zu einem „integrativen Overshooting" und erzeugt Widerstände, Spannungen und zentripetale Kräfte.

Zur Veranschaulichung dieser Überlegungen sei auf die Währungsunion Bezug genommen, die bisher so gut wie noch gar keine Erwähnung fand. Paul de Grauwe von der Catholic University of Leuven vertritt gemeinsam mit einer Reihe anderer Ökonomen die Ansicht, dass die Währungsunion unbedingt von einer politischen Union ergänzt werden muss[86]: „A political union is the logical end-point of a currency union", und weiter heißt es: „The monetary union will collapse ... not next year, but on a time frame of 10 or 20 years." Hier lautet die Gegenthese aufgrund der Überlegungen des Autors, dass nicht nur ein hoch entwickeltes Normenwerk ein möglicherweise hinreichendes stabilisierendes Moment im Europäischen Wirtschaftsraum erzeugt, sondern selbstverständlich auch die Währungsunion. Eine gemeinsame Währung ist ein Paradebeispiel für den Basismechanismus der Standardisierung, der in Abschnitt 4.4.2 entwickelt wurde. Die Einigung der Wirtschaftssubjekte auf eine Währung (Kontraktion auf der Ebene unterschiedlicher potentieller Währungen) erzeugt auf anderen Handlungs-ebenen eine beträchtliche Expansion, also eine geringere Hemmung, eine höhere „Reichweite" von Transaktionen. Grundsätzlich ist eine einheitliche Währung un-abdingbare Voraussetzung für die Existenz moderner Volkswirtschaften. Ohne einheitliche Währung existierten kein umfassender Handel, keine Arbeitsteilung, keine intertemporalen Konsum-, Spar-, Investitionsentscheidungen usw. Anhand des Geldes kann nebenbei bemerkt auch die allgemeine Tendenz zur Abstraktion in der Standardisierung veranschaulicht werden. Indem sich die Wirtschafts-subjekte in ihrer Vorstellung von den klassischen Erscheinungsformen des Geldes wie Münzen oder Banknoten entkoppeln und neue, abstraktere Formen des Geldes wie z.B. Kartengeld oder elektronisches Geld, akzeptieren, kann auf der Ebene interaktiven wirtschaftlichen Handelns nochmals eine beträchtliche Expansion herbeigeführt werden. Diese neuen Formen des Geldes werden nicht nur aufgrund des technischen Fortschritts, sonder selbstverständlich auch aufgrund entsprech-ender technischer Normen bzw. Standards ermöglicht.

---

86 EUobserver: Economists call for political union to prevent euro collapse. http://euob server.com/9/21414, 04.05.2006.

7.6 Einige allgemeine Bemerkungen zur Normung: worauf es eigentlich ankommt

Nachdem nun viel die Rede war von der politischen Vereinnahmung der Normung und unterschiedliche Interessen, Verhaltensweisen, oder auch „Strategien" der Normungs- bzw. Standardisierungsakteure, stellt sich nun die Frage, worauf es – jedenfalls nach Auffassung des Autors – eigentlich ankommt: nämlich auf intelligente Standardisierung, also unter den bestmöglichen institutionellen Rahmenbedingungen gute Normen bzw. Standards zu erstellen (vgl. Abschnitt 4.4.2). Hierzu bedarf es des bereits mehrfach beschworenen Bewusstseins zur Normung und insbesondere der Fähigkeit, Standardisierungssituationen als solche zu erkennen und die korrespondierenden technischen und sozioökonomischen Konsequenzen abschätzen zu können. In der inhaltlichen Arbeit sind vor allem Expertise, strukturorientiertes Denken und Kreativität maßgeblich. Im Prinzip sind sämtliche Aussagen von unterschiedlichster Seite *über* die Normung bzw. Standarisierung in dem Augenblick obsolet, in dem die eigentliche inhaltliche Arbeit beginnt. Diese ist, wie in Abschnitt 4.4.4 dargelegt, durch die steigende Komplexität und den steigenden Abstraktionsgrad insbesondere in den wichtigen struktur- und systemkonstituierenden Bereichen mittlerweile so anspruchsvoll, dass man sich die Fragmentierung des Know-hows, die beispielsweise auf strategischem oder opportunistischem Verhalten bestimmter Akteure beruht, im Interesse eines guten Ergebnisses nicht leisten kann. Außerdem wurde in Abschnitt 4.4.4 darauf hingewiesen, dass sich insofern der Spielraum für strategisches Verhalten im Normungs- bzw. Standardisierungsprozess verringert bzw. strategisches Verhalten eine besonders destruktive Wirkung entfaltet und das Scheitern von Standardisierungsprozessen begünstigt.

Insofern ist es bemerkenswert, dass von vielen Seiten die strategische Relevanz der Standardisierung betont wird. Normungsorganisationen verweisen häufig auf die strategische Bedeutung der Normung, um bei Unternehmen das Engagement in der Normung zu fördern. Gleichermaßen denken Ökonomen und Betriebswirte, die sich mit der Standardisierung auseinandersetzen, häufig in strategischen Dimensionen und vernachlässigen dabei aber oftmals die inhaltliche Ebene. Außerdem besteht bei Ökonomen die Tendenz, die Verhaltenskoordinierung per Marktmechanismus zu favorisieren respektive die konsensbasierte Normung zu vernachlässigen. Hier sieht der Autor, der in Abschnitt 4.5 durchaus ein Plädoyer für das Konsensprinzip in der Normung gehalten hat, die Gefahr, dass Aussagen, die z.B. nur für die de facto Standardisierung in der Marktsphäre oder die Klasse der Kompatibilitätsstandards gelten, auf die Normung bzw. die gesamte Standardisierung verallgemeinert werden und die konsenorientierte Normung hierdurch in Misskredit gerät. Dies gilt umso mehr, als dass die Ökonomen im wissenschaftlichen Diskurs zur Standardisierung ausgesprochen einflussreich und zum Teil sogar meinungsführend sind. Die Tendenz, dass die Vertreter anderer Disziplinen den Ingenieuren in Normungsdingen den Rang ablaufen, ist aus Sicht des Autors schädlich. Für die Ingenieure bildet die Normung ein Forum, gemeinsame strukturelle und technische Probleme zu erörtern und durch die Erstellung einer Norm zu lösen. Der Einzug der strategischen Denkungsart und die damit einhergehende Diskreditierung des Konsensprinzips gefährdet diese im Habermas'schen Sinne „öffentliche Sphäre", welche den Ingenieuren durch die Institution der konsensorientierten Normung aufgespannt wird (vgl. Abschnitt 4.5).

Mitunter wird angesichts des wachsenden Einflusses von Konsortien die Frage nach der Zukunftsfähigkeit der klassischen Normung aufgeworfen. So verweist unter anderem die Kommission darauf, dass Konsortien dann als Partner in der europäischen Normungspolitik in Frage kommen könnten, wenn die Geschwindigkeit der Normung bzw. Standardisierung größte Priorität hat und das öffentliche Interesse nicht berührt ist (SEC(2001) 1296, S.9). Nach Auffassung des Autors hat die klassische Normung sehr wohl gute Zukunftsperspektiven. Wenn man so will, erfindet sich die moderne Gesellschaft immer wieder neu. Dabei erschließen sich immer wieder neue Standardisierungssituationen in den unterschiedlichsten Bereichen, mit denen optimale Standardisierungsmechanismen korrespondieren (vgl. Abschnitt 4.4.3). Es werden in Zukunft, so die Überzeugung des Autors, immer wieder hinreichend viele Standardisierungssituationen auftreten, die man optimalerweise mit dem Instrument der klassischen Normung erschließt. Insofern besteht keine Konkurrenzsituation zwischen den unterschiedlichen Mechanismen der Standardisierung, vielmehr ergänzen sich diese. Demzufolge sollte man neue Standardisierungsmechanismen nicht als Konkurrenz zu den etablierten Mechanismen, sondern als Ergänzung des institutionellen Spektrums bewerten, unterschiedliche Standards unter optimalen institutionellen Rahmenbedingungen zu erstellen. Der systematischen Sichtung und Erfassung von Standardisierungssituationen kommt also große Bedeutung zu. Hierfür sind von Natur aus die Normungsorganisationen besonders gut geeignet, weil Konsortien im Allgemeinen auf bestimmte Arbeitsbereiche spezialisiert sind und eher transitorischen Charakter aufweisen. Die systematische Identifikation von Standardisierungssituationen könnte die Normungsorganisationen auch dazu in die Lage versetzen, die eher passive Rolle des „Foren-Providers" abzulegen, an den die Interessenten herantreten, wenn sie selber eine Standardisierungssituation erkannt haben, und mit dem Wissen um ein bestimmtes Standardisierungspotential aktiv auf die entsprechenden Akteure wie z.B. auf Unternehmen zuzugehen und diese zu beraten.

Die eigentliche Herausforderung besteht nach Auffassung des Autors also weniger in einer strategischen oder politischen Instrumentalisierung der Standardisierung, sondern in der Identifikation von Standardisierungssituationen, der Zuordnung des adäquaten Standardisierungsprozesses und der konstruktiven Gestaltung von Standardisierungs-prozessen. Ein Problem ist hierbei, dass das

Rad in der Standardisierung oftmals immer wieder neu erfunden wird, also bestimmte strukturelle Ähnlichkeiten zwischen unterschiedlichen Standards bzw. Standardisierungsprojekten nicht erfasst werden. Hier lautet der Gedanke, „Meta-Standards" zu entwerfen die einen höheren Abstraktionsgrad und die Grundstruktur mehrerer Standardisierungssituationen aufweisen. „Einfache" Standards bzw. Normen mit gleicher Grundstruktur gehen dann als Spezialfall aus diesen Meta-Standards hervor. Hat man eine spezifische Situation der Standardisierung identifiziert, und existiert ein korrespondierender Metastandard, so kann man diesen gleichsam aus dem Regal ziehen und mit vergleichsweise geringem Aufwand an die spezifische Situation anpassen. Dies sollte eine schnellere und kostengünstigere Entwicklung von Standards ermöglichen. Selbstverständlich ist die Erstellung dieser Meta-Standards aufgrund ihres hohen Abstraktionsgrades zunächst deutlich anspruchsvoller als die Erstellung „einfacher" Standards, sollte später aber die Normungsarbeit beträchtlich erleichtern. Tatsächlich existieren diesbezüglich bereits erste Ansätze, die unter dem Begriff „Querschnittsnormung" (bzw. „development of generic Standards") firmieren (Çakir/Çakir, 2006, S.3f.). Nicht zuletzt passt auch der New Approach in dieses Schema, da die Essential Requirements teils von abstrakter Natur sind und als Meta-Normen interpretiert werden können (vgl. Abschnitt 6.1.3).

8 Zusammenfassung und abschließende Bemerkungen

Dieses Kapitel dient der Zusammenfassung der wichtigsten Ergebnisse dieser Arbeit. Hierfür wird dem Leser zunächst ein Überblick über die Hauptattribute der Modellbildung und die tragenden inhaltlichen bzw. strukturellen Zusammenhänge geboten, die diese Arbeit ausmachen. Zielsetzung ist hierbei weniger eine sequentielle und detaillierte Nacherzählung, sondern vielmehr die Veranschaulichung der inhaltlichen und konzeptionellen Hauptströmungen und Leitmotive dieser Arbeit. Außerdem werden einige grundsätzliche Bemerkungen über diese Arbeit gemacht. Diese Bemerkungen richten sich beispielsweise auf bestimmte grundlegende Merkmale der Modellbildung, potentielle zukünftige Untersuchungsfelder, aber auch auf die Probleme, mit denen der Autor während der Abfassung dieser Arbeit konfrontiert wurde.

Bei der Modellbildung im 3. Kapitel liegt das Augenmerk auf „Handlungsräumen", also auf Mengen von Handlungsalternativen, mit denen die relevanten Akteure zu einem bestimmten Zeitpunkt und einem bestimmten gegebenen Zustand ausgestattet sind (vgl. Abschnitt 3.1.1 und 3.1.2). Ein solcher Zustand manifestiert sich als eine Struktur von Restriktionen, welche die Handlungsräume der Akteure in realisierbare („inkludierte") und nichtrealisierbare („exkludierte") Handlungsalternativen zerlegen (vgl. Abschnitte 3.1.4 und 3.1.5). Hierbei werden „harte" Restriktionen, wie z.B. physikalische Gesetzmäßigkeiten oder rechtliche Rahmenbedingungen, und „weiche" Restriktionen, wie beispielsweise psychosoziale Dispositionen oder Bewusstseinsrestriktionen, unterschieden. Von Interesse ist im Rahmen der Modellbildung zunächst weniger eine optimale oder gleichgewichtige Handlungswahl, sondern vielmehr die Modifikation von Handlungsräumen, die ihre Ursache in den Handlungsweisen bestimmter Akteure oder in Zustandsänderungen (exogenen Ursprungs) haben kann. ‚Modifikation von Handlungsräumen' heißt in diesem Zusammenhang entweder die Expansion von Handlungsräumen (neue Handlungsalternativen kommen hinzu) oder die Kontraktion von Handlungsräumen (ehemals mögliche Handlungsalternativen entfallen) oder beides gleichzeitig. In Abschnitt 3.1.7 werden Präferenzen nicht etwa nur über individuelle Handlungsalternativen, sondern auch über Mengen von Handlungsalternativen eingeführt. Hier lautet die grundsätzliche Annahme, die weitgehend durch die gesamte Arbeit hindurch Bestand hat, dass ein Akteur einen expandierten Handlungsraum gegenüber einem unverändertem Handlungsraum bzw. einem kontrahierten Handlungsraum bevorzugt. Die Wahl individueller Handlungsalternativen beruht außerdem nicht nur auf den Präferenzen der Akteure (über individuelle Handlungoalternativen), sondern auch auf Zwangsmomenten (vgl. Abschnitt 3.2.1). Die Berücksichtigung von Zwangsmomenten ermöglicht es, Verhaltensweisen zu erklären, die mit einem reinen Nutzenkalkül nicht vereinbar sind. Weiterhin wird in Abschnitt 3.2.1 das Prinzip vom kleinsten (institutionellen) Zwang eingeführt, demzufolge die Akteure Zwängen grundsätzlich ausweichen und sich so arrangieren, dass Zwänge minimiert werden. Dieses Prinzip kommt im Laufe der Arbeit in unterschiedlichen Kontexten zur Geltung, beispielsweise bei der Erklärung der Hinwendung der EG zur Normung als politisches Steuerungsinstrument Ende der 1960er Jahre (vgl. Abschnitt 7.3). Gegeben die Handlungsräume, Präferenzen und Zwänge der Akteure kommt es nun zu einer Abfolge von Handlungen, die sich als eine Abfolge von one-shot-games interpretieren lassen und an deren Ende eine Zustandsänderung respektive eine Modifikation von Handlungsräumen steht.

Ein weiterer signifikanter Schritt besteht in der Einführung von Handlungsebenen bzw. Handlungsteilräumen (vgl. Abschnitt 3.1.3). Handlungsebenen sind Zerlegungen von Handlungsräumen, die je nach Untersuchungsobjekt oder Erklärungsziel gebildet werden können und zwischen denen kausale Beziehungsstrukturen dergestalt bestehen, dass die Modifikation bestimmter Handlungsebenen mit der Modifikation anderer Handlungsebenen einhergeht. Handlungsebenen werden im Rahmen dieser Arbeit stets so definiert, dass sie, sofern sie modifiziert werden, entweder expandieren oder kontrahieren, aber nicht beides gleichzeitig. In Abschnitt 3.1.7 wird ein einfaches Wohlfahrtskalkül eingeführt, dass auf der Summe der nach Handlungsebenen gewichteten Anzahl von Handlungsalternativen über alle Akteure basiert und im weiteren Verlauf der Arbeit zugrunde gelegt wird.

Auch wenn man mit dem bisher entwickelten Instrumentarium (unter Zuhilfenahme logischer Operatoren) beliebig komplexe Zusammenhänge zwischen den Handlungsebenen individueller wie auch unterschiedlicher Akteure konstruieren kann (vgl. Abschnitt 3.1.3), lautet der im Rahmen dieser Arbeit mit Abstand wichtigste Zusammenhang, dass aus der Kontraktion einer Handlungsebene die Expansion einer anderen Handlungsebene folgt. Beispielsweise bedeutet der Hobbes'sche Gesellschaftsvertrag die Übereinkunft der Gesellschaftsmitglieder, auf bestimmte Verhaltensweisen wie z.B. die Ausübung von Gewalt zu verzichten (vgl. die Abschnitte 3.2.4 und 4.8). Außerdem wird ein neuer Akteur, nämlich der Staat ins Leben gerufen, der Sanktionen zur Geltung bringt, falls bestimmte Gesellschaftsmitglieder diese Vereinbarung verletzen sollten. Der Verzicht auf bestimmte Verhaltensweisen (Kontraktion auf der entsprechenden Handlungsebene) geht indes mit einer wohlfahrtsfördernden Expansion anderer Handlungsebenen einher. So ermöglicht ein Mindestmaß an Rechtssicherheit die Lenkung von Ressourcen in produktive Verwendungen und eine Ausdifferenzierung der wirtschaftlichen Interaktion der Gesellschaftsmitglieder, die im Hobbes'schen Naturzustand nicht möglich bzw. einer permanenten Bedrohung ausgesetzt gewesen wären. Der obige Zusammenhang (aus der Kontraktion einer Handlungsebene folgt die Expansion einer anderen Handlungsebene) ist beispielsweise maßgeblich für die Erklärung der Nützlichkeit der Standardisierung in Handlungsräumen in Abschnitt 4.4.2. Der dort eingeführte Basismechanismus der Standardisierung besagt, dass die Kontraktion einer bestimmten Handlungsebene (die beteiligten Akteure einigen sich auf einen Standard aus der Menge aller möglichen Standards und die korrespondierenden Verhaltensweisen) eine Expansion auf anderen Handlungsebenen hervorruft, deren Nutzen, um nun in Nutzenkategorien zu argumentieren, die Nutzeneinbußen die Kontraktion auf der Ebene der Standardisierung überwiegt. Der obige Zusammenhang ist weiterhin geeignet, den Erfolg des Überganges vom Old Approach in der europäischen Normungspolitik zum New Approach zu erklären. Unter dem Regime des New Approach haben die politischen Akteure im Vergleich zum Old Approach ihren Handlungsteilraum in der Normung bewusst eingeschränkt, nämlich auf die Festlegung der Essential Requirements, also Anforderungen von allgemeiner bzw. abstrakter Natur. Gleichzeitig wurde der Handlungsraum der Europäischen Normungsorganisationen, die mit der Erstellung Europäischer Normen beauftragt und mit den entsprechenden Ressourcen ausgestattet wurden, expandiert. Das Resultat war offenbar, dass die ENOs in Hinblick auf das Binnenmarktprojekt erheblich mehr Europäische Normen veröffentlichen konnten, als es unter dem Old Approach jemals möglich gewesen wäre.

Im 3. Kapitel wird eine Modellwelt konstruiert, deren institutionelles Moment im Wesentlichen in der Betrachtung von Handlungsräumen (bzw. deren Modifikation) und den Beziehungsstrukturen zwischen Handlungsebenen besteht. Die Zusammenhänge, die hierbei zutage treten, würden sich z.B. bei einem rein nutzenbasierten Ansatz keineswegs unmittelbar erschließen. Darüber hinaus residiert der Autor gleichsam in seinem eigenen Modell, da er alle Merkmale der Figur des sozialen Planers aufweist, die in Abschnitt 3.2.5 erörtert und in das Modell internalisiert wird.

Kapitel 4 über die allgemeinen Merkmale der Standardisierung, Kapitel 5 über die institutionellen Merkmale der EU und Kapitel 6 über das ENS weisen eine Reihe struktureller Ähnlichkeiten auf. So beginnt jedes dieser Kapitel im Prinzip mit einem historischen Abriss, um dann, sobald dieser die Gegenwart erreicht hat, den institutionellen Status Quo zu schildern und gegenwärtige bzw. zukünftige Tendenzen, Probleme und Herausforderungen zu erörtern. In Kapitel 4 werden zunächst unterschiedliche Standardisierungsmechanismen in der Reihenfolge ihres Entstehens dargestellt. Hier liegt gerade in einer pluralistischen und gleichermaßen modernen wie auch komplexen Gesellschaft, in der alle erdenklichen Standardisierungsmechanismen zur Verfügung stehen, die allgemeine Herausforderung für die relevanten Akteure darin, Standardisierungssituationen als solche zu erkennen und die Entwicklung eines entsprechenden Standards dem am besten geeigneten Standardisierungsmechanismus zuzuordnen, also unter den optimalen institutionellen Rahmenbedingungen vorzunehmen (vgl. Abschnitt 4.4.3). Hierbei besteht grundsätzlich die Gefahr des „Mismatch" von Standardisierungssituation und Standardisierungsmechanismus, der insbesondere auf

Bewusstseinsrestriktionen der relevanten Akteure beruhen kann. Bewusstseinsrestriktionen bezüglich der Standardisierung haben in dieser Arbeit leitmotivischen Charakter und können nicht nur die zutreffende Identifikation und Einordnung einer Standardisierungssituation und die Wahl des optimalen korrespondierenden Standardisierungsmechanismus, sondern auch eine tragfähige Normungspolitik beeinträchtigen oder gar verhindern. Weiterhin erweist sich die in Abschnitt 4.6 entwickelte These, dass man aus dem Zustand des Standardisierungssystems einer Gesellschaft Rückschlüsse auf deren Zustand ziehen kann, insbesondere bei dem Vergleich des ENS und des US-Standardisierungssystems in Abschnitt 6.4 als ausgesprochen nützlich. In diesem Abschnitt treten nicht nur die Unterschiede der jeweiligen Standardisierungs- bzw. Normungssysteme, sondern auch die transatlantischen Meinungsverschiedenheiten über die Ausgestaltung der internationalen Normung und die allgemeinen gesellschaftlichen und kulturellen Unterschiede plastisch zutage. Besondere Aussagekraft weist diesbezüglich das Beispiel über die Stromausfälle vom August 2003 in Nordamerika auf, mit dem Abschnitt 6.4 schließt.

Das 5. Kapitel war zunächst nicht in seiner jetzigen Ausführlichkeit geplant, hat im Laufe seiner Abfassung allerdings eine gewisse Eigendynamik entwickelt, die letzten Endes zu einer verhältnismäßig kompletten Darstellung der institutionellen Merkmale der EU führte. Hier sah sich der Autor, der eigentlich nur die für die europäische Normungspolitik wichtigsten Attribute der EU aufzunehmen gedachte, angesichts der Komplexität des primären und sekundären EU-Rechts und der komplexen institutionellen Zusammenhänge innerhalb des EU-Apparates sehr bald veranlasst, das gesamte System einer Betrachtung zu unterziehen. So weit fortgeschritten war es nahe liegend, diesen Überblick, der stellenweise über die normungspolitisch relevanten Attribute der EU hinausgeht, insbesondere solchen Lesern nicht vorzuenthalten, die keine EU-Experten sind und aus einer geschlossenen und halbwegs kompakten Darstellung der EU durchaus einen merklichen Erkenntnisgewinn ziehen können. Hier bestand letzten Endes keine Veranlassung mehr für eine fragmentierte bzw. unvollständige Darstellung der institutionellen Merkmale der EU. Dies gilt umso mehr, als dass sich die Unterzeichnung der Römischen Verträge Ende März 2007 zum 50sten Male jährte[87]. Grundsätzlich werden im 5. Kapitel neben den allgemeinen Merkmalen der EU die Rahmenbedingungen und Ziele der europäischen Normungspolitik dargelegt. Hierbei zeigt sich, dass die Kommission, der in Hinblick auf die Normungspolitik wichtigste Akteur innerhalb des EU-Apparates, über einen beträchtlichen Gestaltungsspielraum verfügt. Gleichermaßen konnten sich Leser und Autor vergewissern, dass die politischen Rahmenbedingungen für das ENS trotz der Fährnisse auf der politischen Ebene mindestens mittelfristig stabil bleiben und die

---

87 Hier schlossen die Feierlichkeiten mit der „Berliner Erklärung" („Berlin Declaration", BBC News. 2007a).

Aussagen über das ENS und die europäische Normungspolitik im 6. und 7. Kapitel dementsprechend Bestand haben werden.

Das 6. Kapitel dieser Arbeit ist so facettenreich, dass es sich an dieser Stelle einer prägnanten Zusammenfassung fast entzieht. In Abschnitt 6.1 findet eine Schilderung der europäischen Integration aus der Perspektive der europäischen Normung statt. Das hierbei mit Abstand wichtigste normungspolitische Ereignis war Mitte der 1980er Jahre der Übergang vom weitgehend gescheiterten Old Approach zum nicht nur operablen, sondern durchaus auch erfolgreichen New Approach, der bis heute fortbesteht. Wie bereits zuvor angedeutet besteht das wesentliche Merkmal des New Approach darin, dass die Kommission ihren Handlungsraum in der Normung dadurch einschränkt, indem sie grundlegende Anforderungen nur noch dort, wo das öffentliche Interesse berührt ist, in Richtlinien festlegt und die Erstellung Europäischer Normen den Europäischen Normungsorganisationen (CEN, CENELEC und ETSI) überantwortet. Bemerkenswert ist weiterhin der „Trick", mit dem der (scheinbare) Widerspruch aufgelöst wird, dass die Anwendung Europäischer Normen freiwillig ist, obwohl die Richtlinien, auf denen diese Normen fußen, verbindlich sind. Die Lösung lautet, dass die Verwendung Europäischer Normen eine hinreichende, aber keine notwendige Bedingung ist, den entsprechenden Richtlinien zu genügen. Dies bedeutet, dass neben der Verwendung Europäischer Normen auch andere Möglichkeiten wie z.B. die so genannte Baumusterprüfung existieren, den Richtlinien des New Approach zu entsprechen. In Abschnitt 6.2 wird auf die institutionellen Merkmale der Europäischen Normungsorganisationen eingegangen. CEN, CENELEC und ETSI orientieren sich weitgehend an den „Grundprinzipien der Normung" und sehen sich wie die meisten anderen Normungsorganisationen auch der Herausforderung gegenüber, angesichts der allgemeinen Beschleunigung wirtschaftlicher Aktivitäten und der technischen Entwicklung Normen in angemessener Qualität immer schneller zur Verfügung stellen zu müssen. Hierbei haben CEN, CENELEC und ETSI, die ausgesprochen gute Beziehungen zu den internationalen Normungsorganisationen unterhalten (vgl. Abschnitt 6.3), merkliche Fortschritte erzielt und versuchen, alle technischen und organisatorischen Möglichkeiten auszuschöpfen, bevor von den Grundprinzipien der Normung wie etwa dem Konsensprinzip abgerückt wird. So stellt sich der Autor im Prinzip auf den Standpunkt, dass sich die Europäischen Normungs-organisationen grundsätzlich auf einem guten Weg befinden und demzufolge das Augenmerk vermehrt auf die europäische Normungspolitik bzw. das Verhältnis zwischen dem Europäischen Normungssystem und der EU gerichtet werden kann (vgl. Abschnitt 6.5). Die wichtigste normungspolitische Maßnahme nach Einführung des New Approach bestand in der Gründung von ETSI Ende der 1980er Jahre, die maßgeblich durch die Kommission betrieben worden war. Hier mussten sich CEN und CENELEC mit einer neuen Schwesterorganisation arrangieren, die bis zu einem gewissen Grad durchaus als ein institutioneller Gegenentwurf zu den alteingesessenen Europäischen Normungsorganisationen ausgelegt war. Der zweite Angriff auf die etablierten Strukturen des Europäischen Normungssystems bestand im Grünbuch der Kommission zur Normung (Kommission, 1990a), das einen beträchtlichen Zentralisierungsschub bei gleichzeitiger „Degradierung" der Europäischen Normungsorganisationen innerhalb eines stark hierarchisierten Europäischen Normungssystems vorsah. Hier konnten die Normungsorganisationen indes erfolgreichen Widerstand leisten mit der Konsequenz, dass die institutionellen Kernattribute des Europäischen Normungssystems seitens der politischen Akteure seitdem nicht mehr angetastet wurden. Hierfür schwand Mitte der 1990er Jahre auch zusehends die Veranlassung, weil die Europäischen Normungsorganisationen die Zielvorgaben, die im Zusammenhang mit dem Binnenmarktprojekt von der Kommission formuliert worden waren, weitgehend erreicht hatten. Mittlerweile bildet die Normung einen integralen Bestandteil der Binnenmarktpolitik, ist als regulatives Instrument der EU nicht mehr wegzudenken und spielt auch jenseits des New Approach bei diversen politischen Initiativen der EU eine Rolle. Beispielsweise bildet die Normung die Avantgarde, die bei EU-Erweiterungen der politischen Integration vorausgeht (vgl. Abschnitt 6.5.6). Weitere Beispiele dafür, wie die Normung in diversen hochtechnologischen Bereichen eingesetzt wird, finden sich in Abschnitt 6.5.7. Hier kann man geradezu von einem „regulativen Reflex" der Kommission sprechen, bei jeder neuen politischen Initiative zuerst das Normungssystem zu aktivieren um zu ermitteln, welchen Beitrag die Normung hierbei leisten kann. Die jüngsten normungspolitischen Initiativen der EU zielen darauf ab, den Begriffsapparat der New Approach Richtlinien zu vereinheitlichen bzw. zu konsolidieren, um dadurch die Handhabung existierender Richtlinien bzw. den Entwurf neuer Richtlinien zu vereinfachen (vgl. Abschnitt 6.5.8).

Die Ergebnisse dieser Arbeit lauten mithin folgendermaßen (vgl. Kapitel 7): Der europäische Normungsansatz und insbesondere der New Approach sind durchaus ein Erfolg (vgl. Abschnitt 7.1 und 7.2). Dadurch, dass sich die Kommission auf die Festlegung grundlegender Produktanforderungen beschränkt und gleichzeitig den Normungsexperten die Konkretisierung dieser Anforderungen in Form Europäischer Normen überlässt, erweist sich der New Approach – insbesondere im Vergleich zum Old Approach – als nur minimal invasiv. Dieses Urteil gilt nicht nur für die Vertreter der EU oder überzeugte Befürworter der europäischen Integration, sondern im Prinzip auch für EU-Skeptiker: Gegenüber dem unverbrüchlichen politischen Steuerungsanspruch der EU erweist sich gerade das regulative Instrument der Normung als zwangsminimal. Schaffte man beispielsweise die europäische Normung als regulatives Instrument ab, so würde die EU ihrem politischen Steuerungsanspruch mit anderen, „härteren" Instrumenten wie beispielsweise der reinen Gesetzgebung nachgehen, die ein größeres Zwangsmoment aufwiesen. Der Erfolg der europäischen Normungspolitik zeigt sich auch an dem zum Teil weltweiten Erfolg genuiner Europäischer Normen wie dem GMS und in der Tatsache, dass der New Approach jenseits der Grenzen Europas ein regulativ-es „role model" darstellt (vgl. Abschnitt 7.1). Die Vertreter der EU identifizieren einen wesentlichen Verbesserungsbedarf vor allem in den praktischen Bereichen der Marktaufsicht und des Conformity Assessment, also im Prinzip jenseits der eigentlichen Normung. Probleme können in der europäischen Normungspolitik beispielsweise daraus erwachsen, dass eine zu hohe „Normungsdichte" in den bereits regulierten Bereichen besteht oder die Domäne der Normung auch auf Bereiche jenseits des Verbraucher-, Umwelt-, oder Arbeitsschutz ausgedehnt, also das Zwangsmoment in der Normung über ein kritisches Maß hinaus erhöht wird (vgl. Abschnitt 7.3). Dies könnte zur Folge haben, dass eine Reihe wichtiger Akteure wie z.B. europäische Global Player dem Europäischen Normungssystem dauerhaft den Rücken kehren und auf andere Standardisierungsmechanismen bzw. Regionen wie die USA ausweichen, um sich dort zu engagieren. Dies könnte langfristig die Handlungsfähigkeit bzw. die Integrität des ENS gefährden. Außerdem stößt nicht jede normungspolitische Initiative der EU auf ungeteilte Zustimmung bei den privaten Akteuren. Die Europäischen Normungsorganisationen stehen dann zumindest mittelbar in der öffentlichen Diskussion, wenn sie kontroverse politische Initiativen wie beispielsweise im militärischen Bereich oder in der Überwachungstechnologie flankieren. Auch unterliegen die Organe der EU bezüglich der Normung einer potentiellen Bewusstseinsproblematik. So ist es denkbar, dass die Organe der EU, z.B. durch die Verlagerung politischer Schwerpunkte, das Interesse und die Fähigkeit verlieren, eine tragfähige Normungspolitik zu gestalten. Weiterhin lautet die These in Abschnitt 7.5, dass der Beitrag, den die europäische Normung nicht nur zur wirtschaftlichen, sondern auch zur politischen Integration Europas leistet, sowohl von den Befürwortern wie auch den Gegnern einer weitreichenden politischen Integration unterschätzt wird. Insofern muss die europäische Integration auf der politischen Ebene angesichts eines intakten und leistungsfähigen Normungssystems nicht so weit gehen, wie es vielen Befürwortern einer politischen Integration der EU vorschwebt. In Abschnitt 7.6 wird abschließend darauf hingewiesen, dass die eigentliche künftige Herausforderung in der Normung nach Auffassung des Autors darin besteht, angesichts der in Abschnitt 4.4.4 dargelegten Tendenz zur Abstraktion bzw. Komplexitätssteigerung gerade in den fundamentalen struktur- und systemkonstituierenden Bereichen die zusehends anspruchsvolle Normungsarbeit bewältigen und das notwendige Wissen hierfür generieren zu können. Hier erhöht eine unsachgemäße politische oder strategische Instrumentalisierung der Normung die Gefahr, dass gerade komplexe Normungsprojekte von besonderer Tragweite scheitern.

Der Leser hat möglicherweise den Eindruck, dass Kapitel 4, verglichen mit dem 5. und insbesondere dem 6. Kapitel, verhältnismäßig lang ausfällt. Dieser Eindruck ist nicht ganz unberechtigt, da sich im Laufe der Abfassung dieser Arbeit der Schwerpunkt tatsächlich auf das vierte Kapitel verlagert hat. Dies hat mehrere

Gründe: Alles in allem fällt wie gesehen das Urteil über die Normungspolitik der EU und den Zustand des ENS verhältnismäßig günstig aus. Dies ist ein eher unspektakuläres Ergebnis, das im Vergleich zu einer umfassenden Kritik prinzipiell keiner besonders langen Erläuterung bedarf. Hier war der Autor eigentlich mit der Haltung angetreten, dass die Normungspolitik der EU grundsätzlich der Kritik würdig sei. Je länger aber die Auseinandersetzung mit der Materie andauerte, desto mehr relativierte sich der erste Eindruck, ein undurchsichtiger EU-Apparat würde mit seiner Normungspolitik fragwürdigen Machenschaften nachgehen. Außerdem, und das ist der zweite Grund für die Verlagerung des Schwerpunktes auf das vierte Kapitel, musste der Autor feststellen, das eine eingehende Auseinandersetzung mit den institutionellen Details des ENS nicht nur enorm aufwendig, sondern das Resultat eine enorm beschwerliche Lektüre gewesen wäre, ohne dass dies zu irgend einem signifikanten Erkenntnisgewinn geführt hätte. Hier stellt sich der Autor wie gesagt auf den Standpunkt, dass die europäischen Normungsorganisationen im Prinzip gute Arbeit leisten und Ratschläge, die eher auf die organisatorische Ebene abzielen, nicht notwendig sind.

Die institutionellen Grundfesten des ENS sind durchaus stabil. Gleiches gilt für die politischen Rahmenbedingungen. Die EU hat keine große Veranlassung, ihre Normungspolitik grundlegend zu ändern. Im Gegenteil: Der New Approach gilt als regulatives Erfolgsmodell, dessen Einsatz in anderen Politikbereichen in Erwägung gezogen wird. Dennoch besteht natürlich immer eine gewisse residuale Unsicherheit, was den Zustand bzw. die Stabilität von Institutionen anbetrifft. Insofern ist es durchaus denkbar, dass Aussagen, die zum jetzigen Zeitpunkt über das ENS gemacht werden, bereits in kurzer Zeit überholt sein könnten, beispielsweise weil die EU – aus welchen Gründen auch immer – ihre Normungspolitik grundlegend umgestaltet. Diese Unsicherheit war ein weiterer Grund dafür, das Augenmerk in dieser Arbeit auf das vierte Kapitel zu richten. Die grundlegenden Aussagen, die dort zur Standardisierung gemacht werden, weisen hoffentlich eine deutlich längere Halbwertszeit auf als spezifische Aussagen über das europäische Normungssystem. Beispielsweise hilft die Begründung der Nützlichkeit der Normung in Handlungsräumen und Handlungsebenen über einige eindimensionale Aussagen und scheinbare Widersprüche in der Standardisierung hinweg.

Was weiterhin die Modellbildung im dritten Kapitel anbetrifft, so besteht die wesentliche Leistung wohl in der Einführung von Handlungsebenen und deren Handhabung zur Erklärung einer ganzen Reihe von sozioökonomischen Phänomenen. Obwohl das dritte Kapitel durchaus einen gewissen Umfang aufweist, wurde das Modell dennoch nur soweit entwickelt, wie es im Rahmen des Anliegens der Arbeit notwendig war. Hier existiert eine Reihe von Fragen, die bisher noch nicht beleuchtet wurden. So könnte man einigen formalen Implikationen nachgehen: Welche Eigenschaften weisen beispielsweise Präferenzen über Teilmengen von Handlungsalternativen auf (falls dies nicht bereits von anderer Seite bewerkstelligt wurde), oder inwieweit lassen sich Präferenzen über Teilmengen von Handlungsalternativen aus Präferenzen über individuelle Handlungsalternativen strikt ableiten?

Dem Leser wird nicht entgangen sein, dass die Bewusstseinsfrage in dieser Arbeit einen leitmotivischen Charakter hat. Es wurde häufiger in unterschiedlichen Kontexten darauf hingewiesen, dass das Bewusstsein zur Standardisierung bei einer ganzen Reihe von Akteuren verbesserungsbedürftig ist. Dies mahnen auch die Vertreter der Normungsorganisationen bei jeder Gelegenheit an. Allerdings gibt es hierbei auch Vorbehalte: Die Bewusstseinsbildung kann einen unerwünschten Verlauf dergestalt nehmen, dass die Akteure der Standardisierung falsch konditioniert werden und sich inadäquat verhalten (vgl. Abschnitt 4.10). Wenn die Vertreter der Normungsorganisationen die unternehmensstrategische Relevanz der Normung betonen, so könnte dies als Aufforderung interpretiert werden, sich im Normungsprozess strategisch-opportunistisch zu verhalten. Dies ist selbstverständlich nicht erwünscht. Zweitens ist die Diskretion der Normung eine ihrer Stärken. Genau genommen konnten sich die Normungsstrukturen nur deshalb verhältnismäßig frei entfalten, weil die Normung im öffentlichen Bewusstsein kaum eine Rolle gespielt hat. Man sollte differenzieren und nicht unbedingt danach trachten, bei allen gesellschaftlichen Teilgruppen das Bewusstsein zur Normung zu verbessern. Beispielsweise könnte den Normungsorganisationen dann Ärger ins Haus stehen, wenn den Globalisierungsgegnern bewusst werden sollte, welchen Stellenwert die Normung für die Globalisierung hat. Dies könnte das beschauliche Dasein der Normungsgemeinde durchaus beeinträchtigen.

Da in dieser Arbeit so häufig vom Bewusstsein bzw. von Bewusstseinsrestriktionen die Rede war, könnte sich weiterhin beim Leser der Verdacht verfestigt haben, der Autor sei im Grunde ein Subjektivist. Dies ist aber keineswegs der Fall. So wurden im Zuge der Diskussion der Integrationstheorien im zweiten Kapitel die sozialkonstruktivistischen Ansätze zwar nur gestreift, dennoch aber als „unscharf" kritisiert. Die Denkungsart Foucaults, eines einflussreichen Vertreters des französischen Subjektivismus, bezüglich der (sozialen) „Normalisation" wurde im vierten Kapitel mit merklicher Distanz als „interessant" apostrophiert. Sicherlich ist der Mensch Subjekt und die Wahrnehmung immer subjektiv. Aber die Standardisierung leistet ja gerade, wie zu Beginn des vierten Kapitels dargelegt, einen Beitrag zur kollektiven Rekonstruktion einer gemeinsamen, einheitlichen Sicht der Dinge, der physikalischen Welt. Dies geschieht dadurch, dass man sich auf eine Sicht, eine Subjektivität einigt. Hier ist im Prinzip eine Situation der Koordinationsstandards gegeben. Es existieren unzählige unterschiedliche subjektive Weltsichten, die mehr oder minder gleichwertig bzw. gleichberechtigt sind. Die Schwierigkeiten des intersubjektiven Vergleichs und der Koordinierung von Verhaltensweisen werden nun dadurch gemindert, dass die Akteure sich auf eine Subjektivität einigen, die im besten Falle auch noch den

Einsatz der naturwissenschaftlichen Methode und weitere Erkenntnisgewinne ermöglicht.

Worin besteht Forschungsbedarf in Kontext der europäischen Normung? Wie bereits mehrfach angedeutet, wurde eine Auseinandersetzung mit den Fragen der europäischen Zertifizierung und Akkreditierung weitgehend vermieden, da dieses komplexe Thema den Rahmen dieser Arbeit bei weitem gesprengt hätte. Da aber die Normung einerseits und die Zertifizierung und Akkreditierung andererseits zwei Seiten einer Medaille darstellen bzw. das eine ohne das andere unvollständig und nicht operabel ist, wäre es nach dieser Arbeit ein nahe liegender Schritt, den europäischen Ansatz in der Zertifizierung und Akkreditierung ins Auge zu fassen. Dies gilt umso mehr, als dass gerade in diesem Bereich Verbesserungsbedarf identifiziert wurde. Den Autor interessiert weiterhin das Verhältnis zwischen Patenten und Normen. Hier war im Laufe der Arbeit der (möglicherweise verfehlte) Eindruck entstanden, dass deren Verhältnis in der Literatur noch nicht vollständig erschlossen ist, auch wenn Intellectual Property Rights gerade in der IT-Standardisierung eine große Rolle spielen (Liotard/Bekkers, 1999). Außerdem ist das Verhältnis zwischen europäischem Patentsystem und dem ENS bzw. europäischen Patenten und Normen von Interesse. Hier stellt sich beispielsweise die Frage, ob ein Koordinierungsbedarf zwischen diesen beiden Systemen besteht. Dies gilt vor allem vor dem Hintergrund, dass im Patentwesen (ähnlich wie in der Normung) die unterschiedlichen Kulturen Europas und der USA aufeinander treffen, und neuerdings auch China in Patentangelegenheiten einen großen Einfluss ausübt. Hier zeichnen sich ähnliche Konflikte auf internationaler Ebene ab wie in der Normung. Drittens wird nach dem Kenntnisstand des Autors der Standardisierung im militärischen Bereich in der Literatur wenig Aufmerksamkeit gewidmet, obwohl gerade dort die Standardisierung von großer Bedeutung und teilweise auch deutlich weiter fortgeschritten ist als im zivilen Sektor. Dies gilt selbstverständlich auch für die Verteidigungsinitiativen auf europäischer Ebene, bei denen technische, ökonomische und politische Erwägungen eine Rolle spielen. In dieser Arbeit wurde außerdem der Zusammenhang zwischen der Normung und den schönen Künsten gar nicht behandelt. So haben die Vertreter des Bauhauses und des Werkbundes durchaus auf Prinzipien der Normung Bezug genommen (Bolenz, S.22).

Möglicherweise ist es für den einen oder anderen Leser zum Abschluss von Interesse zu erfahren, welche Schwierigkeiten sich bei der Abfassung dieser Arbeit stellten. Zunächst war der Autor so unvorsichtig, das Thema ziemlich breit anzulegen. Die Standardisierung als solche, die Europäische Union, das Europäische Normungssystem – dies ist ausgesprochen umfassend, und in der Tat kann man an so einem breiten Fächer auch scheitern. Dies liegt bereits darin begründet, dass die korrespondierende Primär- und Sekundärliteratur einen mittlerweile enormen Umfang angenommen hat. Das Thema ist nicht nur breit angelegt, sondern auch ausgesprochen faktenintensiv. Beispielsweise war die verhältnismäßig umfassende Auseinandersetzung mit den institutionellen Merkmalen der EU im fünften Kapitel zunächst nicht geplant, stellte sich dann aber doch als notwendig heraus, um die europäische Normungspolitik besser verstehen und einordnen zu können. In Prinzip galt es zu selektieren und zu vermeiden, in eine unablässige Aufzählung von Fakten zu verfallen. Aber um diese Selektion vornehmen zu können, muss man gleichsam den gesamten Überblick haben. Außerdem ist ein komplexes Thema wie das hier behandelte nicht immer gefällig strukturierbar. Mitunter trat die widersprüchliche Situation ein, dass das Wissen um Sachverhalt *A* Voraussetzung für das Verständnis von Sachverhalt *B*, gleichermaßen aber das Wissen um Sachverhalt *B* Voraussetzung für das Verständnis von *A* ist. So hätten diese Sachverhalte also gleichzeitig vermittelt werden müssen, um den Leser zu erleuchten bzw. aufzuklären. Dem steht aber die sequentielle Natur von Schriftstücken entgegen. Um beispielsweise den institutionellen Status Quo des ENS verstehen zu können, ist es hilfreich wenn nicht gar unabdingbar, dessen Entwicklung nachzuzeichnen und wichtige historische Ereignisse zu schildern. Wählt man diese Vorgehensweise, so führt man Elemente des ENS ein (z.B. die europäischen Normungsorganisationen), ohne deren institutionelle Merkmale zu erfassen. Ohne ein minimales Wissen über die institutionellen Attribute des Systems fällt es aber schwer zu verstehen, warum es zu bestimmten Veränderungen kommt. Geht man indes auf die institutionellen Merkmale des ENS zu einem bestimmten Zeitpunkt ein, so kommt es entweder zu Redundanzen, da die Erörterung der institutionellen Merkmale des ENS eigentlich späteren Kapiteln vorbehalten ist, oder man schildert institutionelle Merkmale des Systems, die möglicherweise den historischen Kontext erhellen, in der Gegenwart aber nicht mehr relevant sind. Ähnlich gelagert ist die Problematik im Hinblick auf die Beziehungsstruktur zwischen dem ENS und der Normungspolitik der EU.

Die Kommission fordert von den ENOs eine bessere Informationspolitik und mehr Transparenz für die interessierte Öffentlichkeit (KOM(1998) 291, S.13). Allerdings darf man der EU auf dieser Ebene ebenfalls dringenden Handlungsbedarf bescheinigen. Trotz einiger Verbesserungen in jüngster Zeit ist es immer noch ausgesprochen mühselig, sich einen Überblick über alle wesentlichen EU-Dokumente zur Normung zu verschaffen. Gewisse Schlüsseldokumente – insbesondere solche älteren Datums – sucht man auf Servern der EU zudem vergeblich. Es ist durchaus peinlich, stattdessen im Archive of European Integration (AEI) der Universität von Pittsburgh fündig zu werden, das offenbar zum Teil besser sortiert ist als die Online-Archive der EU (Pittsburgh University, 2007).

Bei einer institutionellen Betrachtungsweise läuft man weiterhin Gefahr, Institutionen und Organisationen zu personifizieren. In der Standardisierung sind sehr viele unterschiedliche Organisationen aktiv, so dass man früher oder später in Ausdrucksweisen verfällt wie „CEN macht das" „die EU macht jenes", oder

„Organisation XY ist in Bereich Z aktiv" usw. Hierbei wird irgendwann völlig von der Mikroebene abstrahiert und die Disposition, die Motivation und das Verhalten individueller Akteure ausgeblendet. Dabei ist es stets unter allen erdenklichen institutionellen Rahmenbedingungen möglich, dass nur ein einziger Akteur die institutionellen Rahmenbedingungen, die Geschicke der betroffenen Akteure, die Kultur usw. fundamental verändern kann. Cowan (1990) schildert das Beispiel Admiral Rickovers, dessen Initiative dazu führte, dass sich nach dem 2. Weltkrieg der Leichtwasserreaktor zunächst als nuklearer Antrieb von Kriegsschiffen und später auch im zivilen Reaktorbau als de facto Standard durchsetzte, obwohl andere Konstruktionsprinzipien in ökonomischer wie auch technischer Hinsicht als bessere Lösungen betrachtet wurden.

Wie bringt man nun eine derartige Arbeit gefällig zu Ende? Möglicherweise so, wie die Arbeit begann, nämlich mit einem Zitat aus der englischen Fassung des Grünbuchs zu Normung, das die allgemeine Position der Kommission zur Standardisierung Anfang der 1990er Jahre widerspiegelt: "Standards have now become too important to be the exclusive preserve of technical experts" (Kommission, 1990b, S.20)[88]. Die Gegenrede des Autors lautet: Die Standardisierung ist zu wichtig und gerade in den fundamentalen systemisch-strukturellen Bereichen zu komplex, als dass man sie solchen Akteuren nichttechnischer Provenienz überlassen sollte, die in erster Linie Partikularinteressen vertreten und genau genommen keine Kenntnis von der Materie haben. Hierzu zählen beispielsweise Politiker mit einer fragwürdigen Agenda, auf kurzfristigen Gewinn gepolte Vertreter der Business Community oder Vertreter der „Soft Sciences", die ihre Denk- und Modellschemata auf das Untersuchungsobjekt projizieren und sich anmaßen, den Ingenieuren vorschreiben zu können, was gute Standardisierung sei.

---

88 Auch wenn es möglicherweise einen Stilbruch darstellt, im letzten Absatz einer derartigen Arbeit noch eine epische Fußnote unterzubringen: In der deutschen Fassung des Grünbuchs stößt man auf folgende Ausdrucksweise (Kommission, 1990a, S.23): „Normen sind heute von zu großer Bedeutung, als dass sie alleine den technischen Experten überlassen bleiben sollte." Die englische Fassung (siehe oben) hat merklichen Aussage-, wenn nicht gar Forderungscharakter, während der deutschen Version tendenziell relativiert wird („sollte"). Dieser Bedeutungsunterschied zwischen deutscher und englischer Fassung weist auf das Problem der Vielsprachigkeit im EU-Apparat hin, das sich durch die Beitrittswelle von 2004 nochmals deutlich verschärft hat. Auch wenn es sich hier eher um nuancierte Bedeutungsunterschiede handelt, so ist dennoch denkbar, dass die Politik der EU in unterschiedlichen Sprachen uneinheitlich dargestellt wird und unterschiedliche Sprachfassungen zu unterschiedlichen Interpretationen und Verhaltensweisen führen. Die Diskussion über der Berliner Erklärung („Berlin Declaration") legt sogar die Vermutung nahe, das die Bedeutungsunterschiede in unterschiedlichen Sprachfassungen eines EU-Dokumentes auch auf politischem Opportunismus beruhen können (BBC News, 2007). Dies könnte durchaus Gegenstand weiterführender, z.B. sprachwissenschaftlicher Untersuchungen sein. Indes sind vergnüglichere Aktivitäten denkbar, als ein und dasselbe EU-Dokument in unterschiedlichen Sprachen zu lesen und auf Bedeutungsunterschiede hin zu überprüfen.

Und so hat der Autor eingedenk seiner eigenen Worte einen guten Anlass, die Feder aus der Hand zu legen.

Symbolverzeichnis

$N = \{1,...,n\}$: Menge der Akteure.

$i \in N$: Ein typischer Vertreter der Menge N.

$C \subseteq N$: Eine Koalition von Akteuren (Teilmenge von N).

H_{it} Handlungsraum, Menge der Handlungsalternativen des Akteurs i, die ihm zum Zeitpunkt t zur Verfügung stehen.

$h_{it} \in H_{it}$: Eineine Handlungsalternative des Akteurs i zum Zeitpunkt t.

H_t : Menge aller Handlungskombinationen der Akteure zum Zeitpunkt t. H_t ist das kartesische Produkt $H_t = H_{1t} \times ... \times H_{it} \times ... \times H_{nt}$.

$h_t \in H_t$ Eine Kombination von Handlungsalternativen der Akteure zum Zeitpunkt t, $h_t = \left(h_{1t}, h_{2t}, ..., h_{it}, ..., h_{nt} \right)$.

H_{ij} : Die j-te Handlungsebene des Akteurs i (zum Zeitpunkt t; der Zeitindex wird aus Gründen der einfacheren Notation unterdrückt).

$\#\left(H_{ij} \right)$: Kardinalzahl, Zahl der Elemente der Menge H_{ij} .

Z_t : Zustandsraum zum Zeitpunkt t.

$z_t \in Z_t$ Ein möglicher Zustand zum Zeitpunkt t.

H_i^r : Handlungsalternativen, die durch die Restriktion r, $r \in \{1,...,R\}$, nicht exkludiert sind.

$\bar{H}_i^r$: Handlungsalternativen, die durch die Restriktion r, $r \in \{1,...,R\}$, exkludiert sind.

H_i^e : Effektiver Handlungsraum der Akteurs i (zum Zeitpunkt t); Schnittmenge über alle H_i^r, $r \in \{1,...,R\}$.

H^e : Menge aller nichtexkludierten Handlungskombinationen der Akteure (zum Zeitpunkt t). H^e ist das kartesische Produkt $H^e = H_1^e \times ... \times H_n^e$.

$H_i^{E_l}(z)$: Ethisch fundierte Vorstellungen des Akteurs l über den Handlungsraum, der dem Akteur i in Situation z zufallen sollte.

$H_{0T} = H_0 \times ... \times H_t \times ... \times H_T$: Menge aller möglichen Kombinationen von Handlungsalternativen der Akteure über den Zeitraum $t = 0,1,...T$.

$\left(h_0, ..., h_T \right) \in H_{0T}$ Eine Folge von Kombinationen von Handlungsalternativen der Akteure über den Zeitraum $t = 0,1,...T$

$h_i^0 \in H_i$: Das neutrale Element des Akteurs i.

$h_i^{-1} \in H_i$: Das inverse Element zu $h_i \in H_i$.

$H_i' \prec_i H_i$: Akteur i zieht H_i strikt gegenüber H_i' vor.

$\left(H_1, ..., H_n \right)$: Ein Profil von Handlungsräumen (zum Zeitpunkt t).

Ω : Menge aller möglichen realisierbaren Profile von Handlungsräumen (zum Zeitpunkt t).

W : Die Wohlfahrt.

M_i : Alle Handlungsweisen des Akteurs i, die mit der Ausübung von Macht einhergehen.

$M_{i \to l}$:   Menge der Handlungsalternativen des Akteurs i, die mit einer Ausübung von Macht gegenüber Akteur l einhergehen.

$m_i \in M_{i \to l}$:   Ein Element aus $M_{i \to l}$.

$u_i(h_i)$:   Gesamter Nutzen, den Handlungsalternative h_i stiftet.

$c_i(h_i)$:   Zwangsfunktion, Zwangsmoment auf Handlungsalternative h_i.

$v_i(h_i)$:   Intrinsischer Nutzen der Handlungsalternative h_i.

$B(u_i(h_i))$:   Binäre Funktion, die besagt, ob Handlungsalternative h_i ergriffen wird oder nicht.

$\Delta z_{t_1} = M(x, z_{t_0})$:   Ein Mechanismus, der, gegeben den Ausgangszustand z_{t_0} und die Inputs x, eine Zustandsänderung Δz_{t_1} herbeiführt.

ΔZ_{t_1} :   Menge der Zustandsänderungen, die – gegeben den Ausgangszustand z_{t_0} – durch alle möglichen Kombinationen von x erzeugt werden können.

$s = SM((h_0, h_1, ..., h_t, ..., h_T), z_0)$:   Standardisierungsmechanismus, der, gegeben den Ausgangszustand z_0 und die Folge von Handlungskombinationen $(h_0, ..., h_T)$ den Standard $s \in S$ erzeugt.

S :   Menge aller Standards die, gegeben den Ausgangszustand z_0, durch die Kombination aller möglichen Inputs erstellt werden können.

$s_0 \in S$:   Ein Standardisierungsmechanismus bringt keinen Standard hervor.

SM_l :   Der l-te Standardisierungsmechanismus, der in einer Standardisierungssituation zur Verfügung steht, $l = 1, ..., L$.

S_l :   Menge aller Standards die ein Standardisierungsmechanismus l, gegeben den Ausgangszustand z_{t_0}, durch die Kombination aller möglichen Inputs erzeugen kann.

$s_l \in S_l$:   Ein Standard, der durch SM_l, gegeben den Ausgangszustand z_{t_0}, erzeugt werden kann.

$N_l \subseteq N$:   Menge der Akteure, die sich an Standardisierungsmechanismus l beteiligen.

$h_t^l = (h_{1t}^l, ..., h_{n_l t}^l)$:   Eine Kombination von Handlungsweisen der Akteure, die sich an Standardisierungsmechanismus l beteiligen.

$h_t^l = (h_{1t}^l, ..., h_{n_l t}^l)$ Eine Folge von Kombinationen von Handlungsweisen der Akteure über den Zeitraum $t = 1, ..., T_l$ unter dem Standardisierungsmechanismus l, die, gegeben einen Ausgangszustand z_{t_0}, einen Standard $s_l \in S_l$ erzeugt.

Abkürzungsverzeichnis

ABL.:	Amtsblatt der Europäischen Gemeinschaften
AECMA:	Association Européenne des Constructeurs de Matériel Aéospatiale
AER:	American Economic Review
AFNOR:	Association Française de Normalisation
ANEC:	Association for the Co-ordination of Consumer Representation in Standardisation
ASN:	American National Standards
ANSI:	American National Standards Institute
ARPANET:	Advanced Research Projects Agency Network
ASB:	Associated Standardization Body
ATM:	Asynchronous Transfer Mode
BIPM:	Bureau International des Poids et Mesures
BSI:	British Standards Institution
CE:	Communauté Européenne („Europäische Gemeinschaft")
CEN:	Comité Européen de Normalisation
CENEL:	European Committee for the Coordination of Electrical Standards
CENELCOM:	European Committee for the Coordination of Electrotechnical Standards in the European Economic Community
CENELEC:	Comité Européen de Normalisation Électrotechnique
CEPT:	Conférence Européene des Administrations des Postes et des Télécommunications
CSDO:	Compatibility Standards Developing Organization
CWA:	CEN Workshop Agreement
DHS:	Departments of Homeland Security
DIN:	Deutsches Institut für Normung e.V.
EEA:	Einheitliche Europäische Akte
EAVG:	Vertrag über die Europäische Atomgemeinschaft
ECISS:	European Committee on Iron and Steel Standardization
ECMA:	European Computer Manufacturers Association
EFTA:	European Free Trade Association
EG:	Europäische Gemeinschaft
EGKSV:	Vertrag der Europäischen Gemeinschaft für Kohle und Stahl
EMV:	Elektromagnetische Verträglichkeit
EN;	Europäische Norm
ENO:	Europäische Normungsorganisation
ENS:	Europäisches Normungssystem
ENV:	Europäische Vornorm

ERT:	European Roundtable for Industrialists
ETS:	Europäischer Telekommunikationsstandard
ETSI:	European Telecommunication Standards Institute
EU:	Europäische Union
EuGH:	Europäischen Gerichtshof
EWG:	Europäische Wirtschaftsgemeinschaft
EWGV, EGV:	Vertrag über die Europäische Wirtschaftsgemeinschaft
EWR:	Europäischer Wirtschaftsraum
EWOS:	European Workshop for Open Systems
EWS:	Europäisches Währungssystem
FCC:	Federal Communications Commission
GASP:	Gemeinsame Außen- und Sicherheitspolitik
GD:	Generaldirektion
GPS:	Global Positioning System
GSM:	System for Mobile Communications
HD:	Harmonisierungsdokument
HSSP:	Homeland Security Standards Panel
ICT:	Information & Communication Technologies
IDABC:	Interoperable Delivery of European eGovernment Services to public Administrations, Businesses and Citizens
IEC:	International Electrotechnical Committee
IEEE:	Institute of Electrical and Electronics Engineers
IETF:	Internet Engineering Task Force
INES:	Internet Network for European Standardization
IPR:	Intellectual Property Rights
ISO:	International Organization for Standards
IT:	Information Technologies
ITU:	International Telecommunication Union
ITU-R:	ITU Radiocommunication Sector
ITU-T:	ITU Telecommunication Standardization Sector
JPG:	Joint Presidents' Group
JTC 1:	Joint Technical Committee 1
KAN:	Kommission Arbeitsschutz und Normung
NIÖ:	Neue Institutionenökonomik
KMU:	Kleine und Mittlere Unternehmen.
MESA:	Mobility for Emergency and Safety Applications
NA:	New Approach
NGO:	Non-Governmental Organization
NIST:	National Institute of Standards and Technology
NNO:	Nationale Normungsorganisation
NORMAPME:	Europäische Büro des Handwerks und der Klein- und Mittelbetriebe für Normung
OEEC:	Organization for European Economic Co-operation

OIML:	International Organization of Legal Metrology
OJ:	Official Journal of the European Communities
OSI:	Open Systems Interconnection
PAS:	Public Avaiable Specifikation
PJZS:	Polizeiliche und Justizielle Zusammenarbeit in Strafsachen
PSB:	Partner Standardization Bodies
REMM:	Resourceful, evaluative, maximizing man
RSDO:	Regulative Standards Developing Organization
SC:	Subkomitee
SCOT:	Social Construction of Technology
SPAG:	Standards Promotion and Application Group
TBT:	Technical Barriers to Trade
TC:	Technisches Komitee
TCP/IP:	Transmission Control Protocol/Internet Protocol
TMB:	Technical Management Board
TR:	Technical Report
TS:	Technical Specifications
SI:	Système International d'Unités
UCTE:	Union for the Co-ordination of Transmission of Electricity
USSS:	US-Standardisierungssystem
UNECE:	United Nations Economic Commission for Europe
VDI:	Verein Deutscher Ingenieure
W3C:	World Wide Web Consortium
WHO:	World Health Organization
WTO:	World Trade Organization
WWU:	Wirtschafts- und Währungsunion

Literaturverzeichnis

Alertz, U., 2007. Die venezianische Handelsgaleere 1400-1700. Anfänge des technischen Schiffbaus in Europa [online]. Aachen, RWTH-Aachen. http://www.histinst.rwth-aachen.de/ext/tma/tema/galera/index.htm, 04.02.2007.

ANSI, 2004. Current Attempts to Change Established Definition of "Open" Standards. Washington: ANSI. http://public.ansi.org/ansionline/Documents/Standards%20Activities/Critical%20Issues%20Papers/Open-Stds.pdf.

ANSI, 2005. Overview of the U.S. Standardization System Understanding the U.S. Voluntary Consensus Standardization and Conformity Assessment Infrastructure. Washington: ANSI.

ANSI, 2007. ANSI Homeland Security Standards Panel [online]. Washington, ANSI. http://www.ansi.org/standards_activities/standards_boards_panels/hssp/overview.aspx?menuid=3, 12.02.07.

Arrow, K.J., 1969. The Organization of Economic Activitiy: Issues Pertinent to the Choice of Market versus Nonmarket Allocation; in: The Analysis and Evaluation of Public Expenditure, Joint Economic Committee, 91th Congress, Washington.

Arrow, K.J., 1994. Methodological Individualism and Social Knowledge. In: AEA Papers and Proceedings, 84 (2), S.1-9.

Arthur, W.B., 1989. Competing Technologies, Increasing Returns, and Lock-in by Historical Events. In: Economic Journal, 99, S.116-131.

Arthur, W.B., 1996. Inductive reasoning and bounded rationality. In: AER, 84 (2), S.406-411.

Ayral, M., 2005. The Lisbon Strategy: shaping the future for Europe. Speech held at the common Annual Meeting of CEN and CENELEC in Budapest, 8 June 2005. Brussels: European Commission. http://europa.eu.int/comm/enterprise/standards_policy/speeches/doc/cencenelec_annual_2005_budapest.pdf.

BBC News World Edition, 2001. 'Metric martyr' waits for verdict [online]. London, BBC. http://news.bbc.co.uk/2/hi/uk_news/1121766.stm, 17.01.01.

BBC News World Edition, 2003a. Hain kicking himself after blunder [online]. London, BBC. http://news.bbc.co.uk/2/hi/uk_news/politics/2943602.stm, 28.05.2003.

BBC News World Edition, 2003b. The EU's democratic challenge [online]. London, BBC. http://news.bbc.co.uk/1/hi/world/europe/3224666.stm, 21.11.2003.

BBC News World Edition, 2004. Constitution a hard-won compromise [online]. London, BBC. http://news.bbc.co.uk/2/hi/europe/3820557.stm, 18.06.2004.

BBC News World Edition, 2007a. Text of the Berlin Declaration [online]. http://news.bbc.co.uk/2/hi/europe/6491487.stm, 26.03.2007.

BBC News World Edition, 2007b. EU effusion 'lost in translation' [online]. http://news.bbc.co.uk/2/hi/europe/6498799.stm, 27.03.2007.

Becker, G. S., 1981. A Treatise on the Family. Cambridge, MA: Harvard University Press.

Bekkers, R./Liotard, I., 1999. European standards for mobile communications: the tense relationship between standards and intellectual property rights. European Intellectual Property Review, 21 (3), S.110–126.

Berger, P.L./Luckmann, T., 1980. The social construction of reality: a treatise in the sociology of knowledge. Reprinted, New York: Irvington Publ.

Besen, S.M./Farrell, J., 1994. Choosing How to Compete: Strategies and Tactics in Standardization. In: Journal of Economic Perspectives, 8 (2), S.117-131.

BIPM, 2006. The International System of Units (SI). Paris: Bureau International des Poids et Mesures.

Blind, K., 2003. Standards in the Service Sectors: An Explorative Study. Final Report. Karlsruhe: FhG ISI.

Blind, K., 2004. The Economics of Standards: Theory, Evidence, Policy. London: Edward Elgar Publishing.

Bolenz, E., 1987. Technische Normung zwischen „Markt" und „Staat": Untersuchungen zur Funktion, Entwicklung und Organisation verbandlicher Normung in Deutschland. Bielefeld: Kleine Verlag.

Borchardt K.-D., 1999. Das ABC des Gemeinschaftsrechts. 5. Auflage, Luxemburg: Amt für amtliche Veröffentlichungen der Europäischen Gemeinschaften. http://europa.eu.int/eur-lex/de/about/abc/index.html.

Breitung, A., 2005. Technische Interoperabilität: Voraussetzung für streitkräftegemeinsamen, multinationalen Führungssystemverbund. In: Strategie und Technik, November 2005, S.10-13.

Breulmann, G., 1993. Normung und Rechtsangleichung in der Europäischen Wirtschaftsgemeinschaft. Berlin: Duncker & Humblot.

Buchanan J.M./Tullock, G., 1974. The calculus of consent: the foundations of constitutional democracy. 5. Auflage, Ann Arbor, Mich.: Univ. of Michigan Press.

Buder, M., 1976. Das Verhältnis von Dokumentation und Normung von 1927 bis 1945 in nationaler und internationaler Hinsicht. Berlin: Beuth Verlag.

Burgess, M., 2005. Federalism. In: Wiener, A./Diez, T. (Hrsg.), 2005. European Integration Theory. Reprinted. Oxford: Oxford Univ. Press.

Çakir, G./Çakir, A., 2006. Querschnittsnormung: Eine Norm, vielfacher Nutzen. In: KANBrief, 4/06, S.3-4.

Cargill, C., 1999. Consortia and the Evolution of Information Technology Standardization. Proceedings of 1st IEEE Conference on Standardisation and Innovation in Information Technology 1999, Aachen: Rwth-Aachen. http://www-i4.informatik.rwth-aachen.de/~jakobs/siit99/proceedings/Cargill_consortia.doc.

Cargill, C., 2002. Intellectual Property Rights and Standards Setting Organizations. An overview of failed evolution submitted to the Department of

Justice and the Federal Trade Commission Washington. http://www.ftc.gov/opp/intellect/020418cargill.pdf.

Cecchini, P., 1988. Europa '92 – Der Vorteil des Binnenmarkts. Baden-Baden: Nomos Verlagsgesellschaft.

CEN, 1995. Standards matter today. Brüssel: CEN.

CEN, 1999. Standards matter today – celebrating 25 years of European standardization. Brüssel: CEN.

CEN, 2004. Compass. Europäische Normung in Kürze, Brüssel: CEN.

CEN, 2004. CEN Statutes. Brüssel: CEN.

CEN, 2005. Annual Report. Brüssel: CEN.

CEN, 2007a. Relations [online]. Brüssel, CEN. http://www.cen.eu/cenorm/aboutus/structure+/relations/index.asp, 12.02.2007.

CEN, 2007b. Joint Presidents Group CEN/CENELEC/ETSI [online]. Brüssel, CEN. http://www.cen.eu/boss/organization/profiles+-+index/joint+president s+group+cen-cenelec-etsi/index.asp, 12.02.2007.

CEN, 2007c. Production processes – Index [online]. Brüssel, CEN. http://www.cen.eu/BOSS/production/production+processes+-+index/index.asp, 12.02.2007.

CEN, 2007d. Business domains [online]. Brüssel, CEN. http://www.cen.eu/cenorm/businessdomains/index.asp, 12.02.2007.

CEN, 2007e. Services [online]. Brüssel, CEN. http://www.cen.eu/cenorm/businessdomains/businessdomains/services/index.asp, 14.02.2007.

CEN, 2007f. Associates [online]. Brüssel, CEN. http://www.cen.eu/cenorm/aboutus/structure+/associates/index.asp, 08.04.07.

CEN, 2007g. Affiliates [online]. http://www.cen.eu/cenorm/aboutus/structure+/affiliates/affiliates.asp, 08.04.07.

CEN Networking, 2005. Superairbus takes off with over 350 European Standards. In: CEN Networking 5/3, Brüssel: CEN, S.4.

CEN/CENELEC, 1999. Internal Regulations. Brussels: CEN/CENELEC.

CEN/CENELEC, 2001. Guide 3: CEN and CENELEC co-operation agreement. Brussels: CEN/CENELEC.

CEN/CENELEC/ETSI, 1999. European Standards – A Win-win Situations. Sophia Antipolis: ETSI.

CEN/CENELEC/ETSI, 2001. Basic Co-operation agreement between CEN, CENELEC and ETSI Version 2.3.1 (31 July 2001) [online]. Brüssel, CEN. http://www.cen.eu/boss/supporting/reference+documents/basic+cooperation +agreement+-+cen+clc+etsi.asp.

CEN/CENELEC/ETSI, 2004. Success stories in European Standardization. Sophia Antipolis: ETSI. http://www.etsi.org/etsi_galaxy/documents/eso_success_stories.pdf.

CEN Management Centre/CENELEC Secretariat/ETSI Secretariat, 2002. The contribution of European standardization to the eEurope Initiative; A rolling Action Plan, Final Version 5.3.0. Brussels: CEN Management Centre.

CEN/CENELEC/ETSI/Europäischen Kommission/EFTA, 2003. Allgemeinen Leitlinien für die Zusammenarbeit zwischen CEN, CENELEC UND ETSI sowie der Europäischen Kommission und der Europäischen Freihandelsgemeinschaft. Brüssel: Europäische Kommission.

CENELEC, 2002. Uncovering the mysteries of standardization in Europe. Primer on Standards. Brussels: CENELEC. http://www.cenelec.org/Cenelec/About+CENELEC/CENELEC.htm.

CENELEC, 2004. Articles of Association. Brussels: CENELEC.

CEPT, 2003. CEPT Institutional Leaflet. Kopenhagen: European Radiocommuni cations Office.

Choh, K., 1999. Innovation and Standardization in Technological Trajectories: A Schumpeterian Perspective and Three Models of Standardization in the Information Technology Industry. SIIT 99 International Conference on Standardisation and Innovation in Information Technology, Aachen, Germany. Sept 15-17, 1999. http://www.tzi.de/~uniform/gdpa/bib/bib_c/Choh_99b.htm.

Choi, J.P./Thum, M., 1997. Market structure and the timing of technology adoption with network externalities. , New York: Columbia University. http://www.ifo-institut.de/pls/guestci/download/F4127/WP130.PDF.

CNET.com, 2007. DVD 2.0. HD-DVD and Blu-ray [online]. San Francisco, CNET Networks. http://reviews.cnet.com/4520-6463_7-6490546-1.html, 04.02.2007.

Coase, R.H., 1937. The Nature of the Firm. In: Economica, 4, S.386-405.

Coase, R.H., 1960. The Problem of Social Cost. In: Journal of Law and Economics, 3, S.1-44.

Cooter, R./Ulen, T., 2000. Law and economics. 3.Auflage. Reading, Mass.: Addison-Wesley-Longman.

Coleman, J.S., 1995. Handlungen und Handlungssysteme. München: Oldenbourg Verlag.

Cover Pages, 2006. Open Standards [online]. Technology Reports. http://xml.coverpages.org/openStandards.html, 24.07.2006.

Cowan, R., 1990. Nuclear Power Reactors: A Study in Technological Lock-in. In: Journal of Economic History, 50, S.541-567.

Crebowski, A.K./Garstka, J.J., 1998. "Network-Centric Warfare: Its Origin and Future", Proceedings, Jan. 1998 S.29-35.

Czaya, A., 1998. Institutionelle Aspekte von Standardisierungsprozessen unter besonderer Berücksichtigung des Europäischen Normungssystems. Working Paper. Hamburg: Universität der Bundeswehr Hamburg.

Czaya, A./Hesser, W., 2001. Standardization Systems as indicators of cultural and socio-economic states. Knowledge, Technology & Policy, 14 (3), S.24-40.

David, P.A., 1987. Some new standards for the economics of standardization in the information age. In: Dasgupta, P.; Stoneman, P. (Hrsg.). Economic

Policy and Technological Performance, Cambridge: Cambridge University Press.

David, P.A./Greenstein, S., 1990. The Economics of Compatibility Standards: An Introduction to Recent Research. In: Economics of Innovation and New Technology, 1, S.3-41.

David, P.A./Steinmueller, W.E., 1990. The ISDN bandwagon is coming, but who will be there to climb aboard? Quandaries in the economics of data communication networks. In: Economics of. Innovation and New Technology, 1, S.43-62.

de la Fuente, A., 2006. Mathematical Methods for Economists. 9. Auflage. Cambridge: Cambridge University Press.

de Vries, H., 1999. Standardization: A Business Approach to the Role of National Standardization Organizations. Amsterdam: Kluwer.

Dicke, H., 2004. Der Europäische Binnenmarkt. In: Weidenfeld, S. (Hrsg.). Die Europäische Union. Bonn: Bundeszentrale für politische Bildung, S.223-241.

DiMaggio, P.J./Powell, W.W., 1983. The Iron Cage Revisited: Institutional Isomorphism and Collective Rationality in Organizational Fields. In: American Sociological Review, 48, S.147-160.

DIN, 2001. Grundlagen der Normungsarbeit des DIN. Normenheft 10, 7. Auflage. Beuth Verlag: Berlin.

DIN, 2004. Die deutsche Normungsstrategie. Berlin: DIN.

Directorate General for Competition, 2006. Annual Activity Report 2005. Brussels: Commission. http://ec.europa.eu/atwork/synthesis/doc/comp_aar. pdf.

Egan, M., 2001. Constructing a European market. Standards, Regulation and Governance. Oxford: Oxford University Press.

Egyedi, T.M., 2001a. The Problem of Standards Consortia: Analysis and Redefinition. In: Hesser, W. (Ed.). Proceedings of the Third Interdisciplinary Workshop on Standardization Research, Hamburg: University of the Federal Armed Forces Hamburg, S.75-103.

Egyedi, T.M., 2001b. Beyond Consortia, Beyond Standardisation? New Case Material and Policy Threads. Final Report. Brussels: European Commission.

El-Agraa, A.M., 2004. The European Union. Economics and Policies. Essex: FT Prentice Hall.

Erlei, M./Leschke, M./Sauerland, D., 1999. Neue Institutionenökonomik, Stuttgart: Schäffer-Poeschel.

ETSI, 2004. ETSI Directives/ETSI Statutes. Sophie Antipolis: ETSI. http://portal. etsi.org/Directives/home.asp.

ETSI, 2005. Annual Report 2005. Sophia Antipolis: ETSI.

ETSI, 2007. ETSI Collaborative Portal [online]. http://portal.etsi.org/Portal_Com mon/home.asp, 08.04.07.

Eucken, W., 1975. Grundsätze der Wirtschaftspolitik. Hrsg. von Eucken, E., 5. unveränderte Auflage, Tübingen: Mohr.

EUobserver, 2006: Economists call for political union to prevent euro collapse [online]. Brussels, EUobserver.com. http://euobserver.com/9/21414, 04.05.2006.

Europäische Atomgemeinschaft, 1957. Vertrag über die zur Gründung der Europäischen Atomgemeinschaft vom 25.03.1957. Rom: EURATOM.

Europäische Gemeinschaft für Kohle und Stahl, 1951. Vertrag über die Gründung der Europäischen Gemeinschaft für Kohle und Stahl vom 18.04.1951. Paris: EGKS.

Europäische Gemeinschaften, 1965. Vertrag zur Einsetzung eines gemeinsamen Rates und einer gemeinsamen Kommission der Europäischen Gemeinschaften vom 08.04.1965. Luxemburg: ABL. 152 vom 13.07.1967.

Europäische Gemeinschaften, 1986. Einheitliche Europäische Akte vom 17./28.02.1986. Luxemburg: ABL. L 169 vom 29.6.1987.

Europäische Gemeinschaften, 1992. Vertrag über die Europäische Union vom 07.02.1992. Luxemburg: ABL. C 191 vom 29.07.1992.

Europäische Gemeinschaften, 2004. Facing the Challenge: The Lisbon strategy for growth and employment. Report from the High Level Group chaired by Wim Kok. Luxembourg: Office for Official Publications of the European Communities.

Europäische Union, 1997. Vertrag von Amsterdam vom 02.10.1997. Luxemburg: ABL. C 340 vom 10.11.1997.

Europäische Union, 2001. Vertrag von Nizza vom 26.02.2001. Luxemburg: ABL. C 80 vom 10.3.2001.

Europäische Union, 2004. Vertrag über eine Verfassung für Europa. Luxemburg: ABL. C 310 vom 16.12.2004.

Europäische Union, 2006a. Panorama [online]. http://europa.eu/abc/panorama/-index_de.htm, 13.08.2006.

Europäische Union, 2006b. Agenturen der EU [online]. http://europa.eu/agen-cies/index_de.htm, 25.08.06.

Europäische Union, 2006c. Das Portal der Europäischen Union [online]. http://europa.eu/index_de.htm, 07.04.07.

Europäische Wirtschaftsgemeinschaft, 1957. Vertrag zur Gründung der Euro-päischen Wirtschaftsgemeinschaft vom 25.03.1957. Rom: EWG.

Europäischer Rat, 2000. Schlussfolgerungen des Vorsitzes. Lissabon, 23. und 24. März 2000 [online]. http://www.europarl.europa.eu/summits/lis1_de.htm, 07.04.2007.

Europäischer Rat, 2001. Erklärung von Laeken zur Zukunft der Europäischen Union vom 15.12.2001 [online]. Laeken, Europäischer Rat. http://www.eu-convention.be/static/LaekenDeclarationDE.asp, 18.08.06.

Europäisches Parlament, 2006. Das Mitentscheidungsverfahren [online]. http://www.europarl.de/parlament/arbeitsweise/verfahren_mitentscheidung.html, 26.08.2006.

Europäisches Parlament/Rat/Kommission, 1999. Gemeinsame Erklärung des Europäischen Parlaments, des Rates und der Kommission vom 4. Mai 1999 zu den praktischen Modalitäten des neuen Mitentscheidungsverfahrens (Artikel 251 EG-Vertrag). Luxemburg: ABL. C 148, vom 28.5.1999.

Europäisches Parlament/Rat/Kommission, 2003. Interinstitutionellen Vereinbarung „Bessere Rechtsetzung". Luxemburg: ABL. C 321 vom 31.12.2003.

Europäischer Wirtschafts- und Sozialausschuss, 2005. Opinion of the European Economic and Social Committee on the 'Communication from the Commission to the Council, the European Parliament and the European Economic and Social Committee on the Integration of Environmental Aspects into European Standardisation'. ABL. C 74 vom 23.03.2005.

Farrell, J./Saloner, G., 1985. Standardization, Compatibility and Innovation. In: Rand Journal of Economics, 16, S.70-83.

Farrell, J.; Saloner, G., 1986. Installed Base and Compatibility: Innovation, Product Preannoucements, and Predation. In: AER, 76, S.940-955.

Flaherty, N., 2004. Battle of the blues. IEE Review 50 (4), S.48-50.

Frank, W., 1985. Psychiatrie, 5. Auflage. Jungjohann: Neckarsulm.

Friedman, J.W., 1986. Game theory with applications to economics. New York: Oxford Univ. Press.

Foucault, M., 1969. Archäologie des Wissens. Frankfurt a. M.: Suhrkamp.

Gaertner, W., 2006. A Primer in Social Choice Theory. Oxford: Oxford University Press.

Gender ADs Project, 2007. Normalization [online]. South Lake Tahoe, Lake Tahoe Community College. http://www.ltcconline.net/lukas/gender/pages/normal.htm, 04.02.2007.

Genschel, P./Raymund W., 1993. From national hierarchies to international standardization: Modal changes in the governance of telecommunications. In: Journal of Public Policy, 13, S.203-225.

Goerke, L./Holler, M.J., 1998. Strategic Standardization in Europe: A Public Choice Perspective. In: European Journal of Law and Economics, 6, S.95-112.

Greif, A., 1998. Historical and Comparative Institutional Analysis. In: AER, 88 (2), S.80-84.

Guertler, G., 1999. The New Approach, Can it Work on the International Scene? Vortrag auf der Konferenz ‚Standardization for the 21th Century', Berlin: DIN.

Habermas, J., 1981. Theorie des kommunikativen Handelns. Frankfurt a.M.: Suhrkamp.

Hall, P.A./Taylor, R.C.R., 1996. Political Science and the Three Institutionalisms, Discussion Paper 96/6 Köln: Max-Planck-Institut f. Gesellschaftsforschung.

Handlbauer, G., 2000. Decision-Making and Institutionalised Cognition. In: Streit, M.E./ Munnert, U./Kiwit D. (Hrsg.). Cognition, Rationality and Institutions. Berlin: Springer, S.161-180.

Handelsblatt, 2005. Produkthaftung in den USA. Der Hamster in der Mikrowelle [online]. Düsseldorf, Handelsblatt. http://www.handelsblatt.com/news/ Default.aspx?_p=206342&_t=ft&_b=984135, 09.11.2005.

Hawkins, R., 1999. The rise of consortia in the information and communication technology industries: emerging implications for policy. Telecommunication Policy, 23 (1), S.159-173.

Hawkins, Richard, 1995. Voluntary standards in public policy contexts: the European experience with information and communication technologies. In: von Esser, J./Fleischmann, G./Heimer, T. (Hrsg.): Soziale und ökonomische Konflikte in Standardisierungsprozessen. Frankfurt a.M.: Campus, S. 221-233.

von Hayek, F.A., 1952. The Counter-Revolution of Science: Studies in the Abuse of Reason Indianapolis: Liberty.

Hayes, B., 2006. Arming Big Brother. The EU's Security Research Programme. TNI Briefing Series, No 2006/1. Transnational Institute: Amsterdam. http://www.statewatch.org/news/2006/apr/bigbrother.pdf.

Heise Online News, 2006a. Sun-Chef propagiert „Ökonomie des Teilens" [online]. http://www.heise.de/newsticker/meldung/69938, 22.02.2006.

Heise Online, 2006b. Stromausfall für Millionen Menschen in Europa [online]. Hannover, Heise Online. http://www.heise.de/newsticker/meldung/80544, 05.11.2006.

Hess, G., 1993. Kampf um den Standard! Erfolgreiche und gescheiterte Standardisierungsprozesse – Fallstudien aus der Praxis, Stuttgart: Schäffer-Poeschel.

Hesser, W./Feilzer, A./de Vries, H. (2006). Standardisation in Companies and Markets. Hamburg: Helmut Schmidt University Hamburg.

Hesser, W./Czaya, A./Riemer, N., 2006. Development of Standards. In: Hesser, W./Feilzer, A./de Vries, H. (Hrsg.). Standardisation in Companies and Markets. Hamburg: Helmut Schmidt University Hamburg, S.101-139.

Hix, S., 2005. The Political System of the European Union. Hampshire: Palgrave MacMillan.

Hodgson, G.M., 1989. Economics and Institutions. Cambridge: Polity Press.

Hoffmann-Odermat, M.H., 1940. Die Normen und ihre verbindliche Einführung. In: RKW-Nachrichten, 14, S.1-4.

Hooghe, L./Marks, G., 2001. Types of Multi-Level Governance. European Integration online Papers, 5 (11). http://eiop.or.at/eiop/texte/2001-011a.htm.

Hoskyns, C., 2005. Gender Perspectives. In: Wiener, A/Diez, T. (Hrsg.). European Integration Theory. Reprinted. Oxford: Oxford Univ. Press, S.217-236.

Hülsmann, J.G., 1999. Economic Science and Neoclassicism. In: The Quarterly Journal of Austrian Economics, 2 (4), S.3-20.

Hughes, J.P., 2005. Reliability Risks during the Transition to Competitive Electricity. White paper presented on the Technical Workshops on Competition and Reliability in North American Energy Markets, Washington D.C./Toronto, 15./28.09.2005. http://www.energetics.com/meetings/reliability/papers.html.

ISO/IEC, 2004. ISO/IEC Directives. ISO: Genf.

Katz, M.L./Shapiro, C., 1985. Network Externalities, Competition and Compatibility. In: AER, 75, S.424-440.

Katz M.L./Shapiro, C., 1986. Technology Adaption in the Presence of Network Externalities, Journal of Political Economy, 96, S.822-841.

Kemmerling, M./Holz, M., 2005. Durch Modularität Synergien erzeugen. In: Strategie und Technik, November 2005, S.17-19.

KANBrief, 2006. Die Zukunft des New Approach. Interview mit Jacques McMillan, GD Unternehmen und Industrie. KANBrief 3/06, S.6.

Kindleberger, C.P., 1983. Standards as Public, Collective and Private Goods. In: KYKLOS, 36, S.377-396.

Kirsch, G., 1997. Neue Politische Ökonomie, 4. Auflage. Düsseldorf: Werner.

Kiwit D./Munnert, U./Streit, M.E., 2000. Cognition, Rationality and Institutions – Introduction and Overview. In: Streit, M.E./Munnert, U./Kiwit D. (Hrsg.). Cognition, Rationality and Institutions. Berlin: Springer, S.1-7.

Klemperer, P., 1987. Markets with Consumer Switching Costs. Quarterly Journal of Economics 102, S. 375-394.

Kohler-Koch, B., 2004. Network Governance within an Enlarged European Union. In: Verdun, A./Croci, O. (Hrsg.). Institutional challenges to the EU in Wake of Eastern Enlargement. Manchester: Manchester University Press, S. 35-53.

Kohler-Koch, B./Conzelmann, T./Knodt, M., 2004. Europäische Integration – Europäisches Regieren. Wiesbaden: VS Verlag für Sozialwissenschaften.

Kommission der Europäischen Gemeinschaften, 1985. Weißbuch der Kommission zur Vollendung des Binnenmarktes. KOM (85) 310, 14.6.1985. Brüssel: Kommission.

Kommission der Europäischen Gemeinschaften, 1987. Towards a Dynamic European Economy. Commission Green Paper on the Development of the Common Market for Telecommunications Services and Equipment. COM(87) 290, 30.06.1987.

Kommission der Europäischen Gemeinschaften, 1988. Verordnung (EWG) Nr. 1677/88 der Kommission vom 15. Juni 1988 zur Festsetzung von Qualitätsnormen für Gurken. Luxemburg: ABL. L 150 vom 16.6.1988.

Kommission der Europäischen Gemeinschaften, 1990a. Grünbuch zur Entwicklung der europäischen Normung: Maßnahmen für eine schnellere technologische Integration in Europa. KOM(90) 456. Luxemburg: ABL. C 20 vom 28.01.1991.

Kommission der Europäischen Gemeinschaften, 1990b. Commission Green Paper on the development of European standardisation: action for faster technological integration in Europe. COM(90) 456. Luxembourg: OJ C 20 of 28.01.1991.

Kommission der Europäischen Gemeinschaften, 1992. Standardization in the European economy. Follow-up to the Commission Green Paper of October 1990. COM(92) 445, Luxembourg: OJ C 96 of 15.04.1992.

Kommission der Europäischen Gemeinschaften, 1995. Mitteilung der Kommission an den Rat und das Europäische Parlament über die stärkere Nutzung der Normung in der Gemeinschaftspolitik. KOM(95) 412, 30.10.1995. Brüssel: Kommission.

Kommission der Europäischen Gemeinschaften, 1996. Normung und die globale Informationsgesellschaft: der europäische Ansatz. Mitteilung der Kommission an den Rat und an das Europäische Parlament. KOM(96) 359, 24.07.1996. http://europa.eu.int/information_society/topics/ebusiness/ecommerce/3information/law&ecommerce/legal/documents/596dc0359/596dc0359_de.pdf.

Kommission der Europäischen Gemeinschaften, 1998a. Arbeitsdokument der Kommission zur Forschung und Normung. KOM(98) 31, 27.01.1998. Brüssel: Kommission.

Kommission der Europäischen Gemeinschaften, 1998b. Mitteilung der Kommission über die Effizienz und Verantwortlichkeit der europäischen Normung. KOM(1998) 291, 13.05.1998. Brüssel: Kommission.

Europäische Kommission, 1999. e-Europe-Initiative der Kommission vom Dezember 1999. KOM(2001) 140 vom 13.3.2001. Brüssel: Kommission.

Kommission der Europäischen Gemeinschaften, 2000. Leitfaden für die Umsetzung der nach dem neuen Konzept und dem Gesamtkonzept verfaßten Richtlinien. Luxemburg: Amt für amtliche Veröffentlichungen der Europäischen Gemeinschaften. http://ec.europa.eu/enterprise/newapproach/legislation/guide/document/guidepublicde.pdf.

Kommission der Europäischen Gemeinschaften, 2001a. Leitlinien zur Anwendbarkeit von Artikel 81 EG-Vertrag auf Vereinbarungen über horizontale Zusammenarbeit. Luxemburg: ABL. C 3 vom 06.01.2001.

Kommission der Europäischen Gemeinschaften, 2001b. Grünbuch zur integrierten Produktpolitik. KOM(2001) 68, 07.02.2001. Brüssel: Kommission.

Kommission der Europäischen Gemeinschaften, 2001c. Role, preparation and monitoring of standardisation mandates within the framework of the New Approach. Working Paper. SOGS N 404 FR, 24.04.2001. Brussels: Commission.

Kommission der Europäischen Gemeinschaften, 2001d. Nachhaltige Entwicklung in Europa für eine bessere Welt: Strategie der Europäischen Union für die nachhaltige Entwicklung. Mitteilung der Kommission an den Europäischen Rat in Göteborg. KOM(2001) 264, 15.05.2001. Brüssel: Kommission.

Kommission der Europäischen Gemeinschaften, 2001e. Europäisches Regieren. Ein Weißbuch. KOM(2001) 428, 25.07.2001. Brüssel: Kommission.

Kommission der Europäischen Gemeinschaften, 2001f. European policy principles on International Standardisation. Commission Staff Working Paper. SEC(2001) 1296, 26.07.2001. Brussels: Commission.

Kommission der Europäischen Gemeinschaften, 2001g. Bericht der Kommission an den Rat und das Europäische Parlament über die Maßnahmen auf Grundlage der Entschließungen über die europäische Normung, die 1999 vom Rat und vom Europäischen Parlament verabschiedet wurden. KOM(2001) 527, 26.09.2001. Brüssel: Kommission.

Kommission der Europäischen Gemeinschaften, 2002a. Methods of referencing standards in legislation with emphasis on European legislation. Enterprise Guides. Brussels: Commission.

Kommission der Europäischen Gemeinschaften, 2002b. eEurope 2005: An information society for all. An Action Plan to be presented in view of the Sevilla European Council, 21/22 June 2002. COM(2002) 263, 28.05.2002. Brussels: Commission.

Kommission der Europäischen Gemeinschaften, 2003a. Allgemeine Leitlinien für die Zusammenarbeit zwischen CEN, CENELEC und ETSI sowie der Europäischen Kommission und der Europäischen Freihandelsgemeinschaft. Luxemburg: ABL. C 91 vom 28.03.2003.

Kommission der Europäischen Gemeinschaften, 2003b. Binnenmarktstrategie. Vorrangige Aufgaben 2003 – 2006. KOM(2003) 238, 07.05.2003. Brüssel: Kommission.

Kommission der Europäischen Gemeinschaften, 2003c. Programming Mandate addressed to CEN, CENELEC and ETSI in the field in of services. M 340 EN, 08.10.2003. Brussels: Commission.

Kommission der Europäischen Gemeinschaften, 2003d. Der Binnenmarkt – Zehn Jahre ohne Grenzen. Brüssel: Kommission. http://ec.europa.eu/internal_market/10years/docs/workingdoc/workingdoc_de.pdf.

Kommission der Europäischen Gemeinschaften, 2004a. Berücksichtigung von Umweltaspekten bei der europäischen Normung. Mitteilung der Kommission an den Rat, das Europäische Parlament und den Europäischen Wirtschafts- und Sozialausssschuss. KOM(2004)130, 25.02.2004. Brüssel: Kommission.

Kommission der Europäischen Gemeinschaften, 2004b. Communication from the Commission to the European Parliament and the Council on the role of European standardisation in the framework of European policies and legislation. COM(2004) 674, 18.10.2004, Bruessels: Commission.

Kommission der Europäischen Gemeinschaften, 2004c. Im Dienst der Regionen. Luxemburg: Amt für amtliche Veröffentlichungen der Europäischen Gemeinschaften

Kommission der Europäischen Gemeinschaften, 2004d. The challenges for European standardisation. Commission Staff Working Dokument. Brussels: Commission.

Kommission der Europäischen Gemeinschaften, 2004e. European Interoperability Framework for Pan-European eGovernment Services. Interoperable Delivery of European eGovernment Services to public Administrations, Businesses and Citizens" Initiative (IDABC). Luxembourg: Office for Official Publications of the European Communities. http://europa.eu.int/idabc.

Kommission der Europäischen Gemeinschaften, 2005a. i2010 – A European Information Society for growth and employment. COM(2005) 229, 01.06.2005. Brussels: Commission.

Kommission der Europäischen Gemeinschaften, 2005b. Second programming mandate to CEN in the Field of Services. M 371 EN, 19.07.2005. Brussels: Commission.

Kommission der Europäischen Gemeinschaften, 2005c. Vorschlag für eine Entscheidung des Rates über das spezifische Programm „Zusammenarbeit" zur Durchführung des siebten Rahmenprogramms (2007-2013) der Europäischen Gemeinschaft im Bereich der Forschung, technologischen Entwicklung und Demonstration. KOM(2005) 440 vom 21.9.2005. Brüssel: Kommission.

Kommission der Europäischen Gemeinschaften, 2005d. Mitteilung der Kommission an das Europäische Parlament, den Rat, den Europäischen Wirtschafts- und Sozialausschuss und den Ausschuss der Regionen. Umsetzung des Lissabon-Programms der Gemeinschaft. Eine Strategie zur Vereinfachung des ordnungspolitischen Umfelds. KOM(2005) 0535, 25.10.2005. Brüssel: Kommission.

Kommission der Europäischen Gemeinschaften, 2005e. The New Approach and the Role of Harmonised Standards: Foreword [online]. Brussels, Commission. http://europa.eu.int/comm/enterprise/newapproach/standardization/harmstds/vorwort.html, 24.01.2005.

Kommission der Europäischen Gemeinschaften, 2006a. Überlegungen zu einem horizontalen Rechtsetzungskonzept für die technische Harmonisierung. SOGS N529 DE, CERTIF 2005–16 Rev. 2, 23.02.2006, Brüssel: Kommission.

Kommission der Europäischen Gemeinschaften, 2006b. Action Plan for European Standardization. April 2006, Final. Brussels: Commission.

Kommission der Europäischen Gemeinschaften, 2006c. A horizontal legislative approach to the harmonisation of legislation on industrial products. Draft instrument. N560-1, 06.09.2006. Brussels: Commission.

Krechmer, K., 2000. Fundamental Nature of Standards: Technical Perspective. In: IEEE Communications Magazine, 38 (6), S.70-87.

Krechmer, K., 2006. Open Standards Requirements. In: Int. J. IT Standards and Standardization Res., 4 (1), S.43-61.

Kreisky, E., 2002: Macht und Diskurs [online]. Wien: Universität Wien. http:// evakreisky.at/onlinetexte/nachlese_diskurs.php, 02.04.2007.

Kuhlmann, D., 2004. Open Source und offene Standards. In: Gehring, A./ Lutterbeck, B. (Hrsg.). Open Source Jahrbuch 2004. Zwischen Softwareentwicklung und Gesellschaftsmodell. Berlin: Lehmanns Media, S.237-248.

Liotard, I./Bekkers, R., 1999. European Standards for mobile communications: the tense relations between standards and intellectual property rights. In: European Intellectual Property Review (21) 3.

Löffler, K., 2006. Endlich Schluss mit dem Stückwerk: In der Verfassung werden die Kompetenzen des Parlaments ausgebaut [online]. Berlin: Europäisches Parlament, Informationsbüro für Deutschland. http://www.europarl.de/ verfassung/wissenswertes/beitrag_dr_klaus_loeffler.html.

Lombardi, M.A., 2002. NIST Time and Frequency Services. NIST Special Publication 432, Washington: Edition U.S. Government Printing Office.

Ludwig, K.-H., 1979. Technik und Ingenieure im Dritten Reich. Königstein/Ts.: Athenäum-Verlag.

Lyre, H., 2002. Informationstheorie – Eine philosophisch naturwissenschaftliche Einführung, München: UTB.

Martin, C./Parker, G., 1999. The Spanish Armada. 2. überarb. Auflage. Manchester: Manchester Univ. Press.

Mas-Colell, A./Whinston, M.D./Green, J.R., 1995. Microeconomic Theory. New York: Oxford Univ. Press.

Mattiuzzo, C., 2006. Kommissionsentwurf für einen horizontalen Rechtsakt zur Harmonisierung der Binnenmarktrichtlinien für Produkte. In: KANBrief 3/06, S.3.

McWilliam, R.C., 1999. The Method of Co-operation Developed by the British. Proceedings of the Second Interdisciplinary Workshop on Standardization Research, Hamburg: Universität der Bundeswehr.

Mills, I.M./Mohr, P.J./Quinn, T.J./Taylor, B.N./Williams, E.R., 2006. Redefinition of the kilogram, ampere, kelvin and mole: a proposed approach to implementing CIPM recommendation 1 (CI-2005). In: Metrologia, 43, S.227–246.

Melchior, J., 1992. Postmoderne Konflikte um den Konsens-Begriff. Zum „Widerstreit" zwischen Lyotard und Habermas. Reihe Politikwissenschaft, Wien: Institut für Höhere Studien.

Moechel, E., 2001. Abhörstandards für digitale Netze vor der Verabschiedung [online]. Telepolis, 13.08.2001. http://www.heise.de/tp/r4/artikel/9/9306/1 .html.

Mongin, P., 1997. The marginalist controversy. In: Davis, J.; Hands, W./Maki, U. (Hrsg.). Handbook of Economic Methodology. London: Edward Elgar, S.558-562.

Monthoux, P.G. de, 1981. Vulgärkantianische Unternehmenslehre : Eine Einführung in die Kunst, Industrie und Technologie zu konstruieren. München: Leudemann.

Moravcsik, A., 1998. The Choice for Europe. Ithaca: Cornell University Press.

Nee, V., 1998. Norms and Networks in Economic and Organizational Performance. AER, 88 (2), S.85-89.

Nicolas, F./Repussard, J., 1994. Gemeinsame Normen für die Unternehmen. Luxemburg: Amt f. amtl. Veröff. d. Europ. Gemeinschaften.

Nicolaysen, G., 2004. Die Europäische Union als Rechtsgemeinschaft. In: Weidenfeld, S. (Hrsg.). Die Europäische Union. Bonn: Bundeszentrale für politische Bildung, S.109-124.

North, D.C., 1991. Institutions. Journal of Economic Perspectives, 5 (1), S.97-112.

North, D.C., 1994. Institutions Matter. Economic History 9411004, Economics Working Paper Archive at WUSTL Washington University: Washington. http://129.3.20.41/eps/eh/papers/9411/9411004.pdf.

Olson, M., 2000. Power and Prosperity. Outgrowing Communist and Capitalist Dictatorships. New York: Basic Books.

Ortmann, A./Gegerenzer, G., 2000. Reasoning in Economics and Psychology: Why Social Context Matters. In: Streit, M.E./Munnert, U./Kiwit D. (Hrsg.), 2000. Cognition, Rationality and Institutions. Berlin: Springer, S.131-145.

Pelkmans, J., 1987. The new approach to technical harmonization and standardization. Journal of Common Market Studies, 25 (3), S.223-269.

Pelkmans, J., 2001. The GSM standard: explaining a success story. Journal of European Public Policy, 8 (3), S.432–453.

Pelkmans, J., 2003. Mutual recognition in goods and services: an economic perspective. European Network of Economic Policy Research institutes. Working Paper No.16. http://enepri.org.

Peterson, J., 2005. Policy Networks. In: Wiener, A./Diez, T. (Hrsg.), 2005. European Integration Theory. Reprinted. Oxford: Oxford Univ. Press. S.117-135

Pierson, P., 2000. Path Dependence, Increasing Returns, and the Study of Politics. American Political Science Review, 94 (2), S.251-267.

Pittsburgh University, 2007. Archive of European Integration [online]. Pittsburgh, Pittsburgh University. http://aei.pitt.edu/, 15.01.2007.

Pollack, M.A., 2005. The New Institutionalisms and European Integration Theory. In: Wiener, A./Diez, T. (Hrsg.). European Integration Theory. Oxford: Oxford University Press, S.137-156.

Radnitzky, G./Bernholz, P. (Hrsg.), 1987. Economic imperialism: the economic approach applied outside the field of economics. New York: Paragon House.

Rat der Europäischen Gemeinschaften, 1969. Entschließung des Rates vom 28. Mai 1969 über ein Programm zur Beseitigung der technischen Hemmnisse im Warenverkehr mit gewerblichen Erzeugnissen, die sich aus Unterschieden in den Rechts- und Verwaltungsvorschriften der Mitgliedstaaten ergeben. Luxemburg: ABL. C 76 vom 17.6.1969.

Rat der Europäischen Gemeinschaften, 1973. Richtlinie 73/23/EWG des Rates vom 19. Feb. 1973 zur Angleichung der Rechtsvorschriften der Mitgliedstaaten betreffend elektrische Betriebsmittel zur Verwendung innerhalb bestimmter Spannungsgrenzen. Luxemburg: ABL. L 77 vom 26.03.1973.

Rat der Europäischen Gemeinschaften, 1983. Richtlinie 83/189/EWG des Rates vom 28. März 1983 über ein Informationsverfahren auf dem Gebiet der Normen und technischen Vorschriften. Luxemburg: ABL. L 109 vom 26/04/1983, S.8–12.

Rat der Europäischen Gemeinschaften, 1985. Richtlinie 85/374/EWG des Rates vom 25. Juli 1985 zur Angleichung der Rechts- und Verwaltungsvorschriften der Mitgliedstaaten über die Haftung für fehlerhafte Produkte. ABL. L 210 vom 07.08.1985.

Rat der Europäischen Gemeinschaften, 1988. Richtlinie 88/378/EWG des Rates vom 3. Mai 1988 zur Angleichung der Rechtsvorschriften der Mitgliedstaaten über die Sicherheit von Spielzeug, Luxemburg: ABL. L 187 vom 16.7.1988.

Rat der Europäischen Gemeinschaften, 1989. Council Resolution of 21 December 1989 on a global approach to conformity assessment. Luxembourg: ABL. C 010 vom 16.01.1990.

Rat der Europäischen Gemeinschaften, 1990. Beschluss 90/683/EWG des Rates vom 13. Dezember 1990 über die in den technischen Harmonisierungsrichtlinien zu verwendenden Module für die verschiedenen Phasen der Konformitätsbewertungsverfahren. Luxemburg: ABL. L 380 vom 31.12.1990.

Rat der Europäischen Gemeinschaften, 1992. Richtlinie 92/42/EWG des Rates vom 21. Mai 1992 über die Wirkungsgrade von mit flüssigen oder gasförmigen Brennstoffen beschickten neuen Warmwasserheizkesseln. Luxemburg: ABL. L 167 vom 22.6.1992.

Rat der Europäischen Gemeinschaften, 1993a. Richtlinie 93/15/EWG des Rates vom 5. April 1993 zur Harmonisierung der Bestimmungen über das Inverkehrbringen und die Kontrolle von Explosivstoffen für zivile Zwecke. Luxemburg: ABL. L 121 vom 15.5.1993.

Rat der Europäischen Gemeinschaften, 1993b. Richtlinie 93/42/EWG des Rates vom 14. Juni 1993 über Medizinprodukte. Luxemburg: ABL. L 169 vom 12.7.1993.

Rat der Europäischen Gemeinschaften, 1993c. Beschluß 93/465/EWG des Rates vom 22. Juli 1993 über die in den technischen Harmonisierungsrichtlinien zu verwendenden Module für die verschiedenen Phasen der Konformitätsbewertungsverfahren und die Regeln für die Anbringung und Verwendung der CE-Konformitätskennzeichnung Luxemburg: ABL. L 220 vom 30.8.1993.

Rat der Europäischen Gemeinschaften, 1996. Richtlinie 96/29/EURATOM des Rates vom 13. Mai 1996 zur Festlegung der grundlegenden Sicherheitsnormen für den Schutz der Gesundheit der Arbeitskräfte und der Bevölkerung gegen die Gefahren durch ionisierende Strahlungen. Luxemburg: ABL. L 159 vom 29. Juni 1996.

Rat der Europäischen Gemeinschaften/Europäisches Parlament, 1998. Directive 98/34/EC of the European Parliament and of the Council of 22 June 1998 laying down a procedure for the provision of information in the field of technical standards and regulations. Luxembourg: OJ L 204 of 21.07.1998.

Rat der Europäischen Gemeinschaften, 1999. Entschließung vom 28. Oktober 1999 zur Funktion der Normung in Europa. ABL. C 141 vom 19.05.2000.

Rat der Europäischen Gemeinschaften/ Europäisches Parlament, 2006. Richtlinie 2006/42/EG des Europäischen Parlaments und des Rates vom 17. Mai 2006 über Maschinen und zur Änderung der Richtlinie 95/16/EG (Neufassung). Luxemburg: Amtsblatt L 157 vom 09.06.2006.

Reihlen, H., 1991. Technische Normen – Freiheit und Bindung. In: DIN-Mitteilungen 70 (10), S.527-532.

Richter, R., 1994. Institutionen - ökonomisch analysiert, Tübingen: Mohr/Siebeck.

Richter, R./Furubotn, E., 2003. Neue Institutionenökonomik: eine Einführung und kritische Würdigung. 3. überarb. und erw. Auflage. Tübingen: Mohr/ Siebeck.

Risse, T., 2005.Social Constructivism and European Integration. In: Wiener, A/Diez, T. (Hrsg.). European Integration Theory. Reprinted. Oxford: Oxford Univ. Press, S.159-176.

Samuelson, P.A., 1980. Economics. 11. Auflage, New York: McGraw-Hill.

Santiago, E., 2004. Co-ordination between European and International Standardization. Vortrag auf dem Workshop on European standardisation as an instrument in support of European policies and legislation. World Standards Day 2004, 14.10.2004, Brüssel: Kommission. http://ec. europa.eu/enterprise/standards_policy/international/world_standards_day/do c/wsd2004_eur_int_standardisation.pdf.

Schepel, H./Falke, J., 2000. Legal aspects of standardization in the member States of the EC and EFTA. Volume 1, Comparative report. Luxembourg: Office for Official Publications of the European Communities.

Schmidt, S.K./Werle, R., 1998. Coordinating technology: studies in the international standardization of telecommunications. Cambridge, Mass: MIT Press.

Schmitter, P.C., 2005. Neo-Neofunctionalism. In: Wiener, A./Diez, T. (Hrsg.). European Integration Theory. Reprinted. Oxford: Oxford Univ. Press.

Schoechle, T, 1999. Towards a Theory of Standards. Proceedings of the 2nd Interdisciplinary Workshop on Standardization Research, Hamburg: Universität der Bundeswehr Hamburg, S.85-95.

Schuh, G./Schwenk, U., 2001. Produktkomplexität managen: Strategien – Methoden – Tools. München: Hanser.

Schultheiß, K., 2004. Europäische Telekommunikationsstandardisierung. Eine normative Betrachtung. Diss. Münster: Lit Verlag.

Schumann, J., 1992. Grundzüge der mikroökonomischen Theorie. 6.Auflage, Berlin: Springer.

Schumpeter J.A., 1964. Theorie der wirtschaftlichen Entwicklung: eine Untersuchung über Unternehmergewinn, Kapital, Kredit, Zins und den Konjunkturzyklus. 6. Auflage. Berlin: Duncker & Humblot.

Schumpeter, J.A., 1976. Capitalism, Socialism and Democracy. 5. Auflage. London: Allen & Unwin.

Schwartz, B., 2004. The Paradox of Choice: Why More Is Less. New York: Ecco.

Shapiro, C./Varian, H.R, 1999. Information rules: a strategic guide to the network economy. Boston, Mass.: Harvard Business School Press.

Simon, H.A., 1957. Models of Man. New York: John Wiley & Sons.

Spruyt, H., 2001. The supply and demand of governance in standard setting: insights from the past. In: Journal of European Public Policy, 8 (3), S.371-391.

Staehle, W.H., 1991. Management, 6. überarb. Auflage. München: Vahlen.

Stiglitz, J.E., 2000. The Contributions of the Economics of Information to Twentieth Century Economics. In: The Quarterly Journal of Economics, November 2000, S.1441-1478.

Stiglitz, J.E., 2002. Globalism's Discontents. In: The American Prospect, 13 (1). http://www.prospect.org/print/V13/1/stiglitz-j.html.

Sweet, A.S., 2004. The judicial construction of Europe. Oxford: Oxford Univ. Press.

Taylor, F., 1947. Scientific Management. NY: Harper & Row.

Tegtmeyer, J.C. (2005). Die Ökonomik der Reputation: Vertragstheoretische Grundlagen und Integration in die strategische Unternehmensführung. Diss. Passau: Unversität Passau. http://www.opus-bayern.de/uni-passau/volltexte/ 2005/60/pdf/Tegtmeyer%20-%20%D6konomik%20der%20Reputation.pdf.

Schimmelpfennig, F., 2005. Liberal intergovernmentalism. In: Wiener, A./Diez, T. (Hrsg.), 2005. European Integration Theory. Reprinted. Oxford: Oxford Univ. Press.

The Guardian, 2002. Straw calls for EU constitution [online]. Manchester. Guardian Unlimited. http://politics.guardian.co.uk/speeches/story/ 0,,781968,00.html, 27.08.2002.

Tiebout, C.M., 1956. A Pure Theory of Local Expenditures. In: Journal of Political Economy, 64, S.416-424.

Toth, R.B., 1997. Putting the U.S: Standardization System into Perspective: News Insights. In: DIN-Mitteilungen, 76 (11), S.792-798.

Toth, R.B., 1999. Conformity Assessment: The Paramount Factor in Standardization. Proceedings of the Second Interdisciplinary Workshop on Standardization Research, Hamburg: Universität der Bundeswehr.

UCTE, 2006. System Disturbance on 4 November 2006. Interim Report. Brüssel: Union for the Co-ordination of Transmission of Electricity.

Ulrich, P., 1986. Transformation der ökonomischen Vernunft: Fortschritts-perspektiven der modernen Industriegesellschaft. Bern und Stuttgart: Paul Haupt.

UNECE, 2002. An International Model for Technical Harmonisation based on good Regulatory Practise for the Preparation, Adoption and Application of Technical Regulations via the Use of International Standards. UNECE Recommendation "L". Genf: UN Economic Commission for Europe.

U.S. Department of Commerce, 2004. Standards & Competitiveness: Coordinating for Results, Washington DC: DOC.

U.S.-Canada Power System Outage Task Force, 2003. Causes of the August 14th Blackout in the United States and Canada. Interim Report. Washington DC: U.S. Department of Energy.

U.S.-Canada Power System Outage Task Force, 2004. Final Report on the August 14, 2003 Blackout in the United States and Canada: Causes and Recommendations. Washington DC: U.S. Department of Energy.

Vardakas, E, 2003. Vademecum on European Standardisation. Part I: General Framework. Brüssel: Kommission.

Verheugen, G., 2005. 20th Anniversary of the New Approach. Conference celebrating the 20th anniversary of the New Approach, 30 November 2005. Brüssel: Kommission.

Voigt, S., 2002. Institutionenökonomik. München: Fink.

Wæver, O., 2005. Discursive Approaches. In: Wiener, A/Diez, T. (Hrsg.). European Integration Theory. Reprinted. Oxford: Oxford Univ. Press, S.197-215.

Wallace, W./Wallace, H./Polack, M. (eds.), 2005. Policy-Making in the European Union. Oxford: Oxford University Press.

Weber, M., 1980. Wirtschaft und Gesellschaft. Grundriss der Verstehenden Soziologie. Winckelmann, J. (Hrsg.). 5. Auflage, Tübingen: Mohr.

Weidenfeld, W. (Hrsg.), 2004. Die Europäische Union: Politische Systeme und Politikbereiche. Bonn: Bundeszentrale für politische Bildung.

Wells, P., 2005. The role of standardization in interoperability. In: Standards in Defense News 195, S.8-9.

Welt Online, 2006. „Ich habe gerade die gelbe Karte gezeigt" [online]. Berlin, Welt Online. http://www.welt.de/data/2006/07/24/970466.html, 24.07.2006.

Wessels, W., 2004. Das politische System der EU. In: Weidenfeld, S. (Hrsg.). Die Europäische Union. Bonn: Bundeszentrale für politische Bildung, S.83-108.

Wiener, A./Diez, T. (Hrsg.), 2005. European Integration Theory. Reprinted. Oxford: Oxford Univ. Press.

Wilkinson, A., 2003. The Future of the New Approach. Enterprise Seminar, 11 February 2003.

Williamson, O.E., 1985. The Economic Institutions of Capitalism: Firms, Markets, Relational Contracting. New York: Free Press.

Wilson, J., 2005. Sinister Synergies: How Competition for Unregulated Profit Causes Blackouts. White paper presented on the Technical Workshops on Competition and Reliability in North American Energy Markets, Washington D.C./Toronto, 15./28.09.2005. http://www.energetics.com/meetings/reliability/pdfs/wilson.pdf.

Wölker, T., 1992. Entstehung und Entwicklung des Deutschen Normenausschusses 1917 bis 1925. Berlin: Beuth.

Zourek, H., 2005. Welcoming Speech. Conference celebrating the 20th anniversary of the New Approach, 30 November 2005. Brüssel: Kommission.

Zuckerman, A., 1999. Standards Battles Heat up Between United States and European Union. In: Quality Progress, 32 (1), S.39-42.

SCHRIFTEN ZUR WIRTSCHAFTSTHEORIE UND WIRTSCHAFTSPOLITIK

Herausgegeben von Rolf Hasse, Jörn Kruse, Wolf Schäfer,
Thomas Straubhaar, Klaus W. Zimmermann

www.peterlang.de

Björne Raetzell

Logistische Netzwerke
Ein Modell zur Ermittlung strategischer Handlungsempfehlungen

Frankfurt am Main, Berlin, Bern, Bruxelles, New York, Oxford, Wien, 2006.
VII, 327 S., zahlr. Abb. und Tab.
Schriften zur Unternehmungsplanung.
Herausgegeben von Franz Xaver Bea, Alfred Kötzle und Erich Zahn. Bd. 70
ISBN 978-3-631-55083-0 · br. € 56.50*

Der durch die Globalisierung hervorgerufene Wandel der Rahmenbedingungen und Arbeitsweisen stellt auch die Unternehmen der Logistikbranche vor die Herausforderung einer neuen strategischen Ausrichtung. Die gestiegenen Anforderungen überfordern jedoch teilweise die Möglichkeiten der noch weitgehend durch kleine und mittelständische Unternehmen geprägten Branche. Eine Möglichkeit, diese Ressourcen- und Wissensengpässe zu überwinden, besteht in der Bildung von Netzwerken, um sowohl eine größere räumliche als auch funktionale Abdeckung zu erlangen. In dieser Arbeit wird daher untersucht, wann die Bildung von solchen *logistischen Netzwerken* die beste Lösung darstellt und unter welchen Vorraussetzungen es sich für einzelne logistische Dienstleistungsunternehmen lohnt, an diesen teilzunehmen.

Aus dem Inhalt: Die Entwicklung der Logistik · Die Koordinationstheorie · Die neue Institutionenökonomik · Strategieorientierte Ansätze · Die Entstehung von Wertschöpfungsnetzwerken · Die Entstehung von logistischen Netzwerken · Die Gestaltung von logistischen Netzwerken · Die Attraktivität von Netzwerken und Dienstleistungsunternehmen · Ökonomische Bewertungsmethoden · Strategische Handlungsempfehlungen

Peter Lang · Internationaler Verlag der Wissenschaften

Frankfurt am Main · Berlin · Bern · Bruxelles · New York · Oxford · Wien
Auslieferung: Verlag Peter Lang AG
Moosstr. 1, CH-2542 Pieterlen
Telefax 0041 (0) 32/376 17 27

*inklusive der in Deutschland gültigen Mehrwertsteuer
Preisänderungen vorbehalten
Homepage http://www.peterlang.de